RUDOLF STEINER GESAMTAUSGABE
VORTRÄGE

VORTRÄGE VOR MITGLIEDERN
DER ANTHROPOSOPHISCHEN GESELLSCHAFT

RUDOLF STEINER

Die soziale Grundforderung unserer Zeit
In geänderter Zeitlage

Zwölf Vorträge, gehalten in Dornach und Bern
vom 29. November bis 21. Dezember 1918

1979
RUDOLF STEINER VERLAG
DORNACH/SCHWEIZ

Nach vom Vortragenden nicht durchgesehenen Nachschriften
herausgegeben von der Rudolf Steiner-Nachlaßverwaltung
Die Herausgabe besorgten Robert Friedenthal, Emil Leinhas und Theo Spengler

1. Auflage in dieser Zusammenstellung
Gesamtausgabe Dornach 1963

2. Auflage (photomechanischer Nachdruck)
Gesamtausgabe Dornach 1979

Frühere Ausgaben:

Dornach 29. November bis 8. Dezember 1918:
«In geänderter Zeitlage» (Zyklus 51), Berlin 1921

Bern 12. Dezember 1918:
«Soziale und antisoziale Triebe im Menschen»,
Dornach 1942

Dornach 13. bis 21. Dezember 1918:
«Die soziale Grundforderung unserer Zeit» (Zyklus 52),
Berlin 1921

Bibliographie-Nr. 186

Einbandzeichen von Rudolf Steiner. Schrift von Assia Turgenieff

Printed in Switzerland by Buchdruckerei Meier + Cie AG, Schaffhausen
ISBN 3-7274-1860-5

Zu den Veröffentlichungen
aus dem Vortragswerk von Rudolf Steiner

Die Grundlage der anthroposophisch orientierten Geisteswissenschaft bilden die von Rudolf Steiner (1861–1925) geschriebenen und veröffentlichten Werke. Daneben hielt er in den Jahren 1900 bis 1924 zahlreiche Vorträge und Kurse, sowohl öffentlich wie auch für die Mitglieder der Theosophischen, später Anthroposophischen Gesellschaft. Er selbst wollte ursprünglich, daß seine durchwegs frei gehaltenen Vorträge nicht schriftlich festgehalten würden, da sie als «mündliche, nicht zum Druck bestimmte Mitteilungen» gedacht waren. Nachdem aber zunehmend unvollständige und fehlerhafte Hörernachschriften angefertigt und verbreitet wurden, sah er sich veranlaßt, das Nachschreiben zu regeln. Mit dieser Aufgabe betraute er Marie Steiner-von Sivers. Ihr oblag die Bestimmung der Stenographierenden, die Verwaltung der Nachschriften und die für die Herausgabe notwendige Durchsicht der Texte. Da Rudolf Steiner aus Zeitmangel nur in ganz wenigen Fällen die Nachschriften selbst korrigieren konnte, muß gegenüber allen Vortragsveröffentlichungen sein Vorbehalt berücksichtigt werden: «Es wird eben nur hingenommen werden müssen, daß in den von mir nicht nachgesehenen Vorlagen sich Fehlerhaftes findet.»

Über das Verhältnis der Mitgliedervorträge, welche zunächst nur als interne Manuskriptdrucke zugänglich waren, zu seinen öffentlichen Schriften äußert sich Rudolf Steiner in seiner Selbstbiographie «Mein Lebensgang» (35. Kapitel). Der entsprechende Wortlaut ist am Schluß dieses Bandes wiedergegeben. Das dort Gesagte gilt gleichermaßen auch für die Kurse zu einzelnen Fachgebieten, welche sich an einen begrenzten, mit den Grundlagen der Geisteswissenschaft vertrauten Teilnehmerkreis richteten.

Nach dem Tode von Marie Steiner (1867–1948) wurde gemäß ihren Richtlinien mit der Herausgabe einer Rudolf Steiner Gesamtausgabe begonnen. Der vorliegende Band bildet einen Bestandteil dieser Gesamtausgabe. Soweit erforderlich, finden sich nähere Angaben zu den Textunterlagen am Beginn der Hinweise.

INHALT

ERSTER VORTRAG

Dornach, 29. November 1918

Das letztemal habe ich in den Betrachtungen, die aus den Ereignissen der Zeit angestellt werden hier in unserer Mitte, auf die durch die heutigen Zeitimpulse gegebenen Notwendigkeiten einer sozialen Gestaltung hingewiesen. Nicht ist es etwa ein Programm, das ich entwickeln wollte, das betone ich ausdrücklich; denn Sie wissen, von Programmen halte ich ganz und gar nichts, Programme sind Abstraktionen. Dasjenige, wovon ich Ihnen gesprochen habe, soll keine Abstraktion bedeuten, sondern soll eine Wirklichkeit bedeuten. Ich habe den verschiedenen Leuten, zu denen ich im Lauf der letzten Jahre von diesen sozialen Impulsen als von einer Notwendigkeit gesprochen habe, die Sache in der folgenden Weise dargestellt. Ich habe gesagt: Das, was hier gemeint ist, und was ganz und gar kein abstraktes Programm ist, das will sich durch die historischen Impulse in den nächsten zwanzig bis dreißig Jahren in der Welt verwirklichen. Sie haben die Wahl – so konnte man dazumal zu den Leuten, die noch die Wahl hatten, sprechen; heute haben sie sie nicht mehr –, entweder Vernunft anzunehmen und sich auf solche Dinge einzulassen, oder aber zu erleben, daß die Dinge sich durch Kataklysmen, durch Revolutionen in der chaotischsten Weise verwirklichen werden. Eine andere Alternative gibt es eben für diese Dinge im Verlauf des weltgeschichtlichen Geschehens nicht. Und heute ist einmal die Anforderung, daß solche Dinge verstanden werden, die den wirklich in der Welt wirksamen Impulsen entnommen sind. Heute ist eben nicht die Zeit, wie ich wiederholt betont habe, in der jeder sagen kann: Ich glaube, daß dies oder jenes geschieht oder geschehen soll, – sondern heute ist die Zeit, wo nur derjenige wirksam etwas über die Notwendigkeiten der Zeit zu sagen vermag, der in der Lage ist, das anzuschauen, was sich im Laufe der Zeit verwirklichen will.

Nun, vor allen Dingen handelt es sich darum, daß ich Ihnen natürlich nur eine Skizze geben konnte dessen, was von mir angesehen werden muß als eine Notwendigkeit, die sich verwirklichen will. Und ich will heute – ich möchte sagen, nur um eine Anknüpfung zu haben – nur noch kurz wiederholen, daß es sich darum gehandelt hat, daß diese Konfusion der sozialen Struktur, welche allmählich zu diesen katastrophalen Ereignissen der letzten Jahre in der ganzen Welt geführt hat, daß diese Konfusion ersetzt werden muß, einfach ersetzt werden muß durch jene Dreigliederung der sozialen Struktur, von der ich Ihnen das letztemal gesprochen habe. Sie haben gesehen, daß diese Dreigliederung darauf hinausläuft, daß dasjenige, was bisher in konfuser Weise der einheitlichen, scheinbar einheitlichen Staatsorganisation zugrunde lag, daß das in getrennte Gebiete sich auflösen muß. Es wird sich auflösen in die drei Gebiete, von denen ich das erste bezeichnet habe als das der politischen oder Sicherheitsordnung; das zweite als das Gebiet der sozialen Organisation, der wirtschaftlichen Organisation; das dritte als das Gebiet der freien geistigen Produktion. Diese drei Dinge werden sich – und zwar schon im Laufe der nächsten Jahrzehnte wird sich das auch denjenigen Leuten zeigen, die unwillig sind, es heute zu verstehen –, diese drei Gebiete werden sich selbständig nach jeder Richtung hin gliedern. Und man entkommt den großen Gefahren, denen die Welt sonst auch weiter entgegengeht, nur, wenn man sich darauf einläßt, diese Dinge zu verstehen. Verstehen wird man sie aber nur, wenn man wirklich auf die Dinge eingeht. Ich möchte, damit das Folgende nicht mißverstanden werde, noch einmal betonen: Die soziale Frage haben wir weder zu schaffen, noch irgendwie theoretisch über sie zu diskutieren. Durch die letzten Betrachtungen werden Sie gesehen haben, daß sie da ist, daß sie als ein Faktum, als eine Tatsache hingenommen werden muß, und daß sie nur in der entsprechenden Weise erfaßt und verstanden werden muß, wie ein Naturereignis.

Nun werden Sie gesehen haben, daß alles dasjenige, was ich letzten Sonntag hier als die notwendigen Impulse der Zukunft entwickelt habe, geeignet ist, die Reste, die geblieben sind in unserer sozialen Struktur aus alten Zeiten, und von denen wir ganz durchwühlt sind, rechtmäßig, gesetzmäßig zu überwinden. Vor allen Dingen werden Sie ersehen, wenn Sie tiefer nachdenken werden über die praktischen Ergebnisse dessen, was ich am letzten Sonntag vorgebracht habe, daß diese praktischen Ergebnisse jener sozialen Struktur, von der ich gesprochen habe, geeignet sind, dasjenige zu überwinden, und zwar sachgemäß zu überwinden, was unsachgemäß von denen überwunden werden will, die sich Sozialisten nennen, die aber mehr von Illusionen als von Wirklichkeiten leben. Was überwunden werden muß – wie gesagt, bei tieferem Nachdenken wird Ihnen das schon aus dem am letzten Sonntag Gesagten hervorgehen –, ist die Gliederung der sozialen Struktur nach Ständen. Was errungen werden muß im Sinne des Bewußtseinszeitalters, in dem wir leben, des fünften nachatlantischen Zeitraumes, ist, daß an die Stelle der alten Ständegliederungen der Mensch tritt. Daher wäre es ganz verhängnisvoll, wenn man verwechseln würde, was ich letzten Sonntag hier entwickelt habe, mit dem, was eben vielfach hereinragt aus überlebten Zeiten in unsere gegenwärtige soziale Gliederung. Aus dem Griechentum ragt herein in unsere soziale Gliederung dasjenige, was durch die Regeln, die im Weltgeschehen sind, überwunden werden will: die Gliederung der Menschheit in Nährstand, Wehrstand, Lehrstand. Das soll gerade durch das, was ich Ihnen am letzten Sonntag angegeben habe, überwunden werden; denn die Gliederung nach Ständen, die ist es, welche das Chaos in unsere gegenwärtige soziale Struktur hereinträgt. Diese Gliederung wird gerade überwunden dadurch, daß nun nicht nach derjenigen Gliederung, von der ich am letzten Sonntag hier gesprochen habe, die Menschen eingeteilt werden irgendwie nach Ständen. Diese Stände werden ganz naturgemäß verschwinden. Dahin geht die historische Notwendigkeit, daß die Verhältnisse gegliedert werden und der Mensch gerade als Mensch, als lebendiges Wesen, nicht als Abstraktum, sondern als lebendiges Wesen die Verbindung zwischen den drei Gliedern hervorruft. Nicht um eine Gliederung nach Nährstand, Wehrstand und Lehrstand handelt es sich, wenn ich davon spreche, daß man entgegengehen muß der politischen Gerechtigkeit, der ökonomischen Organisation, der freien geistigen Produktion, sondern darum, daß die Verhältnisse in dieser Weise gegliedert werden, und daß der Mensch als solcher gar nicht mehr einem Stande angehören kann, wenn die Verhältnisse in dieser Weise sich wirklich gliedern. Der Mensch steht als Mensch innerhalb der sozialen Struktur und bildet gerade das Verbindungsglied zwischen dem, was in den Verhältnissen gegliedert ist. Nicht ein besonderer ökonomischer Stand, ein besonderer Nährstand wird da sein, sondern eine Struktur ökonomischer Verhältnisse wird da sein. Ebenso wird nicht ein besonderer Lehrstand da sein, sondern die Verhältnisse werden so sein, daß die geistige Produktion in sich frei ist. Und ebenso wird nicht ein besonderer Wehrstand da sein, sondern immer mehr und mehr wird das, was jetzt in der Konfusion für alle drei Glieder angestrebt wird, für das erste Glied in einer liberal-demokratischen Weise angestrebt werden müssen.

Darum handelt es sich gerade, daß der Fortgang von der alten Zeit zur neuen Zeit notwendig macht, den Menschen als Menschen in der Welt hingestellt zu sehen. Nicht anders bekommen wir die Möglichkeit eines Verständnisses dessen, was unsere Zeit fordert, als dadurch, daß wir uns in die Lage versetzen, den Menschen wirklich als Menschen zu verstehen. Das kann natürlich nur geschehen von denjenigen Empfindungen, die aus Geisteswissenschaft heraus hervorgebracht werden.

Nun muß das, was ich Ihnen entwickelt habe, wie ich schon neulich sagte, auf einem breiten, welthistorischen Tableau gesehen werden. Einiges von dem Inhalte dieses Tableaus habe ich Ihnen angegeben. Damit ich nun weiter fortschreiten kann in der Schilderung solcher Verhältnisse, wie ich am letzten Sonntag zu schildern begonnen habe, möchte ich heute, ich möchte sagen mehr aus dem Okkulten heraus, nochmals eine Grundlage schaffen, um Ihnen zu zeigen, daß diese Dinge nicht so genommen werden können, daß jeder sich etwas ausdenkt, was gar nicht die tatsächlichen Verhältnisse berücksichtigt, sondern daß die Dinge so genommen werden müssen, daß wirklich aus der Bewegung der Tatsachen heraus die Dinge geschaut werden. Da muß ich davon ausgehen, daß vor allen Dingen die soziale Struktur sich aufbauen muß auf dem sozialen Verständnis. Das ist es ja, was gerade gefehlt hat seit Jahrzehnten. Es ist das Feld, das man da berührt, auf dem die meisten Fehler gemacht worden sind. Soziales Verständnis war bei der allergrößten Mehrzahl der Menschen der führenden Stände nicht im geringsten vorhanden. Deshalb braucht man sich gar nicht zu wundern, daß solche Umschwünge, wie jetzt in Mitteleuropa, den Leuten wie etwas vorkommen, das aus der Erde herauswächst, worauf sie gar nicht vorbereitet waren. Wer soziales Verständnis hatte, dem kommt das nicht unvorbereitet. Aber ich fürchte, die Menschen werden auch weiterhin von derselben Gesinnung sich durchdringen, von der sie sich durchdrungen haben vor dem Jahre 1914. Wie ihnen dazumal der selbstverständlich über allen Häuptern schwebende Weltkrieg überraschend gekommen ist, so werden in einer noch wichtigeren Sache die Menschen sich geradeso verhalten. Sie werden auch wiederum schlafend hereinbrechen lassen, was sich als soziale Bewegung über die Welt hin verbreitet. Das eben wird vielleicht ebensowenig zu verhindern sein bei der gegenwärtigen Denkträgheit der Menschheit, als zu verhindern war, daß die Menschen unvorbereitet die jetzige Katastrophe über sich haben hereinbrechen lassen.

Um was es sich handelt, ist, daß man vor allen Dingen sich bekanntmacht damit, daß ja die Menschen über die Erde hin wirklich nicht aus abstrakten Ideen heraus nach der einen oder anderen Richtung hin handeln, sondern daß in dem Augenblicke, wo ihr Handeln sozialen Effekt hat, sie so handeln, wie die im Weltgeschehen, in das der Mensch eingespannt ist, liegenden Impulse die Menschen veranlassen zu handeln. Eine elementare Tatsache wird heute noch – ich spreche aus Erfahrung, denn ich war genötigt, über diese Dinge in den letzten Jahren mit den Menschen mannigfaltigster Berufe und Stände zu sprechen, und weiß, wie man ankam, wenn man über diese Dinge sprach – von den Menschen ganz außer acht gelassen. Das ist diese, daß die Menschen des Ostens und des Westens – an der zukünftigen Gestaltung der Dinge werden alle Menschen teilnehmen – ganz verschieden sind in bezug auf ihre Impulse, ganz verschieden sind in bezug auf dasjenige, was sie wollen. Ja, wenn man immer nur den allernächsten sozialen Umkreis in Frage zieht, so kann man zu keinem klaren Urteil kommen über das, was in der Welt notwendigerweise vorgeht. Zu einem klaren Urteil kommt man nur, wenn man die Dinge wirklich – ich muß noch einmal das Wort gebrauchen – nach den Impulsen des Weltgeschehens beurteilt. Mitreden werden die Menschen des Westens, also der europäischen westlichen Staaten mit dem amerikanischen Anhang, mitreden werden die Menschen des europäischen Ostens mit dem asiatischen Hinterlande in den nächsten zwei bis drei Jahrzehnten; aber sie werden in ganz verschiedener Weise sprechen, weil die Menschen über die Erde hin notwendigerweise verschiedene Vorstellungen haben über das, was der Mensch als Bedürfnis seiner Menschenwürde und seines Menschenwesens hier auf der Erde empfindet und empfinden muß. Darüber kann man nicht sprechen, wenn man sich nicht darüber klar sein will, daß in der Zukunft gewisse Dinge auftreten müssen, welche die Menschen am liebsten vermeiden wollten.

Ich habe schon am letzten Sonntag davon gesprochen, daß es einfach untunlich ist, daß wirksame, fruchtbare soziale Ideen in der Zukunft auf einem anderen Wege gefunden werden als auf dem, der dahin führt, die Wahrheiten zu suchen jenseits der Schwelle des gewöhnlichen physischen Bewußtseins. Innerhalb des gewöhnlichen physischen Bewußtseins finden sich keine wirksamen sozialen Ideen. Und so müssen sie an die Menschen herantreten, wie ich das am letzten Sonntag beschrieben habe, diese sozialen, wirklich wirksamen Ideen. Aber dadurch ist zu gleicher Zeit gegeben, daß man sich nicht wird scheuen dürfen, in der Zukunft sich, so gut es jeder kann, bekanntzumachen mit dem, was eigentlich die Schwelle zur geistigen Welt ist. Auf dem Gebiete des alltäglichen Lebens, auf dem Gebiete auch der Wissenschaft können die Leute noch lange forttrotten, ohne daß sie Bekanntschaft machen mit dem, was die Schwelle der geistigen Welt ist. Da läßt sich zur Not ohne sie auskommen. Mit Bezug auf das soziale Leben läßt sich nicht auskommen, ohne aufmerksam zu werden auf das, was hier immer genannt worden ist die Schwelle der geistigen Welt. Denn es liegt in den Menschen der Gegenwart, zwar noch unbewußt, aber es strebt immer mehr und mehr ins Bewußtsein herauf, der Trieb, eine solche soziale Struktur herbeizuführen, die jeden Menschen in entsprechender Weise Mensch sein läßt auf der Erde.

Wenig klar, aber doch immerhin instinktiv, fühlen die Menschen auf den verschiedensten Territorien unserer Erde, was das ist, Menschenwürde, menschenwürdiges Dasein und so weiter. Der abstrakte Sozialdemokrat von heute glaubt, daß man ohne weiteres international ausdrücken kann, was Menschenwürde, Menschenrecht und so weiter ist. Das kann man nicht, denn notwendigerweise muß man, wenn man das zum Ausdrucke bringen will, daran denken, daß die eigentliche Vorstellung vom Menschen weset hinter der Schwelle zur geistigen Welt, denn der Mensch gehört ja der geistig-seelischen Welt an. Also kann die völlig zutreffende, die umfassende Vorstellung desjenigen, was der Mensch ist, nur von jenseits der Schwelle der geistigen Welt kommen. Sie kommt in Wirklichkeit auch daher. Denn wenn Ihnen auch der Amerikaner oder Brite oder Franzose oder Deutsche oder der Chinese, der Japaner, der Russe vom Menschen spricht und Ihnen noch so ungenügende Begriffe, ungenügende Vorstellungen vorsagt – in seinem Unterbewußtsein ruht etwas viel Umfassenderes, aber etwas, was erfaßt werden muß. Und das, was da ruht, dieses Umfassendere, das strebt herein ins Bewußtsein. Wir können also sagen: Es ist einmal so weit gekommen in der weltgeschichtlichen Entwickelung, daß in den Menschenherzen ein Bild des Menschen lebt. Und ohne aufmerksam zu sein auf dieses Bild des Menschen, kann kein soziales Verständnis sich entwickeln. Dieses Bild lebt; aber es lebt im Unterbewußten. In dem Augenblicke, wo es heraufstrebt ins Bewußtsein, und wo es wirklich ins Bewußtsein eintritt, kann es nur erfaßt werden mit den Fähigkeiten – wenigstens mit den begriffenen, mit den verstandenen Fähigkeiten –, mit den durch den gesunden Menschenverstand aufgenommenen Fähigkeiten jenes Bewußtseins, das übersinnlicher Natur ist. In den Menschen, die heute sozial streben, lebt ein Bild des Menschen, das so lange unbewußt bleiben kann, instinktiv bleiben kann, solange im Menschen nicht der Trieb erwacht, die Sache zur Klarheit zu bringen. Will er sie aber zur Klarheit bringen, so kann er es nur dadurch, daß er die Sache in jenem Lichte sieht, das von jenseits der Schwelle kommt. Und da stellt sich für den objektiven geistigen Beobachter heraus, daß das Bild des Menschen, das da instinktiv spukt in den Seelen, beim Menschen des Westens ganz verschieden ist als beim Menschen des Ostens. Und das wird eine ungeheuer wichtige Frage sein in der Zukunft. Sie spielt hinein in alle tatsächlichen Verhältnisse. Sie spielt hinein in den russischen Wirrwarr, sie spielt hinein in die mitteleuropäische Revolution, sie spielt hinein in die Konfusion, die sich im Westen vorbereitet, bis nach Amerika hinüber. Mit anderen Worten: Das, was sich vorbereitet, muß angeschaut werden, wenn es verstanden werden soll, im Lichte des übersinnlichen Bewußtseins. Es muß erfaßt werden mit den Fähigkeiten, die aus dem übersinnlichen Bewußtsein kommen. Denn es gibt keinen Weg vom sinnlichen Bewußtsein aus, dasjenige zu verstehen, was instinktiv als Menschenbild sowohl bei dem Menschen des Westens wie bei dem Menschen des Ostens vorhanden ist.

Um aber dieses Verständnis zu erwerben, ist es notwendig, daß Sie sich mit zwei Dingen, mit den zwei verschiedenen Gestalten bekanntmachen, in welchen beim Hüter der Schwelle ein Bestimmtes, im Menschen Instinktives, von dem er also eigentlich besessen ist, zum Ausdruck kommt. Denn sowohl im Westen als auch im Osten ist man davon besessen. Solange es instinktiv ist, ist man davon besessen, und erst wenn man zum klaren Bewußtsein kommt, ist man nicht mehr davon besessen. Es ist notwendig, daß Sie sich bekanntmachen mit der eigentümlichen Art, wie so etwas heraufsteigt jetzt in das wirkliche Bewußtsein, in das übersinnliche Bewußtsein, wovon der Mensch eigentlich unterbewußt besessen ist. In zweifacher Weise erfährt der Mensch beim Hüter der Schwelle, wie so etwas, was in seinen Instinkten rumort, was also nicht er selbst ist – denn nur, was man bewußt erfaßt, ist man selbst –, wie das vor ihm auftritt. Zwei Gestalten haben die Dinge, die instinktiv im Menschen diesen Menschen besessen machen, zwei Gestalten haben sie vor dem Hüter der Schwelle. Das heißt, kommt man zur Schwelle, dann stellt sich heraus, dasjenige, wovon man instinktiv besessen ist, hat entweder die eine oder die andere Gestalt. Die eine Gestalt kann man bezeichnen als die Gespenstgestalt. Das, wovon der Mensch instinktiv besessen ist, tritt in dem einen Falle so auf vor dem Hüter der Schwelle, daß es wie eine äußere Wahrnehmung ist; sie ist dann halluzinär, aber sie ist eine äußere Wahrnehmung, sie tritt tatsächlich vor den Menschen hin und kündigt sich dem Menschen wie eine äußere Wahrnehmung an. Das ist der Gespenstcharakter. Es kann also etwas, was instinktiv im Menschen lebt, was in ihm rumort, wenn er es bewußt kennenlernt beim Hüter der Schwelle, wo alle Instinkte aufhören, wo die Dinge anfangen, vollbewußt zu sein und in das freie Geistesleben sich einzugliedern, es kann vor dem Hüter der Schwelle ein solches instinktiv Lebendes als Gespenst auftreten. Dann ist man es los als Instinkt. Man darf sich nicht fürchten davor, daß so etwas als Gespenst auftritt, denn nur dadurch bekommt man es los, daß man es in der Objektivierung außen sieht, daß man das, was da in einem rumort, wirklich als Gespenst außen vor sich hat. Das ist die eine Form. Die andere Form, in der ein solches Instinktives auftreten kann, das ist die als Alp. Das ist nicht eine Wahrnehmung von außen, sondern eine bedrückende Empfindung oder auch eine Nachwirkung in einer Vision von dem, was einen bedrückt, ein imaginatives Erlebnis, das man aber zugleich als Alpdruck empfindet.

Entweder als Alp oder als Gespenst muß dasjenige, was instinktiv im Menschen lebt, zum Vorschein kommen, wenn der Mensch es ins Bewußtsein heraufbringen will. So wahr jeder Instinkt, der im Menschen lebt, nach und nach, damit der Mensch vollständig Mensch werde, sich heraufheben muß und entweder Gespenst oder Alpdruck werden muß, denn nur dadurch wird man frei vom Instinktiven, so wahr muß auch dasjenige, was unbewußt, instinktiv als Menschenwürde, als Bild des Menschen im Westen und Osten lebt, in der einen oder in der anderen Form vor die Menschen hintreten und verstanden werden, vor allen Dingen mit dem gesunden Menschenverstand verstanden werden. So wird es sein können, daß der Geisteswissenschafter, der praktizierende Geisteswissenschafter plausibel machen kann, das oder jenes erscheint als Alpdruck, das oder jenes erscheint als Gespenst; aber er wird das, was er aus seiner Erfahrung heraus erlebt, in solche Worte kleiden, daß er sich historischer oder sonstiger Vorstellungen bedienen wird, so daß dasjenige, was er erlebt, mit dem gesunden Menschenverstand aufgefaßt werden kann von denen, die noch nicht solche okkulte Fähigkeiten haben, durch die diese Dinge geschaut werden können.

Niemals kann irgendeine Ausrede gelten, daß man diese Dinge nicht schaut. Denn alles, was geschaut wird, wird in solche Vorstellungen gekleidet, daß sie der gesunde Menschenverstand erfassen kann. Das Vertrauen zu demjenigen, der die Dinge schaut, darf sich nur so weit erstrecken, daß man Vertrauen hat, er kann Anregungen geben; aber man braucht ihm nicht zu glauben. Denn das, was gesagt wird, kann, wenn man sich nur der Unbefangenheit befleißigt, mit dem gesunden Menschenverstand jederzeit durchschaut werden.

Nun stehen die Dinge so, daß jene Instinkte, welche im Westen leben als Bild des Menschen und nach sozialer Struktur hinstreben, daß diese vor dem Hüter der Schwelle sich erweisen als Gespenster. Dasjenige Bild des Menschen, das bei den Menschen des europäischen Ostens mit ihrem asiatischen Hinterlande lebt, das erweist sich als Alpdruck. Die okkulte Tatsache ist einfach diese: Wenn Sie – wo es am ausgeprägtesten ist – von einem Amerikaner sich schildern lassen, was er als Bild der echten Menschenwürde empfindet, wenn Sie dieses Bild, okkult verarbeitet, bis zum Hüter der Schwelle tragen und vor dem Hüter der Schwelle Ihre Erfahrungen machen über dieses Bild, so tritt es vor Sie hin als Gespenst. Lassen Sie sich von einem Asiaten oder von einem wissenden Russen schildern, was er sich als Bild des Menschen vorstellt, dann wirkt das auf den, der es bis zum Hüter der Schwelle tragen kann, als Alp.

Aber das, was ich Ihnen da sage, ist nur die Charakterisierung einer okkulten Erfahrung. Diese okkulte Erfahrung hat ihre Grundlage in historischen Impulsen, in historischen Geschehnissen. Denn dasjenige, was instinktiv sich bildet in den Herzen und Seelen der Menschen, das bildet sich ja auch aus historischen Unterlagen heraus. Die westlichen Völker, Briten, Franzosen, Italiener, Spanier, Amerikaner, sie haben sich einfach aus gewissen historischen Impulsen, allerdings nicht mit vollem, klarem Bewußtsein, sondern auf instinktive Art, bei ihrer Entwickelung von alten Zeiten bis zu ihrem gegenwärtigen Zustand ein solches Bild des Menschen in ihre Herzen einwurzeln lassen, welches man wirklich richtig charakterisieren kann, wenn man auf die historischen Impulse eingeht.

Dieses Bild des Menschen, sowohl das östliche wie das westliche Bild, das muß ersetzt werden durch dasjenige, was durch geisteswissenschaftliche Forschung wirklich gefunden werden kann, und was allein einer wirklichen sozialen Gestaltung zugrunde liegen kann, nicht einer solchen, die durch Gespenster regiert wird, und auch nicht einer solchen, die durch den Alp regiert wird. Wenn man sachgemäß untersucht: Warum ist das westliche Menschenbild ein Gespenst? – so stellt sich nach Erwägung aller historischen Untergründe heraus, daß in die Instinkte, die zum Bild des Menschen geführt haben im westlichen Gebiete, die zum Beispiel jetzt geführt haben zu dem sogenannten Wilson-Programm der Welt, das so viel angebetet wird –, daß ihnen zugrunde liegt das Gespenst des alten römischen Reiches. Alles dasjenige, was sich geschichtlich nach und nach entwickelt hat, was eigentlich einen durchaus veralteten, das heißt luziferisch-ahrimanischen Charakter hat, was nicht der Gegenwart unmittelbar angemessen ist, sondern was Gespenst ist früherer Zeiten, ist das Gespenst des Romanismus. Gewiß, es ist in den westlichen Kulturen vieles, was gar nicht zusammenhängt mit dem Romanismus. In englisch sprechenden Gegenden finden Sie natürlich vieles, was nicht damit zusammenhängt. Auch in den eigentlichen romanischen Ländern finden Sie vieles, was nicht zusammenhängt mit dem Romanismus. Aber darauf kommt es nicht an, sondern das, worauf es ankommt, ist das Bild des Menschen insoferne er sich in die soziale Struktur einreihen soll. Das ist durchaus heute in diesen Territorien instinktiv bestimmt und beeinflußt von dem, was sich gebildet hat innerhalb der romanischen Kultur. Das ist ein Produkt ganz und gar noch der lateinischen Denkweise der vierten nachatlantischen Kultur. Das ist nichts, was lebt, das ist etwas, was spukt wie das Gespenst eines Verstorbenen. Und dieses Gespenst ist es, was dem objektiven okkulten Betrachter erscheint, wenn er sich ein Bild machen will von dem, was weltbeherrschend gemacht werden soll vom Westen herüber.

Es nützt nichts, über diese Dinge ohne Wissenschaft zu sprechen, denn das gestattet der Zustand der Menschheit in der gegenwärtigen Periode nicht mehr. Um was es sich handelt, ist, daß es notwendig ist, diesen Dingen klar ins Auge zu schauen. Das Gespenst des Romanismus geht um im Westen. Und wenn ich neulich darauf aufmerksam gemacht habe, welches das Schicksal verschiedener Völker des Westens, namentlich eines einzelnen Volkes, der Franzosen, sein wird, so hängt das damit zusammen, daß gerade die Franzosen am intensivsten festhalten an dem romanischen Gespenst, daß sie vermöge ihrer ganzen instinktiven Temperaments- und Charakteranlagen nicht loskommen können von dem romanischen Gespenst. Sehen Sie, das ist die eine Seite, die nach dem Westen hin.

Die andere Seite ist diese, daß sich auch im Osten geltend macht ein gewisses Bild vom Menschen, insofern er sich in die soziale Struktur einreihen soll. Dieses Bild ist allerdings so, daß durch die Notwendigkeit der Tatsachen schon dasjenige herauskommen wird, wovon ich immer gesprochen habe, daß sich im europäischen Osten besonders die sechste Kulturperiode vorbereitet. Aber wenn man die Sache vom Gegenwartsstandpunkte aus beobachtet, so ist dasjenige, was heute noch lebt im Osten von Europa, mit dem asiatischen Hinterlande, nicht das Bild, das sich zukünftig einmal vom Menschen entwickeln wird auf naturgemäße Weise, das aber der Mensch verpflichtet wäre, schon heute aus der Erkenntnis heraus zu entwickeln, sondern es ist ein Bild, welches, wenn man es nimmt und mit ihm zum Hüter der Schwelle geht, um es da zu beobachten, als Alp erscheint.

Und auch dieses Bild erscheint als Alp aus dem Grunde, weil die Instinkte, welche im Osten sich geltend machen bei der Bestimmung dieses Bildes, genährt werden von einer noch unvollkommenen Kraft. Sie wird sich ja erst in der Zukunft, in der sechsten nachatlantischen Kulturperiode, zu ihrer vollen Höhe entwickeln. Diese Kraft, sie braucht aber einen Impuls, der sie unterstützt. Sie braucht, bevor das Bewußtsein erwacht – und das Bewußtsein muß gerade vom Osten aus erwachen – eine instinktive Grundlage. Und diese Instinktgrundlage, die heute noch in den Menschen des Ostens lebt, wenn sie sich das Bild des Menschen machen, die wirkt als Alp. Und geradeso, wie alle die Impulse, die vom Romanismus zurückgeblieben sind, mitbestimmend sind als alte abgeleitete Impulse bei dem Bilde im Westen, so soll der Alp den Osten darin unterstützen, ihn auf ganz geheimnisvolle Weise dazu bringen, daß er sich von ihm befreit – so wie der Alp wirkt, den man dann überwindet und abstößt, wenn man aufwacht von ihm, so daß man klar wird über das, was eigentlich geschehen ist. Diese Kraft, die da nach Osten hin wirken soll, ist nun nicht etwas Überlebtes, sondern etwas gerade in der Gegenwart erst recht Wirkendes. Es sind die Kräfte, welche ausgehen von dem britischen Weltreich. Geradeso wie im Westen das Bild des Menschen zum Gespenst gemacht wird durch die Impulse des Romanismus, so wird im Osten das Bild des Menschen so in die menschliche Seele hineingepreßt, daß dabei dasjenige, was noch lange in die Zukunft hinein als die Bestrebungen des britischen Weltreiches wirken wird, Alpdruck ist.

Diese zwei Dinge bewirken, daß dasjenige, was bewußt im römischen Reiche war, auf der einen Seite unbewußt nachlebt in gespensterhafter Weise im Westen, und daß dasjenige, was sich vorbereitet, was in der Gegenwart gerade wirksam ist, die britisch-amerikanischen Weltreichimpulse, daß diese als Alpdruck, als Widerlage des Alpdrucks da sind, um die Menschen des Ostens zur bewußten Geburt eines entsprechenden Menschenbildes zu bringen.

Diese Dinge heute auszusprechen ist unbequem, und sie anzuhören ist den Menschen auch unbequem. Aber wir sind einmal in einer Epoche der weltgeschichtlichen Entwickelung angekommen, in welcher nur etwas erreicht werden kann dadurch, daß der Mensch aus seiner Erkenntnis heraus, aus seinem vollen Bewußtsein heraus die Dinge der Welt objektiv anschaut, sich wirklich mit den Dingen der Welt objektiv bekanntmacht. Auf eine andere Weise geht es nicht weiter. Und das, was schließlich in der Gegenwart geschieht, das ist dazu angetan, den Menschen zu zwingen, daß er diese Geschehnisse in einer gewissen Weise umkehrt. Es darf eigentlich nicht so weitergehen, daß ebenso, wie man sich lange Zeit hat zwingen lassen, so zu denken, man sich jetzt wieder zwingen läßt, weil auf einem gewissen Gebiete der Erde die Dinge vom Untersten zum Obersten gekehrt sind, zwingen läßt zu anderen Gedanken. Man kann heute Leute kennenlernen, die sich in ein paar Wochen aus «wackeren» – in Gänsefüßchen selbstverständlich – Royalisten zu extremen Republikanern und weiß Gott was alles entwickelt haben. Dieselben Menschen sind es! Nun, geradesowenig, wie früher von denjenigen Menschen, die zwangsmäßig Royalisten waren, etwas hat kommen können, was der Menschheit heilsam ist, ebensowenig kann etwas Heilsames kommen von denen, die heute zwangsmäßig Sozialisten, oder meinetwillen sogar aus wahren Royalisten Bolschewisten geworden sind, denn auch solche gibt es.

Was nottut, das ist weder das eine noch das andere. Was nottut, ist, daß wir einsehen, daß nur das heilsam sein kann, was aus der freien Entschließung der freien Menschenseele herauskommt; das, wozu der Mensch sich selber entschließt, wozu der Mensch kommt durch die Erwägungen seines Sinnens, durch die Erwägungen seines Herzens und durch Einsicht vor allen Dingen. Das ist es, worauf es ankommt. Sonst erleben wir es immer wieder und wiederum, daß die Dinge einmal, angeleitet durch den Zwang der Verhältnisse, so oder so angesehen werden. Derjenige, der heute zum Beispiel *Ludendorff* einen Verbrecher nennt, nachdem er ihn vor sechs Wochen als einen großen Feldherrn angesehen hat, der ist, wenn er keine Gründe zu dem einen oder zu dem anderen hat, wenn er es nicht aus der freien Entschließung des freien Herzens heraus tun kann, in dem einen Falle für die Entwickelung der Menschheit geradesoviel wert wie in dem anderen. Denn nicht bloß darauf kommt es an, daß irgend etwas abstrakt richtig ist – in der Regel ist das eine ebenso falsch wie das andere –, sondern darauf, daß wir die Fähigkeit erwerben zu wirklich eigenem Urteile. Da kann Ihnen ja Geisteswissenschaft wirklich eine gute Anleitung sein. Ich erlebe es ja immer wieder und wiederum, daß dasjenige, was hier oder sonst von mir auf geisteswissenschaftlichem Gebiete gesagt wird, schwerverständlich gefunden wird. Das rührt nur davon her, daß man nicht wirklich den Willen hat, seinen vollständig gesunden Menschenverstand auf die Dinge anzuwenden. Es wird schwerverständlich gefunden, weil man findet, daß es nicht bequem genug ist, die Dinge anzufassen.

Ich habe in diesen Betrachtungen auch verschiedentlich über diese sogenannte kriegerische Katastrophe der letzten Jahre und ihr Hereinkommen bis heute gesprochen. Ich hoffe, daß verstanden wird, daß die Dinge, die in den letzten Wochen geschehen sind, eine volle Bestätigung dessen sind, was ich seit Jahren zu Ihnen und zu anderen auf diesem Gebiete gesprochen habe. Nichts ist anders gekommen, als in dem Sinne liegt, von dem hier gesprochen worden ist. Und sogar die Karte, die ich vor Jahren hier aufgezeichnet habe auf die Tafel – Sie sehen sie in diesen Tagen sich verwirklichen.

Nur dürfen die Dinge, die hier gesagt werden, nicht im Sinne von

Sonntagnachmittagspredigten genommen werden, sondern sie müssen so genommen werden, wie sie gemeint sind, als herausgesprochen aus den tatsächlichen Impulsen, die entweder verwirklicht sind, oder sich verwirklichen wollen. Deshalb will ich auch nicht zurückhaltend sein, wenn das auch zuweilen Wiederholung bedeutet, immer wieder und wiederum auf gewisse methodische Dinge aufmerksam zu machen. Diese methodischen Dinge sind das Allerwichtigste auf dem Gebiete der geisteswissenschaftlichen Erkenntnis, die unserer Zeit so nottut. Was diese Geisteswissenschaft aus unserer Seele macht, das ist viel notwendiger als das abstrakte Sichbekanntmachen mit der einen oder mit der anderen Wahrheit. Man erlebt es ja immer wieder, wie gerade bei der Auffassung der unmittelbar äußeren Ereignisse diejenige Art der Seelenstruktur dienlich ist, welche aus der Geisteswissenschaft kommt. Wie oft habe ich es betont im Laufe dieser Jahre, daß es eigentlich schrecklich ist, daß die Menschen immer wieder die bequeme Frage aufgeworfen haben: Wer ist an dieser kriegerischen Weltkatastrophe schuld? Sind es die Mittelmächte oder die Entente oder ist es weiß Gott wer? – während im Grunde genommen diese Frage, wer schuld ist, überhaupt nicht beantwortet werden kann. Man muß die Frage in einer ganz bestimmten Weise stellen. Auf das richtige Stellen der Fragen kommt es an. Dann nur kann man zu einer genügenden, gründlichen, wirklichen Einsicht kommen. Aber es ist ja bei vielen Menschen in der Gegenwart hoffnungslos, an diese Einsicht zu appellieren. Manches, was jetzt aus Paris geschildert wird, erinnert mich zum Beispiel an anderes, was an dem Unheil nicht unbeteiligt ist, und was früher in Berlin oder an anderen Orten geschehen ist. Eben nicht darauf kommt es an, daß man sein Urteil danach einrichtet, wie es gerade erlaubt oder nicht erlaubt ist – vor allem das Tatsachenurteil –, sondern daß dieses Urteil aus dem freien Ermessen heraus, aus der freien Seele heraus selbst gebildet ist. Darauf kommt es an.

Wenn Sie sich an manches erinnern, was ich in den letzten Wochen hier gesagt habe, so werden Sie sehen, daß die Zeitereignisse, die mittlerweile eingetreten sind, manches bestätigt haben. Ich habe Ihnen zum Beispiel ausgeführt, daß man nicht davon sprechen kann, daß in dem Sinne, wie es vielen Menschen so bequem ist, bei den Mittelmächten gesucht werden kann, was man die Schuld an dem Weltkriege nennt. Aber ich habe Ihnen gesagt, daß zu dem Weltkrieg wesentlich beigetragen hat, daß die Regierungen der Mittelmächte idiotisch waren. Was ich noch in den letzten Vorträgen hier ausgeführt habe, ist mittlerweile in dieser Woche voll bestätigt worden durch die mit meinen Ausführungen in voller Übereinstimmung stehenden Enthüllungen, die von der bayerischen Regierung ausgegangen sind, und welche den Briefwechsel wiedergeben zwischen der bayerischen Regierung und dem bayerischen Gesandten in Berlin, dem *Grafen Lerchenfeld-Köfering*. Durch solche Dinge wird immer mehr das Bild herauskommen, welches ich Ihnen seit Jahren allerdings so geben mußte, daß ich immer die Dinge auf ihre richtigen Fragestellungen zurückführte. Es ist ein gewisses Verdienst – und auch diese Dinge darf man ja jetzt hervorheben – des auf eine so merkwürdige Weise aus dem Kerker zum Ministerpräsidentenstuhl gekommenen *Kurt Eisner*, daß er mit der Veröffentlichung dieser Dinge angefangen hat. In dieser Zeit, in welcher so viel geredet wird über diejenigen Menschen, die sich ihrer Ämter unwürdig gemacht haben, darf wohl auch über einen solchen Menschen gesprochen werden, wie es der bayerische Ministerpräsident jetzt ist und dem man sich ja deshalb nicht in Lobhudelei nähern will. Jeder selbstverständlich wird nach seinem Karma und nach der Art und Weise, wie er durch dieses Karma in die Welt gestellt ist, das eine oder andere Urteil an dem einen oder dem anderen Orte fällen können oder fällen sollen. Will man sich soziales Verständnis aneignen – ich habe es in verschiedenen Zusammenhängen gesagt –, so handelt es sich vor allen Dingen darum, daß man sich Menschenverständnis aneignet, Interesse für Menschen, differenziertes Interesse für Menschen. Menschen kennenlernen wollen, das ist es, was Aufgabe für die Zukunft, allerwichtigste Aufgabe für die Zukunft sein muß. Man muß sich aber aneignen einen gewissen, ich will jetzt sagen Instinkt dafür, aus Symptomen heraus zu urteilen. Deshalb habe ich Ihnen ja die Vorträge gehalten über die Geschichte als Symptomatologie. – Solch ein Mensch wie dieser bayerische Ministerpräsident Kurt Eisner steht vollständig vor einem, wenn man zum Beispiel folgende Tatsache sich vor Augen führt. Ich sage Ihnen das jetzt nicht, um irgend etwas Aktuelles vorzubringen, sondern um Ihnen ein Stück Psychologie, ein Stück Seelenkunde zu illustrieren.

Als noch gar keine Kriegserklärung, weder nach links noch nach rechts ergangen war, sondern man erst in den letzten Tagen des Juli 1914 stand, da sagte Kurt Eisner in München: Wenn es jetzt wirklich zum Weltkriege kommt, dann werden sich nicht nur die Völker zerfleischen, sondern dann stürzen alle Throne in Mitteleuropa. Das ist die notwendige Folge. – Er ist sich treu geblieben. Er hatte die ganzen Jahre hindurch ein kleines Häuflein, die immer von der Polizei verfolgt waren, in München gesammelt und zu ihnen gesprochen; hat, als an einer besonders wichtigen Stelle der Entwickelung der letzten Jahre in Deutschland ein Streik ausbrach, dann seine Gefängnisstrafe bekommen und ist jetzt vom Gefängnis zum bayerischen Ministerpräsidentenstuhl gestiegen. Er ist ein Mensch aus einem Guß. Ich will ihn nicht loben, denn die Verhältnisse sind jetzt so, daß selbst ein solcher Mensch Fehler über Fehler machen kann. Aber charakterisieren möchte ich so etwas, worauf es ankommt. Es handelt sich immer darum, die Dinge, die einem in der Welt entgegentreten, als Symptome richtig einzuschätzen, von den Symptomen auf das Dahinterliegende zu schließen, wenn man nicht die Fähigkeiten hat, von den Symptomen überhaupt auf das dahinterliegende wirksame Geistige zu sehen. Man muß sich wenigstens bestreben, von den Symptomen auf das dahinterliegende Geistige zu sehen. Und insbesondere wird für die Zukunft notwendig sein, daß Verständnis von Mensch zu Mensch auftrete. Mit Phrasen, mit Programmen, mit Leninismen wird die soziale Frage nicht zu lösen sein, sondern mit Verständnis von Mensch zu Mensch, wie man es sich aber nur aneignen kann, wenn man in der Lage ist, den Menschen als äußere Offenbarung eines Ewigen in sich anzuerkennen.

Sehen Sie, wenn Sie das nehmen, was ich gesagt habe, daß im Westen der Mensch als Gespenst wirkt vor dem Hüter der Schwelle, im Osten als Alp wirkt, dann werden Sie gewissermaßen den Impuls erhalten, um die Verhältnisse der Gegenwart in der richtigen Weise zu sehen. Im Westen ein untergehendes Bild des Menschen, das daher als Gespenst erscheint; im Osten ein aufgehendes Bild, das wir aber in seiner Gegenwartsgestalt nicht nehmen dürfen, weil es noch bloß eine Imagination des Alpdruckes ist und erst nach Überwindung des Alpdruckes in seiner wahren Gestalt auftauchen kann. Daher liegen die Dinge so, daß man tiefer schauen muß, wenn man sich überhaupt an der Diskussion über die soziale Frage heute beteiligen will. Und die Dinge, die man in einem tieferen Sinne erschauen muß, sind vor allen Dingen solche, die sich auf die Art des Denkens beziehen, wie dieses Denken aus dem ganzen Menschen heraussprießt, differenziert bei den Persönlichkeiten über die ganze Erde hin.

Daß dieses romanische Gespenst einen so tiefen Einfluß gewinnen konnte, das rührt ja eben davon her, daß im wesentlichen im Menschendenken das Denken der alttestamentlichen Weltanschauung noch nicht überwunden ist. Das Christentum ist wirklich erst im Anfange. Das Christentum ist noch nicht so weit, daß es die Menschengemüter wirklich durchdrungen hätte. Dafür hat schon die römische Kirche, welche ja selbst ganz unter dem Einfluß des romanischen Gespenstes in bezug auf Theologie steht, schon das Nötige gewirkt. Diese römische Kirche hat ja, wie ich öfter erwähnt habe, mehr beigetragen zur Hintanhaltung als zum Hineintragen des Bildes des Christus in die Menschenherzen und Menschenseelen. Denn die Vorstellungen, die verwendet worden sind innerhalb der römischen Kirche, um den Christus zu erfassen, die sind ganz die Vorstellungen der sozialen und politischen Struktur des alten römischen Reiches. Wenn die Menschen das auch nicht wissen, in ihren Instinkten wirkt es.

Diejenigen Vorstellungen, welche im Alten Testamente geltend waren, die wir vorzugsweise bezeichnen müssen als die Vorstellungen des alttestamentlichen Judentums, die ihre Verweltlichung gefunden haben im Romanismus – wenn er auch gegensätzlich ist zum Judentum, er ist nur dasjenige auf weltlichem Gebiete, was das Judentum geistig ist –, die sind auf dem Umwege durch das Römertum hereingekommen in unsere Gegenwart, sie spuken gespensterhaft herein. Dieses alttestamentliche, noch nicht durchchristete Denken, das muß man seinem wahren Ursprunge nach in dem Menschen suchen. Man muß sich die Frage beantworten: Von welchen Kräften hängt gerade dieses Denken ab, wie es das alttestamentliche Denken ist?

Dieses Denken hängt ab von dem, was mit dem Blute von Generation zu Generation vererbt werden kann. Die Fähigkeit, so zu denken, wie die Denkrichtung des Alten Testamentes ist, die wird in der Menschheitsfolge im Blute vererbt. Das, was wir von unseren Vätern an Fähigkeiten erben, einfach dadurch, daß wir geborene Menschen sind, dadurch, daß wir vor unserer Geburt embryonale Menschen waren, das, was wir also als Kraft des Denkens erben, was im Blute lebt, das ist das alttestamentliche Denken. Denn unser Denken zerfällt durchaus in zwei Glieder, in zwei Teile. Das eine Denken ist dasjenige, das wir haben durch unsere Entwickelung bis zu unserer Geburt, das wir also erben von unseren Vätern beziehungsweise von unseren Müttern. Wir können so denken, wie man alttestamentlich gedacht hat, weil wir Embryos waren. Das ist das Wesentliche auch des alten jüdischen Volkes, daß es in der Welt, die man hier durchlebt zwischen der Geburt und dem Tode, nichts hinzulernen wollte zu dem, was man als Fähigkeit mitbekommt dadurch, daß man Embryo gewesen ist bis zu der Geburt. Sie verstehen das alttestamentliche Denken nur dadurch, daß Sie es so auffassen, daß Sie sich sagen: Das ist das Denken, das wir haben kraft dessen, daß wir Embryo gewesen sind.

Das Denken, das zu diesem hinzukommt, ist dasjenige, das wir uns nach der Embryonalzeit noch erwerben in der menschlichen Entwickelung. Für gewissen äußeren Gebrauch erwirbt sich ja der Mensch allerlei Erfahrung, aber er treibt das nicht bis zu einer wirklichen Umgestaltung des Denkens, so daß selbst heute noch, viel mehr als man glaubt, das alttestamentliche Denken nachwirkt. Der Mensch ist genötigt, zwischen Geburt und Tod hier auf der physischen Erde zu leben. Aber er durchdringt die Erfahrungen, die er hier macht, nicht mit dem Denken, das sich ihm aus diesen Erfahrungen selbst ergibt. Das tut er im allergeringsten Sinne, höchstens instinktiv. Er treibt wenigstens diese Erfahrungen, die er macht, nicht bis zu der Geburt einer besonderen Denkungsart. Das tut nur der wirkliche, im heutigen Sinn entwickelte Okkultist. Der verwendet das Leben, das er hier lebt, so, daß er neuerdings aufwacht, so wie das Kind, nachdem es geboren wird, erwacht. Derjenige, der sich im Sinne von «Wie erlangt man Erkenntnisse der höheren Welten?» verhält, der macht das noch einmal durch, der verhält sich, wie sich der gewöhnliche Mensch zum Embryo verhält. Aber im gewöhnlichen Leben macht man es so, daß man ja zwar genötigt ist, die Erfahrungen zu machen, daß man aber das Denken nur anwendet, das man kraft dessen, daß man Embryo war, erworben hat. So gehen die Menschen herum, machen ihre Erfahrungen, wollen nicht weitergehen, sondern wenden auf diese Erfahrungen als Denkinhalt, namentlich als Denkrichtung, als Denkform dasjenige an, was ihnen das Leben als Embryo gibt, was also durch das Blut sich von Generation zu Generation vererbt.

Nun ist eine Tatsache von fundamentaler Bedeutung. Diese Tatsache ist, daß das Mysterium von Golgatha in seiner besonderen Eigenart nie begriffen werden kann mit dem Denken, das man nur kraft der Embryonalentwickelung hat. Ich habe Ihnen daher in diesen Vorträgen auch bei meinem diesmaligen Hiersein ausgeführt, daß das Mysterium von Golgatha etwas ist, was man mit dem gewöhnlichen physischen Denken nicht erfassen kann, was man immer ableugnen wird, wenn man ehrlich ist, solange man beim physischen Denken stehenbleiben will. Das Mysterium von Golgatha, alles Durchchristete überhaupt, muß begriffen werden nicht vom Monden-, sondern vom Sonnenhaften, von demjenigen Standpunkte aus, den man erringt nach der Geburt hier im Leben. Das ist der große Unterschied zwischen dem Durchchristeten und dem Nichtdurchchristeten. Das Nichtdurchchristete wird von einem Denken beherrscht, das in der Blutsfolge sich vererbt. Das durchchristete Erfassen der Welt wird von einem Denken beherrscht, das man individuell, als Persönlichkeit in der Welt erwerben muß durch die Erfahrungen des Lebens, indem man diese Erfahrungen so vergeistigt, wie Sie es beschrieben finden in «Wie erlangt man Erkenntnisse der höheren Welten?»

Das ist das Wesentliche, daß dasjenige Denken, das man kraft der Embryonalentwickelung hat, nur dahin führt, die Gottheit als Vater zu erkennen. Dasjenige Denken, welches man erwirbt in der Welt durch das persönliche Leben in der Nachembryonalzeit, führt dahin, die Gottheit auch als Sohn zu erkennen.

Der Drang, sich nur desjenigen Denkens zu bedienen, das ein Jahve-Denken ist, wirkt nach und zwar bis in das neunzehnte Jahrhundert.

Dieses Denken ist aber auch nur geeignet, vom Menschen dasjenige zu begreifen, was vom Menschen in die Naturordnung hereingehört. Und das ist dadurch gekommen – Sie wissen, Jahve ist einer der sieben Elohim –, daß diese Jahve-Gottheit, also einer der sieben Elohim, zunächst vorzeitlich sich bemächtigt hat der Herrschaft über das menschliche Bewußtsein und die anderen Elohim zurückgedrängt hat. Dadurch sind die anderen Elohim zunächst in die Sphäre der sogenannten Illusion gedrängt worden, das heißt, sie werden für phantastische Wesen gehalten. Das rührt aber davon her, daß die Jahve-Gottheit diese Geister vorläufig verdrängt und das menschliche Bewußtsein nur mit dem durchsetzt hat, was aus der Embryonalzeit erkraftet werden kann.

Das ging bis ins neunzehnte Jahrhundert herein; denn dadurch, daß die Jahve-Gottheit gewissermaßen entthront hat die anderen Elohim und die anderen Elohim sich erst durch die Persönlichkeit des Christus wieder geltend machten und sich nacheinander geltend machen werden in der verschiedensten Weise, dadurch kam die menschliche Natur unter den Einfluß niederer elementarer geistiger Wesenheiten, die entgegenwirkten den Bestrebungen der Elohim. So daß also die Entwickelung für das menschliche Bewußtsein so war, daß die Jahve-Gottheit sich als Alleinherrscher eingesetzt und die andern entthront hat. Dadurch, daß die andern entthront worden sind, ist die menschliche Natur unter die Einflüsse von niedrigeren Wesen als die Elohim gekommen. Und so wirkt nicht nur Jahve fort bis ins neunzehnte Jahrhundert, sondern die niedereren Götter anstelle der Elohim. Und wenn auch das Christentum sich ausgebreitet hat – ich habe Ihnen ja immer gesagt, es ist in Wirklichkeit erst im Anfange –, die Menschheit hat es noch nicht verstanden und zwar deshalb, weil eben die Menschen nicht gleich die Wirksamkeit der Elohim entgegengenommen haben, sondern hängengeblieben sind an dem Jahve-Denken, an dem durch embryonale Kraft erweckten Denken, und weiter unter dem Einfluß der Gegner der Elohim geblieben sind.

Nun hat sich das im neunzehnten Jahrhundert, und zwar genau in den vierziger Jahren des neunzehnten Jahrhunderts, die ich Ihnen öfters als einen besonderen Wendepunkt bezeichnet habe, so herausgestellt, daß allmählich Jahve selbst in seinem Einfluß auf das menschliche Bewußtsein von der Gewalt derjenigen Geister, die er gerufen hat, überwältigt worden ist. Daraus ging hervor – weil man mit der Jahve-Kraft bloß das begreifen kann, was an die Naturordnung im Menschen, also an das Blut gebunden ist –, daß das frühere Suchen des einen Gottes in der Natur durch den Einfluß der entgegenstrebenden Dinge auf die bloße atheistische Naturwissenschaft, in das bloße atheistische, naturwissenschaftliche Denken und, auf praktischem Felde, in das bloße Utilitätsdenken überging. Das ist genau festzuhalten für die vierziger Jahre, für den Zeitpunkt, den ich Ihnen angegeben habe. So ist dadurch, daß Jahve die Geister, die er gerufen hat, nicht losbekam, übergegangen das alttestamentliche Denken in die atheistische Naturwissenschaft der neueren Zeit, die auf dem Gebiete des sozialen Denkens Marxismus oder ähnliches geworden ist, so daß auf dem Gebiete der sozialen Welt ein von der Naturwissenschaft beeinflußtes Denken waltet.

Dies hängt zusammen mit vielem, was sich unmittelbar am heutigen Tage abspielt. Es steckt einfach in dem heutigen Menschen in Naturalismus umgewandeltes, alttestamentliches Denken. Gegen dieses Denken ist sowohl das, was als Bild des Menschen vom Westen, wie das, was als Bild des Menschen vom Osten kommt, kein hinlänglicher Schutz. Denn es hält den Menschen ab von wirklicher, richtiger Einsicht.

Es ist ja heute mit Händen zu greifen, wie die Menschen sich wehren gegen Einsicht. Das tritt ja zuweilen pathologisch auf. Die sogenannte Kriegsgeschichte der letzten zwei Jahre – ich habe es Ihnen neulich gesagt – wird eine psychiatrische sein, eine sozial-psychiatrische. Die Dinge, wie sie sich abgespielt haben, sind für denjenigen, der sie kennt, so, daß, wenn sie sachgemäß zusammengestellt werden, sie die beste Symptomatologie für die soziale Psychiatrie der letzten Jahre und derjenigen Jahre, die da kommen werden, abgeben. Nur muß man selbstverständlich Psychiatrie auch etwas anders, mit feineren Händen anfassen, als sie von der materialistischen Medizin angefaßt wird; sonst wird man die Psychiatrie, die man zu studieren hat, zum Beispiel an der Person Ludendorffs, niemals in der richtigen Weise herausheben. Aber der Mensch wird eben lernen müssen, gerade ein gut Stück der neuesten Zeitgeschichte in diesem Lichte zu sehen. Die Freunde werden sich erinnern können, daß ich vom Anfang dieser Katastrophe an immer wieder und wiederum, wenn das oder jenes so leichten Herzens gesagt worden ist, betont habe: Diese kriegerische Katastrophe wird es unmöglich machen, aus bloßen Dokumenten und Archivergebnissen heraus die Geschichte zu schreiben. Nur derjenige wird verstehen, wie diese Katastrophe möglich geworden ist, der sich klarwerden wird darüber, daß die entscheidendsten Dinge, die 1914 Ende Juli und Anfang August geschehen sind, geschehen sind durch getrübte Bewußtseine. Die Menschen über die ganze Erde hin haben getrübte Bewußtseine gehabt und durch die Hineinwirkung ahrimanischer Mächte in diese getrübten Bewußtseine sind die Dinge geschehen. Also durch Erkenntnis von wirklich geisteswissenschaftlichen Tatbeständen werden die Dinge enthüllt werden müssen. Was nun schon einmal wird eingesehen werden müssen, ist das, daß die Zeit vorbei ist, wo man aus bloßen Dokumenten etwa im Sinne der Rankeschen Geschichtsschreibung oder meinetwillen der Geschichtsschreibung auf einem anderen Gebiete, Buckles oder dergleichen, die Ereignisse feststellen kann. Das ist wichtig!

Bloße Sympathien und Antipathien entscheiden nichts, wenn eine Urteilsrichtung gewonnen sein will. Aber nach Sympathien und Antipathien hat man in den letzten Jahren hauptsächlich geurteilt und urteilt man bis heute. Gewiß, es werden auch unter der Herrschaft von Sympathie und Antipathie gerechte Urteile gefällt, aber sie wollen für das Eingreifen des Menschen mit seinem Urteile in die Tatsächlichkeit nichts Besonderes bedeuten. Die Wege, auf denen so oder so orientiertes Urteil epidemisch wird, die werden insbesondere studiert werden können, wenn man die Urteilsentwickelung bei den Menschen in den letzten Jahren verfolgt. Was haben Millionen von Menschen geglaubt in Mitteleuropa, was werden sie glauben? Und was glaubt man außerhalb Mitteleuropas? In Mitteleuropa so lange, als es eben ging; außerhalb Mitteleuropas wird es ja länger gehen. Aber darauf kommt es wirklich an, daß man endlich einmal sich angewöhnt, aus den Ereignissen zu lernen, daß man die Dinge geradezu daraufhin betrachtet, aus den Ereignissen zu urteilen.

Sehen Sie, da möchte man, daß das Gewicht der Ereignisse bei den Menschen ein wenig bestimmend, ausschlaggebend sein könnte, und namentlich die Art und Weise, wie die Ereignisse in der Gegenwart sich ganz originell abspielen, so, wie sie sich früher nicht abgespielt haben. Die polarisch entgegengesetzten Dinge stellen sich zusammen!

Ich habe Sie das letztemal darauf aufmerksam gemacht, daß die Verpflanzung des Bolschewismus nach Rußland wesentlich ein Ludendorffscher Impuls war. Diese Dinge, die außerhalb des Gebietes der Mittelmächte zu sagen natürlich nicht notwendig war, sind oft genug gesagt worden. Man wollte nur nicht hören. Ich machte immer wieder die Erfahrung, die ich schon einmal hier erwähnt habe, die aber doch eine bedeutsame Erfahrung ist: Jene Schrift, die ich ausarbeitete – ich habe es schon erzählt, aber ich möchte, daß es nicht vergessen wird, denn ich werde nach und nach alle diese Dinge erzählen, die Welt soll erfahren, um was es sich gehandelt hat –, bestand aus zwei Teilen. Der zweite Teil enthielt aber für die damalige Zeit, in Verhältnisse abgestuft, das, was ich Ihnen als soziale Verhältnisse skizziert habe. Der erste Teil aber enthielt das, was ich für notwendig hielt, daß es in der von mir gezeigten Weise besprochen und verbreitet werde.

Menschen habe ich gefunden, die das, was ich da niedergelegt hatte, lasen, und die mir zur Antwort gegeben haben: Ja, aber wenn man Ihren allerersten Punkt verwirklichen will, so führt ja das notwendig zur Abdankung des Deutschen Kaisers! – Darauf konnte ich nur immer sagen: Wenn es dazu führt, so wird es ja wohl notwendig sein, daß es dazu führt. – Die Weltgeschichte hat dem recht gegeben. Diese Abdankung mußte kommen. Aber sie durfte nicht auf die Weise kommen, wie das jetzt geschehen ist, sondern sie mußte aus innerer, freier Entschließung heraus kommen. Selbstverständlich wäre aus dem allerersten Punkt dies erfolgt. Der erste Punkt hieß natürlich nicht: Der Deutsche Kaiser hat abzudanken, sondern er stellt eine bestimmte Forderung auf. Wäre sie erfüllt worden, wäre diese Abdankung längst unter ganz anderen Umständen erfolgt, als sie jetzt erfolgt ist.

Ich konnte niemals erreichen, daß die Menschen verstanden, daß dasjenige, was ich da niedergeschrieben hatte, eben aus der Wirklichkeit heraus gesprochen war. In bezug auf diesen einen Punkt kam es auch nicht weiter. Als ich einem Minister des Auswärtigen die Sache vortrug, sagte ich ihm auch: Sie haben die Wahl, entweder vernünftig zu sein und jetzt durch Vernunft die Sache zu machen, oder Revolutionen zu erleben, die im Laufe der nächsten Jahrzehnte eintreten müssen, und die sehr bald anfangen werden.

Aber ebenso wahr, wie dieses, was auf eine nur etwas größere Perspektive hinweist, ist es auch, daß es notwendig war, den Deutschen Kaiser zur Abdankung zu bringen, und daß dahin ein solcher Vorschlag ging. Aber wenn man das gesagt hat, was auf einer kleineren Perspektive ruhte als das andere, so war es eben auch als etwas angesehen worden – nun, worüber man nicht einmal reden durfte, worüber man nicht einmal ernsthaft reden konnte.

Ebenso waren natürlich nicht erst die allerletzten Ereignisse notwendig, die, ich möchte sagen, handgreiflich den ungesunden Geist Ludendorffs verraten, sondern das konnte man lange wissen. Ich konnte vor langer Zeit darauf aufmerksam machen. Aber, nicht wahr, auf geisteswissenschaftlichem Gebiete muß darauf aufmerksam gemacht werden, daß ja auch vor der Geisteswissenschaft selber heute die Leute zurückschrecken, weil sie sich vor ihr fürchten. Und seelische Furcht ist heute etwas, was in den Gemütern der Menschen eine ganz große Rolle spielt, was eine ungeheuere Rolle spielt. Sie tritt in den verschiedensten Masken auf. Aber seelische Furcht, Nicht-herantreten-Wollen an irgend etwas, das ist es, was eine ganz besondere Rolle spielt. Daraufhin muß man die Ereignisse ansehen, dann erkennt man sie als Symptome für tieferliegende Dinge. Nehmen Sie einmal ein Ereignis der letzten Tage.

Daß die Dinge so kommen werden, wie sie jetzt gekommen sind, das konnte jeder beobachtende Beurteiler der deutschen Verhältnisse und des deutschen Heeres längst wissen. Bloß Ludendorff ist es erst am 8. August 1918 aufgegangen, daß er nicht siegen kann. Er war der «Praktiker». Erinnern Sie sich, was ich alles über die Praktiker, über das Unpraktische der Praktiker im Laufe der Zeit vorgebracht habe! Er war der Praktiker, der in allen Verhältnissen sich geirrt hat, dem es zuallerletzt, erst am 8. August aufgegangen ist, daß er mit dem Heer, das ihm zur Verfügung steht, nicht siegen kann. Einsichtige Menschen haben es seit dem 16. September 1914 gewußt, daß zu siegen mit diesem Heere nicht möglich ist. Nun, was tut Ludendorff? Er ließ sich den *Ballin* kommen, damit der nun endlich zum Kaiser gehe und ihm sage, wie es steht, weil ja Ballin mit dem Kaiser sehr befreundet war. Sie werden fragen: Gab es damals keinen Reichskanzler? – Ja, es gab einen Reichskanzler, aber der hieß *Hertling*. Gab es damals keinen Minister des Auswärtigen? Es gab einen solchen, aber das war der aus der allerdumpfesten Hofluftstube heraufgekommene Herr *von Hintze*. Es gab auch einen Reichstag, nun – und so weiter; von solchen Anhängseln des Volkslebens ist ja kaum der Mühe wert zu reden in unserer Zeit. Also Ludendorff ließ sich Ballin kommen und trug ihm auf, den Allerhöchsten Kriegsherrn über die Lage aufzuklären. Ballin machte sich auf dahin, wo der Kaiser hauste – selbstverständlich immer abseits von den eigentlichen Ereignissen, wenn Ludendorff es nicht gerade opportun fand, melden zu lassen, daß in Anwesenheit Seiner Majestät, des Allerhöchsten Kriegsherrn, diese oder jene Aktion unternommen worden war. Diese «Anwesenheit» wußte natürlich jeder zu taxieren, der die Verhältnisse kannte. Also Ballin, der dem Kaiser seit langem bekannt und ein gescheiter Mensch war, der machte sich auf nach Wilhelmshöhe, um den Kaiser aufzuklären. Das wäre natürlich nur möglich gewesen, wenn er den Kaiser unter vier Augen hätte sprechen können, was er hätte immer können, wenn der Kaiser ihm nicht früher, als Ballin ihn anfangs des Krieges einmal aufklären wollte, mit einem Damenfächer – na, so etwas über die Wangen hingestrichen hätte. Aber er ließ sich trotz der mit einem Damenfächer vermittelten Ohrfeige infolge der wichtigen Ereignisse doch herbei, seinen alten Freund aufzuklären. Der aber rief Herrn *von Berg* herbei, der es verstand, das Gespräch abzulenken – was der Kaiser selbstverständlich wollte; denn der wollte die Wahrheit nicht hören. So kam das Gespräch gar nicht auf das, auf was es kommen sollte.

Ich erzähle das auch nur als Psychologie. Da haben Sie einen Menschen, der in den wichtigsten Ereignissen steht, der sich fürchtet vor der Wahrheit, die ein anderer zu ihm hinbringt, und sie gar nicht an sich herankommen läßt. Da sieht man es genau. Und dasselbe Phänomen ist heute sehr verbreitet. Also Ballin hat den «Höchsten Kriegsherrn» nicht zu überzeugen vermocht, weil er ihm die Sache hat gar nicht vortragen können. Ludendorff ließ Herrn von Hintze kommen, machte mit dem aus, daß Waffenstillstand von der Entente erbeten werden sollte. Es war gleich nach dem 8. August 1918. Herr von Hintze versprach, an *Wilson* heranzutreten. Aber es geschah nichts, bis gegen den Oktober des Jahres 1918 hin, trotzdem es feststand, daß dasjenige geschehen mußte, was dann unter dem unglückseligen Ministerium des *Prinzen Max von Baden* nach Wochen geschehen ist. Der Prinz Max von Baden wollte nach Berlin gehen und etwas ganz anderes tun. Aber Ludendorff erklärte, es müsse innerhalb vierundzwanzig Stunden die Waffenstillstandsbitte vorgetragen werden, sonst käme das größte Unglück. Gegen seinen früheren Entschluß tat das Prinz Max von Baden. Nach fünf Tagen erklärte Ludendorff: er habe sich wohl geirrt, es sei gar nicht notwendig gewesen!

Das ist so ein Beispiel, wie Praktiker, verehrte Praktiker, zu deren Verehrung aber nicht der geringste Grund vorlag, in die Weltereignisse eingreifen, von welcher Gesinnung aus und mit welchen Denkkräften sie eingreifen. Aber es ist zu gleicher Zeit ein Weg, zu studieren, wie Urteile epidemisch werden. Denn das Urteil, daß *Hindenburg* und Ludendorff «große Männer» seien, das hat sich ja wirklich mit epidemischer Gewalt verbreitet, während sie in Wahrheit durchaus keine großen Männer waren, auch nicht vom Standpunkt ihres engeren Berufes aus. Gerade diese katastrophalen Ereignisse sind für die Art, wie Mißurteile gebildet werden, ganz besonders charakteristisch. Höchstens der Witz hat manchmal das Richtige getroffen. Wenn Sie jetzt nach Berlin kommen – die meisten von Ihnen sind ja wohl in den letzten Jahren nicht in Berlin gewesen –, würden Sie so in der Nähe der Siegessäule, in der Nähe dieses großen «Spuckkastens», des Reichstagsgebäudes – ja, es sieht so aus, wie wenn es einem großen Spuckkasten nachgebildet wäre –, dort in der Nähe würden Sie ein merkwürdiges Gebilde finden. Da steht nämlich eine scheußliche Wiedergabe eines Menschen aus Holz, der «Hindenburg», groß, riesig, und da mußte jeder Patriot einen Nagel einschlagen, so daß nach und nach dieses Holz mit lauter Nägeln beschlagen wurde. Man hatte vor, dieses scheußlich vernagelte Zeug nachher im Museum des Kriegsministeriums aufzubewahren. Bloß der Berliner Witz fand ein treffendes Urteil; der sagte: Wenn er ganz vernagelt ist, kommt er ins Kriegsministerium!

Alle die Dinge sollten mehr von dem Gesichtspunkte betrachtet werden, von dem ich jetzt öfter gesprochen habe, vom Standpunkte der Symptomatologie der Geschichte sowohl, wie der Symptomatologie der Ereignisse überhaupt, die auf den Menschen bezüglich sind. Die äußere Welt gibt eben nur Symptome, und man kommt auf die Wahrheit nur, wenn man diese Symptome in ihrer Natur als Symptom kennenlernt.

ZWEITER VORTRAG

Dornach, 30. November 1918

Wenn Sie die Grundlage unserer anthroposophisch orientierten Geisteswissenschaft im Verhältnis zu anderen jetzt auftretenden – es sind ja ihrer sehr zahlreiche – sogenannten Weltanschauungen betrachten, so werden Sie unter anderem eines charakteristisch finden müssen, das ist, daß sich diese anthroposophisch orientierte Geisteswissenschaft als Welt- und Lebensanschauung bemüht, dasjenige, was sie aus der Erforschung der geistigen Welten heraus zu ergründen sucht, auf das Gesamtleben, auf alles das, was dem Menschen im Leben begegnen kann, anzuwenden. Und wer einen Sinn hat für das Wesentliche, worauf es gerade in den drängenden und brennenden Fragen und Impulsen unserer Gegenwart ankommt, der wird sich vielleicht auch ein Verständnis dafür erringen können, daß gerade auf dem Felde der Verbindung der großen Weltanschauungsideen mit dem unmittelbaren Leben dasjenige liegt, was der Gegenwart und der nächsten Zukunft so ungeheuer nottut. Denn unter den Gründen, welche die heutige katastrophale Lage der Menschheit herbeigeführt haben, ist ja einer der nicht geringsten der, daß die Weltanschauungen der Menschen – sei es, daß sie im Religiösen, sei es, daß sie im Wissenschaftlichen oder im Ästhetischen wurzeln – alle im Laufe der Zeiten allmählich den Zusammenhang mit dem Leben verloren haben. Es war gewissermaßen ein Trieb, man möchte sagen ein perverser Trieb vorhanden, welcher trennen wollte das sogenannte alltägliche praktische Leben in seinem weitesten Umfange von dem, was man zur Befriedigung seiner Bedürfnisse auf religiösen, auf Weltanschauungsgebieten suchte. Bedenken Sie nur einmal, wie das Leben in den letzten Jahrhunderten allmählich die Gestalt angenommen hat, daß die Menschen im Äußerlichen sich gehen ließen, sozusagen «praktische» Menschen waren, das Leben nach «praktischen» Grundsätzen einrichteten, und dann jeden Tag etwa eine halbe Stunde, mehr oder weniger, oder gar nicht, oder den Sonntag dazu verwendeten, um die Bedürfnisse des Herzens, der Seele zu befriedigen, die dahin gingen, mit dem die Welt durchdringenden Göttlich-Geistigen einen Zusammenhang zu finden.

Das wird, wenn anthroposophisch orientierte Geisteswissenschaft von den Gemütern der Menschen Besitz ergreifen kann, durchaus anders werden. Das wird so werden, daß aus dieser Weltanschauung Gedanken quillen, welche anwendbar sind im unmittelbarsten Leben, welche uns in die Lage versetzen werden, das Leben auf allen Gebieten einsichtsvoll zu beurteilen. Das Prinzip der Sonntagnachmittagspredigt soll ja durchaus nicht das unserer anthroposophisch orientierten Weltanschauung sein, sondern das ganze Leben an allen Wochentagen und auch am Sonntagvormittag soll durchdrungen sein von dem, was anthroposophische Weltauffassung dem Menschen geben kann. Weil es nicht so war bis in unsere Tage herein, ist ja die Welt nach und nach in ein Chaos hineingesegelt. Man hat außer acht gelassen, den Blick hinzuwenden auf das, was in der unmittelbaren Umgebung wirklich geschieht, und ist heute überrascht, daß die Folgen dieses Übersehens sich deutlich zeigen. Man wird in der Zukunft noch mehr überrascht sein, weil sich diese Folgen noch deutlicher zeigen werden.

Man sollte eben heute auf keinen Fall den Blick hinwegwenden von dem, was sich da über die ganze Erde hin in der Menschheit vorbereitet. Man sollte mit den Urteilen, die uns in die Lage versetzen, zu durchschauen die großen Impulse, welche durch das Weltengeschehen gehen, versuchen, in das einzudringen, was heute zum Teil so rätselhaft vor den Menschengemütern steht, und was die soziale Struktur in ein Chaos zu verwandeln droht. Man sollte nicht weiter in der Weise fortfahren, daß man alles kommen läßt, wie es eben kommen will, ohne daß man mit seinem gesunden Urteil die Dinge zu durchdringen versucht.

Der Grundsatz muß aufhören, der da sagt: Das ist alltäglich, das ist profan, das gehört dem äußeren Leben an, von dem wendet man sich ab und wendet den Blick hin zum Göttlich-Geistigen. – Das muß aufhören! Anfangen muß die Zeit, in welcher auch das Alleralltäglichste in Zusammenhang gebracht wird mit dem Göttlich-Geistigen, und in welcher nicht nur vom allerabstraktesten Standpunkte aus die Dinge ins Auge gefaßt werden, die aus dem geistigen Leben heraus geholt werden.

Ich habe im Laufe dieser Betrachtungen gesagt, daß eine günstige Wendung in der sozialen Bewegung doch nur dadurch eintreten kann, daß das Interesse wächst, das der einzelne Mensch an dem andern Menschen hat. Soziale Struktur ist ja eben die Struktur, die die Menschen gesellschaftlich verbindet. Sie kann nur dadurch gesunden, daß der Mensch sich wirklich drinnen weiß, mit Besinnung drinnen ist in der sozialen Struktur. Und das ist das Ungesunde der Gegenwart und hat die Katastrophe herbeigeführt, daß die Menschen außer acht gelassen haben, irgendeine Gesinnung sich zu erwerben über das Wie des Drinnenstehns in der sozialen Gemeinschaft. Das Interesse, das uns als Mensch mit andern Menschen verbindet, hat aufgehört, trotzdem die Menschen oftmals glauben, ein solches Interesse zu haben. Der billige theosophische Grundsatz: Ich liebe alle Menschen, ich habe schon Interesse an allen Menschen, – der tut es nicht, denn der ist abstrakt und greift nicht ein in das reale Leben. Und um dieses Eingreifen in das reale Leben handelt es sich; das muß eben tiefer verstanden werden. Nichtverständnis des realen Lebens war ja ein Charakteristikon der letzten Jahrhunderte. Nun haben diese letzten Jahrhunderte, ohne daß die Menschen den Prozeß verfolgt haben, die heutige Lage herbeigeführt und werden die zukünftige Lage herbeiführen. Es geht nicht anders im geschichtlichen Leben der Menschheit, als daß die Menschen das, was geschieht, was unter ihnen im sozialen Leben geschieht, auch denkend begleiten. Aber die Ereignisse, die sich seit einer verhältnismäßig längeren Zeit schon abspielen, lassen sich nicht anders begleiten, als wenn man für gewisse Erscheinungen sich einen gesunden Sinn erwirbt. Dem objektiven Beobachter kündigte sich ja nur zu deutlich an, daß fast über die ganze Welt hin nach Grundsätzen verwaltet, regiert und so weiter wurde und wird, die eigentlich schon vor Jahrhunderten veraltet waren, während das Leben in den letzten Jahrhunderten natürlich fortgeschritten ist. Und ein Wesentliches, was eingetreten ist in die Entwickelung der Menschheit, ist der moderne Industrialismus, der das ganze moderne Proletariat geschaffen hat. Aber diese Entstehung des modernen Proletariats – sie wurde nicht mit Gedanken begleitet. Die führenden Stände haben fortgelebt in der alten Weise, haben ihre Führerposten so versehen, wie sie sie seit Jahrhunderten zu versehen gewöhnt waren, und ohne daß sie irgend etwas getan haben, ohne daß sie nur den Prozeß der Weltgeschichte mit Gedanken begleitet hätten, hat sich aus den Tatsachen, aus dem Tatsachengeschehen heraus, aus der Entstehung des modernen Industrialismus, der im wesentlichen begonnen hat mit dem mechanischen Webstuhl und der Spinnmaschine im achtzehnten Jahrhundert, das moderne Proletariat entwickelt. Und von dem, was durch die Welt in den Köpfen des modernen Proletariats – meinetwillen nennen Sie es «spukt», hängt das welthistorische Schicksal von heute und der nächsten Zukunft ab. Denn dieses Proletariat strebt nach der Macht, nach der Mehrheit, und es wird zu betrachten sein in seinen Taten wie die Ergebnisse von Naturnotwendigkeiten, wie Elementarereignisse, nicht wie etwas, was man kritisieren kann, was einem gefällt oder nicht gefällt, was man bespricht, je nachdem das oder jenes den einen oder den anderen Eindruck macht; sondern es muß beurteilt werden wie etwa ein Erdbeben oder eine Springflut des Meeres oder dergleichen.

Nun sehen wir zunächst sich vorbereiten dasjenige, was aus dem modernen Proletariat, oder vielleicht besser gesagt, was aus den Tendenzen und Empfindungen des modernen Proletariats hervorgeht; wie ein Vorpostengefecht, möchte ich sagen, sehen wir das, was Ihnen ja von einer gewissen Seite her entgegentritt im russischen Bolschewismus. Dieser russische Bolschewismus – ich habe das öfter schon gesagt – paßt auf die Ureigentümlichkeit des russischen Volkes natürlich nicht. Er ist von außen hineingetragen. Aber darauf kommt es ja auch nicht an, wenn man die Tatsachen ins Auge fassen will; denn er ist einmal innerhalb des Gebietes, das das frühere Zarenreich war, in einem großen Umfange da, und er muß eben wie eine Naturerscheinung beobachtet werden, wie eine Naturerscheinung, die in sich den Trieb hat, sich immer weiter und weiter auszudehnen. Man muß vor allen Dingen, wenn man so etwas betrachtet wie den russischen Bolschewismus, absehen von den Begleiterscheinungen. Man muß auf die Hauptsache sehen. Daß er gerade 1917 seinen Anfang genommen hat, daß er diese oder jene äußere Erscheinung zeigt, dazu sind vielleicht naheliegende Gründe maßgebend gewesen. Ich habe Ihnen gesagt, daß nicht unbeteiligt an dem unmittelbaren Ausbruch des Bolschewismus sogar die Ludendorffsche Hilflosigkeit war und verschiedenes andere noch. Allein, das alles muß man abstreifen, wenn man die Dinge fruchtbar betrachten will, und muß auf die Impulse sehen, die in diesem russischen Bolschewismus leben. Man muß sich einmal ganz trokken fragen: Was will dieser russische Bolschewismus und wie stellt er sich hinein in die ganze Entwickelung der Menschheit? – Denn das ist ja zweifellos, er ist eine nicht etwa ephemerisch vorübergehende, er ist eine tiefgehende, welthistorische Erscheinung. Und es ist außerordentlich wichtig, die soziale Grundstruktur, wie sie sich als Bild dieser russische Bolschewismus macht, einmal vor sich hinzustellen, um ihn gewissermaßen in seinem Hervorgehen aus den tieferen Weltimpulsen dann betrachten zu können.

Nun, wenn man die Grundeigenschaften dieses russischen Bolschewismus betrachtet, so muß man sagen, sein erstes Bestreben geht dahin, dasjenige, was wir im Sinne des Marxismus charakterisiert haben als die Bourgeoisie, zu vernichten, aus der Welt zu schaffen. Das ist sozusagen Grundmaxime. Alles, was als Bourgeoistum, als Bourgeoisie heraufgekommen ist im Laufe der geschichtlichen Entwickelung, mit Stumpf und Stiel als der Menschheitsentwickelung nach seiner Ansicht schädlich auszurotten. Dazu sollen ihn verschiedene Wege führen. Erstens die Überwindung aller Klassenunterschiede beim Menschen. Auf solche sachliche Überwindung der Klassen- und Ständeunterschiede, wie ich sie Ihnen gestern wieder vorgeführt habe, läßt sich der Bolschewismus nicht ein. Er denkt ja durchaus selber bürgerlich. Und das, was ich Ihnen gestern vorgeführt habe, ist nicht bürgerlich gedacht, sondern ist menschlich gedacht. Er will in seiner Art die Klassenunterschiede, die Ständeunterschiede überwinden. Nun sagt er sich: Die gegenwärtigen Staaten sind aufgebaut in ihrer Struktur von der bürgerlichen Lebensauffassung. Daher müssen die Formen der gegenwärtigen Staaten verschwinden. Es muß alles das, was in den gegenwärtigen Staaten Anhängsel des Bürgertums ist, wie die Polizeiordnung, die Militärordnung, die Justizordnung, alles das muß verschwinden. Was also das Bürgertum zu seiner Sicherheit, zu seiner Rechtsprechung geschaffen hat, das muß verschwinden, mit dem Bürgertum selbst verschwinden. Übergehen muß die gesamte Verwaltung, die gesamte Organisation der sozialen Struktur in die Hände des Proletariats. Dadurch wird der Staat, wie er bis jetzt bestanden hat, absterben, und das Proletariat wird die gesamte menschliche Struktur, das gesamte gesellschaftliche Zusammenleben verwalten. Das kann nicht erreicht werden durch die alten Einrichtungen, die eben das Bürgertum sich geschaffen hat, das kann nicht erreicht werden etwa dadurch, daß man Reichstage oder sonstige Volksvertretungen nach diesem oder jenem Wahlrecht wählt, wie das in der bürgerlichen Lebensauffassung gemacht worden ist; denn würde man solche Vertretungskörper weiter wählen, so würde nur das Bürgertum sich darinnen fortsetzen. Also mit allen solchen Vertretungskörpern, seien sie mit diesem oder jenem Wahlrecht, kommt man nicht zu den Zielen, welche da angestrebt werden. Daher handelt es sich darum, daß zunächst wirklich diejenigen Maßregeln Platz greifen, welche aus dem Proletariat selber herauskommen, welche in keinem Bürgerkopfe wachsen können, weil der Bürgerkopf notwendigerweise nur solche Maßregeln treffen kann, die überwunden werden sollen, sondern die nur aus einem Proletarierkopf kommen können. Daher kann nicht von irgendeiner National- oder Staatsversammlung irgend etwas verwaltet werden, sondern einzig und allein von der Diktatur des Proletariats; das heißt, es muß übergeführt werden die gesamte soziale Struktur in die Diktatur des Proletariats. Nur das Proletariat wird einen Sinn dafür haben, wirklich das Bürgertum aus der Welt zu schaffen. Denn das Bürgertum, wenn es in Vertretungskörpern sitzen würde, würde ja keinen Sinn dafür haben, sich selber aus der Welt zu schaffen, während es doch darauf ankommt, daß das Bürgertum, daß die Bourgeoisie entrechtet werde. Daher können Einfluß auf die soziale Struktur nur diejenigen Menschen haben, welche im echten Sinne Proletarier sind, das heißt nur diejenigen, welche Arbeit verrichten, die der Allgemeinheit nützen. Kein Recht zu wählen hat daher derjenige im Sinne dieser proletarischen Weltanschauung, welcher in irgendeiner Form sich von anderen Menschen, die er dafür bezahlt, Dienste leisten läßt. Also, wer immer Leute anstellt, Leute für sich verdingt, die er für ihre Dienste bezahlt, hat kein Recht, irgendwie teilzunehmen an der sozialen Struktur, hat also auch kein Wahlrecht. Ebensowenig hat ein Wahlrecht derjenige, welcher von den Zinsen etwa seines Vermögens lebt, der also Zinsgenießer ist. Ebensowenig hat ein Recht zu wählen derjenige, der ein Händler ist, der also nicht werktätige Arbeit verrichtet, oder der ein Zwischenhändler ist. Alle diese Menschen also, die von Zinsen leben, die andere Leute anstellen und sie bezahlen, die Händler sind oder Zwischenhändler, können auch nicht Regierungsorgane sein, während die Diktatur des Proletariats waltet. Während dieser Diktatur des Proletariats gibt es keine allgemeine Redefreiheit, keine Versammlungsfreiheit, keine Organisationsfreiheit; sondern Versammlungen abhalten, sich organisieren können allein diejenigen, die werktätige Arbeit verrichten. Allen anderen ist die freie Rede, ist das Versammlungsrecht, ist das Recht, sich in Gesellschaften oder Vereinen zu organisieren, verboten. Ebenso genießen nur diejenigen Menschen Pressefreiheit, welche werktätige Arbeit verrichten. Die Presse der Bourgeoisie wird unterdrückt, wird nicht geduldet. – Dies sind ungefähr solche Maximen, welche leiten sollen, ich möchte sagen, die Übergangszeit. Denn wenn diese Maximen eine Zeitlang – das verspricht sich die proletarische Weltanschauung von ihrem Vorgehen – gewaltet haben werden, wird eben nur noch werktätige Menschheit da sein. Es wird nur noch Proletariat da sein. Das Bürgertum wird ausgerottet sein.

Zu diesen Dingen, die vor allem für die Übergangszeit Bedeutung haben, kommen dann diejenigen Dinge, die dauernde Bedeutung haben. Zu denen gehört zum Beispiel die allgemeine Arbeitspflicht. Jeder Mensch ist verpflichtet, irgend etwas zu arbeiten, das der Allgemeinheit nützt. Ein einschneidender Grundsatz, der ebenfalls dauernd gilt, ist die Aufhebung des Privateigentums an Grund und Boden. Größere Güter werden landwirtschaftlichen Kommunen übergeben. Privateigentum an Grund und Boden soll es nach dieser proletarischen Weltanschauung in der Zukunft nicht geben. Industrielle Betriebe, Unternehmerbetriebe werden enteignet, gehen über in die Verwaltung der Gesellschaft, werden von der zentralisierten Arbeiterverwaltung verwaltet; an deren Spitze steht dann der oberste Rat für Volkswirtschaft; das ist eben gerade der Bolschewismus in Rußland. Banken werden verstaatlicht, eine allgemeine, das ganze Gemeinwesen umfassende Buchhalterei wird eingerichtet, welche alle Produktion zu umfassen hat. Aller Außenhandel eines Gemeinwesens wird gemeinschaftlich; die Betriebe werden also verstaatlicht.

Das sind ungefähr die Grundsätze, welche das Ideal von *Trotzki* und *Lenin* bilden, und aus denen Sie hervorspringen sehen, ich möchte sagen, die Angelpunkte dessen, was vom modernen Proletariat gewollt wird.

Damit ist es natürlich nicht getan, daß man sich täglich von seiner Zeitung erzählen läßt, daß soundso viel Bluttaten getan werden durch den Bolschewismus. Wenn man vergleicht die Bluttaten durch den Bolschewismus mit der ungeheuren Anzahl der Bluttaten, die durch diesen Krieg getan worden sind, dann sind die Bluttaten des Bolschewismus selbstverständlich eine Kleinigkeit. Es kommt darauf an, zu sehen, was übersehen worden ist, was versäumt worden ist, damit in der Zukunft die Entwickelung der Menschheit denkend verfolgt werde. Man muß doch zuerst seelisch und dann geistig diese Sache, die so innig zusammenhängt mit der ganzen Fortentwickelung der Menschheit, ins Auge fassen. Das soll ja gerade die Aufgabe der Geisteswissenschaft sein, auch diese Dinge wirklich geistig und seelisch ins Auge zu fassen. Die Zeit muß aufhören, wo faule Pastoren- und Pfarrerwirtschaft den Leuten von den Kanzeln theoretisches, mit dem Leben nicht zusammenhängendes Zeug zur sogenannten Erwärmung der Seelen an jedem Sonntag vorgeredet haben. Das dagegen muß beginnen, daß jeder, der an dem geistigen Leben teilnehmen will, verpflichtet ist, in das Leben auch hineinzuschauen, mit dem Leben in unmittelbarer Verbindung zu stehen. Das ist nicht zum geringen Teil an dem Unglücke der Gegenwart schuld, daß seit langer Zeit gerade diejenigen, die die religiösen Gefühle der Menschheit verwaltet haben, von ihrem Orte, von ihren Kanzeln herunter Dinge geredet haben, die eigentlich mit gar keinem Leben in irgendeinem Zusammenhange standen, Reden gehalten haben, die nur gehalten worden sind, um den Leuten für ihre Herzen oder ihre Seelen lahmes Zeug zu bieten, das sie doch nur angenehm berührt hat, das aber nicht eingegriffen hat in das

Leben. Daher ist das Leben gottlos, daher ist es geistlos geblieben und ist endlich in das Chaos gekommen. Suchen Sie die Ursache vieler Schulden, die heute bezahlt werden müssen, gerade in der törichten Rederei derjenigen, die zum Beispiel die religiösen Gefühle zu verwalten hatten und die mit dem Leben in gar keinem Zusammenhang standen. Was haben sie erreicht von dem, was zu geschehen hat in dem Zeitalter, in dem eine ganz neue Menschheit in Form des Proletariats sich heraufentwickelt hat, was haben sie erreicht, diese Leute, die unnötiges Zeug von den Kanzeln verkündet haben, solches Zeug, das die Leute nur begehrt haben, weil sie sich hinwegtäuschen wollten durch allerlei Illusionen über die wahren Realitäten des Lebens? Die Zeiten sind ernst, und die Dinge müssen ernst betrachtet werden.

Wenn gesagt wird, daß die Menschen Interesse gewinnen müssen, der einzelne für den andern, so darf das nicht nur im Sinne der Gesinnung betrachtet werden, wie es in den Sonntagnachmittagspredigten angegeben wird, sondern das muß so betrachtet werden, wie es tief hineinweist in die soziale Struktur der Gegenwart. Nehmen Sie einen konkreten Fall. Wie viele Menschen gibt es heute, die eine ganz abstrakte, konfuse Vorstellung von dem Leben, von ihrem eigenen, persönlichen Leben haben! Wenn sie sich zum Beispiel fragen: Wie lebe ich? – sie tun es ja meistens nicht, aber wenn sie es schon einmal täten –, dann sagen sie sich: Nun, von meinem Gelde. – Unter denen, die sich sagen: Von meinem Gelde – sind sehr viele, die haben dieses Geld zum Beispiel ererbt von ihren Eltern und glauben nun, sie leben von ihrem Gelde, das sie ererbt von ihren Vätern haben. Aber, meine lieben Freunde, von Geld kann man nicht leben! Geld ist nicht irgend etwas, wovon man leben kann. Da muß erst angefangen werden, nachzudenken. Und diese Frage hängt innig zusammen mit dem wirklichen Interesse, das man von Mensch zu Mensch hat. Wer da glaubt, daß er von dem Gelde, das er ererbt oder das er auf irgendeine andere Weise bekommen hat, außer, wie es heute normalerweise der Fall ist, daß man Geld durch Arbeit bekommt, wer so lebt und glaubt, daß er vom Gelde leben kann, der hat kein Interesse für seine Mitmenschen, weil vom Gelde niemand leben kann. Der Mensch muß essen, und was gegessen wird, das muß von irgendwelchen Menschen erarbeitet werden.

Der Mensch muß sich kleiden. Dasjenige, was er anzieht, müssen Leute arbeiten. Damit ich einen Rock anziehen kann oder ein Beinkleid, müssen Menschen stundenlang ihre Arbeitskraft verwenden, das zustandezubringen. Die arbeiten für mich. Davon lebe ich, nicht von meinem Gelde. Mein Geld hat keinen andern Wert, als daß es mir die Macht gibt, des andern Arbeit zu benützen. Und so wie die sozialen Verhältnisse heute liegen, fängt man erst an, Interesse für seine Mitmenschen zu haben, wenn man sich diese Frage in der entsprechenden Weise beantwortet, wenn man im Geiste sieht, soundso viele Menschen müssen soundso viele Stunden arbeiten, damit ich in der sozialen Struktur drinnen leben kann. Nicht darum handelt es sich, daß man sich selber wohltut, indem man sich sagt: Ich liebe die Menschen. – Man liebt nicht die Menschen, wenn man glaubt, man lebe von seinem Gelde, und sich nicht im geringsten vorstellt, wie die Menschen für einen arbeiten, damit man nur des Lebens Minimum überhaupt hat.

Aber dieser Gedanke, soundso viel Leute arbeiten, damit man des Lebens Minimum hat, der ist ja untrennbar von dem anderen Gedanken, daß man das wiederum der Sozietät zurückgeben muß, nicht durch Geld, sondern wiederum durch Arbeit, was für einen gearbeitet wird. Und erst, wenn man sich verpflichtet fühlt, das Quantum von Arbeit, das für einen geleistet wird, auch wiederum zurückzuarbeiten in irgendeiner Form, erst dann hat man Interesse für seine Mitmenschen. Daß man seinen Mitmenschen sein Geld gibt, das bedeutet nur, daß man die Mitmenschen am Gängelbande, am Sklavenbande führen kann, sie zwingen kann, daß sie für einen arbeiten. Können Sie sich aus Ihrer Erfahrung nicht selbst die Antwort geben auf die Frage: Wie viele Menschen bedenken, daß Geld nur eine Anweisung auf menschliche Arbeitskraft, daß Geld nur ein Machtmittel ist? Wie viele Menschen sehen im Geiste, daß sie gar nicht da sein könnten in dieser physischen Welt, ohne daß sie der Arbeit der anderen Menschen das, was sie selbst beanspruchen für ihr Leben, verdanken? – Sich verschuldet fühlen der Gesellschaft, in der man drinnen lebt, das ist der Beginn jenes Interesses, das verlangt werden muß für eine gesunde soziale Gestaltung.

Diese Dinge muß man sich schon einmal überlegen, sonst steigt man in ungesunder Weise in spirituelle Abstraktionen auf und nicht in einer gesunden Weise von der physischen Wirklichkeit zur geistigen Wirklichkeit. Der Mangel an Interesse für die soziale Struktur, der charakterisiert gerade die letzten Jahrhunderte. Denn in den letzten Jahrhunderten hat sich allmählich als menschliche Gewohnheit herausgebildet, daß die Menschen eigentlich nur für ihre eigene werte Persönlichkeit in bezug auf soziale Impulse Interesse entwickeln. Mehr oder weniger war alles auf Umwegen nur für ihre eigene Persönlichkeit. Gesundes soziales Leben ist nur möglich, wenn dieses Interesse für die eigene werte Persönlichkeit erweitert wird zum wirklichen sozialen Interesse. Und in dieser Beziehung darf schon die Bourgeoisie sich fragen: Was haben wir versäumt? – Man bedenke einmal folgendes: Es gibt eine geistige Kultur, es gibt Kulturwerke; ich will eine Sache herausgreifen: Fragen Sie sich: Wie vielen Menschen sind diese Kunstwerke zugänglich? – Oder fragen Sie sich besser: Wie vielen Menschen sind diese Kunstwerke ganz und gar nicht zugänglich? Für wie viele Menschen sind sie gar nicht da, diese Kunstwerke? – Aber rechnen Sie sich nun aus, wie viele Menschen arbeiten müssen, damit diese Kunstwerke da sein können. Irgendein Kunstwerk ist in Rom. Irgendein Bourgeois kann nach Rom fahren. Zählen Sie sich bloß zusammen, wieviel gearbeitet werden muß von Schaffenden etc., etc., etc. – das «etc.» hört gar nicht auf –, damit dieser Bourgeois nach Rom fahren und etwas ansehen kann, was für ihn da ist, weil er Bourgeois ist, was für alle diejenigen Leute nicht da ist, die jetzt anfangen, ihre proletarische Lebensauffassung geltend zu machen. Das hat sich gerade innerhalb der Bourgeoisie herausgebildet, daß der Genuß als etwas Selbstverständliches angesehen wird. Aber der Genuß sollte eigentlich gar niemals wie etwas Selbstverständliches angesehen werden. Man sollte es geradezu als eine soziale Sünde ansehen, irgend etwas zu genießen, ohne das Äquivalent dafür der Allgemeinheit zurückzugeben in der Form, in der man es kann, aber in irgendeiner Form. Nichts sollte ungenützt bleiben für die Allgemeinheit. In der Natur- und Geistesordnung liegt es nicht, daß irgend etwas der Allgemeinheit vorenthalten werden soll. Zeit und Raum sind nur künstliche Hindernisse, sind nicht wirkliche Hindernisse. Diejenigen Dinge, die an den Ort gebunden sind, die können überall nachgemacht werden, die können allen Menschen zugänglich sein. Und diejenigen Dinge, die vervielfältigt werden können, sind nicht an den Ort gebunden, sie können – das ist ganz allgemeines Gesetz – überallhin gebracht werden. Das ist doch nur ein Anhängsel der Bourgeois-Weltanschauung, daß die Sixtinische Madonna immer unausgesetzt in Dresden hängt und nur von denjenigen Leuten gesehen werden kann, die nach Dresden kommen können; denn sie ist beweglich, sie kann in der ganzen Welt herumgebracht werden. Und gesorgt werden kann dafür – ich greife nur eines als Beispiel heraus –, daß dasjenige, was der eine genießt, auch der andere genießen kann.

Ich greife ein Beispiel heraus, aber ich wähle immer solche Beispiele, die für alles andere eben Beispiele sind, das heißt, die die andern Dinge auch durchaus erklären. Sie sehen, man braucht nur solche Töne anzuschlagen, dann rührt man an eine ganze Fülle von Dingen, über die die Leute eigentlich gar nicht weiter nachgedacht haben, sondern die sie als etwas Selbstverständliches hingenommen haben. Selbst in unserem Kreise, wo die Dinge so nahe liegen, wird nicht immer bedacht, daß jedes, was man aufnimmt, bedingt, daß man ein Äquivalent an die Sozietät dafür abgibt, daß man nicht bloß genießt.

Nun werden Sie eine Frage herausspringen sehen aus alledem, was ich jetzt aus einzelnen Beispielen, die nicht verhundertfacht, sondern vertausendfacht werden könnten, angeführt habe, die Frage: Ja, wie kann denn das anders werden, wenn das Geld eigentlich nur ein Machtmittel ist? – Das liegt schon beantwortet in jenem sozialen Urgrundsatz, über den ich letzte Woche hier gesprochen habe; denn das ist das Eigentümliche desjenigen, was ich Ihnen als eine Art Sozialwissenschaft, die aus der geistigen Welt heraus geschöpft ist, angeführt habe, daß sie so sicher ist wie die Mathematik. Bei diesen Dingen handelt es sich nicht darum, daß irgend jemand nun ins praktische Leben hineinschauen und sagen kann: Na, wir müssen erst nachsehen, ob die Dinge so richtig sind. – Nein, die Dinge, die ich Ihnen als eine soziale Wissenschaft aus der Geisteswissenschaft heraus angeführt habe, die sind ungefähr so wie der pythagoräische Lehrsatz. Wenn Sie den pythagoräischen Lehrsatz nehmen, wenn Sie wissen, daß der Inhalt des

Quadrats der Hypotenuse gleich ist der Summe der Quadrate der beiden Katheten, so kann es keine Erfahrung geben, die dem widerspricht, sondern Sie müssen überall diesen Grundsatz anwenden. So ist es mit dem Grundsatz, den ich Ihnen als den Grundsatz der sozialen Wissenschaft und des sozialen Lebens angeführt habe. Alles, was der Mensch so erwirbt, daß er es für seine Arbeit im sozialen Zusammenhange erhält, das wird zum Unheil. Heilsamkeit ergibt sich im sozialen Zusammenhange nur, wenn der Mensch nicht von seiner Arbeit, sondern aus anderen Quellen der Sozietät sein Leben zu fristen hat. Scheinbar widerspricht das dem, was ich soeben gesagt habe, aber eben nur scheinbar. Das gerade wird die Arbeit wertvoll machen, daß sie nicht mehr entlohnt wird. Denn worauf hingearbeitet werden muß, selbstverständlich vernünftig, nicht bolschewistisch, das ist: die Arbeit zu trennen von der Beschaffung der Existenzmittel. Das habe ich ja neulich ausgeführt. Wenn jemand nicht mehr für seine Arbeit entlohnt wird, dann verliert das Geld als Machtmittel für die Arbeit seinen Wert. Es gibt kein anderes Mittel für jenen Mißbrauch, der getrieben wird mit dem bloßen Gelde, als wenn überhaupt die soziale Struktur so geschaffen wird, daß niemand für seine Arbeit entlohnt werden kann, daß die Beschaffung der Existenzmittel von ganz anderer Seite her bewirkt wird. Dann können Sie natürlich nirgends erreichen, daß jemand durch das Geld in die Arbeit gezwungen werden kann.

Die meisten von den Fragen, die jetzt auftauchen, tauchen eben so auf, daß sie konfus angefaßt werden. Sollen sie in die Klarheit gehoben werden, so kann das nur durch die Geisteswissenschaft geschehen. Geld darf in der Zukunft kein Äquivalent sein für menschliche Arbeitskraft, sondern nur für tote Ware. Nur tote Ware wird man in Zukunft bekommen für Geld, nicht menschliche Arbeitskraft. Das ist von ungeheurer Wichtigkeit, meine lieben Freunde. Und jetzt bedenken Sie einmal, daß gerade aus der proletarischen Weltanschauung das in der verschiedensten Gestalt herausspringt, daß Arbeitskraft im modernen Industrialismus in erster Linie eine Ware ist. Das ist ja einer der Grundsätze des Marxismus, einer derjenigen Grundsätze, mit denen er am meisten Proselyten gemacht hat unter den Proletariern. Da sehen Sie, daß von einer ganz anderen Ecke konfus und verworren eine Forderung auftaucht, die allerdings von ganz anderer Seite her erfüllt werden muß. Und das ist das Eigentümliche bei den sozialen Forderungen der Gegenwart, daß sie, insoferne sie instinktiv auftreten, aus durchaus richtigen und gesunden Instinkten hervorgehen, nur daß sie auftauchen aus einer chaotischen sozialen Struktur und daher konfus auftauchen und daher auch zu Konfusionen führen. So ist es auf vielen Gebieten. Deshalb ist es so notwendig, wirklich eine geisteswissenschaftliche soziale Weltanschauung zu erfassen, weil die allein das wirkliche Heil bringen kann.

Nun werden Sie fragen: Ja, aber wird denn das eine Änderung hervorrufen? Wenn zum Beispiel einer ein bloßer Erbe ist, dann wird er ja auch sich weiter Ware kaufen für das Geld, das er hat oder ererbte, und in den Waren steckt ja schon die Arbeitskraft der andern Leute. Also das ändert sich nicht, werden Sie sagen. Ja, wenn Sie abstrakt denken, so ändert sich nichts. Aber wenn Sie hineinschauen würden in die ganze Wirkung dessen, was da geschieht, wenn abgesondert wird die Beschaffung der Existenzmittel von der Arbeit, so werden Sie anders urteilen. Denn in der Wirklichkeit ist es nicht so, daß man bloß abstrakte Konsequenzen zieht, sondern da haben die Dinge auch ihre realen Wirkungen. Wenn es wirklich so sein wird, daß die Existenzmittelbeschaffung abgetrennt wird von der Arbeitsleistung, dann gibt es nämlich keine Erbschaften mehr. Das bewirkt eine solche Änderung der Struktur, daß man kein Geld hat anders als zur Warenbeschaffung. Denn wenn eine Sache real gedacht wird, so hat sie nämlich allerlei Wirkungen. Unter anderem hat diese Trennung der Beschaffung der Existenzmittel von der Arbeit eine sehr eigentümliche Wirkung. Wenn man von Realitäten spricht, so kann man nicht so sprechen, daß Sie dann vielleicht sagen: Das sehe ich nicht ein. – Da könnten Sie auch sagen: Ich sehe nicht ein, warum Morphium schlaferzeugend ist. – Das folgt ja auch nicht aus einem bloßen Begriffszusammenhange, das zeigt sich Ihnen nur, wenn Sie die Wirkungen verfolgen.

Es gibt heute etwas höchst Unnatürliches in der sozialen Ordnung, das besteht darin, daß das Geld sich vermehrt, wenn man es bloß hat. Man legt es auf eine Bank und bekommt Zinsen. Das ist das Unnatürlichste, was es geben kann. Es ist eigentlich ein bloßer Unsinn. Man tut gar nichts; man legt sein Geld, das man vielleicht auch nicht erarbeitet, sondern ererbt hat, auf die Bank und bekommt Zinsen dafür. Das ist ein völliger Unsinn. Die Notwendigkeit wird aber eintreten, wenn die Existenzmittelbeschaffung getrennt wird von der Arbeit, daß Geld verwendet wird, wenn es da ist, wenn es erzeugt wird als Äquivalent der Waren, die da sind. Es muß verwendet werden, es muß zirkulieren. Denn die reale Wirkung wird eintreten, daß Geld sich nicht vermehrt, sondern daß es sich vermindert. Wenn heute einer eine bestimmte Summe Vermögen hat, so hat er in ungefähr vierzehn Jahren bei einer normalen Verzinsung fast das Doppelte, er hat nichts getan, hat nur gewartet. Wenn Sie sich so denken die Umänderung der sozialen Struktur, wie sie unter dem Einfluß dieses einen Grundsatzes, den ich Ihnen angeführt habe, geschehen muß, so vermehrt sich das Geld nicht, sondern vermindert sich, und nach einer bestimmten Anzahl von Jahren hat der Geldschein, den ich eben vor diesen Jahren erworben habe, keinen Wert mehr; er ist entwertet, er hört auf, einen Wert zu haben.

Dadurch wird die Bewegung eine natürliche in der sozialen Struktur, daß solche Verhältnisse eintreten, daß das bloße Geld, das ja nichts weiter ist als ein Schein, eine Anweisung, daß man eine gewisse Macht hat über die Arbeitskräfte der Menschen, nach einer bestimmten Zeit entwertet ist, wenn es nicht in die Zirkulation geführt wird. Also nicht vermehren wird es sich, sondern es wird sich progressiv vermindern und wird nach vierzehn Jahren oder vielleicht nach einer etwas längeren Zeit absolut gleich Null sein. Sie werden, wenn Sie heute Millionär sind, nach vierzehn Jahren nicht ein doppelter Millionär sein, sondern Sie werden ein armer Schlucker sein, wenn Sie in der Zeit nichts Neues erworben haben.

Wenn man das in der Gegenwart noch ausspricht, so wird das zuweilen so empfunden, als ob einen gewisse Tiere juckten, wenn ich den Vergleich gebrauchen darf. Ich weiß das, ich würde den Vergleich nicht gebraucht haben, wenn ich nicht die merkwürdigen Bewegungen im Auditorium wahrgenommen hätte. Aber weil das so ist heute, daß man die Sache so empfindet, als wenn einen gewisse Tiere juckten, daher der Bolschewismus. Suchen Sie nur die richtigen Gründe. Da liegen die richtigen Gründe! Und Sie schaffen das, was da heraufkommt, gar nicht anders aus der Welt, als daß Sie auf die Wahrheit wirklich eingehen wollen. Da nützt nichts, daß die Wahrheit unangenehm ist. Und das wird zur Erziehung der Menschheit der Gegenwart und der nächsten Zukunft im wesentlichen gehören, daß man nicht mehr glauben wird, daß Wahrheiten nach subjektivem Ermessen, nach subjektiven Sympathien und Antipathien sich regen dürfen. Dafür kann aber Geisteswissenschaft schon sorgen, wenn sie mit dem gesunden Menschenverstand aufgefaßt wird. Denn die Sache läßt sich auch geistig betrachten. Mit der vagen Redensart, die ich auch schon gehört habe, selbst von Anthroposophen, die Geld in die Hand nehmen und sagen: Das ist Ahriman! – mit dieser vagen Redensart ist nichts getan. Geld bedeutet ein Äquivalent für Ware und Arbeitskraft heute. Es ist eine Anweisung auf etwas, was geschieht. Geht man über von der bloßen Abstraktion zur Wirklichkeit, überlegt man sich, wenn man hier zehn Hundertmarkscheine hat und man bezahlt sie jemandem, daß man mit diesen zehn Hundertmarkscheinen soundso vieler Leute Arbeit als Äquivalent von Hand zu Hand gehen läßt, daß in diesen Scheinen die Macht liegt, daß soundso viele Leute arbeiten müssen, dann steht man schon im Leben drinnen. Dann steht man im Leben mit allen seinen Verzweigungen und Impulsen drinnen, und dann wird man nicht mehr an der bloßen Abstraktion, an der gedankenlosen Abstraktion des Geldzahlens haltmachen, sondern man wird sich fragen: Was bedeutet das, daß ich zehn Hundertmarkscheine von Hand zu Hand gehen lasse, die aufrufen, daß soundso viele Menschen, die Kopf und Herz und Sinn haben, arbeiten müssen? Was bedeutet das?

Antwort auf eine solche Frage gibt letzten Endes nur eine geistige Betrachtung der Sache. Nehmen wir den extremsten Fall, meine lieben Freunde. Nehmen wir an, jemand hat, ohne daß er selbst sich für die Menschheit anstrengt, Geld. Es gibt ja den Fall. Ich will diesen extremen Fall betrachten. Also jemand hat, ohne daß er sich für die Menschheit anstrengt, Geld. Er kauft sich für das Geld etwas. Er ist sogar in der Lage, sich ein ganz angenehmes Leben zu zimmern dadurch, daß er dieses Geld hat, welches Anweisung auf menschliche

Arbeitskraft ist. Schön. Dieser Mensch braucht ja kein schlechter Mensch zu sein, kann ein ganz guter Mensch sein, kann sogar ein sehr strebsamer Mensch sein. Die soziale Struktur durchschaut man ja oftmals nicht. Man hat nicht das Interesse an seinen Mitmenschen, das heißt, an der wirklichen sozialen Struktur. Man denkt, man liebe schon die Menschen, wenn man sich für sein ererbtes Geld zum Beispiel irgend etwas kauft, oder wenn man es selbst schenkt. Wenn man es schenkt, tut man ja auch gar nichts anderes, als daß man für denjenigen, dem man das Geld schenkt, soundso viele Leute arbeiten läßt. Es ist nur ein Machtmittel. Dadurch, daß es Anweisung auf Arbeitskraft ist, ist es ein Machtmittel.

Aber, meine lieben Freunde, das ist ja so geworden, das hat sich so herausgebildet, und das ist das Spiegelbild von etwas anderem. Das ist das Spiegelbild von dem, was ich im vorigen Vortrag erwähnt habe. Ich habe Sie darauf aufmerksam gemacht, daß der Jahve-Gott die Welt dadurch für eine gewisse Zeit beherrscht hat, daß er die anderen Elohim aus dem Felde geschlagen hat, und daß er sich nun nicht mehr retten kann vor den Geistern, die er dadurch wachgerufen hat. Er hat seine Genossen, seine anderen sechs Elohim aus dem Felde geschlagen. Dadurch ist nur dasjenige, was der Mensch schon im embryonalen Zustand erlebt, im menschlichen Bewußtsein herrschend geworden. Die sechs anderen Kräfte, die der Mensch als Embryo nicht erlebt, sind dadurch unwirksam geworden, sind dadurch unter den Einfluß niederer geistiger Wesen gekommen. Und in den vierziger Jahren, sagte ich Ihnen, konnte Jahve sich nicht mehr retten. Da brach, weil mit der Jahve-Weisheit, die im Embryonalen erworben wird, nur die Vorsehung der äußeren Natur begriffen werden kann, und die Vorsehung aufhörte, begriffen zu werden, die bloße atheistische Naturwissenschaft herein. Das Spiegelbild davon ist die Zirkulation des Geldes, ohne daß mit dem Gelde Ware zirkuliert, daß das Geld einfach von einem Menschen auf den andern übergeht, ohne daß Ware zirkuliert. Denn mag der Mensch noch so sehr sich bestreben auf irgendeinem Gebiete: in dem, was Geld als Geld scheinbar produziert, lebt die ahrimanische Kraft. Sie können nicht erben, ohne daß soundso viel ahrimanische Kraft mit dem Gelde übergeht. Es gibt keine andere

Möglichkeit, Geld in heilsamer Weise innerhalb der sozialen Struktur zu haben, als es christlich zu haben, das heißt, zu erwerben so, daß man mit dem, was man zwischen Geburt und Tod entwickelt, das Geld erwirbt. Also nicht darf die Art, wie man das Geld bekommt, ein Spiegelbild sein desjenigen, was jahvistisch ist. Jahvistisch ist, daß wir geboren werden, das heißt aus einem Embryo ins äußere Leben übergehen. Davon ist das Spiegelbild, daß wir Geld ererben. Die Eigenschaften, die wir mit dem Blute erben, sind durch die Natur ererbt. Das Geld, das wir ererben und nicht erwerben, wäre das Spiegelbild davon.

Dadurch, daß das christliche Bewußtsein noch nicht Platz gegriffen hat, daß eigentlich noch immer mit der alten Jahve-Weisheit oder mit ihrem Gespenst, dem romanischen Staatsdenken, die soziale Struktur bewirkt wird, dadurch sind alle die Dinge hereingekommen, welche das heutige Unheil von der einen Seite her bewirkt haben. Ich sagte: Man darf die Sache nicht so abstrakt betrachten, wenn Geld Geld hervorbringt, sondern man muß sie in ihrer Wirklichkeit betrachten. Jedesmal, wenn Geld Geld hervorbringt, ist dies etwas, was nur auf dem physischen Plan hier vorgeht, während dasjenige, was der Mensch ist, immer zusammenhängt mit der geistigen Welt. Was tun Sie also, wenn Sie selbst nicht arbeiten, aber Geld haben und dieses Geld hingeben und der andere Mensch dafür arbeiten muß? Dann muß der Mensch das zu Markte tragen, was sein himmlischer Anteil ist, und Sie geben ihm nur Irdisches, Sie bezahlen mit nur Irdischem, mit rein Ahrimanischem. Sehen Sie, das ist die geistige Seite der Sache. Und wo Ahriman im Spiel ist, kann nur Untergang entstehen.

Auch das ist wieder eine unangenehme Wahrheit; aber es hilft nichts, wenn sich etwa jemand sagt: Na, ich bin ja sonst ein anständiger Kerl oder eine anständige Kerlin, also tu' ich doch nichts Unrechtes, wenn ich von meiner Rente dies oder jenes bezahle. – Sie tun tatsächlich doch das, daß Sie Ahriman für Gott geben. Dazu ist man gewiß in der gegenwärtigen sozialen Struktur vielfach gezwungen. Aber man soll nicht Vogel-Strauß-Politik spielen und die Sache sich verdecken, sondern man soll der Wahrheit ins Auge schauen. Denn davon hängt es gerade ab, was die Zukunft bringen soll, daß man der Wahrheit ins Auge schaut. Vieles von dem, was so katastrophal über die Menschheit hereingebrochen ist, ist eben dadurch hereingebrochen, daß die Leute die Augen und die Seelenaugen zugedrückt haben vor der Wahrheit, daß sie sich abstrakte Begriffe für Recht und Unrecht gezimmert haben und nicht auf das Wirkliche, Konkrete eingehen wollten. Und davon wollen wir dann morgen weitersprechen und die Sache dann morgen zu geistigen Höhen hinaufheben.

DRITTER VORTRAG

Dornach, 1. Dezember 1918

Es war mir bei diesen Betrachtungen daran gelegen, einige Streiflichter zu werfen auf die Gestalt, die das soziale Denken in der Gegenwart annehmen sollte. Ich möchte heute zu dem Betrachteten einiges hinzufügen, das Ihnen Gelegenheit geben kann, diese Dinge auf ein höheres Niveau zu rücken, was wirklich eben nach den besonderen Anforderungen des Geistes unseres Zeitalters sehr notwendig ist. Alle die Dinge, die ich vorgebracht habe, und die ich noch vorbringen werde – ich möchte dies noch einmal wiederholen –, bitte ich Sie, so zu betrachten, daß damit nicht eine Kritik der Zeit, der Verhältnisse gemeint ist, sondern daß lediglich Materialien geliefert werden sollen zur Richtung des Urteiles, Materialien, die eine Grundlage geben können, um einsichtsvoll die Verhältnisse überschauen zu können. Der geisteswissenschaftliche Gesichtspunkt kann nicht der sein, etwa eine soziale Kritik zu geben, sondern lediglich der, ohne Pessimismus und ohne Optimismus auf das hinzuweisen, was ist. Deshalb ist man ja natürlich doch immer genötigt, Worte zu gebrauchen, die von dem einen oder dem andern so aufgefaßt werden, als ob man die eine oder die andere Gesellschaftsklasse kritisieren wollte. Das ist nicht der Fall. Wenn hier von Bourgeoisie gesprochen wird, so wird so gesprochen wie eben von einer historisch notwendigen Erscheinung, nicht, daß irgendein Vorwurf gegen das erhoben werden soll, was ja von einem gewissen geisteswissenschaftlichen Gesichtspunkte aus eben einfach notwendig war. Und so bitte ich auch die Dinge aufzufassen, die ich heute vorbringen werde.

Zunächst gehen wir von dem umfassenden Impuls aus, der, wie allen oder einer großen Anzahl von menschlichen Bewegungen, so der heutigen proletarischen sozialen Forderung, mehr oder weniger ausgesprochen und auch mehr oder weniger instinktiv und unbewußt, konfus und unklar, aber doch stark zugrunde liegt. Das ist der, daß ein gewisses Ideal besteht, eine soziale Ordnung herzustellen, welche nach allen Seiten hin befriedigend ist. Man hat ja, wenn man das, was da zugrunde liegt, radikal – und deshalb eben falsch – charakterisieren will, Gelegenheit, zu sagen: Es wird versucht, eine soziale Ordnung auszudenken und zu verwirklichen, welche das Paradies auf Erden oder wenigstens allen Menschen jenen menschenwürdigen Glückszustand bringen soll, der eben in unserer Zeit von der proletarischen Bevölkerung als ein wünschenswerter angesehen wird. – «Lösung der sozialen Frage» nennt man das, und das, was ich eben gesagt habe, steckt instinktiv hinter dem, was man Lösung der sozialen Frage nennt.

Nun, mit Bezug auf diese Lösung der sozialen Frage ist es notwendig, daß der Geisteswissenschafter, der auf keinem Gebiete sich Illusionen hingeben, sondern die Wirklichkeit betrachten soll, sich auch da keinen Illusionen hingibt. Denn das ist gerade auf diesem Gebiete das Wesentliche, daß die Menschen, die diese Dinge anstreben, nicht von illusionsfreiem Standpunkte ausgehen, sondern von einem Gesichtspunkte aus, vor den sich eine große Summe von Illusionen stellt, vor allem die eine Grundillusion, daß es möglich sei, die soziale Frage zu lösen.

Es hängt in einer gewissen Weise damit zusammen, daß unsere Zeit kein Bewußtsein hat von der Differenz zwischen dem physischen Plan und den geistigen Welten; daß diese unsere Zeit gewissermaßen instinktiv den physischen Plan für die einzige Welt ansieht und auf diesen physischen Plan das Paradies zaubern möchte. Dadurch ist sie genötigt, zu glauben, daß der Mensch entweder verurteilt ist, nirgends Gerechtigkeit, nirgends Harmonisierung seiner Triebe und Bedürfnisse zu finden, oder sie eben innerhalb des physischen Erdendaseins zu finden. Der physische Plan aber zeigt sich für denjenigen, der die Welt imaginativ betrachtet, der also auf die wahre Wirklichkeit geht, so, daß man sagen muß: Auf ihm gibt es keine Vollkommenheit, sondern nur Unvollkommenheit. – Daher ist es unmöglich, von einer restlosen Lösung der sozialen Frage überhaupt zu sprechen. Sie können, wie Sie wollen, aus allen Tiefen des Erkennens heraus die soziale Frage zu lösen versuchen, sie ist niemals in dem Sinne zu lösen, wie heute sehr viele Menschen glauben. Das aber darf nicht dazu führen, daß man sagt: Nun, wenn die soziale Frage eben nicht zu lösen ist, dann lassen wir es stehen, dann lassen wir den ganzen alten Kohl weitergehen. – Die Sache ist nämlich wie bei einem Pendel: die Kraft zum Hinaufschwung wird beim Herunterschwingen als Fallkraft gewonnen. Wie also gerade die entgegengesetzte Kraft angesammelt wird beim Herunterschwung, die dann verbraucht wird beim Hinaufschwung, so ist es in rhythmischer Folge im geschichtlichen Leben der Menschheit. Was Sie für ein gewisses Zeitalter finden können als die vollkommenste soziale Ordnung, überhaupt als irgendeine Ordnung: wenn Sie es realisieren, so verbraucht es sich und führt nach einiger Zeit wiederum in die Unordnung hinein. Das Evolutionsleben ist nicht ein solches, daß es gleichmäßig aufsteigend ist, sondern das Evolutionsleben verläuft in Ebbe und Flut, verläuft in einer Wellenschwingung. Und durch das Beste, was Sie einrichten, wenn Sie es realisieren auf dem physischen Plan, rufen Sie Zustände hervor, welche nach der entsprechenden Zeit die Vernichtung desjenigen bewirken, was Sie eingerichtet haben. Es würde ganz anders um die Menschheit stehen, wenn man dieses unerbittliche Gesetz der Notwendigkeit im geschichtlichen Geschehen gehörig erkennen würde. Man würde dann nicht glauben, daß man im absoluten Sinne ein Paradies auf Erden begründen kann, aber man würde genötigt sein, hinzuschauen auf das zyklische Gesetz der Menschheitsevolution. Und indem man eine absolute Beantwortung der Frage: Wie soll das soziale Leben sich gestalten? – ausschließt, wird man das Richtige tun, wenn man fragt: Was muß für unser Zeitalter getan werden? Was erfordern gerade die Impulse unseres fünften nachatlantischen Zeitalters? Was will sich in Wirklichkeit umsetzen? – Indem man sich bewußt ist, daß dasjenige, was man realisiert, sich im zyklischen Umschwunge notwendigerweise wieder vernichten wird, muß man sich klar sein, daß man nur in dieser relativen Weise, indem man die Entwickelungsimpulse eines bestimmten Zeitalters erkennt, auch sozial denken kann. Man muß mit der Wirklichkeit arbeiten. Man arbeitet gegen die Wirklichkeit, wenn man glaubt, mit abstrakt-absoluten Idealen irgend etwas einrichten zu können. Für den Geisteswissenschafter, der die Realität, nicht die Illusion, ins Auge fassen will, beschränkt sich eben die Frage so: Was will sich unmittelbar in der gegenwärtigen Wirklichkeit realisieren?

Von diesem Gesichtspunkt waren auch die gestrigen Auseinandersetzungen gemeint, und Sie interpretieren mich ganz falsch, wenn Sie glauben, daß ich meine, daß ein absolutes Paradies dadurch hervorgerufen wird, daß etwa das Arbeitserträgnis von der Arbeit getrennt wird. Vielmehr betrachte ich das aus den tieferen Gesetzen der Menschheitsentwickelung heraus nur als eine Notwendigkeit, die jetzt geschehen muß. Denn hinter dem, was die Menschen im Bewußtsein haben, wonach namentlich die proletarische Lebensauffassung drängt, wenn sie auch die Dinge zuweilen in so radikale Forderungen drängt wie die, welche ich Ihnen gestern als die bolschewistischen aufgezählt habe, liegt ja dasjenige, was sie instinktiv verwirklichen wollen. Und wer auf die Wirklichkeit geht, läßt sich nicht Programme vorlegen, auch nicht das der russischen Räte-Republik, sondern er geht darauf, dasjenige anzuschauen, was heute noch instinktiv hinter diesen Dingen ist, die man äußerlich, stammelnd ausdrückt. Darauf kommt es an; sonst wird man niemals mit diesen Dingen zurechtkommen, wenn man das nicht so ansieht. Dasjenige, wonach instinktiv gestrebt wird, ist eben ganz und gar gelegen in dem Grundcharakter unseres fünften nachatlantischen Zeitraums, der sich wesentlich unterscheidet zum Beispiel von dem vorhergehenden vierten, dem griechisch-lateinischen, oder wieder von dem vorhergehenden dritten, dem ägyptisch-chaldäischen. Die Menschen müssen heute in sozialer Beziehung – nicht als einzelne individuelle Wesen, sondern in sozialer Beziehung – da, wo sie gruppenhaft auftreten, etwas ganz Bestimmtes wollen. Und das wollen sie auch instinktiv. Sie wollen heute, was im vierten nachatlantischen Zeitraum, was bis ins fünfzehnte Jahrhundert unserer christlichen Zeitrechnung noch nicht gewollt werden konnte, ein menschenwürdiges Dasein, das heißt, in der sozialen Ordnung widergespiegelt, eine Erfüllung desjenigen, was diesem Zeitraum als Menschheitsideal vorschwebt. Die Menschen wollen heute instinktiv, daß sich widerspiegle das, was der Mensch ist, in der sozialen Struktur.

Das war im dritten nachatlantischen, im ägyptisch-chaldäischen Zeitraum anders. Und noch anders war es vorher im zweiten. Dieser zweite Zeitraum, also der urpersische, der hatte den Menschen noch ganz in seiner Innerlichkeit; da war der Mensch noch ganz innerlich.

Da forderte der Mensch instinktiv, nicht äußerlich in der Welt das wiederzuerkennen, was er innerlich als Bedürfnisse hatte; da forderte der Mensch keine soziale Struktur, die im Äußerlichen das erkennen ließ, was er innerlich als Trieb, Instinkt, als Bedürfnisse hatte. Dann kam der dritte nachatlantische Zeitraum, der ägyptisch-chaldäische. Da forderte der Mensch, daß ein Teil seines Wesens ihm im Spiegel der äußeren sozialen Wirklichkeit erscheine, nämlich dasjenige, was an das Haupt gebunden ist. Daher sehen wir, daß vom dritten nachatlantischen, vom ägyptisch-chaldäischen Zeitraum an gesucht wird theokratische soziale Einrichtung, alles dasjenige, was sich auf theokratische, auf gewissermaßen religiös durchdrungene soziale Einrichtungen bezieht. Das andere blieb noch instinktiv; dasjenige, was sich auf den zweiten Menschen, auf den Brustmenschen bezieht, auf den Atmungsmenschen, und dasjenige, was sich auf den Stoffwechselmenschen bezieht, das blieb instinktiv. Da dachte der Mensch noch nicht daran, das irgendwie im Spiegelbilde der äußeren Ordnung zu sehen. Im urpersischen Zeitraum gab es auch nur eine instinktive Religion, die von den Eingeweihten des Zarathustrismus geleitet wurde. Aber alles dasjenige, was der Mensch entwickelte, war noch innerlich instinktiv. Er hatte noch nicht das Bedürfnis, die Dinge äußerlich im Spiegelbild, in der sozialen Struktur zu sehen. Er fing an, in der Zeit, die ungefähr mit der Begründung des alten Römischen Reiches endete – 747 ist die wahre Jahreszahl vor der christlichen Zeitrechnung –, in dem Zeitraume, der dieser Jahreszahl voranging, zu fordern, daß in der sozialen Ordnung das wiedergefunden werde, was als Gedanke in seinem Kopfe leben kann.

Nun kam der Zeitraum, welcher im achten Jahrhundert, seit dem Jahr 747 in der vorchristlichen Zeit, begann und mit dem fünfzehnten nachchristlichen Jahrhundert endete, der griechisch-lateinische Zeitraum. Da forderte der Mensch, daß sich zwei Glieder seines Wesens äußerlich in der sozialen Struktur widerspiegeln: der Kopfmensch und der rhythmische oder der Atmungsmensch, der Brustmensch. Spiegeln sollte sich dasjenige, was alte theokratische Ordnung war, aber jetzt schon im Nachklang. Tatsächlich haben die eigentlich theokratischen Einrichtungen sehr große Ähnlichkeit mit dem dritten nachatlantischen Zeitraum, selbst die Einrichtungen der katholischen Kirche. Das setzt sich also fort, und neu kommt dazu das, was speziell dem griechisch-lateinischen Zeitraum entstammt: die äußeren Einrichtungen der res publica, diejenigen Einrichtungen, die sich auf die Verwaltung des äußeren Lebens beziehen, insofern Recht und Unrecht und dergleichen in Betracht kommt. Von zwei Gliedern seines Wesens fordert der Mensch, daß er sie nicht nur in sich trägt, sondern daß er sie im Spiegel äußerlich betrachten kann. Sie verstehen zum Beispiel die griechische Kultur nicht, wenn Sie nicht wissen, daß die Sache so ist, daß noch instinktiv, innerlich, bleibt, ohne daß ein äußeres Spiegelbild gefordert wird, das reine Stoffwechselleben, das sich äußerlich in der ökonomischen Struktur ausdrückt. Dafür wird noch kein äußerliches Spiegelbild verlangt. Die Tendenz, dafür ein äußeres Spiegelbild zu verlangen, tritt erst auf mit dem fünfzehnten nachchristlichen Jahrhundert. Studieren Sie die Geschichte, wie sie wirklich ist, nicht wie die Legenden sind, die fabriziert worden sind innerhalb unserer sogenannten Geschichtswissenschaft, so werden Sie das auch äußerlich bewahrheitet finden, was ich Ihnen aus okkulten Gründen mitgeteilt habe über das Sklaventum in Griechenland, ohne dessen Dasein die griechische Kultur, die wir so bewundern, undenkbar ist. Es ist als in der sozialen Struktur befindlich nur zu denken, wenn man weiß: Diesen ganzen vierten nachatlantischen Zeitraum beherrscht das Streben, außen eine Gesetzes- und religiöse Einrichtung zu haben, aber noch keine andere als eine instinktive ökonomische Ordnung.

Und erst unser Zeitraum, die Zeit, die aber erst mit dem fünfzehnten nachchristlichen Jahrhundert beginnt, fordert, den ganzen dreigliedrigen Menschen im Bilde auch in der sozialen äußeren Struktur zu sehen, in der er sich drinnen befindet.

So müssen wir heute studieren den dreigliedrigen Menschen, weil er den dreigliedrigen Instinkt entwickelt, in der äußeren Struktur, in der gesellschaftlichen Struktur das zu haben, was ich Ihnen gesagt habe: erstens ein geistiges Gebiet, das Selbstverwaltung, Selbststruktur hat; zweitens ein Verwaltungsgebiet, ein Sicherheits- und Ordnungsgebiet, ein politisches Gebiet also, das wiederum in sich selbständig ist, und drittens ein ökonomisches Gebiet; und dieses ökonomische Gebiet in äußerlicher Organisation fordert erstmals unser Zeitalter. Den Menschen verwirklicht zu sehen im Bilde der sozialen Struktur, das tritt als ein Instinkt erst in unserem Zeitalter auf. Das ist der tiefere Grund, warum nicht mehr ein bloßer ökonomischer Instinkt wirkt, sondern warum diejenige ökonomische Klasse, die erst geschaffen worden ist, das Proletariat, dahin strebt, so bewußt äußerlich die ökonomische Struktur einzurichten, wie der vierte nachatlantische Zeitraum die Verwaltungsstruktur des Gesetzeswesens, und der dritte nachatlantische Zeitraum, der ägyptisch-chaldäische, die theokratische Struktur eingerichtet hat.

Dies ist der innere Grund, meine lieben Freunde. Nur wenn Sie auf diesen inneren Grund hinschauen, können Sie die Verhältnisse in der Gegenwart richtig beurteilen. Dann werden Sie auch verstehen, warum ich Ihnen heute vor acht Tagen diese dreigliedrige soziale Ordnung vorlegen mußte. Sie ist wahrhaftig nicht erfunden, wie eben heute von unzähligen Gesellschaften Programme erfunden werden, sondern sie ist aus den Kräften heraus gesprochen, die man beobachten kann, wenn man auf die Wirklichkeit der Evolution geht. Das muß erreicht werden, daß man wirklich konkret und objektiv die Evolutionsimpulse, die in der Entwickelung der Menschheit sind, versteht. Die Zeit drängt dazu. Die Menschen sträuben sich noch dagegen. Es ist merkwürdig, wenn man selbst diejenigen betrachtet, die am weitesten gehen. Da sind erschienen vor kurzer Zeit «Briefe einer Frau an Walther Rathenau; zur Transzendenz der kommenden Dinge». In diesem Buche wird von verschiedenen Dingen schon gesprochen. So zum Beispiel: «Mit vorliegendem Heft ist die Veröffentlichung eines wesentlichen Anschauungsgehaltes brieflicher Niederschriften beabsichtigt. Die persönliche Mitteilung ward soweit ausgeschaltet, als sie nicht damit in einem unmittelbaren Zusammenhang steht. Es ergibt sich daraus von selbst fragmentarische Briefform, darin auch die stete Wiederkehr üblicher Anrede und Abschlüsse vermieden ist. Eine seherisch veranlagte Frau spricht darin ihr ungewöhnliches Erleben und Wissen über die neue Zeitseele und das neue Weltwerden gegen den Verfasser des Buches ‹Von kommenden Dingen› aus. Die heute um höhere Lebensgestaltung ringenden Zukunftsgewalten zeigen sich hier in einem menschlichen Einzelgeschick als die erlebte Wirklichkeit der neuen Seelenmächte.»

Nun ist es merkwürdig, daß hier schon von sehr vielen Dingen gesprochen wird, aber etwas Kurioses liegt vor: Diese Frau kommt darauf, daß der Mensch höhere geistige Fähigkeiten entwickeln und daß man durch diese erst die wahre Wirklichkeit schauen kann. Damit schließt im Grunde das Buch, dessen letztes Kapitel heißt: «Kosmische Schlußbetrachtungen über Weltenseele und Menschenseele.» Aber es kommt nicht weiter als bis zur Einsicht, daß der Mensch gewisse höhere Fähigkeiten haben kann; aber ja nicht bis dahin, was man nun sieht mit diesen höheren Fähigkeiten. Es ist so, wie wenn man dem Menschen dozieren würde: Du hast Augen, – aber ihn nicht dazu kommen ließe, irgend etwas von der Wirklichkeit mit diesen Augen zu sehen. Es ist merkwürdig, wie von gewissen Leuten die Stellung zur Geisteswissenschaft heute genommen wird. Sie schrecken geradezu davor zurück, wenn man beginnt, davon zu sprechen, was nun gesehen werden kann. Man möchte solch einer Verfasserin sagen: Du gibst zu, höhere Fähigkeiten können sich im Menschen entwickeln. Geisteswissenschaft ist dazu da, um zu sagen, was man dann gerade in wichtigen Dingen sieht, wenn diese höheren Fähigkeiten entwickelt werden. – Aber davor zucken die Leute zurück, das mögen sie noch nicht hören.

Sie sehen, wie sehr die Zeit danach drängt, gerade dahin zu kommen, wo Geisteswissenschaft hinwill, und wie gleichzeitig im Menschen sich zusammenschoppen die Dinge, von denen ich im letzten Aufsatz des Bernus'schen «Reiches» gesprochen habe in meinem Aufsatz: «Luziferisches und Ahrimanisches in ihrem Verhältnis zum Menschen.» Das schoppt sich so zusammen in der Menschenseele, daß selbst diejenigen, die zugeben, man könne eine geistige Wirklichkeit schauen, denjenigen heute noch für einen Phantasten anschauen, der nun von dieser geistigen Wirklichkeit spricht, von der sie selber zugeben, daß sie die wahre Wirklichkeit ist, daß man sie schauen kann.

Ich habe diese Dame erwähnt, weil sie nicht eine einzelne Erscheinung ist, sondern weil das, was in ihr auftritt, in vielen Fällen auftritt, weil gerade das charakteristisch ist, daß die Menschen dazu gedrängt werden, hinauszuschauen über die gewöhnliche äußere Wirklichkeit, aber es doch nicht wollen, es nicht tun. Es wird da hingewiesen zum Beispiel in diesem Buche, wie der Mensch eine gewisse Verwandtschaft hat mit kosmischen Kräften. Aber man soll nur ja nicht etwa kommen und den Inhalt meiner «Geheimwissenschaft», in dem diese Beziehungen entwickelt werden, den Leuten vortragen! Da zucken sie davor zurück. Man kommt aber nicht zu einer Einsicht gerade in die sozialen Dinge, die so betrachtet werden müssen, wie ich es Ihnen gesagt habe, wenn man nur sich darauf einläßt, daß geschaut werden kann, und nicht darauf sich einläßt, was geschaut werden kann. Das ist von einer ungeheuren Wichtigkeit, dieses wirklich einzusehen. Sonst wird man immer in den Fehler verfallen, der schon angedeutet wurde bei dem allerersten heute gesprochenen Satze, daß man dasjenige, was konkret für das individuelle einzelne gilt, verabsolutiert, daß man frägt zum Beispiel mit Bezug auf die soziale Frage: Wie sollen die menschlichen Einrichtungen über die ganze Erde hin getroffen werden? – Aber diese Frage ist gar nicht gegeben. Die Menschen sind über die Erde hin verschieden. Und gerade gegen die Zukunft hin wird sich diese Verschiedenheit trotz allem Internationalismus immer mehr und mehr zeigen. Und die Folge wird sein, daß derjenige einen ganz unwirklichen Gedanken ausspricht, der da glaubt, man könne in Rußland geradeso wie in China, geradeso wie in Südamerika, in Deutschland oder wie in Frankreich sozialisieren, der also absolute Gedanken da ausspricht, wo individuelle, relative Gedanken allein der Wirklichkeit entsprechen. Das ist außerordentlich wichtig, daß man dieses ins Auge faßt.

Es war mein großer Schmerz in den letzten Jahren, wo es so notwendig gewesen wäre, daß diese Dinge an den geeigneten Orten verstanden worden wären, daß diese Dinge eben nicht verstanden worden sind. Sie erinnern sich, ich habe vor zwei Jahren hier eine Karte aufgezeichnet, die sich jetzt realisiert. Und diese Karte habe ich nicht nur Ihnen aufgezeichnet. Ich habe diese Karte dazumal angeben wollen, um auszusprechen, wie die Impulse von einer gewissen Seite her gehen, weil es ein Gesetz ist, daß, wenn man diese Impulse kennt, wenn man sich einläßt darauf, wenn man sie ins Bewußtsein aufnimmt, sie in einer gewissen Weise korrigiert, sie in anderes gelenkt werden können. Das ist sehr wichtig, daß man dies erfaßt. Aber es hat sich eben niemand gefunden, auf den es angekommen wäre, der sich auf diese Dinge eingelassen hätte, der diese Dinge in wirklichem Sinne ernst genommen hätte. Daß sie ernst zu nehmen waren, das zeigen ja die heutigen Geschehnisse.

Die Tatsache, die dabei berücksichtigt werden muß, ist die, daß von gewissen Grundgesetzen der Weltevolution heute tatsächlich in größerem Umfange und so, daß dieses Wissen auch äußerlich betätigt wird, nur etwas gewußt wird innerhalb gewisser geheimer Gesellschaften der britisch sprechenden Bevölkerung. Dies ist etwas, was wichtig ist zu berücksichtigen. Geheime Gesellschaften bei den andern Bevölkerungen sind im Grunde genommen nur Phrasengeklingel. Geheime Gesellschaften dagegen innerhalb der britisch sprechenden Bevölkerung sind Quellen, von welchen aus durch gewisse Methoden, über die ich ja vielleicht auch einmal sprechen werde, was aber heute zu weit führen würde, Wahrheiten gewonnen werden, nach denen man die Dinge politisch lenken kann. So daß man sagen kann: Jene Kräfte, welche einfließen von diesen geheimen Gesellschaften in die Politik des Westens, gehen mit der Geschichte in sachgemäßem Sinne. Sie rechnen mit den Gesetzen der historischen Entwickelung. Es braucht nicht im Äußeren immer bis aufs i-Tüpfelchen alles zu stimmen, es handelt sich darum, ob man mit den Gesetzen der historischen Entwickelung in sachgemäßem Sinne geht, oder ob man dilettantisch vorgeht, bloß nach willkürlichen Einfällen.

Im eminentesten Sinne eine dilettantische Politik, die gottverlassen von allen historischen Gesetzen ist, war zum Beispiel die mitteleuropäische Politik. Eine nicht dilettantische, eine sachgemäße oder, wenn ich mich des Spießerausdrucks bedienen darf, eine fachliche Politik war die Politik der britisch sprechenden Bevölkerung, des britischen Reiches und seines Anhanges Amerika. Das ist der große Unterschied, das ist das Bedeutsame, das ins Auge gefaßt werden muß. Es ist aus dem Grunde bedeutsam, weil das, was in jenen Kreisen gewußt wird, schon in die Wirklichkeit hineinfließt. Es fließt auch in die Instinkte derjenigen Menschen hinein, die dann äußerlich auf ihrem Platze stehen und die Repräsentativpolitiker sind, wenn sie auch nur aus politischen Instinkten heraus handeln. Hinter ihnen stehen die Kräfte, von denen ich eben Andeutung mache. Sie brauchen daher nicht zu fragen, ob *Northcliffe* oder selbst *Lloyd George* in diesem oder jenem Grade in die Kräfte, um die es sich handelt, eingeweiht sind. Darauf kommt es gar nicht an, sondern darauf, ob es eine Möglichkeit gibt, daß sie im Sinne dieser Kräfte sich verhalten. Sie brauchen das, was in der Richtung ihrer Kräfte liegt, nur in ihre Instinkte aufzunehmen. Das gibt es aber; das geschieht. Und diese Kräfte wirken in der Richtung der Weltgeschichte. Das ist das Wesentliche. Und man kann günstig im weltgeschichtlichen Zusammenhange nur wirken, wenn man wirklich wissentlich aufnimmt, was in dieser Weise in der Welt vorgeht. Sonst hat der andere, der wissentlich im Sinne der Weltgeschichte wirkt oder wirken läßt, immer die Macht, und derjenige, der nichts weiß, die Ohnmacht. Solcherweise kann die Macht über die Ohnmacht siegen. Das ist ein äußeres Geschehnis. Aber der Sieg der Macht über die Ohnmacht geht letzten Endes in diesen Dingen auf den Unterschied von Wissen und Nichtwissen zurück. Das ist es, was ins Auge gefaßt werden muß.

Und wichtig ist es, daß jenes Chaos, das sich im Osten und in Mitteleuropa jetzt vorbereitet, auf der einen Seite ja zeigt, wie schrecklich alles das war, was vorgab, in dieses Chaos staatliche Ordnung hineinzubringen, und was jetzt hinweggefegt ist; aber auf der anderen Seite zeigt dasjenige, was in Mittel- und Osteuropa geschieht, daß eben Dilettantismus auf diesem Gebiete das öffentliche Leben durchsetzt. Im Westen, in der englisch sprechenden Bevölkerung der Erde, herrscht gar nicht Dilettantismus, herrscht überall – wie gesagt, wenn ich mich des Spießerausdrucks bedienen darf – fachmännische Betrachtung dieser Dinge.

Das ist es aber, was der Geschichte der nächsten Jahrzehnte seine Gestalt geben wird. Man mag noch so hehre Ideale aufstellen in Mittel- und Osteuropa, man mag noch so guten Willen haben in diesen oder jenen Programmen, mit alledem ist nichts getan, solange man nicht von Impulsen auszugehen vermag, die ebenso oder besser von jenseits der Schwelle des Bewußtseins hergenommen sind, wie letzten Endes die Impulse des Westens, der britisch sprechenden Bevölkerung von jenseits der Schwelle des Bewußtseins hergenommen werden.

Die Freunde, die wenigstens auf die Dinge gehört haben, wie ich sie seit Jahren, ebenso wie heute vor Ihnen, vorgebracht habe, haben immer bei diesen Dingen einen Fehler gemacht, von dem in der Regel auch unsere besten Freunde schwer abzubringen sind, den Fehler, der etwa von dem Gedanken ausgeht: Ja, was nützt es denn, wenn man den Leuten auch sagt, aus gewissen geheimen Zentren des Westens gehen diese oder jene Dinge aus, man muß ihnen doch erst den Glauben beibringen können, daß es solche Geheimgesellschaften gibt. – Das wurde vielfach als das Fundamentale betrachtet, diesen Glauben zu erwecken, daß es solche geheime Gesellschaften gibt. Das ist aber nicht das, worauf man in erster Linie sehen sollte. Sie werden wenig Entgegenkommen finden, wenn Sie etwa einem Staatsmann vom Kaliber eines *Kühlmann* beibringen wollen, daß es Geheimgesellschaften gibt, die solche Impulse haben. Aber darauf kommt es gar nicht an. Man macht sogar einen Fehler, wenn man das als das Fundamentale ansieht. Daß man davon als von einem Fundamentalen ausgeht, rührt nur her von der ja auch bei Anthroposophen vorhandenen, noch aus der Unsitte der alten Theosophischen Gesellschaft heraufgetragenen Geheimniskrämerei. Man meint, wenn man das Wort geheim oder okkult ausspricht und auf irgend etwas Geheimes oder Okkultes hinweisen kann, da gibt man sich schon ein ganz besonderes Ansehen dadurch. Das ist es aber nicht, was irgendwie günstig wirkt, wenn es sich um die äußere Wirklichkeit handelt. Darum handelt es sich, daß man aufzeigt, wie die Dinge geschehen, daß man einfach auf das, was jeder mit seinem gesunden Menschenverstand verstehen kann, hinweist.

Innerhalb jener Gesellschaften, die solche okkulten Wahrheiten, die auf die Wirklichkeit gehen, pflegten, wurde zum Beispiel der Satz ausgesprochen: Man muß eine solche Politik befolgen, daß, nachdem das russische Zarenreich zum Heile des russischen Volkes gestürzt sein wird, in Rußland die Möglichkeit geboten wird, sozialistische Experimente zu unternehmen, die man in westlichen Ländern nicht unternehmen will, weil sie sich da nicht als vorteilhaft, nicht als wünschenswert herausstellen. – Solange ich sage, daß das in geheimen Gesellschaften gesagt worden ist, kann man es ja bezweifeln. Aber wenn man dann darauf hinweist, daß die ganze politische Leitung so verläuft, daß dieser Satz zugrunde liegt, dann steht man mit dem gewöhnlichen gesunden Menschenverstand in der Wirklichkeit drinnen, und darum handelt es sich, daß man Wirklichkeitssinn erwecke.

Was sich da in Rußland entwickelt hat, ist im Grunde genommen nur eine Realisierung desjenigen, was im Westen gewollt ist. Daß heute noch ungeschickte sozialistische Experimente von Nichtengländern gemacht werden, daß sich die Dinge in allerlei Windungen realisieren, das wissen diese Gesellschaften so gut, daß ihnen das nicht besonderen Kopfschmerz macht; denn sie wissen eben, es handelt sich darum, daß man diese Länder zunächst so weit bringt, daß sozialistische Experimente notwendig sind. – Erhält man sie dann bei dem Nichtwissen über eine soziale Ordnung, dann macht man die soziale Ordnung bei ihnen, dann macht man sich zum Regierer der sozialistischen Experimente.

Sie sehen, in dem Vorenthalten einer gewissen Art von okkultem Wissen, das sehr sorgfältig gerade in diesen Zentren gepflegt wird, liegt eine ungeheure Macht. Und keine Rettung gibt es gegen diese Macht, als indem das Wissen von der anderen Seite erworben wird und entgegengehalten werden kann. Auf diesem Gebiete redet man nicht von Schuld oder Unschuld, auf diesem Gebiete redet man eben einfach von Notwendigkeiten, von den Dingen, die da kommen müssen, weil sie jetzt schon in den Untergründen, in der Region der Kräfte, die noch nicht Phänomene sind, aber die schon Kräfte sind und zu Phänomenen werden, wirksam sind.

Ich brauche wohl kaum zu betonen, daß ich das festhalte, was ich immer ausgesprochen habe: daß das eigentliche Wesen des deutschen Volkstums nicht untergehen kann. Dieses eigentliche Wesen des deutschen Volkstumes muß sich seinen Weg suchen. Aber eben darum handelt es sich, daß es den Weg finden kann, daß es nicht auf falschen Wegen sucht, nicht auf unwissenden Wegen sucht. Also deuten Sie das, was ich jetzt sagen werde, nicht etwa in dem Sinne, daß es irgendwie widersprechen würde dem, was ich im Laufe der Jahre gesagt habe;

denn die Dinge haben alle zwei Seiten, und das, was ich angedeutet habe, ist in vieler Beziehung ein Wollen. Es kann ja paralysiert werden, wenn von der anderen Seite auch Kräfte spielen; die aber müssen auf Wissen beruhen, nicht auf dilettantischer Unwissenheit.

Sehen Sie, worauf es ankommt, das ist dieses: Wenn vom Osten aus – und mit dem Osten meine ich alles dasjenige, was vom Rhein nach Osten liegt bis nach Asien hinüber – kein Widerstand erhoben wird, so wird eben die britische Weltherrschaft sich mit dem Untergange des romanisch-lateinischen Franzosenelementes so entwickeln, wie es in den Intentionen jener Kräfte liegt, die ich heute wiederum und schon öfter als hinter den Instinkten gelegen bezeichnet habe. Hinter den Instinkten liegen sie. Es ist daher wichtig, nicht bloß mit dem heute vielfach den Menschen anerzogenen Denken sich an das zu machen, was *Woodrow Wilson* sagt, sondern es ist wichtig, daß man mit einem tieferen Wissen erfaßt, was selbst in solchen Menschen wie Woodrow Wilson nur an Instinkten zutage tritt, was dann in allerlei Sätzen formuliert die Menschen berückt, was aber doch nur dadurch aus der betreffenden Seele kommt, daß diese Seele in einer gewissen Weise von unterbewußten Kräften besessen ist.

Um was es sich handelt, ist doch, daß in den ihr Wissen geheimhaltenden Zirkeln des Westens sehr darauf gesehen wird, daß gewisse Dinge sich so herausbilden, daß dieser Westen unter allen Umständen über den Osten die Herrschaft erwirbt. Mögen die Leute heute in ihrem Bewußtsein sagen, was sie wollen, dasjenige, was angestrebt wird, ist, eine Herrenkaste des Westens zu begründen und eine wirtschaftliche Sklavenkaste des Ostens, die beim Rhein beginnt und weiter nach Osten bis nach Asien hinein geht. Nicht eine Sklavenkaste im alten griechischen Sinne, aber eine ökonomische Sklavenkaste, eine Sklavenkaste, welche sozialistisch organisiert werden soll, welche alle Unmöglichkeiten einer sozialen Struktur aufnehmen soll, die aber dann nicht angewendet werden soll auf die englisch sprechende Bevölkerung. Darum handelt es sich, die englisch sprechende Bevölkerung zu einer Herrenbevölkerung der Erde zu machen.

Nun, richtig gedacht ist dieses von jener Seite in allerumfänglichstem Sinne. Und ich komme dazu, jetzt etwas auseinanderzusetzen, was ich Sie bitte, wirklich so aufzunehmen, daß Sie sich bewußt sind: Wenn solche Dinge heute ausgesprochen werden, so werden sie eben unter dem Druck und Drang der Zeitereignisse ausgesprochen und dürfen wahrhaftig nicht in unernstem Sinne genommen werden. Was ich da ausspreche, wird von den Zentren im Westen, die ich öfter angedeutet habe, sorgfältigst geheim gehalten. Und es gilt im Westen als selbstverständlich, daß man die Menschen des Ostens nichts wissen läßt von diesen Dingen, die man selbst, wie ich vorhin sagte, durch Methoden, über die ich vielleicht auch noch sprechen werde, als Wissen besitzt, und zwar so als Wissen besitzt, daß man, weil die anderen diese Dinge nicht wissen sollen – und das ist die einzige Art, auf die es sein kann –, mit ihrer Hilfe die Weltherrschaft begründen will.

Sehen Sie, von diesem fünften nachatlantischen Zeitraum ab werden sich in der Evolution der Menschheit ganz bestimmte Kräfte erheben. Die Menschheit entwickelt sich ja vorwärts. Man kann niemals von dem kleinen Zeitraum, den man anthropologisch oder historisch in der äußeren materialistischen Wissenschaft überschaut, ein Urteil gewinnen über die Kräfte, die sich in der Menschheitsevolution ergeben. Denn in diesem kleinen Zeitraum, den man anthropologisch oder historisch in dem äußeren Werden überschaut, hat sich eben nur sehr wenig geändert. Mit dieser Wissenschaft weiß man nicht, wie es zum Beispiel ganz anders ausgesehen hat schon im zweiten oder geschweige denn im ersten Zeitraum oder noch weiter zurück. Das kann man nur mit Geisteswissenschaft wissen. Und so kann man auch nur mit Geisteswissenschaft hindeuten auf diejenigen Kräfte, welche sich in Zukunft aus der Menschennatur selbst auf ganz elementare Weise herausentwickeln. Daß solche Kräfte, die das Leben der Erde umgestalten werden, sich entwickeln werden aus dem Menschen heraus, das weiß man in jenen geheimen Zentren. Das ist dasjenige, was man dem Osten verschweigen will, was man als ein Wissen für sich behalten will. Und man weiß auch, daß von dreifacher Art diese Fähigkeiten sein werden, die der Mensch heute erst in den allerersten Anfängen hat. Sie werden sich so aus der Menschennatur herausentwickeln, wie sich im Laufe der Menschheitsevolution andere Fähigkeiten ergeben haben.

Ich muß Ihnen diese dreifache Fähigkeit, von der jeder Wissende innerhalb dieser geheimen Zirkel spricht und die sich in der Menschennatur entwickeln werden, in folgender Weise plausibel machen. Erstens sind es die Fähigkeiten zum sogenannten materiellen Okkultismus. Durch diese Fähigkeit – und das ist gerade das Ideal der britischen Geheimgesellschaften – sollen gewisse, heute der Industrialisierung zugrunde liegende soziale Formen auf eine ganz andere Grundlage gestellt werden. Es weiß jedes wissende Mitglied dieser geheimen Zirkel, daß man einfach durch gewisse Fähigkeiten, die heute noch beim Menschen latent sind, die sich aber entwickeln, mit Hilfe des Gesetzes der zusammenklingenden Schwingungen in großem Umfange Maschinen und maschinelle Einrichtungen und anderes in Bewegung setzen kann. Eine kleine Andeutung finden Sie in dem, was ich in meinen Mysteriendramen an die Person des Strader geknüpft habe.

Diese Dinge sind heute im Werden. Diese Dinge werden innerhalb jener geheimen Zirkel auf dem Gebiete des materiellen Okkultismus als ein Geheimnis gehütet. Motoren gibt es, welche dadurch, daß man die betreffende Schwingungskurve kennt, durch sehr geringfügige menschliche Beeinflussung in Tätigkeit, in Betrieb gesetzt werden können. Dadurch wird es möglich sein, vieles, wozu man heute Menschenkräfte braucht, durch rein mechanische Kräfte zu ersetzen. Heute ist es schon so, daß die Menschen auf der Erde vierzehnhundert Millionen sind; aber es wird nicht bloß Arbeit geleistet von diesen vierzehnhundert Millionen – ich habe das einmal hier ausgeführt –, sondern es wird so viel Arbeit geleistet auf rein mechanische Weise, daß man sagen kann, die Erde ist heute eigentlich von zweitausend Millionen Menschen bevölkert; die anderen sind eben einfach Maschinen; das heißt, würde die Arbeit, welche von Maschinen geleistet wird, durch Menschen geleistet werden müssen ohne Maschinen, so müßten sechshundert Millionen mehr Menschen auf der Erde leben. Aber man wird, wenn das, was ich jetzt vor Ihnen mechanischen Okkultismus nenne, in das Gebiet der praktischen Wirksamkeit tritt, was ein Ideal jener geheimen Zentren ist, man wird nicht nur für fünf- oder sechshundert Millionen Menschen Arbeit leisten können, sondern man wird für tausend und mehr Millionen Menschen Arbeit leisten können. Dadurch wird die Möglichkeit gegeben sein, daß innerhalb des Gebietes der englisch sprechenden Bevölkerung neun Zehntel der Menschenarbeit unnötig wird. Aber der mechanische Okkultismus macht möglich nicht nur, daß man neun Zehntel der Arbeit, die heute noch von Menschenhänden geleistet wird, entbehren kann, sondern er macht es auch möglich, daß man jede aufständische Bewegung der dann unbefriedigten Menschenmasse paralysieren kann. Die Fähigkeit, nach dem Gesetze der ineinanderklingenden Schwingungen Motoren in Bewegung zu setzen, diese Fähigkeit wird sich gerade in ausgiebigem Maße bei der britisch sprechenden Bevölkerung entwickeln. Das weiß man in jenen geheimen Zirkeln. Damit rechnet man als mit demjenigen, was einem noch im Laufe des fünften nachatlantischen Zeitraums die Übermacht über die übrige Erdenbevölkerung geben wird.

Aber man weiß in jenen Kreisen noch etwas anderes. Man weiß, daß es zwei andere Fähigkeiten gibt, die sich auch entwickeln werden. Und eine Fähigkeit wird sich entwickeln, die ich nennen möchte die eugenetische Fähigkeit. Und diese eugenetische Fähigkeit wird sich vorzüglich entwickeln bei den Menschen des Ostens, bei den Menschen Rußlands und des asiatischen Hinterlandes. Und auch das weiß man in jenen geheimen Zirkeln des Westens, daß dieser eugenetische Okkultismus sich nicht aus den angeborenen Anlagen der britisch sprechenden Bevölkerung heraus entwickeln wird, sondern aus den angeborenen Anlagen gerade der asiatischen und russischen Bevölkerung. Man kennt diese Tatsachen in den geheimen Zirkeln des Westens, und man rechnet damit. Man zählt mit ihnen als mit gewissen Impulsen, welche in der Entwickelung der Zukunft tätig sein müssen. Eugenetische Fähigkeit nenne ich die Heraushebung der Menschenfortpflanzung aus der bloßen Willkür und dem Zufall. Innerhalb der Bevölkerung des Ostens wird sich nämlich ein instinktiv helles Wissen entwickeln, welches Kenntnis davon haben wird, wie mit gewissen kosmischen Erscheinungen parallel laufen müssen die Gesetze der Population, die Gesetze der Bevölkerung; wie man, wenn man im Einklange mit gewissen Sternkonstellationen die Empfängnis einrichtet, dadurch Veranlassung gibt, gut gearteten oder übel gearteten Seelen den Zugang zur Erdenverkörperung zu verschaffen. Nur diejenigen Menschen, welche die Rassenfortsetzung, die Blutsfortsetzung der asiatischen Bevölkerung bilden, werden die Fähigkeit erlangen können, einfach im einzelnen zu schauen, wie das, was heute chaotisch, nach Willkür, über die Erde hin wirkt – Konzeption, Geburt –, im Einklange mit den großen Gesetzen des Kosmos im einzelnen, konkreten Falle zu machen ist. Da nützen nämlich abstrakte Gesetze nichts, sondern was da erworben wird, ist eine konkrete Fähigkeit, die im einzelnen Falle wissen wird: jetzt darf eine Konzeption sein oder jetzt darf keine Konzeption sein.

Dieses Wissen, welches in der Lage sein wird, vom Himmel herunter die Impulse zu holen für Moralisierung oder Demoralisierung der Erde durch die Natur des Menschen selbst, diese besondere Fähigkeit entwickelt sich als eine Fortsetzung der Blutsfähigkeit bei den Rassen des Ostens, und ich nenne das, was da als Fähigkeit sich entwickelt, eugenetischen Okkultismus. Das ist die zweite Fähigkeit, welche verhindern wird, daß die Evolution der Menschheit mit Bezug auf Konzeption und Geburt bloß nach Willkür, mehr oder weniger durch Zufall in der Welt verläuft. Und jetzt sehen Sie auf die ungeheuere soziale Folge, auf den ungeheueren sozialen Impuls, der damit hereinkommt! Diese Fähigkeiten sind latent. Man weiß gut in jenen geheimen Zirkeln der britisch sprechenden Bevölkerung, daß diese Fähigkeiten sich bei der Bevölkerung des Ostens entwickeln werden. Man weiß, daß man sie selber in seinen durch die Geburt vermittelten Anlagen nicht haben wird. Man weiß, daß die Erde ihr Ziel nicht erreichen könnte, nicht von der Erde zum Jupiter hinüberkommen könnte, ja daß sogar schon verhältnismäßig bald die Erde von ihrem Ziele sich abwenden würde, wenn nur mit den Kräften des Westens gearbeitet würde. Wenn nur mit den mechanischen okkulten Fähigkeiten des Westens gearbeitet würde, dann würde allmählich eine seelenlose Bevölkerung im Westen sich allein entwickeln können, eine Bevölkerung, welche so seelenlos wie möglich werden würde. Das weiß man. Daher strebt man an, innerhalb des eigenen Kreises dasjenige, was man entwickeln kann durch seine Fähigkeiten, zu entwickeln: den mechanischen Okkultismus; und man strebt an, zu beherrschen diejenige Bevölkerung, welche den eugenetischen Okkultismus entwickelt. Jeder Wissende in den Zirkeln des Westens sagt: Es ist notwendig, daß wir zum Beispiel Indien beherrschen, aus dem Grunde, weil nur in der Fortsetzung desjenigen, was aus indischen Leibern kommt – wenn es sich mit dem verbindet, was im Westen nach ganz anderer Richtung hin, nach der Richtung des nur mechanischen Okkultismus geht –, Körper entstehen, in denen sich zukünftig Seelen verkörpern können, die die Erde zu ihren künftigen Entwickelungsstadien hinübertragen. Die englisch sprechenden Okkultisten wissen, daß sie verzichten müssen auf die Leiber, welche aus ihrer eigenen Volksgrundlage heraus kommen, und sie streben danach, die Herrschaft über eine Bevölkerung zu haben, welche Leiber liefern wird, mit Hilfe welcher die Entwickelung der Erde in die Zukunft hinausgetragen werden kann.

Die amerikanischen Okkultisten wissen, daß sie nur, wenn sie von sich aus dasjenige pflegen, was innerhalb der russischen Bevölkerung sich an Leibern der Zukunft durch die eugenetisch okkulte Anlage entwickelt, wenn sie das beherrschen, so daß allmählich eine soziale Verbindung zwischen ihren absterbenden Rasseeigentümlichkeiten und den aufkeimenden psychischen Rasseeigentümlichkeiten des europäischen Rußland zustande kommt, daß sie nur dann in die Zukunft hinübertragen können, was sie hinübertragen wollen.

Von einer dritten Fähigkeit, die heute latent ist und die sich entwickeln wird, muß ich Ihnen sprechen. Es ist diejenige, die ich nennen möchte die hygienische okkulte Fähigkeit. Nun haben wir alle drei: die materielle okkulte Fähigkeit, die eugenetische okkulte Fähigkeit und die hygienische okkulte Fähigkeit. Diese hygienische okkulte Fähigkeit ist auf dem guten Wege und wird verhältnismäßig nicht lange auf sich warten lassen. Diese Fähigkeit wird einfach durch die Einsicht reifen, daß das menschliche Leben, indem es von der Geburt bis zum Tode verläuft, nach einem Prozeß verläuft, der ganz identisch ist mit einem Krankheitsprozeß. Krankheitsprozesse sind nämlich nur spezielle und radikale Umbildungen des ganz gewöhnlichen, normalen Lebensprozesses, der zwischen Geburt und Tod verläuft, nur daß wir in uns nicht nur die krankmachenden Kräfte tragen, sondern auch die gesundmachenden Kräfte. Und diese gesundmachenden Kräfte, das weiß jeder Okkultist, sind ganz genau dieselben wie diejenigen, welche man dann anwendet, wenn man sich okkulte Fähigkeiten erwirbt, indem man diese Kräfte in Erkenntnisse umwandelt. Die dem menschlichen Organismus innewohnende Heilkraft in Erkenntnis umgewandelt gibt eben okkulte Erkenntnisse.

Es weiß nun wiederum jeder Wissende in den westlichen Zirkeln, daß in Zukunft die materialistische Medizin keinen Boden haben wird. Denn in dem Augenblicke, wo sich die hygienisch-okkulten Fähigkeiten entwickeln, wird man nicht eine äußere materielle Medizin brauchen, sondern es wird die Möglichkeit da sein, jene Krankheiten, die nicht durch karmische Ursachen entstehen und deshalb unbeeinflußbar sind, auf psychischem Wege prophylaktisch zu behandeln, zu verhüten. Es wird sich alles in dieser Beziehung ändern. Das erscheint heute noch wie eine bloße Phantasie, aber das ist etwas, was sogar sehr bald kommen wird.

Nur liegt die Sache so, daß diese drei Fähigkeiten nicht etwa gleichmäßig über alle Bevölkerung der Erde kommen. Sie haben ja schon die Differenzierung gesehen. Diese Differenzierung hat natürlich nur etwas zu tun mit den Leibern, nicht mit den Seelen, die ja immer von Rasse zu Rasse und von Volk zu Volk gehen; aber mit den Leibern hat sie sehr viel zu tun, diese Differenzierung. Aus den Leibern der englisch sprechenden Bevölkerung kann niemals herauskommen die Fähigkeit, durch Geburt eugenetisch-okkulte Fähigkeiten in Zukunft zu entwickeln. Sie werden angewendet werden gerade im Westen, aber dadurch angewendet werden, daß man Ostländer beherrschen wird und Ehen herbeiführen wird zwischen den Menschen des Westens und den Menschen des Ostens; daß man benützen wird dasjenige, was man nur von den Menschen des Ostens erfahren kann.

Für die hygienisch-okkulten Fähigkeiten sind besonders veranlagt die Menschen der Mittelländer. Und die Sache liegt so, daß die englischsprechende Bevölkerung nicht durch die Geburtsanlage die hygienisch-okkulten Fähigkeiten erlangen kann, daß sie aber im Laufe der Zeit in der Entwickelung zwischen Geburt und Tod sich diese Fähigkeiten erwerben kann. Da können sie erworbene Eigenschaften werden. Und bei der Bevölkerung ungefähr östlich vom Rhein bis nach Asien hinein werden sie durch die Geburt vorhanden sein. Und wiederum ist es so, daß die Bevölkerung der Mittelländer die eugenetisch-okkulte Anlage nicht unmittelbar erwerben kann durch Geburt, aber sie im Laufe des Lebens sich aneignen kann, wenn sie in die Lehre geht bei den Menschen des Ostens. So werden diese Fähigkeiten verteilt sein. Die Menschen des Ostens werden gar keine Fähigkeit haben zum materiellen Okkultismus; sie werden ihn nur empfangen können, wenn man ihn ihnen gibt, wenn man ihn nicht vor ihnen geheim hält. Und man kann immer die Mittel finden, ihn geheim zu halten, besonders wenn die andern so töricht sind, an die Dinge nicht zu glauben, die jemand sagt, der einmal in der Lage ist, in diese Dinge ungefähr hineinzuschauen. Die Menschen also des Ostens und die Menschen der Mittelländer werden den materiellen Okkultismus vom Westen erhalten müssen. Sie werden die Segnungen eben erhalten – die Produkte. Der hygienische Okkultismus, er wird sich vorzugsweise in den Mittelländern entwickeln, der eugenetische in den Ostländern. Aber eine Kommunikation wird zwischen den Menschen stattfinden müssen. Das ist etwas, was in die sozialen Impulse der Zukunft aufgenommen werden muß; das ist etwas, was notwendig macht, daß die Menschen einsehen: sie können über die ganze Erde hin in der Zukunft nur noch als Gesamtmenschheit leben. Denn wollte der Amerikaner nur als Amerikaner leben, so würde er zwar den höchsten materiellen Effekt erreichen können, aber er würde sich dazu verdammen, niemals über die Erdenentwickelung hinauskommen zu können. Er würde sich dazu verdammen, wenn er nicht die sozialen Beziehungen zum Osten suchte, als Seele nach irgendeiner Inkarnation in das Erdengebiet gebannt zu werden und nur innerhalb des Erdengebietes zu spuken. Die Erde würde herausgehoben werden aus ihrem kosmischen Zusammenhange, und es würden alle diese Seelen spuken müssen. Der Mensch des Ostens hingegen würde, wenn er nicht aufnehmen würde mit seinen eugenetisch-okkulten Fähigkeiten das, was zur Erde niederzieht, den Materialismus des Westens, die Erde verlieren. Er würde bloß in irgendeine psychisch-spirituelle Entwickelung hineingezogen werden, und er würde die Erdenentwickelung verlieren; die Erde würde gleichsam unter ihm versinken, er würde die Früchte der Erdenentwickelung nicht haben können.

Vertrauen unter den Menschen im tief innersten Sinn muß eintreten.

Das zeigt gerade diese merkwürdige Menschenentwickelung der Zukunft. Es liegt durchaus im vernünftigen Sinn der Zentren des Westens, die Dinge nur so zu pflegen, wie sie sie pflegen können. Es ist nicht an den Menschen des Westens, auf dasjenige besonders zu sehen, was sich im Osten entwickelt von dem Gesichtspunkte der Menschen des Ostens aus; was sich bei andern entwickelt, das muß den andern überlassen bleiben. Das ist es, was man sich recht, recht tief in die Seelen schreiben soll, daß hier ein Punkt erreicht ist, wo Schuld oder Unschuld oder dergleichen Begriffe überhaupt ihre Bedeutung verlieren, wo es sich darum handelt, die Dinge im allertiefsten Sinne voll ernst zu nehmen, weil sie ein Wissen enthalten, das allein geeignet ist, in die Lenkung der Menschheit in der Zukunft überzugehen.

Es ist sehr wichtig, diese Dinge in einer gewissen Art zu betrachten. Denn bedenken Sie, daß über die Erde hin, differenziert nach den verschiedenen Menschen, nach den Menschen des Westens, der Mittelländer und des Ostens, sich dreierlei okkulte Fähigkeiten entwickeln, die sich gewissermaßen verschlingen, und zwar so sich ineinanderschlingen, daß der Mensch des Westens Anlage hat zum materiellen Okkultismus von der Geburt, aber sich erwerben kann hygienischen Okkultismus; daß der Mensch der Mittelländer vorzugsweise durch die Geburt Anlage hat für den hygienischen Okkultismus, daß er sich aber erwerben kann, wenn man sie ihm gibt, vom Westen her den materiellen, vom Osten her den eugenetischen Okkultismus; daß der Mensch des Ostens von der Geburt Anlage hat für den eugenetischen Okkultismus, daß er sich aber erwerben kann, von den Mittelländern aus, den hygienischen Okkultismus. Diese Fähigkeiten treten differenziert über die Menschheit der Erde verteilt auf, aber zu gleicher Zeit so, daß sie sich verschlingen. Und durch die Verschlingungen wird eben das zukünftige soziale Gemeinschaftsband über die ganze Erde bedingt sein.

Nun gibt es aber Hindernisse für die Entwickelung dieser Fähigkeiten; und die sind mannigfaltiger Art, und ihre Wirksamkeit ist eigentlich eine recht komplizierte. So ist zum Beispiel gerade für den Menschen der Mittelländer und der Ostländer ein bedeutsames Hindernis, die Fähigkeiten, die da kommen sollen, namentlich wissentlich zu entwickeln, wenn starke Antipathien gegen die Menschen der Westländer in ihnen spielen, wenn diese Dinge nicht objektiv betrachtet werden können. Das ist ein Hindernis für die Entwickelung dieser Fähigkeiten. Dagegen wird in einer gewissen Weise sogar die Anlage zu einer späteren okkulten Fähigkeit unterstützt, wenn sie aus gewissen Instinkten des Hasses heraus entwickelt wird. Das ist eine sehr eigentümliche Erscheinung. Denn man fragt sich doch so oft – hier liegt nämlich etwas, was recht objektiv betrachtet werden sollte –: Warum ist denn eigentlich auf dem Gebiete der Westländer so unsinnig geschimpft worden? – Das zielt auch aus dem Instinkte schon nach diesen Fähigkeiten hin. Denn nichts wird das, was in den tiefsten Impulsen des westlichen Okkultismus liegt, mehr fördern, als wenn sich unwahre, aber gewissermaßen als heilig empfundene Gefühle entwickeln, welche die Menschen des Ostens, namentlich die Menschen der Mittelländer als «Barbaren» hinstellen können. Gefördert werden die materiellen okkulten Anlagen gerade zum Beispiel durch jene Stimmung, welche in Amerika die sogenannte «Kreuzzugstimmung» ist. Diese besteht darin, daß Amerika berufen sei, Freiheit und Recht, und ich weiß schon nicht, was die schönen Dinge alle sind, über die ganze Erde zu bringen. Die Leute glauben das selbstverständlich. Hier ist nicht die Rede von irgendwelcher Anschuldigung. Die Leute glauben, daß sie einen Kreuzzug machen. Aber gerade darin, daß man das Unrichtige glaubt, darinnen liegt die Unterstützung nach einer gewissen Richtung hin. Würde man bewußt das Unrichtige sagen, dann würde man diese Unterstützung nicht haben. So ist auf der einen Seite dasjenige, was jetzt geschieht, unendlich förderlich, auf der andern Seite hinderlich gerade der Entwickelung derjenigen Fähigkeiten, von denen man sagen muß, daß sie heute bei den meisten Menschen noch latent sind, daß sie sich aber gegen die Zukunft hin entwickeln wollen, und daß sie tief eingreifen werden in die soziale Struktur der Menschen der Zukunft.

Denken Sie einmal, wie sich Ihnen durchglüht und durchsättigt mit Verständnis und Einsicht alles das, was in der Gegenwart geschieht, wenn Sie diese Hintergründe ins Auge fassen, wenn Sie erkennen, daß hinter all dem, was bewußt heute vielfach gesagt wird, die diesen Ausführungen entsprechenden unterbewußten Instinkte liegen! Die wichtigste Tatsache dabei ist aber diese, daß durch ganz besondere Evolutionsvorgänge eben die britisch sprechende Bevölkerung solche geheimen okkulten Zentren hat, die diese Dinge kennen, die wissen, welche Fähigkeiten sie in der Zukunft haben werden als Angehörige der britisch sprechenden Bevölkerung und welche Fähigkeiten ihnen mangeln werden, die daher auch wissen, wie sie die soziale Struktur einrichten müssen, damit sie das, was ihnen mangelt, auch in ihren Dienst stellen können. In der Richtung solcher Dinge wirken aber die Instinkte, und diese Instinkte haben auch schon gewirkt, sie haben ungeheuer gewirkt, sie haben bedeutungsvoll gewirkt.

Ein besonders brauchbares Mittel, wenn man ins unrichtige Fahrwasser lenken will, was durch das westliche okkulte Wissen impulsiert werden kann, ist, den Osten so zu bearbeiten, daß er seinen alten Hang, bloße Religion ohne Wissenschaft zu entwickeln, auch in der Zukunft beibehält. Die Führer der westlichen Geheimzirkel werden dafür sorgen, daß es etwas, was weder bloße Religion noch bloße Wissenschaft ist, sondern die Synthese von beiden, das Zusammenwirken von Wissen und Glauben, dort nicht gibt. Aber sie werden auch dafür sorgen, daß jene Wissenschaft, die sonst auch auf den Inhalt der Religion übergeht, eben bloß im Geheimen wirkt, daß sie bloß die wichtigeren Angelegenheiten der Menschheit und die politische Führung der Erde beim Erringen der britischen Weltherrschaft durchdringt. Ungeheuer helfen wird es bei der Ausbreitung dieser Weltherrschaft, wenn der Osten möglichst die religiösen Vorstellungen nicht mit Wissenschaft durchdringt.

Nun denken Sie, wie gerade alles Russische diesem westlichen Streben entgegenkommt. Da ist auf der einen Seite in Rußland heute noch das Streben, fromm zu sein, aber nicht zu durchdringen den Inhalt der Frömmigkeit mit spiritueller Wissenschaft, gewissermaßen in einer unklaren Mystik zu bleiben. Diese unklare Mystik, die würde ein gutes Förderungsmittel sein für das, was der Westen als Oberherrschaft über den Osten will.

Auf der andern Seite handelt es sich darum, die Wissenschaft, die für die Erde ist, womöglich atheistisch zu machen. Und darin hat gerade die Kultur der britisch sprechenden Bevölkerung in der neueren Zeit ungeheuer Fruchtbares geleistet. Diese britisch sprechende Bevölkerung kann sich wahrhaftig nicht beklagen. Sie hat Ungeheueres erreicht, denn sie hat ihre wissenschaftliche Richtung, die religionslose Wissenschaft, die atheistische Wissenschaft im Grunde über die ganze Erde verbreitet. Die ist Herrscherin geworden über die ganze Erde. Der Goetheanismus, der ganz bewußt das Gegenteil davon ist, konnte ja selbst im Lande Goethes nicht aufkommen, ist selbst im Lande Goethes eine ziemlich unbekannte Sache! Dasjenige, was als Intellekt heute die Wissenschaft beherrscht, das ist durchaus im Sinne desjenigen gehalten, was offenbar werden soll als äußerlicher Ausdruck der von den Zirkeln im Geheimen gepflegten, aber dort wohl als Synthese zwischen Wissenschaft und Religion gepflegten Wissenschaft. Für die Außenwelt soll es nur die atheistische Wissenschaft geben; für die inneren Zirkel, welche den Gang der Weltereignisse leiten sollen, eine Wissenschaft, welche zu gleicher Zeit Religion, eine Religion, welche zu gleicher Zeit Wissenschaft ist.

Am besten in der Hand haben wird man den Osten, wenn man ihm eine wissenschaftslose Religion erhält. Am besten in der Hand haben wird man die Mittelländer, wenn man ihnen aufpfropft, weil sie sich eine Religion nicht aufpfropfen lassen, eine religionslose Wissenschaft. Diese Dinge werden von denjenigen, die als Wissende in den genannten Zirkeln stehen, ganz bewußt, von den andern instinktiv gefördert. Und nachdem die aus überlebter Zeit herstammenden Herrschaftsmächte der Mittelländer weggefegt sind, ist ja in den Mittelländern zunächst nichts da, was an die Stelle gesetzt werden kann. Das macht es ja auch so schwierig, die ganze welthistorische Sachlage der Gegenwart richtig zu beurteilen. Alle Welt hat sich befaßt mit der Frage der Schuld oder der Ursache dieser kriegerischen Katastrophe. Aber alle diese Dinge finden nur ihre Beleuchtung, wenn man sie auf dem Hintergrunde desjenigen betrachtet, was als wirksame Kräfte nicht in den äußeren Phänomenen zutage tritt. Es läßt sich über diese Dinge nicht urteilen nach den Kategorien, nach den Denkkategorien, nach denen man gewöhnlich urteilt, wenn man die Schuld- oder Unschuld-Frage aufwirft – gerade aus den heute Ihnen dargelegten Gründen nicht.

Ich weiß sehr gut, daß heute, wo man sogar schon Wilson den Papst des zwanzigsten Jahrhunderts nennt, aber nicht im abträglichen, sondern im zustimmenden Sinne, weil er berechtigterweise der Laienpapst des zwanzigsten Jahrhunderts ist, selbst in den Mittelländern sich nach und nach ein getrübtes Urteil über den Hergang dieses Weltkrieges, wie man ihn nennt, entwickeln wird, weil man die eigentlichen Fragestellungen nicht berücksichtigen wird. Jedes Dokument wird das beweisen, was ich sage. Aber man muß die Dokumente auf dem richtigen Untergrunde sehen. Man muß vor allem die Möglichkeit haben, ein Urteil zu gewinnen. Dieses Urteil ergibt sich in diesem Falle nur demjenigen, der etwas Licht von jenseits der Schwelle auf die Dinge bringen kann. Denn sehen Sie, ich fürchte, daß sich durch die Dinge, die ja jetzt, man könnte sagen, Tag für Tag zutage treten, immer falschere und falschere Urteilswege geltend machen werden, daß immer weniger Menschen geneigt sein werden, auf die Frage so einzugehen, daß dieses Eingehen fruchtbar sein kann. Ich glaube, die Leute werden sich sonderbare Gedanken machen, wenn sie jetzt zum Beispiel durch die Zeitungen erfahren – mag es wahr sein oder nicht wahr sein, es könnte aber wahr sein –, daß der abgedankte deutsche Kaiser sagt: Ich bin ja gar nicht dabei gewesen, als der Krieg gemacht worden ist – Sie werden das in den letzten Blättern gelesen haben –, das haben *Bethmann* und *Jagow* gemacht.

Es ist natürlich unerhört, wenn so etwas von diesem Munde ausgesprochen wird, selbstverständlich unerhört! Aber es gibt überall im geheimen beeinflußte Urteile, die dann in falsche Wege geraten durch solche Dinge. Sehen Sie, um was es sich da handelt, das ist, daß man wirklich ganz genau die Tatsachen berücksichtigen muß, um die richtigen Fragen stellen zu können. Dann wird man schon sehen, daß man wahrhaftig die tiefe, tragische Notwendigkeit, die dieser Katastrophe zugrunde liegt, nicht so oberflächlich wird ins Auge fassen dürfen, wie das so häufig geschieht. Auch die oberflächlichen Ereignisse dürfen nicht oberflächlich ins Auge gefaßt werden.

Ich will Sie auf einen Fall aufmerksam machen; Sie werden gleich nachher sehen, warum ich solch eine Einzelheit herausgreife. Ich habe schon vor einiger Zeit hier auseinandergesetzt, daß ja eigentlich gewiß viele Ereignisreihen, Tatsachenreihen in Deutschland vorhanden gewesen sind, die zum Kriege hätten führen können, die aber dann abgerissen sind, die nicht zu ihm geführt haben, während tatsächlich dasjenige, was zum Kriege geführt hat, im Grunde genommen aus gewissen Voraussetzungen erst sehr spät eingesetzt hat und in gar keinem Zusammenhang steht mit den anderen Dingen. Ich will heute nicht wiederholen, was ich Ihnen nach dieser Richtung schon gesagt habe, aber ich möchte Ihnen eines heute zu bedenken geben, damit Sie sehen, wie in der Weltgeschichte die Dinge, ich möchte sagen, zusammenklappen, die als äußere Symptome wirken, währenddem die großen Dinge hinter ihnen stehen, von denen ich Ihnen heute gesprochen habe.

Sehen Sie, man kann die Frage aufwerfen: Hätte die ganze kriegerische Katastrophe, wie sie vom Juli 1914 oder August 1914 an eingetreten ist, unter Umständen auch einen anderen Verlauf nehmen können als den, den sie genommen hat? Ich will jetzt nicht darauf eingehen, ob diese Katastrophe als solche hätte vermieden werden können oder nicht, das steht auf einem andern Blatte, aber ich will die Frage aufwerfen: Hätte diese Katastrophe einen anderen Verlauf nehmen können? Nun, sie hätte einen anderen Verlauf nehmen können; das wäre durchaus denkbar, obwohl diese Dinge hinterher zu sagen, ich möchte sagen, nur einen methodischen Wert hat. Aber denkbar wäre es nach den Ereignissen und auch nach den okkulten Hintergründen, daß die ganze Katastrophe einen anderen Verlauf genommen hätte. Man muß schichtenweise urteilen. Dasjenige, was ich jetzt sage, gilt natürlich wiederum nur für eine gewisse Schicht der Tatsachen. Und innerhalb dieser Schichte der Tatsachen kann man etwa folgendes urteilen. Man kann sagen: Es wäre auch denkbar gewesen, daß der Krieg 1914 so begonnen worden wäre, daß das deutsche Heer nach Osten gezogen wäre, und man abgewartet hätte, ob dadurch, daß im Osten der Krieg entsteht, im Westen dann auch ein Krieg folgen werde. Es wäre denkbar gewesen, daß man mit der Hauptmasse des deutschen Heeres gegen Rußland gezogen wäre, daß man gegen den Westen eine bloße Defensive eingehalten und abgewartet hätte, ob die Franzosen, die ja in diesem Falle keine Bündnispflicht gehabt hätten, angreifen.

Sie hätten keine Bündnispflicht in dem Augenblicke gehabt, wenn man nicht den Krieg nach Osten erklärt haben würde, sondern abgewartet hätte, bis die russischen Armeen wirklich einfallen. Sie wären nämlich eingefallen; das ist ohne Frage, daß sie eingefallen wären. Ich behaupte jetzt nicht, daß es nicht fünf Jahre früher eine andere Hypothese gegeben hätte, die in anderer Richtung hätte gehen können, aber 1914 war es nicht mehr möglich. Innerhalb dieser Schichte der Tatsachen könnte man sich denken, daß der Krieg eine Grundwendung nach Osten hin genommen hätte. Das wäre möglich gewesen. Und dennoch war es unmöglich. Es war eigentlich dennoch tatsächlich unmöglich aus dem Grunde, weil nach Osten hinüber kein deutscher Feldzugsplan vorlag. Man hat niemals daran gedacht, daß der Kriegsfall anders eintreten könnte, als daß Deutschland provoziert würde zu einem Angriff auf Rußland, daß dadurch für Frankreich der Bündnisfall für Rußland–Frankreich gegeben sei, und daß Deutschland dann einen Zweifrontenkrieg zu führen hat.

Nun ging man unter dem Axiom, das sich innerhalb der deutschen Strategie vom Beginne des zwanzigsten Jahrhunderts an gebildet hat, davon aus, daß dieser Zweifrontenkrieg nicht anders als offensiv geführt werden kann. Nur *der* Feldzugsplan war da, mit einem Einmarsch durch Belgien rasch nach Westen hin Frankreich zu einem Sonderfrieden zu zwingen – das war gewiß eine Illusion, aber es waren diese Illusionen vorliegend – und dann die Heeresmassen nach Osten zu werfen. Nun bitte ich Sie zu bedenken, was ein solcher strategischer Plan ist. Er ist für jede Einzelheit, für jeden Tag berechnet. Er rechnet genau, wie lange es dauern darf von dem Tage, an dem die russische Gesamtmobilisation eintritt, bis der erste Befehl gegeben wird für die deutsche Mobilisation, die dann nicht warten kann, sondern weitergeht, weil der erste Anstoß die russische Gesamtmobilisation ist. Am Tage danach, am zweiten Tage danach, am dritten Tage danach muß das und das geschehen. Wartet man nur einen Tag nach der russischen Generalmobilisation, so ist der ganze Plan umgeworfen und kann nicht mehr ausgeführt werden. Das ist es, was ich Sie bitte zu bedenken, daß so etwas damit unterlief, das also tatsächlich entscheidend war in dem Augenblicke, wo gar keine mitteleuropäische

Politik vorhanden war. Das ist natürlich das Wesentliche, daß keine mitteleuropäische Politik vorhanden war. Denn Bethmann redet heute noch immer Unsinn. Man war verzweifelt, wenn Bethmann im deutschen Reichstage seine unglaublichsten, seine unmöglichsten Dinge redete; aber er redet sie noch heute. Es war gar keine Politik vorhanden, sondern nur Strategie, aber eine Strategie, welche auf einen ganz bestimmten Fall aufgebaut war. Da konnte man nichts ändern, da konnte man nicht einmal in der Stunde etwas ändern.

Ich bitte Sie also zu bedenken, daß nach der äußeren Veranlassung niemand in Deutschland den Krieg zu wollen brauchte, er mußte doch entstehen. Man brauchte ihn gar nicht zu wollen. Das bitte ich Sie zu berücksichtigen. Er mußte entstehen, einfach aus dem Grunde, weil ganz automatisch selbstverständlich in dem Augenblicke, wo Rußland Befehle zur Gesamtmobilisation erläßt, wie wenn der Zeiger einer Uhr auf Zwölf rückt, in dem deutschen Heerführer der Gedanke entsteht: Jetzt muß ich mobilisieren. – Und von da ab geht alles automatisch. Das entsteht gar nicht durch den Willen, das entsteht dadurch, daß es jahrelang vorbereitet ist. Ganz automatisch folgt auf die russische Gesamtmobilisation der Einfall durch Belgien nach Frankreich, weil man das als das einzig Vernünftige ansieht. Dem Kaiser konnte man es nicht sagen, weil man – ich habe es Ihnen ja schon erzählt – wußte: der ist so indiskret, wenn man es ihm heute sagte, so weiß es morgen die ganze Welt. Daß durch Belgien eingefallen wurde, hat er erst erfahren in der Stunde, als mobilisiert wurde. Ähnliche Dinge sind massenhaft vorgekommen. Diese Dinge bitte ich Sie zu berücksichtigen, dann werden Sie sich sagen: Man brauchte natürlich überhaupt nicht zu wollen innerhalb Deutschlands – der Krieg mußte entstehen. Ich sage: Wenn man innerhalb dieser Tatsachenschichte bleibt. Natürlich können Sie übergehen zu einer anderen Tatsachenschichte; aber da kommen Sie zu ganz verwickelten Fragen.

Es ist wirklich so, daß einen da einmal etwas Großes, etwas, was zur Menschheitskatastrophe wird, erinnert an die Geschichte von dem braven Rektor Kaltenbrunner, die ich Ihnen erzählt habe mit Bezug auf *Hamerling*. Sie erinnern sich, daß ich Ihnen erzählt habe, wenn man sich Robert Hamerlings Dichterpersönlichkeit vor die Seele führt und sie versteht, so sagt man sich: Was in dieser Persönlichkeit wirkt, rührt zum großen Teil davon her, daß er in einem bestimmten Zeitpunkte als Gymnasiallehrer nach Triest kam und von da seine Urlaube nach Venedig antreten konnte, daß er also an die Gestade der Adria kam. Die ganze innere Seelenstruktur dieses Hamerling hängt davon ab, daß er zehn Jahre als Gymnasiallehrer – denn nur das hat er sein können nach den Antezedenzien seiner Entwickelung – in Triest an der Adria verleben konnte. Aber wodurch ist er dahin gekommen? Ich habe es Ihnen erzählt: Er hat ein Gesuch geschrieben, als er Supplent in Graz war, um eine erledigte Stelle in Budapest. Nun denke man sich: Da hat er ein Gesuch geschrieben; wenn die Behörde das bekommen und genehmigt hätte, wäre Hamerling die ganzen zehn Jahre nach Budapest gekommen. Die ganze Dichterpersönlichkeit wäre aufgehoben, die wäre nicht da; wer sie kennt, der weiß das. Wodurch ist das bewirkt, daß er nicht nach Budapest kam, sondern nach Triest? Der brave Rektor Kaltenbrunner, dem das Gesuch zunächst übergeben werden mußte, verbummelte es, ließ es in seiner Schublade so lange liegen, bis die Stelle in Budapest besetzt war. Und als die Stelle besetzt war und Hamerling sagte: Um Gotteswillen, ich wäre so gerne auf die Stelle in Budapest gekommen! – da wurde der brave Rektor Kaltenbrunner rot und sagte: Ach Gott, jetzt hab' ich das ganz vergessen, das liegt noch in meiner Schublade! – Und Hamerling wurde davor gerettet, nach Budapest zu kommen. Das nächste Mal, als sich Hamerling nach Triest meldete, da vergaß nach diesem Vorgange der brave Rektor Kaltenbrunner nicht, es weiterzugeben. Hamerling kam nach Triest und wurde dadurch der «Hamerling». Nun frage ich Sie: Hat der brave Rektor Kaltenbrunner den Hamerling als Dichter in die Welt gestellt? – Dennoch gibt es keinen anderen Urheber unter den äußeren Phänomenen, als daß Hamerling der «Hamerling» geworden ist durch die Bummelei des braven Kaltenbrunner, Rektor in Graz in der Steiermark. Es ist eben nur möglich, hinter die Dinge zu kommen, wenn man Symptomatologie treibt; denn diese Symptomatologie, die leitet einen dazu an, die äußeren Erscheinungen in der richtigen Weise zu taxieren und dasjenige zu sehen, was hinter den Symptomen steht. Das ist das Wichtige. Das ist es, was ich immer mehr erreichen möchte.

Wenn man diese Katastrophe der Gegenwart anschaut, dann findet man eben durchaus nicht eine leichte Möglichkeit, aus den Wirrnissen herauszukommen. Betrachten Sie nur die große Schwierigkeit, die vorliegt. Nehmen wir an, Mr. *Grey* ginge darauf aus, bloß aus den äußeren Dokumenten zu beweisen, daß er ganz schuldlos ist an dem Ausbruch des Krieges. Das kann man selbstverständlich beweisen, so leicht wie möglich. Man kann aus den äußeren Dokumenten ganz strikte den Beweis führen, daß die britische Regierung unschuldig ist an dem Ausbruch dieses Krieges. Aber überall handelt es sich darum, was die Beweise für ein Gewicht haben. Sie können nur dahinterkommen, wenn Sie die Frage so stellen, wie ich sie seit Jahren auch vor Ihnen hier gestellt habe: Wäre zum Beispiel die britische Regierung in der Lage gewesen, den Einfall in Belgien zu verhindern? – Darauf müssen Sie sagen: Ja, sie wäre in der Lage gewesen. – Denn das ist es gerade, was ich wiederum forderte in meiner Denkschrift, daß vor der Welt schlicht Tatsachen hingestellt worden wären. Die hätten natürlich auf der einen Seite dazu geführt, daß jener Herr, der jetzt nach Holland desertiert ist, dazumal schon irgendwie hätte verduften müssen. Vielleicht hängt das zusammen damit, daß meine Denkschrift ja so wenig Anklang gefunden hat, auch bei denen, die sie haben beurteilen können. Aber ich habe verlangt, daß die Ereignisse vor allen Dingen von Minute zu Minute erzählt werden, schlicht, ohne Färbung, so wie sie sich abgespielt haben zu gleicher Zeit in Berlin und in London zwischen halb fünf Uhr Sonnabend – Sie wissen, Sonnabend ist die Mobilisation um halb fünf Uhr in Berlin unterschrieben worden – und halb elf Uhr nachts. Diese entscheidenden Ereignisse, in die nichts hineinspielt von alledem, wovon die Welt geredet hat, schlicht erzählt, liefern den Beweis, daß es möglich gewesen wäre, daß der Einfall in Belgien von der britischen Regierung hätte verhindert werden können. Er ist nicht verhindert worden. Daher wurde am Sonnabend um halb elf Uhr der einzige Befehl, zu dem sich die Majestät gegen den Willen der deutschen Strategie aufgerafft hatte, das Heer zurückzuhalten, nicht nach Westen marschieren zu lassen, sondern im Westen nur Defensive zu machen – dieser einzige Befehl wurde Sonnabend um halb elf Uhr rückgängig gemacht, und es blieb bei der alten Strategie. Da müssen aber dann die Ereignisse von Minute zu Minute, möchte ich sagen, zwischen Sonnabend um halb fünf und um halb elf Uhr nachts wirklich erzählt werden, bloß die Tatsachen schlicht erzählt werden. Da stellt sich dann natürlich ein ganz anderes Bild heraus, vor allen Dingen ein Bild, welches dahin führt, die Fragestellungen richtig zu machen.

Nun steht ja zu fürchten, daß das Weltenpublikum sich von dem beeinflussen läßt, was man in den Archiven findet; aber die Tatsachen, die die entscheidenden sind, die sich Sonnabend von halb fünf Uhr bis halb elf Uhr nachts zugetragen haben, die werden wahrscheinlich niemals aus Archiven an die Welt kommen, denn sie sind wahrscheinlich gar nicht aufgeschrieben worden, das heißt, sie sind aufgeschrieben worden, aber sie sind nicht so aufgeschrieben worden, daß man die Niederschriften in Archiven finden wird.

Sehen Sie, Vorsicht im Urteilen, das ist es, was man auch gewinnen muß. Wenn man diese Vorsicht im Urteilen gewinnen kann, so ist das eine große Hilfe für die Entwickelung jener latenten Fähigkeiten, von denen ich Ihnen eben heute gesprochen habe, die sich in der Menschheitszukunft entwickeln müssen, dreigliederig differenziert über die Erde hin. Und dann werden Sie schon darauf kommen, daß wahrhaftig nicht aus irgendeinem intellektuellen Gedanken heraus als ein abstraktes Programm heute vor acht Tagen dasjenige entwickelt worden ist, was ich als die einzige berechtigte Lösung der sozialen Frage, soweit man heute im angegebenen Sinne von einer solchen Lösung sprechen kann, bezeichnete.

VIERTER VORTRAG

Dornach, 6. Dezember 1918

Letzthin habe ich ausdrücklich betont, daß – wenn wir das Wort wiederum so nehmen, wie ich es damals angeführt habe – ein Paradieseszustand auf dem physischen Plane unmöglich ist, daß daher alle sogenannten Lösungen der sozialen Frage, welche mehr oder weniger bewußt oder unbewußt einen solchen Paradieseszustand auf dem physischen Plan herbeiführen wollen, der noch dazu ein dauernder sein soll – daß alle solche sogenannten Lösungen der sozialen Frage auf Illusionen beruhen müssen. In dem Lichte, das durch diese Angabe gegeben ist, bitte ich Sie, überhaupt alle Ausführungen, die ich mit Bezug auf Zeiterscheinungen der Gegenwart mache, aufzunehmen. Denn zweifellos liegt in der gegenwärtigen Wirklichkeit eine bestimmte Forderung, die man die Forderung nach einer sozialen Gestaltung der Menschheitsverhältnisse nennen kann. Es handelt sich nur darum, daß man diese Frage nicht verabstrahiert, daß man diese Frage nicht im absoluten Sinne nimmt, sondern – wie ich das letztemal schon sagte – daß man aus geisteswissenschaftlichen Erkenntnissen heraus sich Einsicht verschafft in dasjenige, was gerade unserer Zeit notwendig ist. Über das, was aus geisteswissenschaftlichen Voraussetzungen gerade unserer Zeit notwendig ist, wollen wir nun noch einiges besprechen.

Was gewöhnlich heute eigentlich im weitesten Umfange übersehen wird, wenn von sozialer Frage oder sozialen Forderungen gesprochen wird, das ist, daß gemäß den Anforderungen unserer Zeit die soziale Frage ohne eine intimere Kenntnis des menschlichen Wesens überhaupt nicht angefaßt werden kann. Man kann ausdenken, welche sozialen Programme man will, man kann noch so ideale soziale Zustände herbeiführen wollen, alles das muß fruchtlos bleiben, wenn es nicht darauf ausgeht, den Menschen als solchen zu erfassen, wenn es nicht auf die intimere Erkenntnis des Menschen hinausläuft. Ich habe darauf aufmerksam gemacht, daß die soziale Gliederung, von der ich gesprochen habe, diese soziale Dreigliederung, die ich im eminentesten

Sinne als eine Forderung unserer Zeit hinstellen mußte, gerade deshalb für die heutige Zeit gilt, weil sie auf die Erkenntnis des Menschen in jeder Einzelheit Rücksicht nimmt, auf eine Erkenntnis des Menschen, wie er jetzt im gegebenen Zeitpunkt der fünften nachatlantischen Zeit ist. Auch von diesem Gesichtspunkte aus bitte ich Sie, alle Auseinandersetzungen, die ich machen werde, zu betrachten.

Vor allen Dingen kommt in Frage, daß eine von den heutigen Verhältnissen geforderte soziale Ordnung nicht herzustellen ist, ohne daß man sich bewußt wird: Diese soziale Ordnung ist damit verknüpft, daß der Mensch selbst sich erkennt in seiner Beziehung zum Sozialen. Man kann sagen: Von allen Erkenntnissen ist doch Menschenerkenntnis ziemlich die schwerste, daher ja auch in den alten Mysterien das «Erkenne dich selbst» als das höchste Ziel des Weisheitsstrebens hingestellt worden ist. Was dem Menschen heute ganz besonders schwierig wird, ist die Einsicht in das, was in ihm alles aus dem Kosmos herein in Wirksamkeit ist, was in ihm alles wirkt. Der Mensch möchte sich selbst am liebsten so einfach als möglich vorstellen, weil er gerade heute in seinem Denken, in seinen Vorstellungen besonders bequem geworden ist. Aber der Mensch ist eben nicht ein einfaches Wesen. Gegen diese Wirklichkeit läßt sich eben nicht durch Willkür in Vorstellungen irgend etwas machen. Der Mensch ist vor allen Dingen auch in sozialer Beziehung kein einfaches Wesen. Er ist gerade in sozialer Beziehung ein Wesen, das er unendlich gern nicht sein möchte; er möchte unendlich gern anders sein, als er ist. Man kann sagen: Der Mensch hat sich ja eigentlich ungeheuer gerne. Das ist schon einmal nicht in Abrede zu stellen: Der Mensch hat sich selbst ungeheuer gerne. Und durch die Selbstliebe ist es, daß der Mensch Selbsterkenntnis zu einer Quelle von Illusionen macht. So möchte sich der Mensch nicht gestehen, daß er eigentlich nur zur Hälfte ein soziales Wesen ist, daß er zur anderen Hälfte ein antisoziales Wesen ist.

Dies sich trocken und energisch zu gestehen, daß der Mensch gleichzeitig ein soziales und ein antisoziales Wesen ist, das ist eine Grundforderung der sozialen Menschenerkenntnis. Man kann gut sagen: Ich strebe an, ein soziales Wesen zu werden; – man muß es auch sagen, weil, ohne daß man ein soziales Wesen ist, man überhaupt nicht mit

Menschen richtig leben kann. Aber zugleich liegt es in der menschlichen Natur, fortwährend gegen das Soziale anzukämpfen, fortwährend ein antisoziales Wesen zu sein.

Wir haben den Menschen wiederholt für die verschiedensten Gesichtspunkte nach der Dreigliedrigkeit seiner Seele, nach Denken oder Vorstellen, Fühlen und Wollen betrachtet. Wir können einmal heute den Menschen in sozialer Beziehung wiederum nach Denken oder Vorstellen, Fühlen und Wollen betrachten. Vor allen Dingen muß man sich mit Bezug auf das Vorstellen, das Denken klar sein, daß in diesem Vorstellen, in diesem Denken ein unendlich bedeutungsvoller Quell des Antisozialen des Menschen liegt. Indem der Mensch einfach ein denkendes Wesen ist, ist er ein antisoziales Wesen. Hier kann nur Geisteswissenschaft zur Wahrheit kommen über die Dinge. Denn nur Geisteswissenschaft kann einiges Licht verbreiten über die Frage: Wie stehen wir dann überhaupt als Menschen in Beziehung zu anderen Menschen? Wann ist denn gewissermaßen das rechte Verhältnis von Mensch zu Mensch für das gewöhnliche, alltägliche Bewußtsein, besser gesagt, für das gewöhnliche, alltägliche Leben hergestellt? Ja, sehen Sie, wenn dieses richtige Verhältnis hergestellt ist zwischen Mensch und Mensch, dann ist auch zweifellos die soziale Ordnung da. Aber nun liegt – man mag ja sagen: unglückseligerweise, aber der Erkennende sagt: notwendigerweise – die eigentümliche Tatsache vor, daß wir ein regelrechtes Verhältnis von Mensch zu Mensch nur im Schlafe entwickeln. Nur wenn wir schlafen, stellen wir ein ungeschminktes, richtiges Verhältnis von Mensch zu Mensch her. In dem Augenblicke, wo Sie das gewöhnliche Tagesbewußtsein abgelähmt haben, wo Sie in dem Zustande zwischen Einschlafen und Aufwachen im traumlosen Schlafe sind, da sind Sie – jetzt rede ich mit Bezug auf das Vorstellen, mit Bezug auf das Denken – ein soziales Wesen. In dem Augenblicke, wo Sie aufwachen, beginnen Sie durch das Vorstellen, durch das Denken antisoziale Impulse zu entwickeln. Man muß sich nur denken, wie kompliziert dadurch die menschlichen Gesellschaftsverhältnisse werden, daß eigentlich der Mensch nur im Schlafe zu dem andern Menschen sich richtig verhält. Ich habe das von anderen Gesichtspunkten aus verschiedentlich angedeutet. Ich habe zum Beispiel angedeutet, daß man gut chauvinistisch national sein kann im Wachen – wenn man im Schlafe ist, wird man gerade unter diejenigen Menschen versetzt, ist man mit denen zusammen, namentlich mit ihrem Volksgeist, die man im Wachen am allermeisten haßt. Dagegen läßt sich schon nichts machen. Der Schlaf ist ein sozialer Ausgleicher. Aber da die moderne Wissenschaft über den Schlaf überhaupt nichts wissen will, so wird sie in ihre sozialen Betrachtungen ja noch lange nicht einbeziehen, was ich eben jetzt gesagt habe.

Aber durch das Denken sind wir im wachen Zustande noch in eine andere antisoziale Strömung hineinversetzt. Nehmen Sie an, Sie stehen einem Menschen gegenüber. Man steht ja nur allen Menschen dadurch gegenüber, daß man dem einzelnen gegenübersteht. Sie sind ein denkender Mensch, natürlich, sonst wären Sie kein Mensch, wenn Sie nicht ein denkender Mensch wären. Ich rede jetzt nur vom Denken; vom Fühlen und Wollen werden wir nachher sprechen – vom Fühlen- und Wollen-Standpunkte aus kann man etwas einwenden, aber vom Vorstellungsstandpunkte aus ist das richtig, was ich jetzt sage. Indem Sie als ein vorstellender, denkender Mensch einem andern gegenüberstehen, liegt das Eigentümliche vor, daß einfach durch das gegenseitige Verhältnis, das sich zwischen Mensch und Mensch bildet, in Ihrem Unterbewußtsein das Bestreben vorhanden ist, durch den andern Menschen eingeschläfert zu werden. Sie werden geradezu durch den andern Menschen in Ihrem Unterbewußtsein eingeschläfert. Sehen Sie, das ist das normale Verhältnis von Mensch zu Mensch, daß, wenn wir miteinander zusammenkommen, der eine immer – das Verhältnis ist natürlich gegenseitig – bestrebt ist, das Unterbewußtsein des anderen einzuschläfern. Und was müssen Sie daher als denkender Mensch tun? Das Ganze, was ich jetzt erzähle, geht selbstverständlich im Unterbewußtsein vor sich, aber deshalb geht es nicht minder wirklich vor sich. Es ist eine Tatsache, wenn es auch nicht ins gewöhnliche Bewußtsein heraufkommt. Wenn Sie also einem Menschen gegenübertreten, schläfert er Sie ein, das heißt, Ihr Denken schläfert er ein, nicht Ihr Fühlen und Wollen. Jetzt müssen Sie, wenn Sie ein denkender Mensch bleiben wollen, sich innerlich dagegen wehren. Sie müssen Ihr Denken aktivieren. Sie müssen zur Abwehr übergehen gegen das Einschlafen.

Das Einem-andern-Menschen-Gegenüberstehen bedeutet immer: sich erwachen machen, sich aufwecken, sich losmachen von dem, was er mit einem will.

Sehen Sie, solche Dinge gehen im Leben vor, und man begreift das Leben nur, wenn man es geisteswissenschaftlich betrachtet. Sprechen Sie mit einem Menschen, ja, seien Sie nur mit einem Menschen zusammen, so bedeutet das, daß Sie sich fortwährend wach erhalten müssen gegen sein Bestreben, Sie einzuschläfern in bezug auf Ihr Denken. Das kommt zwar nicht in das gewöhnliche Bewußtsein herauf, wirkt aber im Menschen als antisozialer Impuls. Gewissermaßen tritt uns jeder Mensch als ein Feind unseres Vorstellens, als ein Feind unseres Denkens entgegen. Wir müssen unser Denken schützen gegen den anderen. Das bedingt, daß wir in bezug auf das Vorstellen, auf das Denken im hohen Grade antisoziale Wesen sind und uns zu sozialen Wesen überhaupt nur erziehen können. Würden wir nicht durch Erziehung, durch Selbstzucht, durch die Notwendigkeit, in der wir leben, dieses fortwährende Abwehren des anderen Menschen treiben müssen, dann könnten wir durch unser Denken soziale Wesen sein. Aber weil wir es treiben müssen, müssen wir vor allen Dingen uns klar sein, daß wir soziale Wesen erst werden können, durch Selbstzucht werden können, daß wir es aber als denkende Menschen von Natur aus zunächst nicht sind.

Daraus ersehen Sie aber auch, daß ohne Eingehen auf das Seelische, auf die Tatsache, daß der Mensch ein denkendes Wesen ist, sich überhaupt über die soziale Frage nichts sagen läßt, denn die soziale Frage greift in große Intimitäten des Menschenlebens ein. Und wer nicht berücksichtigt, daß der Mensch, indem er denkt, einfach antisoziale Impulse entwickelt, der kommt zu keiner Aufklärung über die soziale Frage. Im Schlaf haben wir es eben leicht. Da sind wir ohnedies eingeschläfert. Da also kann sich die Brücke zu allen Menschen hinüberbauen. Im Wachen strebt der andere Mensch, indem er sich uns gegenüberstellt, uns einzuschläfern, damit die Brücke zu ihm gebaut werden kann – und ebenso wir ihm gegenüber. Aber wir müssen uns dagegen wehren, denn sonst würden wir einfach in unserem Verkehr mit Menschen um unser denkendes Bewußtsein gebracht.

Es ist also nicht so leicht, einfach soziale Forderungen aufzustellen; denn die meisten Menschen, die soziale Forderungen aufstellen, werden sich dessen gar nicht bewußt, wie tief der Antisozialismus in der Menschennatur verankert ist. Und vor allen Dingen ist der Mensch nicht geneigt, sich so etwas als Selbsterkenntnis zu sagen. Es könnte ihm ja leicht werden, wenn er sich einfach gestehen würde, daß er nicht allein ein antisoziales Wesen ist, sondern daß er das mit allen anderen Menschen gemeinschaftlich hat. Aber so ein bißchen im geheimen hat doch jeder Mensch, selbst wenn er zugibt, daß im allgemeinen der Mensch ein antisoziales Wesen als Denker ist, für sich das Reservaturteil: Aber ich bin eine Ausnahme. Wenn er sich auch das nicht voll gesteht, aber im geheimen dämmert immer im Bewußtsein so ein bißchen das: Ich bin die Ausnahme, die andern sind solche antisozialen Wesen als Denker. Das wird ja den Menschen ganz besonders schwierig, im Ernste das zu nehmen, daß man als Mensch nicht etwas sein kann, sondern fortwährend etwas werden muß. Das ist aber etwas, was mit den Dingen, die man in unserer Zeit lernen kann, ganz besonders gründlich zusammenhängt.

Heute ist es ja möglich, was man vor fünf bis sechs Jahren noch gar nicht hat tun wollen, darauf hinzuweisen, daß gewisse Schäden und Mängel der Menschennatur über die ganze Erde hin gehen, denn sie haben sich zu sehr bloßgestellt, diese Schäden und Mängel. Die Menschen suchen sich hinwegzutäuschen über diese Notwendigkeit, etwas zu werden. Sie versuchen vor allen Dingen auf das nicht hinzuweisen, was sie werden wollen, sondern auf das, was sie sind. So wird man jetzt finden, daß sich eine große Anzahl der Mitglieder der Entente und Amerikas in dem denken, was sie sind, was sie einfach dadurch sind, daß sie Ententemitglieder oder Amerikaner sind. Sie brauchen nichts zu werden, sie brauchen nur darauf hinzuweisen, wie sie sich unterscheiden von den bösen Menschen der mitteleuropäischen Länder, wie diese schwarz sind, während sie allein weiß sind. Das ist etwas, was über weite Strecken der Erde eine Menschenillusion verbreitet hat, die sich natürlich mit der Zeit furchtbar rächen wird. Dieses etwas Sein-Wollen und nicht Werden-Wollen, das ist etwas, was man als Gegnerschaft gegen die Geisteswissenschaft im Hintergrunde hat.

Denn Geisteswissenschaft kann nicht anders, als den Menschen darauf verweisen, daß man fortwährend etwas werden muß, daß man nicht irgend etwas durch dies oder jenes fertig sein kann. Der Mensch täuscht sich in furchtbarster Weise über sich selbst, wenn er glaubt, auf etwas Absolutes hinweisen zu können, was bei ihm irgendeine besondere Vollkommenheit bedingt. Alles, was nicht im Werden ist, bedingt beim Menschen eine Unvollkommenheit und nicht eine Vollkommenheit. Und das, was ich Ihnen gesagt habe in bezug auf den Menschen als Denker und die dadurch erzeugten antisozialen Impulse, das hat noch eine andere wichtige Seite.

Sehen Sie, der Mensch schwebt gewissermaßen zwischen Sozialem und Antisozialem so, wie er zwischen Wachen und Schlafen schwebt – man könnte auch sagen: das Schlafen ist sozial, das Wachen ist antisozial –, und wie er zu einem gesunden Leben zwischen Wachen und Schlafen schweben muß, so muß er schweben zwischen Sozialem und Antisozialem. Aber das ist es gerade, was für das Leben des Menschen außerordentlich stark in Betracht kommt. Denn dadurch kann der Mensch zu dem einen oder anderen mehr oder weniger hinneigen, wie man ja sogar mehr oder weniger zum Schlafen oder Wachen hinneigen kann. Es gibt Menschen, die über das Maß hinaus schlafen, die also in dem Pendelzustand, in dem der Mensch sein muß zwischen Schlafen und Wachen, sich eben nach der einen Seite der Waage hinkehren. So kann auch der Mensch mehr die sozialen oder mehr die antisozialen Impulse in sich pflegen. Dadurch sind die Menschen individuell verschieden, daß der eine mehr die sozialen, der andere mehr die antisozialen Impulse pflegt. Man kann, wenn man einigermaßen Menschenkenntnis hat, danach die Menschen gut unterscheiden. Sie teilen sich genau in diese zwei Klassen. Die einen sind mehr dem sozialen, die anderen mehr dem antisozialen Wesen zugeneigt.

Nun sagte ich: Es hat das noch eine andere Seite –, denn das Antisoziale hängt damit zusammen, daß wir uns gewissermaßen selber schützen vor dem Eingeschläfertwerden. Aber damit ist etwas anderes in Verbindung. Es macht uns dieses krank. Wenn auch nicht sehr wahrnehmbare – manchmal aber auch sehr wahrnehmbare – Krankheiten daraus entstehen, zu den Krankheitsursachen gehört das antisoziale Wesen. So daß es Ihnen leicht begreiflich sein wird, daß das soziale Wesen zugleich etwas Gesundendes, etwas Belebendes hat. Sie sehen aber daraus, wie merkwürdig die menschliche Natur beschaffen ist. Der Mensch kann sich nicht gesundmachen durch das soziale Wesen, ohne sich gewissermaßen einzuschläfern. Indem er sich herausreißt aus dem sozialen Wesen, stärkt er sein denkendes Bewußtsein, wird aber antisozial. Damit lähmt er aber auch die gesundenden Kräfte ab, die in seinem Unterbewußten, in seinem Organismus sind. So spielt bis in die gesunde und kranke Lebensverfassung hinein dasjenige, was als soziale und antisoziale Impulse im Menschen vorhanden ist. Wer nach dieser Richtung Menschenkenntnis entwickelt, der wird eine große Anzahl von mehr oder weniger wirklichen Krankheiten zurückführen können auf das antisoziale Wesen des Menschen. Mehr als man glaubt, hängt mit dem antisozialen Wesen des Menschen Kranksein zusammen, namentlich diejenigen Krankheiten, die ja oft recht wirkliche Krankheiten sind, die sich aber in so etwas äußern wie in «Mukken», in allerlei Selbstquälereien und im Quälen von anderen, im «Komischsein», in der Sucht, dies oder jenes «auszufressen». Das alles hängt zusammen mit ungesunder organischer Konstitution, entwickelt sich aber allmählich, wenn man stark zu antisozialen Impulsen hinneigt.

Überhaupt sollte man sich ganz klar darüber sein, daß hier ein sehr wichtiges Lebensgeheimnis verborgen ist. Dieses Lebensgeheimnis, das sowohl für den Erzieher wie für die menschliche Selbsterziehung außerordentlich wichtig ist, lebendig zu kennen, nicht bloß in der Theorie, das bedeutet, daß man auch den Trieb erhält, sein eigenes Leben stark in die Hand zu nehmen, über das Überwinden des Antisozialen nachzudenken, es nachzufühlen, um darüber hinauszukommen. Manche Menschen würden sich nicht nur von ihren Mucken, sondern auch von allerlei Kränklichkeiten gesund machen, wenn sie ihre antisozialen Impulse in sich untersuchen würden. Das muß man aber ernsthaftig tun. Das muß man ohne Selbstliebe tun, denn das ist für das Leben von ungeheurer Wichtigkeit. – Das sei zunächst gesagt über das Soziale und Antisoziale im Menschen mit Bezug auf das Vorstellen oder Denken.

Nun ist der Mensch außerdem ein fühlendes Wesen, und mit dem Fühlen ist es nun wiederum eine eigentümliche Sache. Auch mit Bezug auf das Fühlen ist der Mensch nicht so einfach, als er es sich gerne vorstellen möchte. Das Fühlen von Mensch zu Mensch hat nämlich eine paradoxe Eigentümlichkeit. Das Fühlen hat die Eigentümlichkeit, daß es zunächst geneigt ist, uns eine gefälschte Empfindung von dem anderen Menschen zu geben. Die erste Neigung im Unterbewußtsein des Menschen im Verkehr von Mensch zu Mensch besteht immer darin, daß uns von dem anderen Menschen im Unterbewußtsein eine gefälschte Empfindung auftaucht, und wir müssen im Leben immer erst diese gefälschte Empfindung bekämpfen. Der Lebenskenner wird sehr leicht bemerken, daß Menschen, die nicht geneigt sind, interessevoll auf andere Menschen einzugehen, eigentlich fast über alle Menschen schimpfen, wenigstens nach einiger Zeit. Das ist ja eine Eigentümlichkeit einer großen Anzahl von Menschen. Man liebt den einen oder den anderen Menschen eine Zeitlang; aber wenn diese Zeit vergangen ist, dann regt sich so etwas in der menschlichen Natur, und man fängt an, auf den anderen irgendwie zu schimpfen, irgend etwas gegen ihn zu haben. Man weiß oftmals selbst nicht, was man gegen ihn hat, denn diese Dinge spielen sich ja sehr im Unterbewußtsein ab. Das rührt einfach davon her, daß das Unterbewußtsein die Tendenz hat, das Bild, das wir uns von dem anderen Menschen machen, eigentlich zu verfälschen. Wir müssen den anderen Menschen erst genauer kennenlernen, dann werden wir sehen, daß wir in dem Bilde, das wir zunächst gewonnen haben, Fälschungen ausradieren müssen. So paradox das klingt, es würde eine gute Lebensmaxime sein – wenn auch Ausnahmen dabei in Betracht kommen –, wenn wir uns immer vornehmen würden, das Bild des Menschen, das sich uns im Unterbewußtsein fixiert, zu korrigieren, unter allen Umständen irgendwie zu korrigieren. Denn dieses Unterbewußte, das hat die Tendenz, nach Sympathien und Antipathien die Menschen zu beurteilen. Das Leben fordert uns ja selbst dazu auf. So wie das Leben uns dazu auffordert, einfach denkender Mensch zu sein und wir dadurch antisozial sind, so fordert uns das Leben auf – die Dinge, die ich sage, sind einfach Tatsachen –, nach Sympathien und Antipathien zu urteilen. Jedes Urteil aber, das nach

Sympathien und Antipathien gefällt ist, ist gefälscht. Es gibt kein wahres, kein richtiges Urteil, wenn es nach Sympathien und Antipathien gefällt ist. Und deshalb, weil immer das Unterbewußte im Fühlen nach Sympathie und Antipathie geht, entwirft es immer ein gefälschtes Bild des Nebenmenschen. Wir können gar nicht in unserem Unterbewußten ein richtiges Bild des Nebenmenschen haben. Gewiß, wir haben manchmal auch ein zu gutes, aber es ist immer nach Sympathien und Antipathien gebildet, und es bleibt nichts anderes übrig, als sich eine solche Tatsache einfach zu gestehen, sich zu gestehen, daß man auch da als Mensch nicht etwas sein kann, sondern etwas werden soll. Man muß sich sagen, daß man namentlich mit Bezug auf den Gefühlsverkehr mit anderen Menschen ein erwartendes Leben führen muß. Man darf nicht auf das Bild gehen, das sich einem zunächst von dem Menschen aus dem Unterbewußten in das Bewußtsein heraufdrängt, sondern man muß versuchen, mit Menschen zu leben. Man wird sehen, wenn man versucht, mit den Menschen zu leben, daß sich aus der antisozialen Stimmung, die man eigentlich immer zunächst hat, die soziale Stimmung herausentwickelt.

So ist es von ganz besonderer Wichtigkeit, das Gefühlsleben des Menschen zu studieren, insofern es antisozial ist. Während das Denkerleben deshalb antisozial ist, weil der Mensch sich schützen muß vor dem Einschlafen, ist das Gefühlsleben antisozial, weil der Mensch dadurch, daß er nach Sympathie und Antipathie seinen Verkehr zu Menschen einrichtet, von vornherein der Gesellschaft falsche Gefühlsströmungen einimpft. Dasjenige, was von Menschen durch Sympathien und Antipathien kommt, ist von vornherein so, daß es antisoziale Lebensströmungen in die menschliche Gesellschaft hineinwirft. Man kann sagen, so paradox das klingt, eine soziale Gesellschaft wäre eigentlich nur möglich, wenn die Menschen nicht in Sympathien und Antipathien lebten. Dann wären sie aber keine Menschen. Daraus geht Ihnen wiederum hervor, daß der Mensch zugleich ein soziales und antisoziales Wesen ist, daß also das, was man «soziale Frage» nennt, auf die Intimitäten der menschlichen Wesenheit eingehen muß. Wenn man darauf nicht eingeht, so wird man niemals zu einer Lösung der sozialen Frage für irgendeine Zeit kommen.

Mit Bezug auf das Wollen, das sich von Mensch zu Mensch abspielt, da zeigt es sich ganz besonders auffällig und paradox, was für ein kompliziertes Wesen der Mensch ist. Sie wissen ja, mit Bezug auf das Wollen zwischen Mensch und Mensch spielen nicht nur Sympathien und Antipathien eine Rolle – die spielen ja eine Rolle, insofern wir fühlende Wesen sind –, sondern da spielen Neigungen und Abneigungen, die in Aktion übergehen, also Sympathien und Antipathien in Aktion, in ihrer Äußerung, in ihrer Offenbarung eine ganz besondere Rolle. Der Mensch verhält sich zu dem andern Menschen so, wie es ihm seine besondere Sympathie zu diesem Menschen, der besondere Grad von Liebe, den er ihm entgegenbringt, eingibt. Da spielt eine unterbewußte Inspiration eine merkwürdige Rolle. Denn dasjenige, was ja ausgegossen ist über allen Willensverkehr von Mensch zu Mensch, müssen wir in dem Lichte des Impulses betrachten, dem dieser Willensverkehr unterliegt, in dem Lichte der mehr oder weniger vorhandenen Liebe, die zwischen den Menschen spielt. Von dieser Liebe, die zwischen den Menschen spielt, lassen ja die Menschen ihre Willensimpulse getragen sein, die so hinüberspielen von Mensch zu Mensch.

Mit Bezug auf die Liebe unterliegt der Mensch im allereminentesten Sinne einer großen Täuschung und bedarf noch mehr der Korrektur, als mit Bezug auf die gewöhnlichen Gefühlssympathien und -antipathien. Denn, so sonderbar das klingt für das gewöhnliche Bewußtsein, es ist durchaus wahr, daß die Liebe, die sich von einem Menschen zum anderen geltend macht, wenn sie nicht vergeistigt ist – im gewöhnlichen Leben ist ja die Liebe nur im seltensten Maße vergeistigt, und ich rede jetzt nicht etwa bloß von geschlechtlicher oder auf geschlechtlicher Unterlage ruhender Liebe, sondern überhaupt von der Liebe von Mensch zu Mensch –, daß diese nichtvergeistigte Liebe eigentlich nicht die Liebe als solche, sondern das Bild ist, das man sich von ihr macht, daß sie zumeist nichts weiter ist als eine furchtbare Illusion. Denn die Liebe, die ein Mensch zum andern zu entwickeln glaubt, ist – so wie die Menschen einmal sind im Leben – zumeist nichts anderes als Selbstliebe. Der Mensch glaubt, den andern zu lieben, liebt sich aber eigentlich in der Liebe nur selbst. Sie sehen hier einen Quell von antisozialem Wesen, der noch dazu die Quelle einer furchtbaren Selbsttäuschung sein muß. Man kann nämlich in überströmender Liebe zu einem Menschen aufzugehen meinen, aber man liebt nicht in Wirklichkeit diesen anderen Menschen, sondern man liebt das Verbundensein mit dem anderen Menschen in der eigenen Seele. Was man da als Beseligung in der eigenen Seele empfindet am andern Menschen, was man in sich empfindet dadurch, daß man mit dem andern Menschen zusammen ist, daß man dem andern Menschen meinetwillen Liebeserklärungen macht, das ist es, was man eigentlich liebt. Man liebt im ganzen sich selber, indem man diese Selbstliebe in dem Verkehre mit dem andern entzündet.

Dies ist ein wichtiges Lebensgeheimnis. Das ist von ganz immenser Wichtigkeit. Denn in der Täuschung über diese Liebe, von der man glaubt, daß sie Liebe sei, die aber eigentlich nur Selbstliebe, Selbstsucht, Egoismus, maskierter Egoismus ist – und die weitaus meiste Liebe, die von Mensch zu Mensch spielt und Liebe genannt wird, ist nur maskierter Egoismus –, in dieser Täuschung ist die Quelle der denkbar größten und weitesten antisozialen Impulse. Durch diese Selbstliebe, die sich in Liebe maskiert, wird der Mensch im eminentesten Sinne zu einem antisozialen Wesen. Der Mensch ist ja dadurch eben ein antisoziales Wesen, daß er sich in sich vergräbt. Und er vergräbt sich am allermeisten in sich, wenn er von diesem In-sich-vergraben-Sein nichts weiß oder nichts wissen will.

Sie sehen, daß derjenige, der insbesondere der heutigen Menschheit gegenüber von sozialen Forderungen spricht, auf solche Seelenzustände in hervorragendem Maße Rücksicht nehmen muß. Man muß einfach sagen: Wie sollen die Menschen zu irgendeiner sozialen Struktur ihres Zusammenlebens kommen, wenn sie sich nicht aufklären wollen, wieviel Selbstsucht in der sogenannten Liebe, in der Nächstenliebe zum Beispiel verkörpert ist. So kann die Liebe gerade ein ungeheuer starker Impuls zum antisozialen Leben sein. Man kann sagen: So wie der Mensch ist, wenn er nicht an sich arbeitet, wenn er sich nicht durch Selbstzucht in die Hand nimmt, so ist er als liebendes Wesen unter allen Umständen ein antisoziales Wesen. Die Liebe als solche, wie sie an der menschlichen Natur haftet, ohne daß der Mensch Selbstzucht übt, ist von vornherein antisozial, denn sie ist ausschließend. Das ist wiederum keine Kritik. Viele Erfordernisse des Lebens hängen damit zusammen, daß die Liebe ausschließend sein muß. Selbstverständlich wird der Vater seinen eigenen Sohn mehr lieben als ein fremdes Kind; aber das ist antisozial. Es läßt sich gar nicht leugnen, daß Antisoziales ins Leben durch das Leben selbst hineinspielt. Und sagt man: Der Mensch ist ein soziales Wesen – wie es heute geradezu Mode geworden ist –, so ist das Unsinn, denn der Mensch ist ebenso stark ein antisoziales Wesen, wie er ein soziales Wesen ist. Das Leben selber macht den Menschen zu einem antisozialen Wesen. Deshalb denken Sie sich einmal einen solchen Paradieseszustand auf Erden durchgeführt, wie es ihn gar nicht geben kann, aber wie er angestrebt wird, weil die Menschen ja immer das Unwirkliche viel mehr lieben als das Wirkliche – denken wir uns, ein solcher Paradieseszustand würde hergestellt, meinetwillen sogar ein solcher Überparadieseszustand, wie ihn *Lenin*, *Trotzki*, *Kurt Eisner* und andere auf der Erde haben wollen. Sehr bald schon würden sich unzählige Menschen dagegen auflehnen müssen, weil sie dabei nicht Menschen bleiben können, weil in einem solchen Zustande eben nur die sozialen Triebe Befriedigung finden würden, sich aber die antisozialen Triebe sogleich regen würden. Das ist ebenso notwendig, wie ein Pendel nicht bloß nach der einen Seite ausschlägt. In dem Augenblicke, wo Sie einen Paradieseszustand herstellen, müssen sich die antisozialen Triebe regen. Wenn das sich verwirklichte, was Lenin und Trotzki und Kurt Eisner wollen und von dem sie sich vorstellen, es sei ein Paradieseszustand, es müßte sich in kürzester Zeit durch die antisozialen Triebe in sein Gegenteil verkehren. Denn das ist eben das Leben, daß es zwischen Ebbe und Flut hin und her geht. Und wenn man das nicht verstehen will, so versteht man überhaupt nichts von der Welt. Man hört ja oft: Das Ideal eines staatlichen Zusammenlebens ist die Demokratie. – Gut, nehmen wir also an, das Ideal eines staatlichen Zusammenlebens sei die Demokratie. Aber, wenn man diese Demokratie irgendwo einführen wollte, so würde sie notwendigerweise in ihrer letzten Phase zu ihrer eignen Aufhebung führen. Die Demokratie strebt notwendigerweise danach, wenn die Demokraten beisammen sind, daß immer einer den andern überwältigen will, immer will einer recht haben gegenüber dem andern. Das ist ganz selbstverständlich. Sie strebt nach ihrer eigenen Auflösung. Führen Sie also irgendwo die Demokratie ein, so können Sie das in Gedanken schön ausmalen. Aber in die Wirklichkeit übergeführt, führt die Demokratie ebenso zum Gegenteil der Demokratie, wie das Pendel nach der entgegengesetzten Seite ausschlägt. Das geht gar nicht anders im Leben. Demokratien werden immer nach einiger Zeit sterben an ihrer eigenen demokratischen Natur. Das sind die Dinge, die zum Verständnis des Lebens ungeheuer notwendig sind.

Nun liegt noch dazu das Eigentümliche vor, daß gerade die zunächst wesentlichsten Eigenschaften des Menschen im fünften nachatlantischen Zeitraum antisoziale Eigenschaften sind. Denn das Bewußtsein, das gerade auf das Denken gebaut ist, soll sich in diesem Zeitraum entwickeln. Daher wird dieser Zeitraum gerade am stärksten die antisozialen Impulse durch die Natur des Menschen herauskehren. Die Menschen werden durch diese antisozialen Impulse mehr oder weniger unleidige Zustände hervorrufen, und es wird immer die Reaktion gegen den Antisozialismus wiederum in dem Schreien nach Sozialismus sich geltend machen. Das muß man nur verstehen, daß Ebbe und Flut eben immer wechseln müssen. Denn, nehmen Sie an, Sie sozialisieren wirklich die Gesellschaft, da würden schließlich solche Zustände von Mensch zu Mensch herbeigeführt, daß wir im Verkehr miteinander immer schlafen würden. Der Menschenverkehr wäre ein Einschläferungsmittel. Sie können sich das heute schwer vorstellen, weil Sie überhaupt nicht konkret ausdenken werden, wie es ausschauen würde in einer sogenannten sozialistischen Republik. Aber diese sozialistische Republik wäre tatsächlich eine große Schlafstätte für das menschliche Vorstellungsvermögen. Man kann begreifen, daß Sehnsuchten vorhanden sind nach so etwas. Es sind ja bei sehr vielen Menschen auch Sehnsuchten nach dem Schlafen fortwährend vorhanden. Aber man muß eben verstehen, was innere Notwendigkeiten des Lebens sind, und muß sich nicht damit begnügen, bloß dasjenige zu wollen, was einem paßt oder was einem gefällt; denn in der Regel gefällt einem das, was man nicht hat. Dasjenige, was man hat, weiß man meistens nicht zu schätzen.

Sie sehen aus diesen Ausführungen, daß, wenn man über die soziale Frage spricht, man vor allen Dingen intim auf das Wesen des Menschen eingehen muß, und daß man dieses Wesen des Menschen so kennenlernen muß, daß man weiß, wie im Menschen realisiert sind soziale und antisoziale Triebe. Im Leben verschlingen sich die sozialen und antisozialen Triebe in einer oftmals knäuelförmigen, unentwirrbaren Weise. Deshalb ist es so schwierig, über die soziale Frage zu sprechen. Die soziale Frage kann kaum anders besprochen werden, als wenn man die Neigung hat, wirklich auf die intime Natur des Menschen einzugehen, darauf einzugehen, wie zum Beispiel die Bourgeoisie an sich ein Träger antisozialer Impulse ist. Einfach das Bourgeois-Sein entwickelt antisoziale Impulse, weil das Bourgeois-Sein im wesentlichen darin besteht, sich eine solche Sphäre des Lebens zu schaffen, wie es einem paßt, so daß man in ihr beruhigt sein kann. Wenn man dieses eigentümliche Streben des Bourgeois untersucht, so besteht es darin, daß er sich nach den Eigentümlichkeiten unseres gegenwärtigen Zeitraumes auf ökonomischer Grundlage eine Lebensinsel schaffen will, auf welcher er mit Bezug auf alle Verhältnisse schlafen kann, mit Ausnahme irgendeiner besonderen Lebensgewohnheit, die er je nach seinen subjektiven Antipathien oder Sympathien entwickelt. Also der Bourgeois, er kann dadurch sehr viel schlafen. Er strebt daher nicht nach jenem Schlaf, nach dem der Proletarier strebt, der immerfort wachgehalten wird, weil sein Bewußtsein nicht auf ökonomischer Grundlage eingeschläfert wird; der sehnt sich daher nach dem Schlafe der sozialen Ordnung. Das ist schon ein sehr wichtiges psychologisches Aperçu. Besitz schläfert ein; Notwendigkeit, im Leben zu kämpfen, weckt auf. Die Einschläferung durch den Besitz läßt einen antisoziale Impulse entwickeln, weil man sich nicht sehnt nach dem sozialen Schlafe. Das fortwährende Aufgefordertwerden durch die Erwerbsnotwendigkeit läßt Sehnsucht nach dem Einschlafen im sozialen Zusammenhange entstehen.

Diese Dinge müssen durchaus in Betracht gezogen werden, sonst versteht man die Gegenwart absolut nicht. Nun kann man sagen: Trotz alledem strebt in einer gewissen Weise unser fünfter nachatlantischer Zeitraum nach Sozialisierung in der Form, wie ich es Ihnen neulich hier auseinandergesetzt habe. Denn diese Dinge, die ich angegeben habe, werden kommen: entweder, wenn sich die Menschen dazu bequemen, durch menschliche Vernunft, oder, wenn sie sich nicht dazu bequemen, durch Kataklysmen, durch Revolutionen. Diese Dreigliederung strebt der Mensch an im fünften nachatlantischen Zeitraum, diese Dreigliederung muß kommen. Nach einer gewissen Sozialisierung strebt also unser Zeitraum.

Aber diese Sozialisierung ist nicht möglich – das wird Ihnen aus mancherlei Betrachtungen, die wir hier auch schon angestellt haben, hervorgehen –, ohne daß ein anderes sie begleitet. Sozialisierung kann sich nur beziehen auf die äußere Gesellschaftsstruktur. Die kann aber in unserem fünften nachatlantischen Zeitraum eigentlich nur in einer Bändigung des denkerischen Bewußtseins bestehen, in einer Bändigung der antisozialen menschlichen Instinkte. Es muß also durch die soziale Struktur gewissermaßen eine Bändigung der antisozialen Vorstellungsinstinkte geschehen. Das muß eine Widerlage haben, das muß durch irgend etwas ins Gleichgewicht gebracht werden. Ins Gleichgewicht aber kann das nur gebracht werden dadurch, daß alles, was aus früheren Zeiträumen, in denen es berechtigt war, an Knechtung der Gedanken, an Überwältigung der Gedanken eines Menschen durch den anderen stammt, daß das mit der zunehmenden Sozialisierung aus der Welt geschafft wird. Daher muß die Freiheit des Geisteslebens neben der Organisierung der wirtschaftlichen Verhältnisse, der ökonomischen Verhältnisse, in der Zukunft stattfinden. Diese Freiheit des Geisteslebens allein macht möglich, daß wir wirklich von Mensch zu Mensch so stehen, daß wir in dem andern den Menschen sehen, der vor uns steht, nicht den Menschen im allgemeinen. Ein Woodrow Wilsonsches Programm redet vom Menschen im allgemeinen. Aber diesen Menschen im allgemeinen, diesen abstrakten Menschen gibt es nicht. Was es gibt, ist immer nur der einzelne, individuelle Mensch. Für den können wir uns nur wiederum als ganze Menschen, nicht durch das bloße Denken interessieren. Wir löschen das, was wir von Mensch zu Mensch entwickeln sollen, aus, wenn wir wilsonisieren, wenn wir ein abstraktes Bild des Menschen entwerfen. Das Wesentliche, worauf es ankommt, ist, daß zur Sozialisierung in der Zukunft die absolute Freiheit der Gedanken tritt; Sozialisierung ist nicht denkbar ohne Gedankenfreiheit. Daher wird die Sozialisierung verknüpft sein müssen mit der Ausmerzung aller Gedankenknechtschaft – sei diese Gedankenknechtschaft kultiviert durch das, was gewisse Gesellschaften der englisch sprechenden Bevölkerung treiben, die ich Ihnen hinlänglich charakterisiert habe, oder durch den römischen Katholizismus. Beide sind einander wert, und es ist außerordentlich wichtig, daß man die innere Verwandtschaft dieser beiden ins Auge faßt. Es ist außerordentlich wichtig, daß besonders in bezug auf solche Dinge heute keine Unklarheit herrscht. Sie können das, was ich Ihnen vorgebracht habe über die Eigentümlichkeit jener Geheimgesellschaften der englisch sprechenden Bevölkerung, heute einem Jesuiten erzählen. Er wird sehr erfreut sein, daß er eine Bestätigung dessen, was er vertritt, bekommt; aber Sie müssen sich klar sein, wenn Sie auf dem Boden der Geisteswissenschaft stehen wollen, daß Sie Ihre Ablehnung dieser Geheimgesellschaften nicht mit der Ablehnung, die von Jesuiten kommt, verwechseln dürfen. Es ist merkwürdig, daß man auf diesem Gebiete heute noch zu wenig Unterscheidungsvermögen an den Tag legt.

Ich habe neulich einmal auch in öffentlichen Vorträgen darauf aufmerksam gemacht, daß es heute nicht nur darauf ankommt, was einer sagt, sondern daß man immer darauf achte, von welchem Geist dasjenige durchdrungen ist, was gesagt wird. Ich habe das Beispiel angeführt von den gleichlautenden Sätzen bei Woodrow Wilson und bei *Herman Grimm*. Ich sage das deshalb, weil Sie es jetzt in immer stärkerem Maße werden erleben können, daß zum Beispiel von jener Seite scheinbar ebenso aufgetreten wird gegen jene englisch-amerikanischen Geheimgesellschaften – aber eben nur scheinbar –, wie hier aufgetreten werden mußte. Allein so etwas, wie es zum Beispiel jetzt im Dezemberheft der «Stimmen der Zeit» steht, das macht auf einen Menschen, der auf das Sachliche sieht, einen fratzenhaft komischen Eindruck. Denn selbstverständlich ist dasjenige, was bekämpft werden muß an den englisch-amerikanischen Geheimgesellschaften, genau dasselbe, was bekämpft werden muß am Jesuitismus. Die beiden stehen einander gegenüber, die eine die andere bekämpfend, wie Macht gegen Macht, die nicht nebeneinander sein können. Bei dem einen und bei dem anderen ist nicht das geringste wirkliche, sachliche Interesse vorhanden, sondern nur ein parteimäßiges, ein ordengemäßes Interesse. Das müssen wir uns heute ganz besonders abgewöhnen, nur auf den Inhalt zu sehen und nicht zu sehen, von welchem Gesichtspunkte aus irgend etwas in die Welt gesetzt wird. Es kann etwas, wenn es von einem Gesichtspunkte aus, der für einen Zeitraum gültig ist, in die Welt gesetzt wird, ein Wohltätiges, ein Heilsames sein; wenn es von einer anderen Macht in Szene gesetzt wird, kann es entweder etwas ungeheuer Lächerliches oder sogar Schädliches sein. Das ist etwas, was heute ganz besonders berücksichtigt werden muß. Denn es wird sich immer mehr und mehr herausstellen: Wenn zwei dasselbe sagen, so ist es nicht dasselbe, je nach dem Hintergrunde, der dahinter liegt. Nach alledem, was uns das Leben jetzt an Prüfungen gebracht hat in den letzten drei bis vier Jahren, ist es ganz besonders notwendig, daß wir auf solche Dinge wirklich endlich einmal Rücksicht nehmen, daß wir auf solche Dinge wirklich eingehen.

Von einem wirklichen Eingehen auf diese Dinge merkt man noch nicht viel. Man wird beispielsweise heute noch immer fragen: Wie soll man das und jenes einrichten, wie soll man das und jenes machen, damit es richtig ist? Richten Sie da oder dort dies oder jenes ein – wenn Sie die Menschen nicht hineinsetzen, die im Sinne unseres Zeitalters denken, dann können Sie die beste oder die schlechteste Einrichtung machen, sie werden beide entweder zum Heil oder zum Unheil ausschlagen, je nachdem Sie Menschen hineinsetzen. Worauf es heute ankommt, ist, daß der Mensch wirklich begreife: Er muß werden, er kann nicht auf irgend etwas geben, was er schon ist, er muß fortwährend ein Werdender sein. Er muß sich auch dazu verstehen, wirklich in die Wirklichkeit hineinzuschauen. Dem ist man aber sehr, sehr abgeneigt; das habe ich ja von den verschiedensten Gesichtspunkten aus betont. In allen Dingen, namentlich in den Zeitverhältnissen, ist man so sehr geneigt, nur ja nicht an die Wirklichkeit heranzutippen, sondern die Dinge eben zu nehmen, wie es einem paßt. Ein Urteil sich zu bilden, das sachgemäß ist, ist natürlich nicht so leicht wie ein Urteilen, das möglichst geradlinig lossteuert auf die Formulierbarkeit. Urteile, die sachgemäß sind, sind nicht ohne weiteres formulierbar, namentlich dann nicht, wenn sie in das Soziale oder in das Menschliche oder in das politische Leben eingreifen, denn da ist fast immer auch das Gegenteil von dem richtig, was man annimmt – auch in demselben Grade richtig, wie das Gegenteil. Nur wenn man versucht, sich überhaupt kein Urteil zu bilden von solchen Verhältnissen, sondern sich Bilder zu machen, das heißt, wenn man schon aufsteigt in das imaginative Leben, dann wird man ungefähr den rechten Weg gehen können. Das ist in unserer Zeit von ganz besonderer Wichtigkeit, daß man versucht, sich Bilder zu machen, nicht eigentlich abstrakte, abgeschlossene Urteile. Bilder müssen es ja auch sein, welche zur Sozialisierung hindrängen. Dann, was weiter notwendig ist: es gibt keine Sozialisierung, ohne daß der Mensch geisteswissenschaftlich wird – also gedankenfrei auf der einen Seite, geisteswissenschaftlich auf der andern Seite.

Ich habe ja auf das, was da zugrunde liegt, auch schon in öffentlichen Vorträgen, auch in Basel im öffentlichen Vortrage hingewiesen. Ich sagte, daß gewisse materialistisch denkende Menschen, die so alles aus der Entwickelung heraus, aus der Tierreihe herauf begreifen wollen, sagen: Nun ja, wir haben beim Tier die Anfänge von sozialen Instinkten, die entwickeln sich im Menschen zu der Moralität. Aber gerade das, was soziale Instinkte bei den Tieren sind: wenn es zum Menschen heraufgehoben wird, wird es eben antisozial. Gerade was bei den Tieren sozial ist, ist beim Menschen im eminentesten Sinne antisozial! Die Menschen wollen überhaupt nicht eingehen auf die verschiedenen Linien, die einem ein reales Bild von den Dingen geben, sondern sie wollen sich rasch Urteile bilden. Nur dann kommt man zurecht im Wechselverkehr von Mensch zu Mensch, wenn man den Menschen nicht bloß hinsichtlich seiner tierischen Natur auffaßt, denn da ist er eben im eminentesten Sinne antisozial, sondern wenn man ihn auffaßt als ein geistiges Wesen, jeden Menschen als ein geistiges Wesen. Das kann man aber nur, wenn man die ganze Welt mit Bezug auf ihre geistige Grundlage auffaßt. Diese drei Dinge sind eben auch voneinander untrennbar: Sozialismus, Gedankenfreiheit, Geisteswissenschaft. Die gehören zusammen. Eines ist ohne das andere in unserem fünften nachatlantischen Zeitraum in seiner Entwickelung nicht möglich.

Besonders das wird notwendig sein, daß sich die Menschen bequemen, darauf, daß in jedem Menschen auch ein antisoziales Wesen steckt, nicht gedankenlos hinzuschauen. Man könnte auch sagen, wenn man trivial sprechen möchte: Es kommt sehr viel darauf an für das Heil dieses Zeitraumes, daß die Menschen aufhören, sich selbst so furchtbar gern zu haben. Das ist ja das Charakteristikon des gegenwärtigen Menschen, daß er sich selbst so gern hat. Und da müssen Sie wiederum unterscheiden: Er hat sein Denken, sein Fühlen, sein Wollen ganz besonders gern – und dann, wenn er einmal zum Beispiel sein Denken gern bekommen hat, dann läßt er davon nicht ab.

Sehen Sie, derjenige, der wirklich denken kann, der weiß etwas, was gar nicht unwichtig ist: Über alles das, was er richtig denkt, hat er irgendeinmal falsch gedacht. Eigentlich weiß man nur dasjenige richtig, von dem man die Erfahrung gemacht hat, was es in der Seele bewirkt, wenn man darüber falsch gedacht hat. Aber auf solche innere Entwickelungszustände lassen sich die Menschen nicht gern ein. Deshalb verstehen heute die Menschen einander so wenig. Ich will Ihnen ein Beispiel sagen. Die proletarische Weltanschauung, von der ich Ihnen öfter gesprochen habe, die behauptet, daß die Art, wie die Menschen vorstellen, der ganze ideologische Oberbau, abhängt von den wirtschaftlichen Verhältnissen, so daß die Menschen ihre politischen Gedanken nach ihren wirtschaftlichen Verhältnissen bilden.

Wer auf solche Gedanken eingehen kann, der wird finden, daß solch ein Gedanke eine breite Richtigkeit hat, insbesondere fast ganz richtig ist für die Zeitentwickelung seit dem sechzehnten Jahrhundert. Denn dasjenige, was die Menschen seit dem sechzehnten Jahrhundert denken, ist fast ganz ein Ergebnis der wirtschaftlichen Verhältnisse. Es ist nicht im absoluten Sinne richtig, aber es ist im relativen Sinne ganz weittragend richtig. Allein, in einen solchen Kopf, wie ein nationalökonomischer Professorkopf ist, will das nicht herein. Da doziert beispielsweise gar nicht weit weg von hier ein Nationalökonom, *Michels* heißt er, an einer Universität, der sagt, das sei falsch, denn man könne nachweisen, daß nicht durch die wirtschaftlichen Verhältnisse die politischen Gedanken gemacht werden, sondern daß durch die politischen Gedanken die wirtschaftlichen Verhältnisse ganz besonders umgeändert werden. Und es weist dieser Professor Michels dann hin auf die Kontinentalsperre Napoleons, wodurch gewisse Industriezweige etwa in Italien oder in England geradezu ausgerottet und andere eingeführt worden sind. Also, sagt er, da haben wir den eminentesten Fall, daß durch einen politischen Gedanken, durch die Kontinentalsperre, die ökonomischen Verhältnisse bestimmt werden. Solche Beispiele führt er noch mehrere an. Ich weiß, wenn hundert Menschen dieses Buch von diesem Professor Michels lesen, sind sie überzeugt, daß das stimmt, was er sagt, denn es wird mit einer ungeheueren Logik entwickelt. Es scheint absolut richtig zu sein, aber es ist doch lächerlich falsch. Es ist deshalb lächerlich falsch, weil alle Beispiele, die er anführt, nach demselben Schema zu behandeln sind wie diese Kontinentalsperre. Gewiß, die Kontinentalsperre hat bewirkt, daß in Italien gewisse Industrien verändert werden mußten, aber diese Veränderung der Industrien hat in dem ökonomischen Verhältnis zwischen Unternehmer und Arbeiter eben keine Veränderung hervorgerufen. Das ist gerade das Charakteristische. Alles das fällt heraus wie aus einem Sieb oder wie aus einem Faß ohne Boden. Es ist nämlich diese Michelssche ökonomische Theorie ein Faß ohne Boden. Es fällt alles das heraus, was er vorbringt, weil die proletarische Weltanschauung gar nicht behauptet, daß nicht durch irgendeinen solchen Gedanken wie die Kontinentalsperre, meinetwillen Florentiner Seidenindustrie sich entwickelt, die früher nicht da war, während sie sich in England nicht entwickelt. Die proletarische Weltanschauung behauptet vielmehr: Trotzdem die Kontinentalsperre eine Industrie dorthin, eine andere dorthin werfen kann, ändert sich nichts in den ökonomischen Verhältnissen zwischen Unternehmer und Arbeiter, und die sind das Entscheidende. So daß solche Dinge dann herausfallen aus dem großen Gang der wirtschaftlichen Ereignisse mit ihrem ideologischen Oberbau, und gerade die Kontinentalsperre in ihrer Wirksamkeit im eminentesten Sinne das, was der Professor Michels beweisen will, nicht beweist.

Nun fragen Sie: Warum besteht solch ein Mensch, wie der Professor Michels, auf seiner Theorie gegenüber dem proletarischen Denken? Aus dem einfachen Grunde, weil er verliebt ist in sein Denken, und weil er gar nicht in der Lage ist, einzugehen auf das proletarische Denken. Er schläft nämlich gleich ein. Es ist ein latentes Einschlafen. In dem Augenblicke, wo er proletarische Gedanken nachdenken soll, schläft er ein. Da kann er sich nur aufrechterhalten, indem er denjenigen Gedanken entwickelt, in den er verliebt ist.

So muß man auf die seelischen Dinge eingehen. In unserer Zeit ist einmal das Zeitalter, in dem man im eminentesten Sinne auf die seelischen Dinge eingehen muß, sonst wird man nicht begreifen, was in unserer Zeit notwendig ist; sonst wird man doch über diese schwierigen, tragischen Verhältnisse zu keinem irgendwie heilsamen Urteile kommen können. Und heilsame Urteile sind es ja eigentlich, die aus der Misere der Gegenwart doch allein hinwegführen können und auch hinwegführen werden. Zum Pessimismus im ganzen und großen ist kein Anlaß; aber zur Umkehrung des Urteils ist viel Anlaß. Vor allen Dingen bei jedem einzelnen ist zur Umkehrung des Urteiles im höchsten Maße Veranlassung.

Man muß schon sagen: Es ist sehr, sehr merkwürdig, wenn man sieht, wie heute die Menschen gleichsam schlafend ihre Urteile abgeben, und wie sie rasch vergessen von einem Zeitraum auf den andern, wenn die Zeiträume auch noch so kurz sind. Wir werden es ja insbesondere jetzt erleben, wie die Menschen vergessen werden die Art, wie sie geurteilt haben, was sie über die ganze Welt hin alles phraseologiert haben über Recht, über die Notwendigkeit, für das Recht zu kämpfen gegen das Unrecht. Wir werden es erleben, daß die meisten Menschen, die in dieser Form vor einiger Zeit von dem Recht gesprochen haben, dieses vergessen und gar nicht sehen werden, wie es sich in der nächsten Zeit bei der größten Anzahl derjenigen, die vom Recht gesprochen haben, einfach um die Geltendmachung der ganz gewöhnlichen Macht handelt. Das soll ihnen natürlich nicht übelgenommen werden; aber man soll sich nur klar sein darüber, daß, wenn man auf der einen Seite vom Recht gesprochen hat, man dann kein Recht dazu hat, zu übersehen, daß es sich bei den größten Schreiern zuletzt um Macht und Machtimpulse handelt. Wie gesagt, das soll nicht übelgenommen werden, aber schön wird nicht sein, wie sich dasjenige geltend macht, was vor verhältnismäßig kurzer Zeit nur immer von Recht und Recht und Recht gesprochen hat. Nicht erstaunt kann man darüber sein. Aber erstaunt müßten diejenigen sein, die mitgesprochen haben, die mitgetan haben, wenn sie jetzt so merkwürdig das Bild verändert finden! Sie müßten dann wenigstens zu dem Bewußtsein kommen, wie sehr der Mensch geneigt ist, seine Urteile nach Illusionen und nicht nach Wirklichkeiten zu bilden.

FÜNFTER VORTRAG

Dornach, 7. Dezember 1918

Es wird den Menschen oftmals schwer, sich in dem Gang der Weltereignisse, gerade wenn man diese Weltereignisse von einem höheren Gesichtspunkte aus betrachtet, zurechtzufinden. Der Mensch möchte so gerne nicht unbefangen auf die Wahrheit hinblicken, die gewisse Konflikte des Lebens ja erst in langen Zeiträumen oftmals löst. Der Mensch möchte, wenn er sich auch das nicht immer gesteht, doch allzu gerne so am Gängelband der Weltenmächte geführt werden. Insbesondere wird es dem Menschen schwer, sich unbefangen zurechtzufinden, wenn er in irgendeiner Inkarnation gezwungen ist, in so katastrophaler Zeit zu leben, wie das zum Beispiel jetzt der Fall ist. Er fragt dann gerne: Warum lassen die Götter solche Dinge zu? – Er fragt nicht gerne nach den Notwendigkeiten des Lebens. Er hat doch gewissermaßen die Sehnsucht, die Dinge so angenehm als möglich zu sehen. In einer solchen Zeit, wie es die unsrige ist, muß aber der Mensch auf mancherlei hinschauen, das sich eben aus dem Chaos heraus vorbereitet. Das Chaos ist notwendig für den Gesamtverlauf des Geschehens. Und der Mensch muß sich oftmals in das Chaotische ebenso hineinstellen wie in das Harmonisierte. Insbesondere ist unser fünfter nachatlantischer Zeitraum ein solcher, der den Menschen viel des Chaotischen erleben läßt. Das aber hängt mit der ganzen Eigentümlichkeit, mit dem ganzen Wesen dieses Zeitraumes zusammen. Wir leben ja in dem Zeitraume, in dem der Mensch durchgehen soll durch jene Entwickelungsimpulse, die ihn auf sich selbst stellen, die ihn durchdringen mit dem individuellen Bewußtsein. Wir leben eben im Zeitalter der Bewußtseinsseele.

Nach alledem, was wir nun betrachtet haben, wobei wir zusammengetragen haben die verschiedensten Dinge, die uns gerade unsere Zeit verständlich machen können, muß man sich nun fragen: Welches ist denn die tiefste Eigentümlichkeit gerade unseres Zeitraumes und der Entwickelung der Bewußtseinsseele? Die tiefste Eigentümlichkeit für diesen Zeitraum ist diese, daß der Mensch am gründlichsten, am intensivsten Bekanntschaft machen muß mit den der Harmonisierung der Gesamtmenschheit widerstrebenden Kräften. Deshalb muß in unserer Zeit sich allmählich eine bewußte Erkenntnis der dem Menschen widerstrebenden ahrimanischen und luziferischen Mächte verbreiten. Würde der Mensch durch diese Entwickelungsimpulse, an denen die luziferischen und ahrimanischen Mächte mitwirken, nicht hindurchgehen, so würde er nicht zum vollen Gebrauch seines Bewußtseins, also nicht zu der Ausbildung seiner Bewußtseinsseele kommen. Wir haben aber in diesem Sicheingliedern der Bewußtseinsseele in die menschliche Natur einen im eminentesten Sinne antisozialen Trieb zu erkennen. So daß das Eigentümliche vorliegt in unserem Zeitalter, daß das Auftreten der sozialen Ideale wie eine Reaktion erscheint auf dasjenige, was gerade aus dem innersten Wesen der Menschennatur herauswill, auf die Entwickelung des individuellen Bewußtseins. Ich möchte sagen, wir haben in unserer Zeit einen solchen Schrei nach Sozialismus, weil das innerste Wesen des Menschen gerade in unserer Zeit diesem Sozialismus am meisten widerstrebt. Wir haben deshalb nötig, auf alles das hinzuschauen, was im Kosmos, im Weltenall mit dem Menschen in einer Beziehung steht, damit uns bewußt werde, welches Verhältnis besteht zwischen den antisozialen Impulsen, die aus der Tiefe der Menschenseelen heute herausquellen, und dem Schrei nach sozialer Harmonisierung, der wie eine Reaktion auf dasjenige wirkt, was aus dem Innern der Menschenseele herausquillt. Man muß sich eben klarwerden darüber, daß der Mensch mit seinem Leben einen Gleichgewichtszustand darstellt zwischen einander widerstrebenden Mächten. Jede Vorstellung, die etwa darauf ausgeht, bloß eine Zweiheit vorzustellen, sagen wir ein gutes und böses Prinzip, die wird niemals das Leben durchleuchten können. Das Leben kann man nur durchleuchten, wenn man es im Sinne der Dreiheit darstellt, wo das eine der Gleichgewichtszustand ist und die zwei andern die beiden Pole, nach denen der Gleichgewichtszustand fortwährend hinpendelt. Daher jene Trinität, die wir in dem Menschheitsrepräsentanten und in Ahriman und Luzifer in unserer Gruppe, die den Mittelpunkt dieses Baues zu bilden hat, darstellen wollen.

Dieses Bewußtsein von einem Gleichgewichtszustand, der angestrebt wird, der immer in der Gefahr lebt, nach der einen oder nach der anderen Seite auszuschlagen, das muß das Wesentliche werden der Weltanschauung für diesen fünften nachatlantischen Zeitraum. Indem der Mensch durchgeht durch die Bewußtseinsseele, entwickelt er sich nach dem Geistselbst hinauf. Es wird noch lange dauern, dieses Zeitalter der Entwickelung der Bewußtseinsseele. Aber in der Wirklichkeit gehen ja doch die Dinge nicht so vor sich, daß immer schön schematisch eines auf das andere folgt, sondern eines ist gewissermaßen in dem andern eingekapselt. Und während wir zu immer stärkerer und stärkerer Kraft die Bewußtseinsseele ausbilden, lauert, ich möchte sagen, im Hintergrunde schon das Geistselbst, welches dann im sechsten nachatlantischen Zeitraum ebenso stark herauskommen soll wie in diesem fünften nachatlantischen Zeitraum die Bewußtseinsseele. Ebenso stark, wie die Bewußtseinsseele antisozial wirkt, indem sie sich entwickelt, wird das Geistselbst sozial wirken. So daß man sagen kann: Der Mensch entwickelt aus den innersten Impulsen seiner Seele heraus in dieser Epoche Antisoziales; aber dahinter treibt ein Geistig-Soziales. Und dieses Geistig-Soziale, das dahinter treibt, das wird im wesentlichen erscheinen, wenn das Licht des Geistselbstes im sechsten nachatlantischen Zeitraum aufgehen wird. Daher ist es kein Wunder, daß in diesem fünften nachatlantischen Zeitraum in allerlei abstrusen, hyperradikalen Formen dasjenige auftritt, was in einer geordneten Weise doch erst in die Menschheit sich einleben kann im sechsten, dem auf unseren folgenden nachatlantischen Zeitraum.

Dem Vorausrumoren dessen, was in diesem sechsten nachatlantischen Zeitraum kommen soll, dem wird der Mensch ausgesetzt sein durch diesen fünften nachatlantischen Zeitraum hindurch, und es wird alles davon abhängen, daß man sich ein Verständnis von dem verschafft, durch das wir eben während dieses fünften Zeitraumes hindurchgehen müssen. Die antisozialen Triebe werden eine ungeheuere Rolle spielen, und sie werden gedämpft, eingegliedert werden können in ein wirkliches soziales Leben nur dadurch, daß die Menschen, wie ich das neulich auseinandergesetzt habe, dasjenige zu Hilfe nehmen werden, was als soziale Wissenschaft aus der allgemeinen Geisteswissenschaft heraus sich ergibt.

So wird im Hintergrunde, weil verfrüht, hinter den mancherlei Bestrebungen der Gegenwart und in die Zukunft hin eine soziale Forderung stehen. Aber wir müssen es immer wiederholen von den verschiedensten Gesichtspunkten aus, daß diese soziale Gestaltung, die gefordert wird, nicht lebensfähig sein könnte, ohne daß sie mit zwei anderen Dingen in Verbindung tritt. Im sechsten nachatlantischen Zeitraum wird diese Verbindung mehr oder weniger von selbst auftreten. In diesem fünften nachatlantischen Zeitraum muß durch die Pflege der Geisteswissenschaft das soziale Leben geregelt werden. Und jede andere Bestrebung, um das soziale Leben außerhalb des Gebietes der Geisteswissenschaft zu regeln, wird nur zum Chaos und zum Hyperradikalismus führen, der die Menschen unglücklich macht. Mit Bezug auf die soziale Gestaltung des Lebens ist gerade dieser fünfte nachatlantische Zeitraum im eminentesten Sinne auf Geisteswissenschaft angewiesen. Denn bedenken wir noch einmal – worauf ich schon gestern und auch neulich im öffentlichen Vortrage in Basel hingedeutet habe –, daß der Mensch gewissermaßen der Überwinder ist derjenigen Natur, die über das Tierreich verteilt ist. Er ist der Überwinder der tierischen Natur, er trägt die tierische Natur in sich.

Einfältige Darwinisten behaupten, daß die menschliche Moral nur eine Entwickelung der sozialen Triebe bei den Tieren ist. Die sozialen Triebe aber sind den Tieren eingeboren, und sie werden, insofern sie soziale Triebe bei den Tieren sind, gerade beim Menschen zu antisozialen Trieben, und der Mensch kann zum sozialen Leben nur wieder erwachen, wenn er hinüberwächst über dasjenige, was bei ihm aus dem Tierischen heraus ins Antisoziale sich entwickelt hat. Das ist die Wahrheit. So daß, wenn wir uns den Menschen schematisch nach dieser Richtung vorstellen wollen (es wird gezeichnet), wir sagen können: Der Mensch überwindet die Tierheit, er entwickelt sich über die Tierheit hinaus. Das, was im Tier Soziales ist, wird gerade beim Menschen antisozial. Aber der Mensch wächst in die Geistigkeit hinein, und im Geistigen kann er sich wiederum das Soziale erringen. Der Mensch erringt sich das Soziale auf einer höheren Stufe, als diejenige ist, die er im Zeitalter der Bewußtseinsseele hat, wo er aus der Tierheit herausgewachsen ist; im Chaotischen leuchtet es in den Mittelzustand herein, in dem man gerade drinnen ist.

Nun sind zwei andere Ergänzungen notwendig. Wenn Sozialismus, der als elementarer Impuls heraufkommt, als eine Forderung innerhalb der Menschheit auftritt, so muß dieser Sozialismus allein immer zum Unsegen führen. Sozialismus kann nur zum Segen führen, wenn er gepaart ist mit den zwei anderen Dingen, die zunächst bis zum Ende unserer nachatlantischen Zeit, bis zum siebenten nachatlantischen Zeitraum sich in der Menschheit entwickeln müssen, mit dem, was man nennen kann ein freies Gedankenleben und eine Einsicht in die geistige Natur der Welt, die hinter der sinnlichen Natur liegt. Sozialismus ohne Geisteswissenschaft und ohne Gedankenfreiheit ist ein Unding. Das ist eben eine objektive Wahrheit. Zur Gedankenfreiheit muß der Mensch aber erwachen, sich reif machen gerade in unserem Zeitalter der Bewußtseinsseele. Warum muß er zur Gedankenfreiheit erwachen?

Sehen Sie, der Mensch ist im Verlaufe seiner Entwickelung gewissermaßen in einer Beziehung an einem entscheidenden Punkte in diesem fünften nachatlantischen Zeitraum angelangt. Der Mensch hatte bis in diesen fünften nachatlantischen Zeitraum hinein sich die Möglichkeit des Fortwirkens der vorgeburtlichen Zeit in das nachgeburtliche Leben mitgebracht. Machen wir uns das ganz klar. Bis in unseren Zeitraum herein trägt der Mensch Kräfte in sich, welche von ihm nicht im Laufe des Lebens erworben sind, sondern die er schon hatte, als er, wie man so sagt, das Licht der Welt erblickte, als er geboren wurde, die ihm eingeprägt wurden in der Embryonalzeit. Diese Kräfte, die der Mensch in der Embryonalzeit eingeprägt erhält und die dann das Leben hindurch fortwirken, hatte der Mensch bis in den vierten nachatlantischen Zeitraum herein. Und erst jetzt stehen wir vor der großen Krisis in der Menschheitsentwickelung, daß diese Kräfte nicht mehr maßgebend sein können, daß sie nicht mehr so elementar wirksam sein können wie bisher. Mit andern Worten: Der Mensch wird in diesem fünften nachatlantischen Zeitraum viel mehr den Eindrücken des Lebens ausgeliefert sein, weil die den Eindrücken des Lebens widerstrebenden Kräfte, die vor der Geburt in der Embryonalzeit erworben werden, ihre Tragkraft verlieren. Das ist etwas ungeheuer Bedeutungsvolles, daß diese Kräfte ihre Tragkraft verlieren.

Nur in bezug auf eines war das Leben auch bisher schon so, daß der Mensch etwas erwerben konnte zwischen Geburt und Tod, also etwas, was ihm nicht während der Embryonalzeit eingeimpft war. Das war aber nur durch das Folgende möglich. Wir haben gestern eigentümliche Erscheinungen des Schlafes mit Bezug auf das soziale Leben auseinandergesetzt. Wenn der Mensch schläft, sind sein Ich und sein astralischer Leib außerhalb des physischen und des Ätherleibes. Es ist ein anderer Zusammenhang zwischen dem Ich und dem astralischen Leib einerseits und dem physischen Leib und dem Ätherleib andrerseits im Schlafen vorhanden als im Wachen. Der Mensch verhält sich anders zu seinem physischen und Ätherleib, wenn er schläft. Nun besteht eine gewisse Ähnlichkeit zwischen unserem Schlafen und unserer Embryonalzeit – Ähnlichkeit, nicht Gleichheit! In einer gewissen Beziehung wird unser Leben, wenn wir einschlafen, bis zum Aufwachen ähnlich – nicht gleich – dem Leben, das wir führen von der Konzeption, der Empfängnis – oder eigentlich drei Wochen danach – bis zur Geburt. Wenn wir als Kind im Mutterleibe ruhen, so haben wir ein ähnliches Leben wie später, wenn wir schlafen. Den Unterschied macht nur ein ganz Bedeutungsvolles, das ist das Atmen, das Atmen der äußeren Luft. Deshalb durfte ich nur sagen ähnlich, aber nicht gleich. Wir atmen nicht die äußere Luft, wenn wir im Mutterleibe ruhen. Wir werden aufgerufen zum Atmen der äußeren Luft, indem wir geboren werden. Dadurch ist wiederum dieses Leben im Schlafe verschieden von dem Embryonalleben. Nun halten Sie dieses fest: Indem der Mensch schläft, hat er in vieler Beziehung ein dem Embryonalleben ähnliches Leben. Nur wirkt herein etwas, was nur zwischen Geburt und Tod da sein kann, nicht im Embryonalleben: es wirkt herein die Atmung. Dadurch, daß der Mensch die äußere Luft atmet, wird sein Organismus in einer gewissen Weise beeinflußt. Aber alles, was unsern Organismus beeinflußt, wirkt auf unsere sämtlichen Lebensäußerungen, auch auf unsere Seelenäußerungen. Wir verstehen anders die Welt, indem wir atmen, als wenn wir nicht atmen würden.

Nun gab es ein Kulturelement in der Entwickelung der Menschheit – wir rühren an ein bedeutsames Geheimnis der Menschheitsentwickelung, indem wir dieses auseinandersetzen –, und das war das alttestamentliche, welches besonders tief durchdrungen war bei seinen Eingeweihten von dieser Tatsache, daß der Mensch zwischen Geburt und Tod sich durch das Atmen unterscheidet von dem Embryonalleben, dem sonst sein Schlafesleben ähnlich ist. Auf diese innere Erkenntnis von der Natur des Atmens war aufgebaut das Verhältnis, welches die alten jüdischen Eingeweihten, die hebräischen Eingeweihten des Alten Testamentes zu ihrem Jahve-Gotte hatten. Der Jahve-Gott offenbarte sich, das brauchen wir ja nur der Bibel zu entnehmen, seinem Volke. Welches war das Volk Jahves? Dasjenige Volk, das eine besondere Beziehung hatte zu dieser Wahrheit vom Atmen, die ich eben ausgesprochen habe. Und damit hängt es zusammen, daß gerade dieses Volk als Offenbarung empfing, daß der Mensch Mensch wurde, indem ihm der lebendige Odem gegeben wurde.

Aber man erlangt ein ganz besonderes Verständnis, wenn man auf diese Natur des menschlichen Atmens baut. Man erlangt das Verständnis für das abstrakte Gedankenleben, das im Alten Testament genannt wird das Gesetzesleben, für die Aufnahme von abstrakten Gedanken. So sonderbar das heute dem materialistischen Denken klingt, wahr ist es doch: Durch den Atmungsprozeß ist gerade die menschliche Abstraktionskraft wesentlich bedingt. Daß der Mensch abstrahieren kann, daß er abstrakte Gedanken fassen kann in dem Sinne, wie ja auch die Gesetze abstrakte Gedanken sind, das hängt auch physiologisch mit seinem Atmungsprozeß zusammen. Das Instrument des abstrakten Denkens ist ja das Gehirn. Dieses Gehirn ist in einem fortwährenden Rhythmus begriffen, der dem Atmungsrhythmus angemessen ist. Ich habe über dieses Verhältnis des Gehirnrhythmus zum Atmungsrhythmus auch hier schon, sogar wiederholt, gesprochen. Ich habe Ihnen auseinandergesetzt, wie das Gehirn im Gehirnwasser eingebettet ist, wie das Gehirnwasser, wenn die Luft ausgeatmet wird, herunterfließt durch die Rückenmarkssäule und sich nach unten in die Bauchhöhle ergießt; wie beim Einatmen wieder das Wasser zurückgedrängt wird, so daß ein fortwährendes Vibrieren stattfindet: mit dem Ausatmen ein Sinken des Gehirnwassers, mit dem

Einatmen ein Steigen des Gehirnwassers und ein Einbetten des Gehirnes im Gehirnwasser. Mit diesem Rhythmus des Atmungsprozesses hängt auch physiologisch das Abstraktionsvermögen des Menschen zusammen.

Ein Volk, das ganz besonders baute auf den Atmungsprozeß, war das Volk des Abstraktionsprozesses zugleich. Daher konnten die Eingeweihten, indem sie auf ihre Jahve-Weise empfanden, ihrem Volke eine ganz besondere Offenbarung geben, weil diese Offenbarung ganz angepaßt war dem abstrakten Denken. Das ist das Geheimnis der alttestamentlichen Offenbarung, daß der Mensch eine Weisheit empfangen hat, welche dem Abstraktionsvermögen, dem Vermögen des abstrakten Denkens angepaßt war. Und Jahve-Weisheit ist dem abstrakten Denken angemessen. Im gewöhnlichen Bewußtseinszustande verschläft der Mensch diese Jahve-Weisheit. Die Jahve-Eingeweihten haben einfach bei ihrer Initiation das empfangen, was der Mensch durch das Atmen vom Einschlafen bis zum Aufwachen erlebt. Aus diesem Grunde wird von solchen, die halbe Wahrheiten lieben, sehr häufig Jahve als diejenige Gottheit bezeichnet, die den Schlaf reguliert. Das ist auch der Fall. Er hat dem Menschen dasjenige an Weisheit überliefert, was der Mensch erleben würde, wenn er so hellsichtig würde, wie es die Eingeweihten eben wurden, um bewußt das Leben vom Einschlafen bis zum Erwachen zu erleben. Dieses wurde nun nicht erlebt vom gewöhnlichen Bewußtsein im alttestamentlichen Leben, sondern den Menschen als Offenbarung gegeben, so daß also die Menschen als Offenbarung in der Jahve-Weisheit dasjenige empfingen, was von ihnen verschlafen werden muß. Es muß verschlafen werden, weil sonst der Lebensprozeß nicht weitergehen könnte.

Das ist das Wesentliche der alttestamentlichen Kultur, daß als Jahve-Weisheit geoffenbart wird die Nachtweisheit. Bis zu einem gewissen Grade – aber ich bitte zu beachten: bis zu einem gewissen Grade – war diese Möglichkeit für die Menschen in derjenigen Zeit erschöpft, als das Mysterium von Golgatha herannahte. Denn diese Weisheit, die gewissermaßen die Schlafes-Atmungs-Weisheit ist, die ist ein Siebentel dessen, was der Mensch im Lauf seiner Entwickelung an Weisheit entwickeln muß – ein Siebentel! Sie ist die Weisheit des einen der Elohim, des Jahve. Die andern sechs Siebentel, die konnten und können an die Menschheit nur herankommen, indem der Christus-Impuls in die Menschheit einfließt. So daß man sagen kann: Indem Jahve sich offenbart, offenbart er – ich möchte sagen im voraus – die Nacht-Atmungs-Weisheit. Die sechs andern Elohim, die in ihrer Gesamtheit nun mit dem siebenten Elohim den Christus-Impuls darstellen, sie offenbaren das übrige, was außer durch das Atmen an den Menschen zwischen Geburt und Tod herankommt.

Der Mensch wäre nun innerhalb des alttestamentlichen Kulturlebens ein ganz antisoziales Wesen geworden, wenn nicht Jahve das soziale Element seinem Volke in demjenigen abstrakten Gesetze geoffenbart hätte, welches das Leben gerade dieses Volkes regelte und harmonisierte. Nun hat Jahve diese Alleinherrschaft erobern können, indem er die andern Elohim, wie ich Ihnen auseinandergesetzt habe, zurückschob, gewissermaßen entthronte. Dadurch sind aber andere, niedrigere geistige Wesenheiten an die menschliche Natur herangekommen und haben von der menschlichen Natur Besitz ergriffen. Der Mensch wurde diesen anderen Wesenheiten ausgesetzt, so daß wir während der alttestamentlichen Entwickelung zweierlei haben: erstens die harmonisierende Jahve-Weisheit in dem, was die Juden das Gesetz nannten, worinnen zu gleicher Zeit das soziale Leben beschlossen war, und ferner dasjenige, was widerstrebte diesem sozialen Zusammenhalte, die der menschlichen Natur nahen, niedrigeren Wesenheiten, weil die anderen Elohim noch nicht zugelassen waren in der Zeit vor dem Mysterium von Golgatha. Diese niedrigeren Wesenheiten richteten ihre starken Angriffe im antisozialen Sinne gegen das Jahve-Element.

Nun liegt die eigentümliche Tatsache vor, daß in der Mitte des neunzehnten Jahrhunderts, in den vierziger Jahren, Jahve in seinem Einflusse gewissermaßen nicht mehr Herr werden konnte über die widerstrebenden Geister, so daß diese besondere Macht erlangten. Und es ist auch eigentlich erst im Laufe des neunzehnten Jahrhunderts die Notwendigkeit eingetreten, den Christus-Impuls, der vorher nur vorbereitet wurde, was ich ja oft erwähnt habe, wirklich zu verstehen, weil ohne ihn die menschliche Kultur nicht weitergehen kann. Vor dieser bedeutsamen Krisis stand gerade das soziale Element des Menschenlebens, daß der Christus-Impuls für die Zukunft im eminentesten Sinne verstanden werden muß. Ohne diesen Christus-Impuls zu verstehen, geht keine soziale Forderung irgendwelchen heilsamen Zielen entgegen.

Alle die Jahrhunderte – es sind ja deren fast zwanzig –, in denen sich bisher das Christentum ausgebreitet hat, waren nur Vorbereitungen für die wirkliche Erfassung des Christus-Impulses. Denn der Christus-Impuls kann nur im Geistigen erfaßt werden. Alles geschieht allmählich, und in unserer kritischen Zeit, in der Zeit, in der eben mit Bezug auf die Dinge, die ich angeführt habe, eine Krisis vorliegt, da ist die Sache so: Da ragt noch herein als ein Überbleibsel der Trieb nach der bloßen Jahve-Weisheit, nach jener Weisheit, die angewiesen war auf das, was im Embryonalleben erworben wird, und durch den Atmungsprozeß, der aber unbewußt ist, modifiziert wird. Der Atmungsprozeß bleibt unbewußt. Die Jahve-Weisheit muß geoffenbart werden dem Bewußtsein. Das ging so lange, als nicht die Bewußtseinsseele bis zu einem gewissen Grade entwickelt war. Jetzt, da die Bewußtseinsseele bis zu diesem Grad entwickelt ist, kann nicht mit der auf das Atmen abgestimmten Jahve-Weisheit weitergewirtschaftet werden. Aber immer macht sich das so geltend, daß das Bestreben entsteht, weiterzuwirtschaften mit dem, womit nach inneren Notwendigkeiten nicht mehr gewirtschaftet werden kann. Weil für das Leben zwischen Geburt und Tod dasjenige, was mit dem Atmen zusammenhängt, unbewußt bleibt, war die jüdische Kultur nicht eine individuelle Menschheitskultur, sondern eine Volkskultur, wo alles zusammenhängt mit der Abstammung von dem gemeinsamen Stammvater. Die jüdische Offenbarung ist im wesentlichen eine für dieses jüdische Volk berechnete Offenbarung, weil sie eben mit dem rechnet, was im Embryonalleben erworben und nur durch ein Unbewußtes, durch den Atmungsprozeß, modifiziert wird.

Was ist die Folge davon in unserer kritischen Zeit? Daß diejenigen, welche sich zur Christus-Weisheit nicht bekennen wollen, die das andere hereinbringt in den Menschen, was zwischen Geburt und Tod erworben wird außer durch den Atmungsprozeß, stehenbleiben wollen bei der Jahve-Weisheit, bloß auf Volkskulturen die Menschheit einstellen wollen. Und der gegenwärtige Ruf nach einer Gliederung der Menschen in lauter einzelne Völker ist der ahrimanisch zurückgebliebene Ruf nach der Begründung einer solchen Kultur, wo alle Völker nur Volkskulturen, das heißt alttestamentliche Kulturen darstellen. Dem jüdischen alttestamentlichen Volke ähnlich werden sollen die Völker über die Erde hin – das ist der Ruf von *Woodrow Wilson.*

Damit berühren wir ein außerordentlich tiefes Geheimnis, ein Geheimnis, welches sich in den allerverschiedensten Formen enthüllen wird. Ein soziales Element, das antisozial ist mit Bezug auf die ganze Menschheit, das nur das Soziale begründen will in einzelnen Völkern, das will als ahrimanisches Element herauf; ahrimanisch soll festgehalten werden der alttestamentliche Kulturimpuls!

Sie sehen, so einfach liegen die Dinge nicht, wie sich viele Menschen heute vorstellen, daß man nur das oder jenes auszudenken braucht, um dem Menschen Ideale vorzusagen. Man muß eingehen können auf die Wirklichkeiten, man muß sagen können, was eigentlich waltet und kraftet in diesen Wirklichkeiten. Dem Menschen steht eben in Aussicht, nicht mehr auf das bloße Unbewußte zu bauen, sondern auf das Bewußte im Leben zwischen Geburt und Tod. Das Unbewußte baut auf den Atmungsprozeß und damit ganz selbstverständlich auf das, was mit dem Atmungsprozeß zusammenhängt, auf die Blutzirkulation, das heißt auf die Abstammung, auf den Blutzusammenhang, auf die Vererbung. Diejenige Kultur, die da kommen muß, die kann nicht bloß auf den Blutzusammenhang die soziale Ordnung begründen, denn dieser Blutzusammenhang gibt nur ein Siebentel desjenigen, was in der Menschheitskultur begründet werden muß. Die anderen sechs Siebentel müssen dazukommen durch den Christus-Impuls, im fünften Zeitraum eines, im sechsten Zeitraum das zweite, im siebten Zeitraum das dritte, und das andere geht dann in die folgenden Zeiten hinüber. Daher muß sich nach und nach in der Menschheit dasjenige entwickeln, was mit dem wirklichen Christus-Impuls zusammenhängt; und überwunden werden muß, was mit dem bloßen Jahve-Impuls zusammenhängt.

Und das wird das Charakteristische sein, daß zum letzten Male gewaltige, weitgehende Anstrengungen des Jahve-Impulses geschehen werden in dem, was als internationaler Sozialismus vom Proletariat verstanden wird. Es ist im wesentlichen das letzte Rumoren des Jahve-Impulses. Vor dem Eigentümlichen steht man, daß jedes Volk ein Jahve-Volk werden wird, und gleichzeitig jedes Volk Anspruch machen wird, über die ganze Erde seinen Jahve-Kultus, seinen Sozialismus zu verbreiten.

Das werden wiederum die zwei einander widerstrebenden Kräfte sein, zwischen denen das Gleichgewicht zu suchen ist. In all das, was als objektive Notwendigkeit im Gang der Menschheitsentwickelung sich geltend macht, mischen sich dann hinein die Gefühle, die Empfindungen der Menschen, die sich zu den verschiedenen Volksgruppen so oder so stellen, und die innerhalb des objektiv notwendigen Ganges der Entwickelung störend wirken. Durch die Jahve-Weisheit ist das eine der sieben Tore zu Menschenverbindungen geöffnet. Ein zweites Tor wird geöffnet werden, wenn erkannt werden wird, daß dasjenige, was der Mensch jetzt als seine physische und seine ätherische Natur in sich trägt, im Verlaufe des Lebens krank wird. Natürlich ist damit nicht eine akute Krankheit gemeint, aber jetzt in unserem fünften Zeitraum bedeutet «leben» ein langsames Erkranken. Das ist seit dem vierten Zeitraume der Fall; es ist insbesondere so im fünften Zeitraume. Der Lebensprozeß ist, wenn auch sukzessive und langsam, dasselbe wie eine akute Krankheit, nur daß diese einen schnellen Verlauf hat. Daher muß, wie man eine akute Krankheit durch einen spezifischen Heilungsprozeß heilen muß, etwas eintreten in das menschliche Leben, welches gesund macht.

Das natürliche Leben der Menschen vom fünften nachatlantischen Zeitraum an ist also eine Art fortwährenden langsamen Erkrankens. Alle Erziehung, alle Kultureinflüsse müssen darauf hinwirken, gesund zu machen. Das ist gewissermaßen die erste, wahre Impulsivität des Christus-Impulses: die Heilung. Der Heiland, der Heilende zu sein, dazu ist er ganz besonders berufen im fünften nachatlantischen Zeitraume. Die anderen Formen des Christus-Impulses müssen im Hintergrunde sein. Für den sechsten nachatlantischen Zeitraum muß der Christus-Impuls besonders wirken für das Sehertum. Da kommt das

Geistselbst zur Ausbildung, innerhalb dessen der Mensch nicht leben kann ohne das Sehertum. Und im siebenten nachatlantischen Zeitraum wird eine Art prophetischer Natur, weil es ja prophetisch hinübergehen muß in eine ganz neue Zeit, als das dritte sich entwickeln; die anderen drei Glieder der sechsteiligen Christus-Weisheit werden in den folgenden Zeiten wirken. So muß der Christus-Impuls sich als Heilprozeß, als Seherprozeß, als prophetischer Prozeß im Verlauf des jetzigen und der zwei folgenden Kulturzeitalter als das sozial die Menschheit durchglühende Element in die Menschheit einleben. Das ist das reale Einleben des Christus-Impulses. Das zieht sich durch die übrigen Dinge hindurch, die wir für die Entwickelung schon erwähnt haben. Ein Tor ist aufgeschlossen worden durch die Jahve-Weisheit. Doch dieses Tor ist unpraktikabel geworden in der Mitte des neunzehnten Jahrhunderts. Wenn es allein durchschritten werden soll, so kann nichts anderes kommen, als daß gewissermaßen alle Völker ihrer Form nach hebräische Kulturen entwickeln. Andere Tore müssen geöffnet werden, das heißt, es muß die Initiationsweisheit, die durch ein zweites, ein drittes, ein viertes Tor bekannt wird, zu derjenigen Weisheit hinzutreten, die durch das Jahve-Tor bekannt geworden ist. Nur so kann der Mensch in andere Zusammenhänge hineinwachsen als in diejenigen, die durch die Bluts-, das heißt durch die Atmungsbande geregelt sind, und das wird in der Zukunft von besonderer Wichtigkeit für ihn sein.

Das ist wiederum das Kritische unserer Zeit, daß die Menschen sich ahrimanisch aus alten Zeiten eine Regelung der Weltenordnung nach Blutsbanden bewahren wollen, daß aber eine innere Notwendigkeit über diese Blutsbande hinausstrebt. In der Zukunft kann nicht das Sozial-Regelnde von dem ausgehen, was in irgendeiner Weise verwandt ist, sondern in der Zukunft wird nur das gelten, was in freier Entschließung die Seele selbst als das Regelnde der sozialen Ordnung erleben kann. Gewissermaßen wird eine innere Notwendigkeit die Menschen so leiten, daß alles das, was in die soziale Ordnung durch die bloßen Blutsbande hineinragt, ausgemerzt wird. Alle diese Dinge treten eben zuerst tumultuarisch in die Erscheinung. In unserem Zeitalter wird sich entwickeln müssen Geist-Erkenntnis und Gedankenfreiheit, namentlich Gedankenfreiheit in religiösen Dingen. Geisteswissenschaft muß sich entwickeln aus dem Grunde, weil der Mensch zum Menschen in ein Verhältnis treten muß. Aber der Mensch ist Geist. Man kann zum Menschen nur in ein Verhältnis treten, wenn man vom Geiste ausgeht. Das frühere Verhältnis, in das die Menschen getreten sind, ging von dem unbewußten, im Blute vibrierenden Geiste aus im Sinne der Jahve-Weisheit, die aber nur zur Abstraktion führt. Das nächste, zu dem der Mensch geführt werden muß, das muß etwas sein, was im Seelischen erfaßt wird. In der Bildlichkeit, aus Atavismus heraus hatten die heidnischen Völker in alten Kulturformen die Mythen. Das jüdische Volk hatte seine Abstraktionen – nicht Mythen, sondern Abstraktionen –: das Gesetz. Das hat sich fortgesetzt. Das war das erste Heraufheben des Menschen in die Vorstellungskraft, in die Denkkraft. Aber von seiner jetzigen Anschauung, in der nur noch nachlebt «Du sollst dir kein Bild machen», muß der Mensch zurückkehren zu jener Fähigkeit der Seele, die sich wiederum, und zwar jetzt bewußt, Bilder machen kann. Denn nur in Bildern, in Imaginationen, wird in Zukunft in richtiger Weise auch das soziale Leben aufgestellt werden. In Abstraktionen konnte das soziale Leben nur völkisch geregelt werden, und das eminenteste völkische Regeln in sozialer Beziehung war das alttestamentliche. Das nächste Regeln des sozialen Lebens wird abhängen von der Fähigkeit, in bewußter Weise dieselbe Kraft auszuüben, die in der mythenbildenden Eigenschaft des Menschen unbewußt oder halbbewußt, atavistisch lag. Die Menschen würden sich ganz mit antisozialen Trieben anfüllen, wenn sie dabei stehenbleiben wollten, bloße abstrakte Gesetze zu verbreiten. Die Menschen müssen durch ihre Weltanschauung zur Bildlichkeit kommen, dann wird aus dieser bewußten Mythusbildung auch die Möglichkeit erstehen, daß im Verkehr von Mensch zu Mensch das Soziale sich ausbildet.

Sie können sich ein Bild anschauen, wie die «Gruppe» es ist: der Menschheitsrepräsentant, Luzifer, Ahriman. Da haben Sie erst dasjenige vor sich, was im ganzen Menschen wirkt, denn der Mensch ist der Gleichgewichtszustand zwischen dem Luziferischen und dem Ahrimanischen. Durchdringen Sie sich im Leben mit dem Impuls, jedem Menschen so gegenüberzutreten, daß Sie diese Trinität in ihm sehen, konkret in ihm sehen, dann fangen Sie an, ihn zu verstehen. Und das ist eine wesentliche Kraft, die sich in diesem fünften nachatlantischen Zeitraum entwickeln will, daß wir nicht mehr so aneinander vorbeigehen wie ein Gespenst an dem andern, so daß wir uns kein Bild voneinander machen, sondern nur aus unseren abstrakten Begriffen den andern Menschen definieren. Etwas anderes tun wir nämlich jetzt nicht, wir gehen aneinander vorbei wie Gespenster. Das eine Gespenst macht sich die Vorstellung: Das ist ein netter Kerl, – das andere: Das ist ein weniger netter Kerl; das ist ein böser Mensch, das ist ein guter Mensch – lauter solche abstrakte Begriffe. Wir haben in dem Verkehr von Mensch zu Mensch nichts anderes als ein Bündel abstrakter Begriffe. Das ist das Wesentliche, was von der Regel des Alttestamentlichen «Du sollst dir kein Bild machen» in dem Menschen entstanden ist, und was im eminentesten Sinne zum antisozialen Leben führen müßte, wenn wir es fortsetzen würden. Was aus dem Innersten des Menschen herausstrahlt, was sich verwirklichen will, ist, daß, wenn ein Mensch dem andern gegenübertritt, gewissermaßen aus dem andern Menschen ein Bild herausquillt, ein Bild jener besonderen Art des Gleichgewichtszustandes, den individuell jeder Mensch ausdrückt. Dazu gehört allerdings jenes erhöhte Interesse, welches ich Ihnen als die Grundlage des sozialen Lebens öfter geschildert habe, jenes erhöhte Interesse, das der Mensch am andern Menschen nehmen soll. Wir haben heute noch kein intensives Interesse am andern Menschen, daher kritisieren wir ihn, daher beurteilen wir ihn, daher machen wir uns Urteile nach Sympathien und Antipathien, nicht nach dem objektiven Bilde, das uns aus dem anderen Menschen entgegenspringt.

Diese Fähigkeit, daß wir gewissermaßen mystisch angeregt werden, indem wir dem andern Menschen gegenübertreten, diese Fähigkeit will sich verwirklichen. Und sie wird als ein besonderer sozialer Trieb in das Leben eintreten. Auf der einen Seite strebt die Bewußtseinsseele danach, antisozial zur vollen Geltung zu kommen in diesem fünften nachatlantischen Zeitraum. Auf der anderen Seite strebt etwas anderes aus dem Innern des Menschen hervor, sich Bilder zu machen von den Menschen, mit denen wir leben, die uns begegnen im Leben. Soziale

Triebe, soziale Impulse – diese Dinge liegen eben viel tiefer, als man gewöhnlich meint, wenn man von Sozialem und Antisozialem spricht.

Nun kann in Ihnen die Frage auftauchen: Wodurch gewinnen wir allmählich die Fähigkeit, daß uns das Bild des Menschen entgegenspringt? Wir müssen uns diese Fähigkeit im Leben aneignen. Jahve-Fähigkeiten sind uns mit der Geburt gegeben, die entwickeln wir im Embryonalleben. Die spätere Kultur wird es dem Menschen nicht so bequem machen; er muß dasjenige, was er als Fähigkeiten darleben soll, im Laufe des Lebens auch entwickeln. In die Erziehung müssen viel konkretere, viel bestimmtere Maximen eintreten als diejenigen, die heute so verworren in der Pädagogik geltend gemacht werden. Vor allen Dingen muß der Trieb in den Menschen eingepflanzt werden, öfter in seinem Leben zurückzuschauen, aber in der rechten Weise. Was der Mensch als Erinnerungen früherer Erlebnisse oftmals entwickelt, hat ja heute meistens noch einen sehr selbstischen Charakter. Sieht man mehr selbstlos zurück auf das, was man in Kindheit, Jugendzeit und so weiter erlebt hat, je nach dem Alter, das man erreicht hat, dann tauchen wie aus grauer Geistestiefe verschiedene Menschen auf, die nach den verschiedensten Verhältnissen hin an unserem Leben Anteil gehabt haben. Schauen Sie zurück, meine lieben Freunde, in den Verlauf Ihres Lebens, weniger in sich selbst verschlossen und auf das hin, was Sie gerade an Ihrer eigenen werten Person interessiert, sondern vielmehr nach denjenigen Gestalten, die an Sie herangetreten sind, Sie erziehend, sich mit Ihnen befreundend, Sie fördernd, Ihnen vielleicht auch schadend, manchmal in sehr nützlicher Weise schadend. An dem, was da aus grauer Geistestiefe aufsteigt, was zu uns herankommt, wird Ihnen eines aufgehen: wie wenig der Mensch im Grunde genommen Veranlassung dazu hat, sich selber zuzuschreiben, was er geworden ist. Oftmals hängt etwas Wichtiges, das in uns ist, damit zusammen, daß uns in einem gewissen Zeitalter der oder jener Mensch begegnet ist und vielleicht ohne sein eigenes Wissen – oder auch sehr mit seinem eigenen Wissen – uns auf dieses oder jenes aufmerksam gemacht hat. In umfassendem Sinne setzt sich eine wirklich selbstlos getriebene Rückschau auf das Leben aus allem möglichen zusammen, was uns nicht veranlaßt, uns selbstisch in uns selbst zu vertiefen, über uns selber selbstisch zu brüten, sondern den Blick über diejenigen Gestalten auszudehnen, die an uns herangetreten sind. Vertiefen wir uns recht liebevoll in das, was an uns herangetreten ist. Wir werden oftmals sehen, daß dasjenige, was uns antipathisch in einem bestimmten Zeitraume berührt hat, wenn nur genügend Zeit hinterher vergangen ist, uns nicht mehr so antipathisch berührt, weil wir einen inneren Zusammenhang sehen. Daß wir auch einmal von diesem oder jenem Menschen antipathisch berührt werden mußten, konnte uns vielleicht ganz nützlich sein. Wir gewinnen manchmal mehr von dem, was uns ein Mensch antut, als von dem, worinnen uns ein Mensch fördert. Es würde dem Menschen viel nützen, wenn er solche selbstlose Rückschau auf das Leben öfter hielte, wenn er das Leben durchtränken würde von der aus dieser Selbstschau quellenden Überzeugung: Wie wenig habe ich eigentlich Veranlassung, mich mit mir selbst zu beschäftigen! Wie unendlich reicher wird mein Leben, wenn ich den Blick hinschweifen lasse über diese und jene Gestalten, die in dieses mein Leben eingetreten sind. – Dann lösen wir uns gewissermaßen von uns selber los, wenn wir solche selbstlose Rückschau halten. Dann kommen wir von dem furchtbaren Übel unserer Zeit, das so viele Menschen befällt, von dem Brüten über uns selbst hinweg. Und das ist so unendlich notwendig, daß wir von dem Brüten über uns selber loskommen. Wer nur einmal ergriffen ist von solcher Selbstschau, wie ich sie jetzt geschildert habe, der wird sich selber viel zu uninteressant, als daß er über sein eigenes Leben allzuviel brüten möchte. Unendliches Licht breitet sich über dieses unser Leben aus, wenn wir es bestrahlt sehen von demjenigen, was aus grauer Geistestiefe in dieses Leben eintritt.

Das aber befruchtet uns so, daß wir wirklich die imaginativen Kräfte erhalten, dann auch dem gegenwärtigen Menschen so gegenüberzutreten, daß uns in ihm dasjenige erscheinen kann, was uns sonst erst nach Jahren in der Rückschau von den Gestalten erscheint, mit denen wir zusammengelebt haben. Wir erwerben uns dadurch die Fähigkeit, daß uns wirklich Bilder aus dem Menschen entgegentreten, dem wir begegnen.

Nicht so sehr hängt die Pflege des sozialen Lebens, die früher eigentlich nur aus den Blutsbanden hervorging, mit irgendwelchen sozialistischen Programmen zusammen, sondern damit hängt sie zusammen, daß der Mensch ein spirituell-soziales Wesen wird. Das wird er aber dadurch, daß er die tieferen Kräfte auf die geschilderte Weise in sich erweckt, welche in ihm das bildhafte Vorstellen des andern Menschen anregen. Sonst werden wir immer antisoziale Wesen bleiben, welche sich nur nach Sympathien und Antipathien dem Menschen, mit dem sie zusammen leben sollen, nähern können, und sich ihm nicht nähern können nach dem Bilde, das aus jedem hervorquillen kann, wenn wir nur selbst die Bilderkräfte im Verkehr mit den Menschen entwickeln. Gerade im sozialen Menschenleben muß die Maxime auftreten: Du sollst dir ein Bild von deinem Mitmenschen machen. Dann aber, wenn wir uns ein Bild von unserm Mitmenschen machen, dann bereichern wir unser Seelenleben; dann übergeben wir mit jeder menschlichen Bekanntschaft unserem inneren Seelenleben einen Schatz. Dann leben wir nicht mehr, der A da, der B da, der C da, sondern dann lebt der A, B und C in dem D, der A, B, D in dem C, der C, D, E in dem A, und so weiter. Wir gewinnen die Möglichkeit, daß in uns die anderen Menschen leben. Aber das muß erworben werden; das ist etwas, was uns nicht angeboren wird. Und würden wir fortfahren, nur diejenigen Eigenschaften zu pflegen, die uns angeboren sind, so würden wir nur bei einer Blutskultur bleiben, nicht bei einer Kultur, die im wahren Sinne des Wortes von der menschlichen Brüderlichkeit sprechen kann. Denn von der menschlichen Brüderlichkeit, die zunächst nur wie ein abstraktes Wort aufgetreten ist, können wir nur dann sprechen, wenn wir den andern Menschen in uns tragen wie uns selber. Wenn wir uns ein Bild von dem andern machen, das als Schatz unserer Seele eingepflanzt wird, dann tragen wir auf seelischem Gebiete etwas von ihm herum, wie wir von dem leiblichen Bruder etwas herumtragen durch das Blut. An die Stelle der bloßen Blutsverwandtschaft muß auf diese konkrete Weise die Wahlverwandtschaft treten als die Grundlage des sozialen Lebens. Das ist etwas, was sich wirklich entwickeln muß. Von dem menschlichen Willen muß es abhängen, wie die Brüderlichkeit unter den Menschen erwacht. Deshalb aber, weil so die Brüderlichkeit erwachen wird, muß eine Kompensation da sein auf ganz anderem Gebiete, und zwar durch die Gedankenfreiheit.

Die Menschen waren bisher getrennt. Sie sollen in Brüderlichkeit sich sozialisieren. Damit die Mannigfaltigkeit nicht verlorengeht, muß gerade das, was innerstes Element ist, der Gedanke, in jedem individuell sich gestalten können. Mit Jahve stand das ganze Volk in Beziehung. Mit Christus muß jeder einzelne in Beziehung stehen.

SECHSTER VORTRAG

Dornach, 8. Dezember 1918

Ich habe Sie in den beiden letzten Vorträgen darauf aufmerksam gemacht, daß die sogenannte soziale Frage nicht ein so Einfaches ist, wie es gewöhnlich vorgestellt wird, sondern daß man gar sehr zu rechnen hat mit der komplizierten Menschennatur, daß man zu rechnen hat damit – gleichgültig welche soziale Struktur da ist, welche sozialen Ideale verwirklicht werden –, daß im Menschen vorhanden sind und zum Ausdruck kommen müssen sowohl soziale wie antisoziale Impulse. Die antisozialen Impulse spielen, wie wir gesehen haben, gerade in unserm Zeitalter der Bewußtseinsseele eine ganz besondere Rolle. Sie haben gewissermaßen in der Entwickelung der Menschheit eine erzieherische Aufgabe bei dem Auf-sich-selbst-Stellen des Menschen. Sie werden überwunden werden dadurch, daß auf unser Zeitalter der Bewußtseinsseele das andere Zeitalter, das sich schon vorbereitet, das Zeitalter des Geistselbstes folgt, das im wesentlichen die Menschheit sozial zusammenfassen wird. Allerdings wird das nicht so geschehen, wie Illusionäre heute träumen, sondern in der Weise, daß der eine den andern als Menschen wirklich kennt, für ihn als Menschen Interesse hat – kurz, den Menschen ins Auge faßt, so daß jeder einzelne Mensch in die Lage kommt, den anderen Menschen als solchen interessevoll aufzufassen.

Nun ist dasjenige, was heute als soziale Forderung auftritt, gewissermaßen eine Art Vortrab oder Vortrupp, eine Art Vorbereitung, die natürlich, weil sie für Späteres bloß die Keimanlage ist, chaotisch zum Ausdruck kommt und in vielen Illusionen und Irrtümern sich auslebt, in welche sich die heutige Menschheit dadurch bringt, daß die sozialen Impulse noch zum großen Teil aus Un- und Unterbewußtem heraufkommen und ungeklärt durch eine geistige Welt- und Menschheitserkenntnis sind. Diese illusionäre Art kommt besonders stark zum Ausdruck in der Entwickelung der sogenannten russischen Revolution, welche ja dadurch ganz besonders charakteristisch ist, daß sie so, wie sie heute auftritt, im Grunde genommen zu dem, was sich als

Volkstum in Rußland vorbereitet für den kommenden sechsten nachatlantischen Zeitraum, in gar keiner richtigen Beziehung steht, daß sie hineingetragen ist aus Abstraktionen heraus. Gerade die mehr oder weniger illusionistischen Ideale der gegenwärtigen russischen Revolution sind bedeutsam für das Studium dieses Rumorens von etwas Späterem in diesem Früheren darinnen. Man möchte sagen, daß der besonders charakteristische Kopf für diese russische Revolution, *Trotzki*, der der Typus eines abstrakt denkenden, ganz in der Abstraktion lebenden Menschen ist, daß Trotzki eigentlich keine Ahnung davon zu haben scheint, daß es in so etwas wie dem sozialen Leben der Menschen eine Wirklichkeit gibt. Es soll etwas, was ganz wirklichkeitsfremd gedacht ist, der Wirklichkeit eingeimpft werden.

Das ist nicht eine Kritik, sondern eine bloße Charakteristik. Denn es ist eben charakteristisch für unsere Zeit, daß die Neigung zur Abstraktion, zu wirklichkeitsfremdem Denken auch solche Maximen der Wirklichkeit einverleiben will, die ohne Erkenntnis der Gesetze dieser Wirklichkeit einfach angenommen werden; die man für absolut richtig hält, ohne daß man irgendwie Rücksicht nimmt auf das komplizierte Leben, wie wir es studieren mit Hilfe des der äußeren physischen Wirklichkeit zugrunde liegenden Geistigen. Alles, was entstehen muß, muß aber aus dieser Wirklichkeit heraus entstehen. Weil hier etwas so im eminentesten Sinne Wirklichkeitsfremdes in Szene gesetzt wird, in dem aber allerlei Impulse und Instinkte der proletarischen Denkungsweise rumoren, deshalb ist gerade dasjenige, was als Ideen, die sich verwirklichen wollen, in diesen russischen revolutionären Köpfen der Gegenwart lebt, gerade von diesem Gesichtspunkte aus so bedeutsam. Man kann ja sehen, wie in einem verhältnismäßig kurzen Zeitraum gerade in Rußland Menschen mit den verschiedensten Lebensauffassungen an der Gestaltung der revolutionären Bewegung teilgenommen haben. So wie sich die Dinge in Rußland zugespitzt haben, wurde die eigentliche soziale Frage der Gegenwart unter dem Einfluß der kriegerischen Katastrophe aktuell. Und aus diesem Aktuellen der Besitzesfrage entwickelte sich dann im März 1917 die sogenannte Februarrevolution in Rußland, die eigentlich im wesentlichen zunächst darauf ausging, die hinter dem Besitz stehenden staatlichen Mächte zu stürzen. Bald aber wurde diese rein politische, äußerlich politische Form der Revolution abgelöst, ich möchte sagen, von der ersten Etappe des revolutionären Denkens durch diejenigen Menschen, die in der Trotzki-Terminologie etwa als die Verständigungsmenschen aufgefaßt werden, das heißt diejenigen Menschen, die durch allerlei Erwägungen, durch allerlei gescheite Begriffe, Ideen und Vorstellungen und auch in Begriffe umgesetzte gescheite Empfindungen eine soziale Struktur herbeiführen wollten. Diese Revolutionäre umfaßten vor allen Dingen diejenigen Menschen, die sich auch früher schon mehr oder weniger an der Gestaltung der sozialen Struktur beteiligt hatten, die intelligenten, die kommerziellen, die industriellen Kreise, die alle mehr oder weniger davon ausgingen, aus der Vernunft heraus irgendeine soziale Gestaltung herbeizuführen.

Aber mit einem gewissen Rechte, wenn auch nur mit einem relativen und einseitigen Rechte, faßt Trotzki diese Menschen, die auf solche Weise durch allerlei Erwägungen, durch gute Meinungen, durch guten Willen eine soziale Struktur herbeiführen wollen, als die bloßen Verschlepper der Revolution auf, als Menschen, die ja doch nichts vermögen, die ja doch nichts tun können. Und aus meinen Betrachtungen, die ich vor Ihnen hier angestellt habe, werden Sie ja wissen, daß die proletarische Weltanschauung vor allen Dingen dahin geht, daß man solche Erwägungen ablehnt, wenn sie auch noch so gescheit sind, wenn sie auch noch so sehr auf der Grundlage derjenigen Menschen fußen, die Trotzki Maulbaumler oder Zungenbaumler nennt, weil sie gescheit reden können. Diese vernünftigen Dinge werden von der proletarischen Weltanschauung abgelehnt, und zwar aus einem gewissen Instinkt heraus, der aber allmählich im Marxismus zu einer bestimmten Theorie geworden ist. An diese Dinge wird einfach nicht geglaubt, es wird nicht geglaubt, daß man durch irgendwelche vernünftige Erwägungen, und seien sie noch so sehr aus gutem Herzen hervorgehend, irgendeine entsprechende soziale Struktur in der Zukunft herbeiführen kann. Vom Proletariat wird einzig und allein geglaubt, daß in den Köpfen der Proletarier selber, in den Köpfen der besitzlosen Menge, aus den wirtschaftlichen Verhältnissen, in denen diese Proletarier stehen, jene Ideen geboren werden, und daß sie nimmermehr in der Bourgeoisie oder in einer anderen Klasse geboren werden können, weil die Bourgeoisie aus ihren Ideen heraus eben anders denken muß. Nur innerhalb der Arbeiterklasse können die Ideen entspringen, die einzig und allein zu einer künftigen sozialen Gestaltung dringen können.

Wenn man dies bedenkt, dann muß für solch einen Kopf, wie zum Beispiel Trotzki, notwendig die Konsequenz folgen, daß nichts anderes zu tun ist, als die besitzende Bourgeoisie ihres Besitzes zu entkleiden und die besitzlose Klasse in die Herrschaft einzuführen. Das ist auch etwas, was sich durch Jahrzehnte in solchen Köpfen vorbereitet hat und was sie, nachdem in Rußland die große Krise gekommen ist, nach Rußland hineintragen wollen. Das sollte hineingetragen werden durch die sogenannte Oktoberrevolution, nachdem die anderen – meinetwillen nennen wir sie Parteien – durch die Herrschaftsergreifung des Proletariats selbst beseitigt worden sind. Von diesem Gesichtspunkte aus, der natürlich ein rein abstrakter ist und nur insofern konkret ist, als er auf eine bestimmte Menschenklasse, die ja Wirklichkeit ist, die ganze Sache abstimmt und abstellt, von diesem Gesichtspunkte aus ist denn nun auch von den führenden Persönlichkeiten der russischen Revolution seit dem Oktober 1917 die Revolution geleitet worden.

Nun ergeben sich für ein solches revolutionäres Denken gewisse Schwierigkeiten. Diese Schwierigkeiten ergeben sich in Rußland, welches ja, wie Sie aus unseren geisteswissenschaftlichen Betrachtungen ersehen, ganz besondere Vorbedingungen hat, auch mit besonderer Stärke. Diese Schwierigkeiten liegen in der Klassengestaltung über die ganze Welt hin begründet, sie traten nur durch die russischen Verhältnisse besonders stark hervor. Die erste große Schwierigkeit ist ja, daß nunmehr die ganze soziale, politische Führerschaft der Menschheit eine Klasse in die Hand nehmen soll, die vorher von allem ausgeschlossen war, die vorher in keinem Zusammenhange stand mit dem, was die sogenannte Kultur begründet hat. Der Proletarier, der tatsächlich ans Ruder kommt, ist vor allen Dingen ausgeschlossen gewesen von all denjenigen Impulsen, die die früheren Machtfaktoren begründet haben. Er hatte sozusagen nichts bisher zu

Markte zu tragen als seine eigene Arbeitskraft, seine physische Handarbeitskraft. Das ist über alle Länder ausgebreitet. Daher wird sich auch in allen Ländern, insofern die Revolution ihr Haupt erhebt, das geltend machen, daß zunächst als bloße politische Gruppe das Proletariat die Führung übernimmt, daß aber in einer gewissen Beziehung alles beim alten bleibt, das heißt, daß diejenigen Menschen, die bisher die Verwaltung geleitet haben, auf ihrem Posten bleiben, den sie gelernt haben, denn sie sind diejenigen, die technisch gebildet sind. Es ändert sich also nichts weiter, als daß in den ganzen Apparat, der althergebracht ist, eingreifen Laien, möchte man sagen, daß ein Laienkollegium eingreifen soll. Aber es handelt sich darum, daß dieses Laienkollegium einen ganz bestimmten Typus trägt, nämlich den proletarischen Typus, daß es aus Proletariern besteht. Da es aus Proletariern bestehen soll, will es sich auch sicher wissen in der Durchführung der Maxime: nur aus dem Proletarierkopf kann dasjenige kommen, was die Führerschaft in der Zukunft hat; ein anderer darf nicht teilnehmen. – Man kann also auch diese Führerschaft in der Zukunft nicht etwa einer Nationalversammlung oder einer Konstituante aussetzen, denn eine solche Konstituante würde doch nichts anderes sein als gewissermaßen eine Fortsetzung dessen, was früher da war. Was aber kommen soll, soll ein radikaler Umschwung sein. Man braucht ja nicht erst zu wählen. Diejenigen, die führen sollen, sind einfach dadurch da, daß sie zum Proletariat gehören: nicht irgendeine Nationalversammlung, nicht irgendeine konstituierende Versammlung, sondern die Diktatur des Proletariats. – Das ergab aber zunächst die Schwierigkeit, daß das Proletariat eben, wie ich sagte, als laienhaft bezeichnet werden muß, daß es eigentlich von seinem Laienstandpunkte aus nur die Kontrolle über diejenigen ausüben könnte, welche aus dem Früheren heraus die Verwaltung leiteten, also eigentlich doch an den Interessen des Früheren hingen. So sahen sich gerade in Rußland diejenigen, die jetzt als Proletariat obenauf kamen, die früher gar nichts zu tun hatten mit all dem, was in den Staatsorganismus eingriff, gegenübergestellt dem, was aus diesem früheren Staatsorganismus geblieben war. Sie mußten, wie es ja auch der Wirklichkeit zumeist entsprach, die Sache so ansehen, daß all die

Leute, die herüberkamen aus dem früheren Staatsorganismus, aus den Gedanken heraus handelten, die von diesem kamen. Die trugen also die Interessen des alten Bourgeoisstaates in den Staat herüber, der nur der Diktatur des Proletariats unterworfen werden sollte. Sie machten dasselbe, wie wenn ein Feind seine Angelegenheiten nicht offen, in einem Krieg oder in einer Gegenrevolution macht, sondern wenn er in Feindesland alles das hineinträgt, was aus seinem Lande zerstörend wirken soll auf das andere. So empfanden die in Rußland ans Ruder kommenden Proletarier die Tätigkeit des alten Reichskörpers als Sabotage. Und ihre erste Anstrengung war, die Sabotage zu überwinden, die darin bestand, daß ihnen in das, was sie als neues Regiment gründen wollten, hineingetragen wurde, was eigentlich nur die Stützen des Alten sein konnte. Es ist ganz derselbe Prozeß, wie wenn man beispielsweise, ohne offen irgendeine Feindseligkeit zu beginnen, als Angehöriger irgendeines Landes Giftstoffe hineinträgt in ein fremdes Land und ihm die Äcker, den Boden vergiftet, so daß auf ihm nichts wächst. Als Sabotage empfanden also zunächst die Proletarier dasjenige, was von diesem alten Beamtenkörper kam. Darauf richteten sich zunächst ihre intensivsten Maßregeln, diese Sabotage zu überwinden. Da haben sie sich auch gar nicht zurückhaltend benommen; sie haben einfach alles, was ihnen abträglich war, versucht, mit Stumpf und Stiel auszurotten. Und eigentlich ist zum Beispiel ein solcher Mann wie Trotzki davon überzeugt, daß die Sabotage bis zu einem gewissen Grade heut schon überwunden ist. Es wurden diejenigen, die irgend etwas taten, was dem proletarischen Denken nicht entsprach, davongejagt und dergleichen mehr.

Aber nun ist ja damit die Schwierigkeit nicht behoben – das sieht ja Trotzki auch ganz gut ein –, daß man bloß die sogenannte Sabotage bekämpft. Er sieht ein, daß man den ganzen alten Verwaltungskörper haben muß – aber ihn zum Diener machen muß desjenigen, was der Führerschaft des Proletariats unterliegt. Darin sieht zum Beispiel Trotzki die erste große Schwierigkeit. Das ist etwas, von dem er glaubt, es mit seinen abstrakten Mitteln überwinden zu können, was er aber damit nicht überwinden wird. Da beginnt das Illusionäre, weil eben Trotzki ein wirklichkeitsfremder Geist ist. Dieses Illusionäre ist in der Abstraktion begründet, daß man einfach die gesamten, sagen wir technischen Beamten, intellektuellen, kommerziellen Leute zu Dienern eines Kollegiums aus Proletariern machen kann, welches diktiert. Es ist der Unglaube an die Konfiguration des seelisch-geistigen Lebens, welcher aus dieser Illusion spricht. Wenn man bei den alten Ideen bleibt, wenn man nicht das als richtig ansieht, was ich hier oft hervorgehoben habe, daß die soziale Umwandlung aus neuen Gedanken hervorgehen muß – wenn man einfach die alten Techniker, die alten Beamten, die alten Generäle wieder anstellt, wenn man eben einfach das Alte übernimmt, ohne dem Neuen vor allen Dingen durch Erziehung entgegenzugehen, so wird es genau so nach einiger Zeit sich erheben, wie es war. Das heißt, man wird es nicht überwinden, sondern man wird es einfach fortsetzen. Man kann durch Gewaltmaßregeln die Sabotage eine Zeitlang überwinden, aber sie wird immer wieder und wieder ihr Haupt erheben; denn gerade, wenn es richtig ist, daß der Mensch abhängig ist von der Situation, in der er drinnen ist – und abhängig ist er seit drei bis vier Jahrhunderten, das ist für die neuere Geschichte richtig –, dann muß er, wenn man ihn nicht unabhängig macht von den Verhältnissen durch wirksame Gedanken, die aber nur aus dem Geistesleben heraus kommen können, immer wiederum, wie die Katze auf die Pfoten, in die alten Denkweisen und damit in die alten Handlungsweisen zurückfallen.

Hier liegt einer der Punkte, wo sich dieses Denken als illusionär, als ganz wirklichkeitsfremd entpuppt. Ich könnte viele solche Punkte anführen; aber ich will Ihnen ja nur die besondere Konfiguration dieses Denkens vor Augen führen. Ich will Ihnen zeigen an einzelnen Beispielen, wie sich dieses Denken als wirklichkeitsfremd erweist. Man kann sich eben nicht einfach ausdenken: das oder jenes soll geschehen, sondern man muß mit den in der Wirklichkeit vorhandenen gesetzmäßigen Impulsen rechnen. Lebt man nicht mit ihnen, so verfällt man eben notwendig Illusionen. Und eine der bedeutsamsten Illusionen bei Trotzki ist zum Beispiel diese: Trotzki weiß, daß durch die ganz besonders starke Unterdrückung, welche die breiten Massen auch des Bauernproletariats – man kann es schon so nennen – gerade in Rußland erfahren haben, daß da sich die Verhältnisse außerordentlich zuspitzen mußten. Das weiß er, daß die Form, welche die Revolution unter diesen besonderen Verhältnissen annimmt, nicht zum Siege führen kann. Er ist wirklichkeitsfremd, aber nicht so wirklichkeitsfremd, daß er nicht vernünftigerweise einsehen würde, daß man auf einem auch noch so großen Gebiete, das aber im Verhältnis zu der gesamten Erde doch ein kleines Gebiet ist, einseitig nicht eine neue soziale Struktur unter den heutigen Verhältnissen herbeiführen kann. Daher rechnete Trotzki auf die Revolutionierung durch das Proletariat über die ganze zivilisierte Welt hin und gab sich nicht dieser Illusion hin, daß die russische Revolution für sich allein siegen könnte. Er wußte, daß sie abhängt von dem Siege der proletarischen Revolution über die ganze Welt hin.

Nun, in diese Gedanken hinein lebte sich eben der ganze abstrakte Charakter des Trotzkischen Vorstellens hinein. Trotzki glaubte an die proletarische Revolution der ganzen Welt, er glaubte daran, daß nach und nach der Krieg einen solchen Charakter annehmen werde, daß über die ganze Welt eine Art proletarischer Revolution kommen würde, daß der Krieg sich umwandeln würde in die proletarische Revolution.

Nun, diese kriegerische Katastrophe wird sich noch in allerlei verwandeln. Aber jetzt schon hat die Wirklichkeit hinlänglich gezeigt, daß dieser Trotzkische Gedanke eben wirklichkeitsfremd ist. Er wäre nur dann real, wenn diese kriegerische Katastrophe mit der allgemeinen Erschöpfung geendet hätte, wenn nicht ein so eklatanter, sogenannter Sieg – er ist ja auf sonderbare Weise zustande gekommen – von der einen Seite erreicht worden wäre, ein Sieg, der einfach diese Hoffnung aus der Welt schafft, daß eine Erschöpfung gleichmäßig über die zivilisierte Welt eintreten würde. Das, was eintritt, ist eine entschiedene Hegemonie der Westmächte bei einer vollständigen Abhängigkeit der Mittel- und Ostmächte. Eine vollständige Beherrschung der Mittel- und Ostmächte durch die Westmächte, das ist es, was zunächst sich als treibende Kraft herausgestellt hat, was ja auch nicht anders werden konnte. Für denjenigen, der die Wirklichkeit auf diesem Gebiet durchschaut, war das klar. Aber Trotzki ist eben ein wirklichkeitsfremder Geist, sonst müßte er sich heute sagen: Die

Ereignisse haben mich widerlegt. – Er hat ein Wort gesprochen, das nicht unbegründet ist, wenn man bloß abstrakt denkt, das sehr geistreich ist. Er hat gesagt: Die bourgeoise Lebensauffassung der Gegenwart habe keine andere Wahl als die zwischen Dauerkrieg und Revolution. Die Sache ist anders geworden. Es ist ein sogenannter Sieg der Westmächte eingetreten, weder Dauerkrieg noch Revolution. Und in dem, was sich im Westen vorbereitet, liegt auch keine Keimanlage zu irgendeiner proletarischen Revolution, sondern es liegt darin eben die Ausgestaltung des ganzen Westens zu einem staatlichen organisierten Großbourgeoistum, das dem Proletariertum von Mittel- und Osteuropa entgegensteht.

Dies ist das welthistorische Ergebnis, möchte man sagen, das ja sich auch wieder verwandeln wird, aber das zunächst da ist. Das ist die Wirklichkeit. So daß also Trotzki sich einfach heute eines ganz anderen besinnen müßte, wenn er auf die Wirklichkeit schauen würde. Er müßte sich sagen: Wie soll denn unter dieser Gestaltung das, was ich mit der russischen Revolution wollte, siegen, da eine der wichtigsten Voraussetzungen, die Weltrevolution des Proletariats, nicht eintreten wird? – Wenn er heute noch auf diese Weltrevolution rechnet, so ist eben dieses ein Beweis seiner Wirklichkeitsfremdheit.

Noch in einem andern Punkt zeigt sich in einer merkwürdigen Weise die wirklichkeitsfremde Denkweise eines solchen Revolutionärs. Selbstverständlich haben auch solche Revolutionäre immer darauf hingewiesen, daß der Übel größtes der sogenannte preußisch-deutsche Militarismus ist, daß der überwunden, daß der aus der Welt geschafft werden muß. Nun, die Entwickelung ist ja dahin gegangen, daß der preußisch-deutsche Militarismus aus der Welt geschafft ist; aber der Entente-Militarismus wird in der nächsten Zeit eine ganz beträchtliche Herrschaftswirkung ausüben! Aber davon will ich gar nicht sprechen, sondern davon, daß Trotzki selbst Veranlassung hatte, zu erörtern: Welches ist denn eine der allerwichtigsten nächsten Aufgaben der russischen Revolution, wenn sie sich halten will? – Seine Antwort darauf ist: Die Schaffung einer Armee! Das ist gerade dasjenige, was Trotzki als die nächste, wichtigste Aufgabe bezeichnet!

Diese Dinge, die sollten sehr wohl beachtet, die sollten sehr wohl durchschaut werden. Denn nur, wenn man diese Dinge wirklich beachtet und durchschaut, dann kommt man darauf, sich zu sagen: Ich muß ja nun doch ein wenig tiefer in die Menschheitsimpulse hineinschauen, wenn ich mir Vorstellungen darüber bilden will, was aus dem Chaos, das die kriegerische Katastrophe nach und nach entwickelt hat, werden soll. Es ist heute allerdings die Menschheit noch recht abgeneigt, auf solche Impulse einzugehen, wie ich sie hier als die wahren, als die einzig möglichen sozialen Impulse von den verschiedensten Gesichtspunkten aus entwickelt habe. Aber die Menschheit würde darauf eingehen können, wenn sie sich eben entschließen würde, die wirklichen Kräfte, die in der Menschheitsentwickelung walten, einmal näher ins Auge zu fassen.

Ein Wort ist ungeheuer charakteristisch, welches in russischen revolutionären Köpfen immer wiederum auftritt. Was wollen denn eigentlich diese Diktaturproletarier im großen und ganzen? Sie wollen die Welt zu einer großen Fabrik machen, zu einer Fabrik, durchsetzt von einer Art von Bankbuchhaltungssystem, das sich über die ganze Gruppe, die man umfassen kann, ausdehnt. – Die alten Techniker, die alten Beamten, selbst die alten Generäle, die wollen wir uns schon herrichten für unsere proletarische Diktatur! Aber die Buchhaltung müssen wir in Händen haben, die Buchung für die Gesamtwirtschaft, das heißt das Fabrikkontor! – Das ist auch gar nicht zu verwundern, denn die ganze Bewegung ist hervorgegangen aus der modernen Industrie. Würde man nur das bedenken, daß sie aus dem Proletariat der modernen Industrie hervorgegangen ist, so würde man sich auch nicht wundern, daß die Denkungsweise dieses Proletariats, die sich an dem herangebildet hat, was es in den Fabriken gesehen hat, angewendet werden soll auf alles das, was man nun in die Hand bekommen kann. Es ist natürlich die Folge und Konsequenz davon, daß die Bourgeoisie nicht darauf achtgegeben hat, daß sich dieses Proletariertum in so ungeheurer Ausdehnung in der neueren Zeit heraufentwickelte. Und wenn es auch eine Notwendigkeit war, daß die Bourgeoisie sozusagen die Augen zugedrückt hat und ruhig alles heraufkommen ließ, so ist es doch nicht eine Notwendigkeit, daß nun auch die noch wichtigeren Verhältnisse, die in der Welt liegenden

Motivkräfte, unberücksichtigt bleiben; denn ohne die Berücksichtigung dieser Motivkräfte gibt es keine Möglichkeit, sich mit den sozialen Aufgaben bekannt zu machen. Da muß man wissen, wie differenziert die Menschheit über die ganze Erde hin ist – ich sagte es schon gestern oder vorgestern. Da muß man wissen, daß im Westen eine andere Menschheit lebt als im Osten und in der Mitte, und daß man nicht mit abstrakten Ideen, ohne Rücksicht auf die Wirklichkeiten zu nehmen, irgendwelche soziale Gestaltung hervorrufen kann. An ihrer Wirklichkeitsfremdheit wird die russische Revolution als an ihrer großen Illusion Schiffbruch leiden müssen.

Solche Illusionen können ja die Menschen, die aus Erziehung auch sozial freie Wesen sind, das heißt frei, insofern der, der die Macht hat, eben das ausüben kann, was in der Macht liegt, für eine Zeit in die Wirklichkeit umsetzen. Aber die Wirklichkeit scheidet sie aus, weil sie das nicht brauchen kann. Die Wirklichkeit nimmt nur das an, was im Sinne des Verlaufes dieser Wirklichkeit liegt. Wir dürfen nicht vergessen, daß das Wichtigste ist, daß wir eben in dem Zeitalter der Bewußtseinsseelenentwickelung leben, und daß diese Bewußtseinsseelenentwickelung über die ganze Erde hin in einer scharf differenzierten Form auftritt.

Betrachten wir nun einmal nach den wichtigsten, sagen wir durch die Sprache zum Ausdruck kommenden europäischen Differenzierungen, die verschiedenen Impulse, die der zivilisierten Welt zugrunde liegen. Ich habe Ihnen ja öfter ausgeführt, wie in der englisch sprechenden Bevölkerung die eigentliche Keimanlage zur Ausbildung der Bewußtseinsseele liegt. Das ist wichtig, daß man das ins Auge faßt. Damit hängt ja alles das zusammen, was, wenn man so sagen darf, aus der Welt unter dem Einflusse der englisch sprechenden Bevölkerung wird. Mit all den Impulsen, die gerade zur Herbeiführung der Bewußtseinsseele führen, ist das Volkstum – ich rede niemals vom einzelnen Menschen, sondern vom Volkstum – der englisch sprechenden Bevölkerung ausgestattet. Das ist nun so, daß dort in ganz anderer Weise als bei der anderen Menschheit diese Hinneigung zur Bewußtseinsseele instinktiv auftritt. Es lebt nirgends in der Welt dieser, ich möchte sagen, vergeistigte Instinkt, die Bewußtseinsseele auszubilden, so, wie im englischen Volkstum. Da ist es Instinkt. Und nirgends sonst ist die Sache Instinkt, selbst nicht in dem der englisch sprechenden Bevölkerung eingegliederten Romanentum. Das Romanentum ist eigentlich Nachkömmling desjenigen, was wirklich gelebt hat in der vierten nachatlantischen Zeit. Damals hatte dieses Romanentum die Instinkte für das, was in der vierten nachatlantischen Zeit besonders entwickelt worden ist. Jetzt sind seine Instinkte nicht mehr in derselben Weise elementar, sondern sie sind rationalisiert, intellektualisiert; sie treten auf als Rhetorik, durch den Intellekt, durch das Seelische, als dekorative Form. Sie sind herausgehoben aus dem Instinktiven. Dasjenige, was als, ich möchte sagen Volkstemperament im Romanentum auftritt, ist durchaus verschieden von dem, was als Volkstemperament beim englischen Volkstum auftritt. Beim englischen Volkstum ist dieses Hintendieren zur Bewußtseinsseele, dieses Streben des einzelnen Menschen, sich auf die eigenen Füße zu stellen, Instinkt.

Das also, was die Aufgabe des fünften nachatlantischen Zeitraums ist, das ist als Instinkt, als aus der ganzen Seele instinktiv kommender Impuls gerade in diesem Volkstum verankert. Sehen Sie, damit hängt zusammen die ganze Stellung dieses Volkstums in der Welt. Damit hängt zusammen, daß dieser Impuls innerhalb der sozialen Struktur der englisch sprechenden Bevölkerung das Maßgebende, das Ausschlaggebende ist, daß er die anderen Tendenzen unterdrücken kann. Die anderen Tendenzen sind, wie Sie aus meinen Ausführungen ersehen können, schon nach der Gliederung, die ich der sozialen Frage gegeben habe: der ökonomische Impuls und der Impuls der geistigen Produktion. Aber studieren Sie nur einmal psychologisch das Volkstum der englisch sprechenden Bevölkerung: Die beiden andern, der ökonomische Impuls und der geistig produktive Impuls, die stehen ganz im Schatten desjenigen, was aus dem instinktiven Impuls kommt, der zur Ausbildung der Bewußtseinsseele hintendiert.

Dadurch bekommen die Zweige, welche das soziale Leben der Zukunft gestalten müssen, gerade innerhalb des englisch sprechenden Volkstums ihre ganz besondere Färbung. Die drei Gebiete müssen sich in der Zukunft ganz besonders wirksam erweisen, müssen tonangebend sein: Erstens die Politik, die die Sicherheit versorgt. Zweitens die Organisation der Arbeit, der rein materiellen Arbeit, also die ökonomische Ordnung, das Wirtschaftssystem. Das ist das zweite. Das dritte ist das System der geistigen Produktion, zu dem ich, wie ich Ihnen damals gesagt habe, auch die Jurisprudenz, die Gerichtsbarkeit rechne. Diese drei Gliederungen der sozialen Struktur, die werden selbstverständlich in den Schatten gestellt von dem, was als Hauptimpuls bei irgendeiner Volksdifferenzierung vorhanden ist. Dadurch, daß bei dem britisch sprechenden Volkstum instinktiv die Entwickelung zur Bewußtseinsseele wirkt, das Sich-Stellen auf die eigenen Beine, dadurch nimmt bei ihm, wie ja die Geschichte so sattsam lehrt, gerade die Politik den hervorragendsten Platz ein. Diese Politik ist ganz beherrscht von dem instinktiven Trieb, den Menschen auf die eigenen Beine zu stellen, die Bewußtseinsseele voll auszubilden. Dieser Trieb, weil er instinktiv ist, und Instinkte immer in der Selbstsucht wurzeln – das ist eine bloße Charakteristik, keine Kritik –, treibt dahin, daß innerhalb des englisch sprechenden Volkstums Selbstsucht und politisches Ziel rein zusammenfallen; daß alle Politik in ganz naiver Weise, ohne daß dabei irgendeinem Politiker der englisch sprechenden Bevölkerung eine Schuld gegeben werden darf, in den Dienst der Selbstsucht gestellt werden kann und gerade dadurch die Mission des englisch sprechenden Volkstums erfüllt. Nur dadurch kommen Sie darauf, das eigentliche Wesen der ja für die ganze Erdenbevölkerung eigentlich tonangebenden englischen Politik ins Auge zu fassen. Denn überall wird die englische Politik als ein Ideal betrachtet, die Parlamentsordnung mit dem Schaukeln von Mehrheit und Minderheit und so weiter. Studieren Sie einmal die Verhältnisse in den verschiedenen Parlamenten, wie sie sich herausgebildet haben, Sie werden überall sehen, daß die britische Politik tonangebend war gerade für das politische Leben. Aber indem sie sich über die anders differenzierten Völker ausgebreitet hat, konnte sie nicht mehr dasselbe sein, weil sie verankert ist und richtig verankert ist in der Selbstsucht, in dem Egoismus, der allem Instinktiven notwendigerweise anhaftet.

Das ist auch die Schwierigkeit des Verständnisses, die da vorliegt, wenn die Leute die englische Politik oder die amerikanische Politik begreifen wollen. Es wird die Nuance nicht ins Auge gefaßt, die gerade notwendigerweise ins Auge gefaßt werden muß: daß diese Politik selbstsüchtig sein muß, daß sie ganz auf selbstsüchtigen Impulsen ruhen muß. Durch ihre besondere Eigenart muß sie auf selbstsüchtigen Impulsen ruhen. Sie wird daher diese selbstsüchtigen Impulse als das Selbstverständliche ansehen, als das Rechtliche, als das Moralische. Da ist gar nichts dagegen einzuwenden. Das ist nicht mit Kritik zu belegen, sondern als eine welthistorische, ja sogar kosmische Notwendigkeit einfach einzusehen. Widerlegt werden kann es auch nicht, aus dem einfachen Grunde, weil derjenige, der aus dem englischen Volkstum heraus etwas widerlegen will, sich immer, ich möchte sagen, auf einer falschen Fährte befindet. Er will aus moralischen Gründen, die dabei gar nicht in Betracht kommen, in Abrede stellen, daß die Politik des englischen Volkstums selbstsüchtig ist. Aber moralische Gründe kommen dabei gar nicht in Betracht. Sie wird dasjenige, was sie bewirkt, was ihre Ergebnisse sind, gerade durch diesen instinktiven Charakter, durch diese Selbstsucht haben.

Daher ist in unserem fünften nachatlantischen Zeitraum dieser englisch sprechenden Bevölkerung gewissermaßen zuerteilt das Element der Gewalt. Erinnern Sie sich an die drei Glieder im Goetheschen «Märchen»: Gewalt, Erscheinung oder Schein, und Weisheit, Erkenntnis. Von diesen drei Gliedern ist zugeteilt dem englisch sprechenden Volkstum die Gewalt. Dasjenige, was es politisch in der Welt bewirkt, das wird es dadurch bewirken können, daß es gewissermaßen zu seinen angeborenen Eigenschaften gehört, durch die Gewalt zu wirken. Und durch die Gewalt zu wirken, wird im fünften nachatlantischen Zeitraum als etwas Selbstverständliches hingenommen werden. Die englische Politik wird in der ganzen Welt akzeptiert – selbstverständlich man wird alle Schäden, die aber in der Wirklichkeit auf dem physischen Plane immer vorhanden sind, scharf kritisieren können, das können ja die Angehörigen des Britischen Reiches selber tun –, aber sie wird akzeptiert. Es liegt einfach in der Zeitentwickelung, daß sie akzeptiert wird, und zwar ohne daß man darüber nachdenkt, ohne daß man irgendwie Gründe sucht. Die Gründe werden ohnedies alle nichts taugen, weil es eben eine ganz unmittelbare

Selbstverständlichkeit ist, daß die Gewalt, die von dieser Seite kommt, akzeptiert wird.

Das ist nicht so bei der eingesprengten romanischen Bevölkerung. Die lebt gewissermaßen den Schatten, den Zeitschatten aus desjenigen, was sie im vierten nachatlantischen Zeitraum war. Umgesetzt in das Intellektuelle sind die Instinkte. Da sind die Instinkte nicht mehr so elementar. Daher wird die englische Politik als selbstverständlich angenommen, die französische Politik aber nur von denjenigen, denen sie in der Lage ist zu gefallen. Das französische Wesen wird geliebt in der Welt, insofern es gefällt. Darauf ist das englische gar nicht angewiesen, sondern es ist auf die Selbstverständlichkeit, mit der ihm aus seinen Instinkten heraus die Politik der Gegenwart als etwas Wirksames zufällt, eingestellt. So aber ist es auch möglich, daß gerade innerhalb der englisch sprechenden Bevölkerung, durch den vorherrschenden, in die Politik passenden Trieb der Selbstsucht und der Gewalt – wodurch ihr die Weltherrschaft notwendigerweise zufällt –, das Wirtschaftliche in Schranken gehalten wird, untergeordnet wird, und daß auch das Geistesleben, insofern es dem fünften nachatlantischen Zeitraum angehört, in den Dienst dieser Politik tritt, daß alles einheitlich in einer gewissen Weise in den Dienst der Politik tritt.

Daher ist einfach aus diesem Grunde heraus der Marxismus für die englisch sprechende Welt falsch. Denn der Marxismus setzt voraus, daß die Politik ein Anhängsel der ökonomischen Ordnung ist. Sie ist es nicht, einfach durch die Instinkte nach der Bewußtseinsseele hin, die sich in der englisch sprechenden Bevölkerung bilden. Nicht durch irgendwelche Argumentation, durch Diskussion, nicht durch irgend etwas, was sonst in der Welt geschieht, wird eine marxistische Ordnung verhindert, sondern dadurch, daß das Britische Reich auf anderen Wirklichkeitsgrundlagen gebaut ist als diejenigen, auf die der Marxismus, das marxistisch gesinnte Proletariat baut. Das ist der große Gegensatz zwischen dem marxistisch denkenden Proletariat und dem, was aus dem instinktiven Leben heraus das Britische Weltreich über die Welt bringt. Nicht das Bankinstitut oder die Buchhaltung, welche Trotzki in Rußland einführen will, wird Glück haben, sondern das große Bankinstitut, das große Finanzinstitut, zu welchem durch seine besonderen Anlagen hinorganisiert ist das englisch sprechende Volkstum. Gerade wenn man prüft, wie sich das einzelne Volkstum in seiner Differenzierung verhält zu den drei Gliedern, die ich Ihnen als die in der Wirklichkeit begründeten vorgeführt habe, so ist das einzusehen.

Es kommt noch etwas anderes dazu, etwas außerordentlich Wichtiges. Die Differenzierung, von der ich Ihnen sprach, die geht so weit, daß derjenige, der nicht herausstrebt aus seinem Volkstum, sondern hineinstrebt in das Volkstum – und Politik strebt ja in das Volkstum hinein –, daß der selbst beim Hüter der Schwelle ganz andere Erfahrungen macht als derjenige, der aus dem Volkstum herausstrebt. Hier komme ich überhaupt an den Punkt, der Ihnen, wenn Sie ihn durchaus studieren, einen Anhaltspunkt gibt, zu unterscheiden den heilsamen Okkultismus, der natürlich über die ganze Erde ohne Unterschied des Volkstums auftritt, von demjenigen Okkultismus, der so, wie bei den Gesellschaften, von denen ich Ihnen gesprochen habe, in den politischen Dienst des Volkstums sich stellt und von da aus wirkt. Sie können fragen: Wie kann ich denn das unterscheiden? – Sie können es unterscheiden, wenn Sie diese großen Unterscheidungsmerkmale ins Auge fassen, die ich Ihnen heute angeben werde.

Jeder Mensch muß, um zum wirklichen, der ganzen Menschheit dienenden Okkultismus zu kommen, aus seinem Volkstum herauswachsen, er muß in gewisser Weise – wir dürfen da den indischen Ausdruck gebrauchen – ein «heimatloser» Mensch werden. Er darf sich nicht zu irgendeinem Volkstum mit Bezug auf das innerste Wesen seiner Seele rechnen, er darf nicht solche Impulse haben, die nur einem einzelnen Volkstum dienen, wenn er in wirklichem Okkultismus fortschreiten will. Aber jener Okkultismus, der eingeschränkt einem bestimmten Volkstum dienen will, der kommt beim Hüter der Schwelle zu etwas ganz Besonderem. Für alle diejenigen, die innerhalb jener Gesellschaften der englisch sprechenden Bevölkerung okkulte Entwickelung suchen, enthüllt sich etwas beim Hüter der Schwelle: Sie entdecken in dem Augenblicke, wo sie die Schwelle überschreiten wollen, was in der tieferen menschlichen Natur, die zum Vorschein kommt, wenn man eben die übersinnliche Welt betritt, an Kräften lebt, die gleichartig mit den zerstörenden Kräften des Weltenalls sind. Das ist der Anblick beim Hüter der Schwelle. Wenn diese Menschen in eine solche okkulte Gesellschaft eingeführt werden bis zu der Schwelle hin, dann lernen sie die bösen Mächte von Krankheit und Tod, von allem Lähmenden und Zerstörenden erkennen. Denn wenn dieselben Kräfte, die draußen in der Natur den Tod bewirken, die also die zerstörenden sind – sie wirken ja auch in uns –, wenn diese Kräfte in uns Erkenntnis bewirken, so ist es die Erkenntnis, die in jenen Gesellschaften auftritt. Es ist eine okkulte Erkenntnis. Es ist die spezifisch okkulte Erkenntnis, die in diesen Gesellschaften auftritt. Man kommt in die übersinnliche Welt ganz sicher hinein, man muß nur am Hüter der Schwelle vorbeikommen. Aber man muß am Hüter der Schwelle so vorbeikommen, daß man die Erfahrung macht, den Tod in seiner wahren Gestalt kennenzulernen, wie er in uns selbst und draußen in der Natur lebt.

Das rührt davon her, weil in der äußeren Natur, so wie sie heute um uns herum ist, ahrimanische Mächte leben. In dieser äußeren Natur können Sie keine anderen als ahrimanische Mächte wahrnehmen, insofern Sie innerhalb dieser äußeren Natur bleiben. Sie können zur Manifestation von solchen Mächten kommen, die in gespensterhafter Weise in die äußere Natur eintreten. Daher die Neigung des Westens zum Spiritismus, zum Sehen von solchen Gestalten, die eigentlich der sinnlich-physischen Welt angehören, die im gewöhnlichen Leben nicht sichtbar sind, aber durch besondere Verhältnisse sichtbar gemacht werden können. Es sind lauter Todesmächte, zerstörende Mächte, ahrimanische Mächte. Es gibt auf dem ganzen weiten Gebiet der spiritistischen Veranstaltungen keine anderen Geister als ahrimanische, auch da, wo die Spiritistenveranstaltungen echt sind, denn es sind diejenigen Geister, die man beim Übertreten der Schwelle mitnimmt aus der sinnlichen Welt. Die gehen mit, die verfolgen einen dahin. Man schreitet über die Schwelle, und seine Begleitung hat man in den ahrimanischen Dämonen, die man vorher nicht gesehen hat, die man da drüben sieht, in den Dienern von Tod, Krankheit, Zerstörung und so weiter. Das rüttelt einen auf zu übersinnlicher Erkenntnis, das bringt einen in die übersinnliche Welt hinein.

Alle die Menschen, die in dieser Weise erzogen und unterrichtet werden für den Okkultismus, machen bedeutsame Erfahrungen. Denn das ist eine bedeutsame Erfahrung, von der ich Ihnen gesprochen habe, aber eine Erfahrung, die darauf beruht, daß man sich nicht einem allmenschlichen Okkultismus, sondern einem Okkultismus eines besonderen Volkstums widmet. Diese Differenzierung gibt es. Und wenn Ihnen irgendwo in der Welt gesagt wird: Wenn du die Schwelle überschreitest, so lernst du vor allen Dingen die bösen Mächte von Krankheit und Tod kennen, – so erkennen Sie daran, daß der betreffende Okkultist aus jener Ecke herkommt, die ich öfter bezeichnet habe, einfach aus der Erfahrung, die er Ihnen mitteilt über das, was er beim Hüter der Schwelle erlebt.

Anders steht die Sache bei der deutsch sprechenden Bevölkerung. Die deutsch sprechende Bevölkerung hat auch etwas, ich möchte sagen, eingesprengt. Die englische Bevölkerung hat das Romanentum eingesprengt in seinen Weltmachtsbereich; die deutsch sprechende Bevölkerung hat etwas, was nun nicht aus der Vergangenheit kommt, sondern was wie ein Wetterleuchten der Zukunft ist: das Slawentum. Das Slawentum, das in Rußland beginnt, ist Zukunft, ist ja erst der zukünftigen Keimanlage nach da; aber die vorgeschobenen Slawen sind vorgeschobene Posten, sind Wetterleuchten für dasjenige, was sich vorbereitet. Die zeigen in irgendeiner Weise das Wetterleuchten der Zukunft der mitteleuropäisch-deutschen Welt, wie das Romanentum den Schatten der Vergangenheit der westlichen, englisch sprechenden Welt zeigt.

Aber dieses deutsche Element selbst, das hat nun nicht eine instinktive Anlage zur Entwickelung der Bewußtseinsseele, sondern es hat nur die Anlage, durch die es sich zur Bewußtseinsseele erziehen kann. Während also im Britentum die instinktive Anlage zur Entwickelung der Bewußtseinsseele vorhanden ist, muß der deutsche Mitteleuropäer, wenn er irgendwie die Bewußtseinsseele in sich rege machen will, dazu erzogen werden. Er kann sich das nur erwerben durch die Erziehung. Weil das Zeitalter der Bewußtseinsseele eben zugleich das Zeitalter der Intellektualität ist, muß daher der Deutsche, wenn er irgendwie die Bewußtseinsseele in sich rege machen will, ein intellektueller Mensch werden. Daher hat auch der Deutsche seine Beziehung zur Bewußtseinsseele vorzugsweise auf dem Wege der Intellektualität, nicht auf dem Wege des Instinktlebens gesucht. Daher haben gewissermaßen die Aufgaben der Deutschen nur diejenigen erreicht, welche in einer gewissen Weise ihre Selbsterziehung in die Hand genommen haben. Die bloßen Instinktmenschen bleiben unberührt von diesem Sichregen der Bewußtseinsseele, bleiben in einer gewissen Weise zurück.

Das ist auch der Grund, warum das britische Volkstum von vornherein instinktiv zur Politik veranlagt ist, während das deutsche Volk ein apolitisches Volk ist, überhaupt gar nicht zur Politik veranlagt ist. Wenn es Politik treiben will, steht es vor einer großen Gefahr, die Ihnen insbesondere dann aufleuchten wird, wenn Sie ins Auge fassen, daß ja das Deutschtum übernommen hat, auf dem intellektuellen Gebiete nun das Element in die Welt einzuführen, das das zweite Element ist. Britentum: die Gewalt; das deutsche Element: das Erscheinende, meinetwillen nennen Sie es Schein, die Ausgestaltung der Gedanken, dasjenige, was in gewisser Beziehung nicht erdfest ist. Im Britentum ist alles erdfest. Im Deutschtum handelt es sich um etwas, was nicht erdfest ist, sondern was dialektisch ausgebildet wird. Verfolgen Sie einmal die Intellektualität der Deutschen, Sie können sie vergleichen mit dem Griechentum, nur haben die Griechen mit Bezug auf die Bildnatur den Schein ausgestaltet; die Deutschen haben den Schein besonders mit Bezug auf die Intellektualisierungsnatur ausgestaltet. Es gibt schließlich nichts Schöneres als dasjenige, was ausgestaltet ist durch den Goetheanismus, durch *Novalis*, durch *Schelling*, durch alle diese Geister, die eigentlich Künstler sind in Gedanken. Das macht die Deutschen zu einem unpolitischen Volk. Sie sind, wenn sie politisch sein sollen, einem instinktiv politisch denkenden Menschen nicht gewachsen.

Von den drei Dingen, die in Goethes «Märchen» aufgezählt sind – Gewalt, Schein, Erkenntnis –, ist dem Deutschen im intellektuellen Zeitalter die Scheingestaltung der Intellektualität zugefallen. Will er nun doch eingreifen in die Politik, da steht er vor der Gefahr, daß er dasjenige, was schön ist innerhalb der Gedankengestaltung, in die

Wirklichkeit hineinbringt; das ist das Phänomen zum Beispiel *Treitschkes*. Der Wirklichkeit gegenüber wird dann zuweilen dasjenige, was gerade im Scheine schön ist – «Schein» und «schön» hat sogar dem Wortlaute nach einen ähnlichen Ursprung –, weil es nicht in den eigenen Anlagen liegt, etwas, was nicht so recht mit dem Menschen zusammenhängt, was eigentlich bloße Behauptung bleiben kann, was dann auf die Welt den Eindruck der Unwahrhaftigkeit machen muß. Denn die große Gefahr, die selbstverständlich zu überwinden ist, aber nicht immer überwunden wird, besteht darin, daß der Deutsche nicht nur, wenn er höflich ist, lügt, sondern daß er auch lügen kann, wenn er gerade seine besten Talente in ein Gebiet hineintragen will, für das er nicht angeborene Anlagen hat, sondern für das ihm die Anlagen nur anerzogen werden können, für das er sich anstrengen muß.

Ich habe vor einigen Jahren gesagt: Der Engländer *ist* etwas; der Deutsche kann nur etwas *werden*. Daher ist es so schwierig mit der deutschen Kultur, daher ragen in der deutschen und in der österreichisch-deutschen Kultur immer nur einzelne Individualitäten heraus, die sich in die Hand genommen haben, während die breite Masse beherrscht sein will, sich gar nicht mit den Gedanken befassen will, die bei der britisch sprechenden Bevölkerung in die Instinkte gelegt sind. Daher verfiel auch die mitteleuropäische Bevölkerung solchen Herrschaftsgelüsten, wie die der Habsburger und Hohenzollern es waren, eben wegen der apolitischen Natur, weil ganz andere Notwendigkeiten vorliegen, wenn der Deutsche zu seiner Aufgabe kommen will. Er muß zu dieser Aufgabe erzogen werden. Er muß gewissermaßen berührt werden von dem, was *Goethe* im «Faust» zur Gestaltung gebracht hat, vom Werden des Menschen zwischen Geburt und Tod.

Das zeigt sich wiederum beim Hüter der Schwelle. Wenn jemand im Volkstum der Deutschen drinnen stehenbleibt, und er kommt an den Hüter der Schwelle, dann bemerkt er nicht wie jene britischen Gesellschaften, von denen ich gesprochen habe, die bösen Diener von Krankheit und Tod. Daran können Sie eben die Unterscheidung machen, wenn Sie diese Dinge recht ins Auge fassen. Er bemerkt aber vor allen Dingen, wie ahrimanische und luziferische Mächte – die einen herüberstürmend aus der physischen Welt, die andern heranstürmend aus der geistigen Welt – miteinander im Kampfe liegen, und wie dieser Kampf angeschaut werden muß, weil er eigentlich ein fortwährend fortlebender Kampf ist, weil man niemals dazu kommen kann, zu sagen: da wird der Sieg sein. Mit demjenigen macht man sich beim Hüter der Schwelle bekannt, was die eigentliche reale Grundlage des Zweifels ist, mit dem, was in der Welt lebt als fortwährend sich anfachender, unentschieden bleibender Kampf, was einen geradezu ins Schwanken bringt, was aber zu gleicher Zeit dazu erzieht, die Welt von den verschiedensten Seiten anzuschauen. Und das wird die besondere Mission, trotz allem und alledem, des Deutschtums sein, daß von dieser Seite aus es in die Weltenkultur eingreift, auch als Deutschtum. Durch sein besonderes Volkstum werden gewisse Dinge, die ich heute zum Beispiel auf dem Erkenntnisgebiete berühren will, nur durch das deutsche Volkstum entwickelt werden können.

Aus dem britischen Volkstum ist der Darwinismus in seiner materialistischen Färbung entstanden. Das ist ein ganz richtiges Prinzip – Sie können das nachlesen in meinen «Rätseln der Philosophie» –, daß sich die organischen Wesen von dem Unvollkommenen allmählich zu dem Vollkommenen bis hinauf zum Menschen entwickelt haben. Das Vollkommene stammt vom Unvollkommenen ab – es ist dies Prinzip absolut richtig, wenn man die physische Welt betrachtet und beim Hüter der Schwelle an die Mächte des Todes und der Zerstörung tritt. Aber man kann auch anders sagen: daß das Unvollkommene von dem Vollkommenen abstammt. Lesen Sie das Kapitel über *Preuß* bei mir im zweiten Bande der «Rätsel der Philosophie». Man kann ebenso nachweisen, daß zuerst das Vollkommene war und dann durch Dekadenz das Unvollkommene entsteht; daß zuerst der Mensch da war, und daß von ihm die anderen Naturreiche durch Dekadenz abstammen. Das ist nämlich ebenso richtig! Die Lage, in der der erkennende Mensch ist in dem Augenblicke, wo er sich sagen muß: Das eine ist richtig, das andere ist richtig – diese Lage in ihrer ganzen Fruchtbarkeit zu erkennen, das wurde eigentlich durch das Volkstum nur dem deutschen Volksstamm gegeben. Das versteht man sonstwo in der Welt gar nicht. Man versteht nicht in der Welt, daß sich die Leute lange darüber streiten können, daß der eine behaupten kann: Die vollkommenen Wesen stammen von den unvollkommenen ab, – wie zum Beispiel *Darwin*, oder daß der andere behaupten kann, wie Schelling: Die unvollkommenen Wesen stammen von den vollkommenen ab. – Sie haben beide recht, nämlich von verschiedenen Gesichtspunkten aus. Sieht man den geistigen Vorgang, so stammt das Unvollkommene vom Vollkommenen ab, sieht man den physischen, so stammt das Vollkommene vom Unvollkommenen ab.

Darauf hin ist die ganze Welt dressiert, einseitige Wahrheiten festhalten zu können. Die Deutschen sind dazu, ich möchte sagen, tragisch verurteilt, sich gegen ihre eigenen Anlagen abzustumpfen, wenn sie bei einer einseitigen Wahrheit verweilen wollen. Entwickeln sie ihre eigenen Anlagen, so wird ihnen sofort überall auftauchen, wenn sie sich nur ein wenig vertiefen: Wenn man irgendeine Behauptung macht über Weltenzusammenhänge, so ist das Gegenteil davon auch richtig. Und nur durch das Zusammenschauen der zwei ist es möglich, die Wirklichkeit zu sehen. Das lernt man so recht erkennen beim Hüter der Schwelle, wenn man den Kampf der Geister sieht, die einen bis zum Hüter der Schwelle aus der physischen Welt heraus begleiten, und derjenigen, die ihnen entgegenstürmen von der andern, von der übersinnlichen Welt herein, die aber von den Gesellschaften, von denen ich gesprochen habe, gar nicht bemerkt werden.

Noch anders ist es bei der eigentlich slawisch sprechenden Bevölkerung. Ich sagte schon: Eingesprengt sind in einer gewissen Weise die westlichen Slawen in die deutsch sprechende, mitteleuropäische Bevölkerung. So wie das Romanentum der Schatten der Vergangenheit ist, so sind die eingesprengten Westslawen, mit denen die deutsch sprechende Bevölkerung nach Osten hin in Zusammenhang gebracht worden ist, das Wetterleuchten dessen, was in der Zukunft aus dem Slawentum hervorgehen soll. Dadurch zeigen sie in einer gewissen entgegengesetzten Art dasjenige, was die romanische Bevölkerung innerhalb der englisch sprechenden zeigt. Die Westslawen sind ja auch im Zeitalter der Bewußtseinsseele für die Intellektualität organisiert, aber sie mystizieren sie, sie bilden sie in Mystik um. Die Deutschen sind apolitisch. Die Westslawen sind auch apolitisch, aber sie tendieren nach einem Heruntertragen der geistigen Welt in die physische Welt, sie machen das schon aus dem heutigen Leben heraus. Dadurch haben sie die entgegengesetzte Eigenschaft wie zum Beispiel die Franzosen oder die Italiener. Die Italiener und die Franzosen sind in ihrer Politik von dem abhängig, wie sie den andern gefallen, die Politik Englands wird als selbstverständlich akzeptiert, ob sie gefällt oder nicht gefällt. Die Politik Frankreichs hing davon ab, wie die Franzosen den Menschen gefielen, davon war die Wirksamkeit dessen, was sie taten, abhängig. Sie gefielen ja sehr zu gewissen Zeiten. Bei den Westslawen ist das anders. Ihre Politik ist davon abhängig, wie ihre Geistnatur unsympathisch wirkt auf die deutsch sprechende Bevölkerung. Die sind von dem, wie sie nicht gefallen, abhängig. Und Sie können das Schicksal der Tschechen, Polen, Slowenen, der Serben, der Westslawen studieren: das ist gegeben dadurch, inwiefern sie unsympathisch sind, nicht gefallen der mitteleuropäischen Bevölkerung. Das Verhältnis zu den Franzosen oder Italienern oder Spaniern ist danach gegeben, wie sie gefallen; das Verhältnis zu den Polen, Slowenen, Tschechen, Serben ist dadurch gegeben, wie sie nicht gefallen. Studieren Sie die Geschichte, so werden Sie diesen Satz in einer wunderbaren Weise bestätigt finden, weil das eine mit der Vergangenheit, das andere mit der Zukunft zusammenhängt.

Ganz anders liegt die Sache bei der slawischen Bevölkerung des Ostens, die den Keim für die Zukunft in sich hat. Da ist die Sache so, daß keimende Spiritualität der Grundcharakter, das elementarste Wesen dieser slawischen Bevölkerung ist. Daher ist zum Beispiel das Russentum in einem noch höheren Grade als die breite Masse der deutschen Bevölkerung, die nur immer ihre Individualitäten aus sich herausschießen läßt, auf die Individualität angewiesen, die nun außerhalb des Volkstums dasjenige geoffenbart erhält, was das Volkstum geoffenbart erhalten soll. Daher wird noch lange, bis zum Aufleuchten des sechsten nachatlantischen Zeitraums, die russische Volkskultur eine Offenbarungskultur sein. Der Russe ist mehr als ein anderer Mensch auf den Seher angewiesen, er ist aber auch empfänglich für das, was der Seher ihm bringt.

Das englisch sprechende Volkstum wird durch seine Politik einfach zu dem gebracht, wozu es durch seine Natur veranlagt ist. Die deutsch sprechende Bevölkerung wird durch ihre Politik zu etwas gebracht, was ihr eigentlich nicht liegt, wodurch sie sehr leicht in ein trübes Fahrwasser, in die Unwahrhaftigkeit kommen kann, namentlich, wenn sie sich den Instinkten überläßt, während sie niemals in ein trübes Fahrwasser kommen kann bei entsprechender Selbstzucht derjenigen Menschen, die eigentlich das deutsche Volkstum repräsentieren, die nach der Intellektualität hinstreben. Denn die anderen sind noch nicht angelangt bei dem, was das eigentliche Wesen des deutschen Volkstums ist, sie leben unter dem Niveau. Noch mehr ist das der Fall bei dem russischen Volkstum. Das russische Volkstum ist nicht nur apolitisch wie das deutsche, sondern antipolitisch. Daher wird britische Politik selbstsüchtig sein, deutsche Politik wird in träumerischen Idealismus, der mit der Wirklichkeit nicht viel zu tun zu haben braucht, ausschlagen, mit allem – das ist jetzt nicht moralisch gemeint – Unwahrhaftigen, mit allem Theoretisierenden, denn alles Theoretisierende ist unwahrhaftig. Die russische Politik muß durch und durch unwahr sein, denn sie ist ein fremdes Element, sie ist nicht dem russischen Charakter angemessen. Wenn der Russe aus seinem Charakter heraus politisch werden soll, so wird er lieber krank, denn innerhalb des russischen Volkstums bedeutet «politisch» werden krank werden, bedeutet zerstörende Kräfte in sich aufnehmen. Der Russe ist antipolitisch, nicht apolitisch bloß. Er kann überwältigt werden von solchen Politikern, wie etwa diejenigen waren, die am Ausgangspunkt dieser kriegerischen Katastrophe standen. Aber die wirken nicht als Russen, sondern die wirken als etwas ganz anderes. Der Russe aber wird krank, wenn er Politiker sein soll, denn er hat mit der Politik gar nichts zu tun, wenn er innerhalb seines Volkstums steht. Er hat mit etwas anderem zu tun: mit dem, was die dritte Macht bedeutet nach dem Goetheschen «Märchen», mit der Erkenntnis, mit der Weisheit, die innerhalb des sechsten nachatlantischen Zeitraums der Menschheit aufgehen soll.

So ist verteilt das Dreigliederige: Gewalt, Erscheinung, Erkenntnis – Westen, Mitte, Osten. Das muß in Rechnung gezogen werden. Weil im Grunde genommen diese Russennatur krank wird an der Politik, kann ihr auch eine solche Politik wie die des Bolschewismus, zunächst zugemutet werden in seiner krassesten, in seiner radikalsten Gestalt; denn man könnte ihr ebensogut etwas anderes einimpfen. Sie ist eben nicht nur apolitisch, sie ist antipolitisch.

Diese Dinge zeigen sich auch beim Hüter der Schwelle. Was der Russe beim Hüter der Schwelle, wenn er innerhalb seines Russentums als Okkultist stehenbleibt, vorzugsweise wahrnimmt, das sind die von der andern Seite, aus dem Übersinnlichen heranstürmenden Geister. Er sieht nicht die Geister, die ihn begleiten, er sieht nicht den Kampf der Geister, er sieht vor allen Dingen die von der andern Seite herüberstürmenden Geister. Er sieht diejenigen Geister, die gewissermaßen voller Licht sind. Er sieht nicht den Tod, er sieht nicht das Verderben, er sieht dasjenige, was den Menschen durch die Erhabenheit gleichsam ertrinken macht, was ihn vor allen Dingen mit der großen Gefahr durchdringt, demütig und immer demütiger zu sein, sich vor dem Erhabenen auf die Knie zu werfen. Die Blendung durch dasjenige, was herüberkommt, das ist die Gefahr bei dem Hüter der Schwelle für den Russen, der als Okkultist innerhalb seines Volkstums steht.

Ja, solche Dinge muß man in Betracht ziehen, wenn man die wahre Wirklichkeit sehen will. So sind die Dinge in der Welt, so wirken die Dinge. Mit Abstraktionen kommt man nicht aus. Niemals ist die Menschheit mit Abstraktionen ausgekommen. In früheren Zeitabschnitten hat die Menschheit Instinkte gehabt. Aber nur ein Instinkt ist in seiner Vergeistigung da bei der englisch sprechenden Bevölkerung: der Instinkt, die Bewußtseinsseele auszubilden. Das andere muß bewußt erworben werden. Und das ist für die Welt das Charakteristische, daß diese Dinge bewußt erworben werden müssen. Ohne Kenntnis der in der Menschheit wirkenden Kräfte, von denen wir heute wiederum gesprochen haben, ist es unmöglich, auch nur daran zu denken, irgendwie maßgeblich etwas Soziales zu sagen. Man redet wie der Blinde von der Farbe, wenn man von Sozialreform spricht, ohne das Objekt zu kennen, auf das sich diese Reform erstrecken soll.

Das ist es, was einen immer wieder und wieder dazu veranlaßt, daran zu mahnen, daß eben die Zeit gekommen ist, wo der Mensch das Lernen durch sein Leben hin ernst nehmen muß, nicht spielerisch nehmen darf. Mit den Dingen, die wir uns aus ererbten Anlagen heraus in der Zukunft ausbilden, reichen wir für das Leben höchstens bis zu unserem 27. Jahre und in der Zukunft immer bis zu einem geringeren Jahre. Das wissen Sie aus früheren Betrachtungen. Wir brauchen etwas, was uns das ganze Leben hindurch als werdender Mensch erhält und nicht als seienden, nicht als abgeschlossenen, als fertigen Menschen. Vieles wird die Menschheit gerade für die soziale Frage aus diesen Dingen heraus einsehen. Vieles wird sie von dem, was sie heute an illusionistischen Gedanken hat, korrigieren, und vieles muß korrigiert werden. Man kann schon sagen: Die Aufgabe, die der Menschheit vorliegt, Sie werden sie eine schwierige nennen, aber sie ist zu bewältigen. Denken Sie doch nur einmal daran, daß Sie hier sitzen, diese Dinge jetzt wissen. Aber sehen Sie sich deshalb nicht als besonders auserlesene Menschen an, sondern bedenken Sie, daß doch draußen in der Welt viele andere sein werden, die das gleiche verstehen können. Es ist keine Unmöglichkeit, daß diese Ideen sich wirklich in die Menschheit einleben. Also ist das Hindernis nur ein künstlich aufgerichtetes. Das künstlich aufgerichtete Hindernis ist allerdings ein furchtbares; aber es muß deshalb überwunden werden, weil es ja auf eine andere Weise doch kein Heil gibt. Tue doch jeder an seinem Platze dasjenige, was zur Überwindung der Schwierigkeiten auf diesem Gebiete möglich ist.

Es ist für die Menschheit viel, sehr viel zu tun, wenn wir nur uns von dem Ernste der Aufgabe durchdringen: Zunächst Einsicht in die Wirklichkeit zu erwerben, nicht dumpf-schläfrig dahinzuleben, und vor allen Dingen nicht dumpf-schläfrig die Menschheit dahinleben zu lassen. – Wenn man heute mit Menschen Bekanntschaft macht, dann merkt man, wie wenig diese Menschen geneigt sind, auf solche Dinge eigentlich einzugehen. Wir haben ja die letzten vier oder viereinhalb Jahre erlebt, meine lieben Freunde! Recht wohlmeinende, auch ganz gescheite Leute konnte man immer wieder und wiederum herankommen sehen mit irgendwelchen Zukunftsprogrammen – und was gibt es für Zukunftsprogramme draußen in der Welt! Die Leute denken alles mögliche aus, aber von vornherein sind diese Dinge nicht zum Heil, sondern sind entweder Nichtigkeiten oder zum Unheil der Menschen; Nichtigkeiten, wenn niemand darauf eingeht, zum Unheil, wenn darauf eingegangen wird. Nur das eine braucht man sich vorzunehmen: Mit der Wirklichkeit zunächst einmal Bekanntschaft zu machen. Man wird dann nicht glauben: Ich kann einen Verein gründen, ich kann dies oder jenes machen, – sondern man wird sich für verpflichtet halten, mit der Wirklichkeit Bekanntschaft zu machen und dasjenige, was man denkt, im Einklange mit dieser Wirklichkeit zu denken. Ja, wenn doch wenigstens innerhalb unserer Bewegung recht viele auf die rechte Art versuchen würden, mit den hier angedeuteten Impulsen ihr Seelenleben zu durchdringen, wenn sie absehen würden von abstrakten, schwärmerischen Idealen einer Menschenbeglückung und statt dessen studieren würden, was gerade die Aufgaben und die Impulse unserer Zeit sind, und danach ihr Verhalten einrichten würden. Dann würde schon etwas erreicht werden.

Nun, ich wollte wiederum von einem besonderen Gesichtspunkte aus Ihnen heute vorführen, wie man auch die soziale Frage studieren muß. Man kann ja auch nicht hingehen und sagen: Weil ich ein Mensch bin, verstehe ich Mathematik und kann also eine Brücke bauen, – sondern man weiß: Man muß erst Mathematik lernen, Mechanik lernen, Dynamik lernen und so weiter. So muß man die Gesetze des Menschheitswesens kennenlernen, wenn man auch nur in den allereinfachsten Dingen ein soziales Urteil haben will. Und die Menschen sind schon einmal nicht, wie Trotzki sich vorstellt, gleichartige Wesen über die ganze Erde hin, sondern höchstens in Gruppen differenziert, wenn sie zum Volkstum sich bekennen, oder auch lauter Individualitäten. Auf der einen Seite müssen wir kennenlernen dasjenige, was Gruppen charakterisiert, zum Beispiel nach den Sprachen, wie wir es heute betrachtet haben; auf der andern Seite müssen wir uns aneignen – was gestern ausgeführt worden ist – unmittelbares Verständnis von Menschenindividuum zu Menschenindividuum. Das hängt zusammen mit alledem, was in uns werden kann ein soziales Urteil, aber auch eine soziale Empfindung. Sonst kommt über uns nicht dasjenige, was als soziales Urteil und soziale Empfindung in uns leben soll.

Also bekanntmachen wollte ich Sie von einer gewissen Seite aus wiederum mit dem, was dem sozialen Urteil und der sozialen Empfindung richtunggebend sein kann. Auf den tiefen Ernst desjenigen, was die soziale Frage genannt wird, wollte ich Sie hinweisen und auch darauf, daß wirklich auch guter Wille bei dem einen oder dem andern vorhanden sein kann, wie zum Beispiel bei manchen russischen Revolutionären, daß bei ihnen aber Wirklichkeitsfremdheit, Ungläubigkeit an den Geist vorliegt, die Meinung, daß die Menschen über die ganze Erde hin undifferenziert ein und dasselbe seien.

Was ist denn eigentlich der Mensch, der in der Abstraktion Trotzkis lebt? Wir haben gesehen: Den Menschen kennenzulernen, das ist die Grundlage, das Elementarische der sozialen Aufgabe! Was ist der Mensch, den Trotzki im Auge hat? Es ist der alttestamentliche Mensch, der in der Gegenwart nur spuken kann als der Schatten des alttestamentlichen Menschen. Es ist das Tier mit der Fähigkeit der Abstraktion. Es ist das Tier, bei dem sich nur ausbildet über die Tierheit heraus die Kraft des abstrakten Denkens. Das Menschentier ist über die ganze Erde undifferenziert, denn die Differenzierungen kommen aus dem Seelischen heraus. Aber das Seelische muß entwickelt werden zum Geistigen hin; dann erscheint die Differenzierung. Und das Seelische muß studiert werden; dann zeigt sich jene Differenzierung, die auch durch Seelisches wirkt zum Beispiel durch den Reflex, den die Sprache bewirkt hat und so weiter. Über diese Dinge wollen wir nächsten Freitag weitersprechen.

SIEBENTER VORTRAG

Bern, 12. Dezember 1918

Die Zeit selbst spricht wohl deutlich genug sich dahin aus, daß wir gerade diejenigen Empfindungen und Betrachtungen, die wir aus unserer geisteswissenschaftlichen Vertiefung gewinnen, auch auf die Verhältnisse dieser Zeit, auf das Leben in dieser Zeit anwenden. Und nicht nur die äußeren Zeitverhältnisse sprechen heute eine deutliche Sprache, sondern auch unsere geisteswissenschaftlichen Anschauungen selbst rechtfertigen ja in einer gewissen Weise diese Sprache. Wir sind ja in so vielen unserer Betrachtungen von einer Grundtatsache der menschlichen Entwickelung ausgegangen: von der Tatsache, daß sich diese Entwickelung in aufeinanderfolgenden Etappen vollzieht, deren zunächst bedeutsame, uns jetzt vorzugsweise angehende, wie wir wissen, mit der großen atlantischen Katastrophe begonnen haben. Von den nachatlantischen Epochen sind vier verflossen, während wir jetzt in der fünften nachatlantischen Etappe der Entwickelung leben. Und diese Entwickelungsetappe, die im fünfzehnten Jahrhundert unserer christlichen Zeitrechnung begonnen hat, ist diejenige, die wir nennen können die der Bewußtseinsseele. Andere menschliche Seelenkräfte sind insbesondere ausgebildet worden in den anderen Kulturzeiträumen. In unserem Kulturzeitraum, der eben auf den griechisch-lateinischen Zeitraum gefolgt ist in der ersten Hälfte des fünfzehnten Jahrhunderts, soll die Menschheit nach und nach ausbilden die Bewußtseinsseele. In dem vorhergehenden Zeitraum, der im achten vorchristlichen Jahrhundert begonnen hat und im fünfzehnten nachchristlichen Jahrhundert vollendet war, hat die Menschheit vorzugsweise kulturmäßig ausgebildet die Verstandes- oder Gemütsseele.

Nun, wir brauchen uns auf die Charakterisierung dieser Etappen nicht einzulassen, aber wir wollen besonders ins Auge fassen, was das Eigentümliche unseres Zeitalters ist, dieses Zeitalters, das ja erst verhältnismäßig wenig Jahrhunderte hinter sich hat. Denn ein solches Zeitalter dauert ja durchschnittlich etwas über zweitausend Jahre. Es ist also noch viel zu absolvieren übrig in diesem Zeitraum der Bewußtseinsseele. In diesem Zeitalter der Bewußtseinsseele wird die Aufgabe der zivilisierten Menschheit die sein, das ganze menschliche Wesen zu erfassen und es auf sich selbst zu stellen, vieles, außerordentlich vieles von dem, was der Mensch in früheren Zeiträumen instinktmäßig gefühlt, instinktmäßig beurteilt hat, ins volle Licht des Bewußtseins heraufzuheben.

Nicht wahr, viele Schwierigkeiten und vieles Chaotische, das in unserem Zeitraume sich um uns herum und mit uns abspielt, wird einem eigentlich sofort erklärlich, wenn man weiß, daß dies die Aufgabe unseres Zeitalters ist: Instinktives ins Bewußtsein heraufzuheben. Denn das Instinktive geschieht gewissermaßen von selbst; aber was bewußt geschehen soll, das erfordert, daß der Mensch sich innerlich anstrengt, daß er vor allen Dingen beginnt, wirklich aus seinem ganzen Wesen heraus zu denken. Und das scheut der Mensch. Das ist etwas, was der Mensch nicht gern tut: bewußt Anteil nehmen an der Gestaltung der Weltverhältnisse. Außerdem liegt hier ein Punkt, über den sich heute die Menschen noch viel täuschen. Die Menschen heute denken: Nun ja, wir leben ja gerade im Zeitalter der Gedankenentwickelung. – Die Menschen sind stolz darauf, daß heute mehr gedacht wird als früher. Aber zunächst ist dies eine Täuschung, eine Illusion, eine der vielen Illusionen, von denen heute die Menschheit lebt. Das, was die Menschen so stolz macht, dieses Fassen von Gedanken, das ist vielfach instinktiv. Erst wenn das Instinktive, das heraufgekommen ist in der Menschheitsentwickelung und das sich heute im Stolzsein auf das Denken äußert, aktiv wird, wenn wirklich das Intellektuelle nicht bloß aus dem Gehirn, sondern aus dem ganzen Menschen entspringt, wenn das Intellektuelle selbst nur ein Teil wird des ganzen geistigen Lebens, wenn es vom Rationalistischen hinweggehoben und ins Imaginative, Inspirierte, Intuitive heraufgehoben wird: erst dann wird dasjenige, was herauswill in diesem fünften nachatlantischen Bewußtseinsseelenzeitraum, nach und nach herauskommen. Was dem Menschen heute entgegentritt - was ihn schon hinweisen kann darauf, daß ihn gewissermaßen selbst die alltäglichsten Gedanken auf seine besonderen Eigentümlichkeiten in diesem Zeitalter hinweisen –, das ist, was man immer wieder erwähnen muß: das Auftauchen der sogenannten sozialen Frage.

Aber es wird derjenige, der ernsthaftig sich in unsere anthroposophisch orientierte Geisteswissenschaft vertieft hat, sehr leicht zu der Empfindung kommen können, daß doch das Wesentliche in der Gestaltung einer gesellschaftlichen Ordnung, ob man sie nun staatlich oder sonstwie nennt, ausgehen muß von dem, was der Mensch aus sich heraus entwickelt, was er aus sich heraus entwickeln kann mit der Aufgabe, zu regeln den Verkehr von Mensch zu Mensch. Alles, was der Mensch aus sich heraus entwickelt, entspricht natürlich gewissen Impulsen, die zuletzt doch in unserem seelisch-geistigen Leben liegen. Wenn man die Sache so anschaut, wird man fragen können: Ja, muß denn nicht vor allen Dingen die Aufmerksamkeit gerichtet werden auf die sozialen Impulse, auf dasjenige, was aus der Menschennatur herauswill als soziale Impulse? Nennen wir, wobei wir aber nicht an etwas bloß Animalisches denken, diese sozialen Impulse meinetwillen soziale Triebe, wobei wir aber schon bedacht sind darauf, daß der Trieb nicht bloß unbewußt oder instinktiv gedacht werden soll, sondern daß, wenn wir von sozialen Trieben sprechen, wir meinen: Wir stehen im Bewußtseinszeitalter, und der Trieb will eben ins Bewußtsein herauf.

Wenn nun so etwas geltend gemacht wird: Es gibt soziale Triebe, sie wollen sich verwirklichen – da setzt gerade in unserem Zeitalter gleich wiederum die furchtbare Einseitigkeit ein, die nicht beklagt werden soll, die ruhig angeschaut werden soll, weil sie überwunden werden muß. Der Mensch in unserer Zeit ist so sehr geneigt, alle Dinge einseitig zu betrachten! Das ist immer so, als wenn man nur gelten lassen wollte den Ausschlag eines Pendels nach der einen Seite, und niemals bedenken würde, daß das Pendel ja vom Mittelpunkt nach der einen Seite gar nicht ausschlagen kann, ohne daß es auch nach der anderen Seite ausschlägt. Ebensowenig wie ein Pendel nur nach der einen Seite ausschlagen kann, ebensowenig können sich äußern im Menschen die sozialen Triebe nur nach der einen Seite. Den sozialen Trieben stehen in der Menschennatur einfach selbstverständlich, wegen dieser Menschennatur, die antisozialen Triebe gegenüber. Und genau ebenso, wie in der Menschennatur es soziale Triebe gibt, gibt es antisoziale Triebe. Das muß vor allen Dingen berücksichtigt werden. Denn die sozialen Führer und Agitatoren, die geben sich der großen Illusion hin, daß sie nur irgendwelche Anschauungen und dergleichen zu verbreiten brauchen, oder irgendeine Menschenklasse aufzurufen brauchen, welche willig oder geneigt ist, die sozialen Triebe, wenn es Anschauungen sind, zu pflegen. Ja, das ist eben eine Illusion, so zu verfahren, denn da rechnet man nicht damit, daß ebenso, wie die sozialen Triebe da sind, sich die antisozialen Triebe immer geltend machen. Das, worum es sich heute handelt, ist, diesen Dingen ohne Illusionen ins Gesicht sehen zu können. Man kann ihnen nur ohne Illusionen ins Gesicht sehen vom Gesichtspunkte einer geisteswissenschaftlichen Betrachtung. Man möchte sagen: Die Menschen verschlafen das Allerwichtigste im Leben, wenn sie dieses Leben nicht vom Gesichtspunkte der geisteswissenschaftlichen Betrachtung ins Auge fassen.

Wir müssen uns fragen: Wie steht es eigentlich mit dem Verkehr des Menschen zum Menschen mit Bezug auf die sozialen und antisozialen Triebe? – Sehen Sie, ein Gegenüberstehen von Mensch und Mensch ist seiner Wirklichkeit nach im Grunde etwas recht Kompliziertes! Wir müssen natürlich den Fall, ich möchte sagen, radikal ins Auge fassen. Wohl ist das Gegenüberstehen ein verschiedenes, differenziert sich nach den verschiedenen Verhältnissen, aber wir müssen das gemeinsame Merkmal im Gegenüberstehen eines Menschen zum andern Menschen ins Auge fassen, müssen uns fragen: Was geschieht da eigentlich in der Gesamtwirklichkeit – nicht bloß in dem, was den äußeren Sinnesanschauungen sich darbietet –, was geschieht in der Gesamtwirklichkeit, wenn ein Mensch dem andern gegenübersteht? – Da geschieht nichts Geringeres, als daß eine gewisse Kraft wirkt von Mensch zu Mensch hinüber. Das Gegenüberstehen von Mensch zu Mensch bedeutet einfach, daß eine gewisse Kraft wirkt von Mensch zu Mensch. Wir können bei dem, was wir tun von Mensch zu Mensch, nicht gleichgültig einander im Leben gegenüberstehen, nicht einmal in bloßen Gedanken und Empfindungen, sogar wenn wir dem Raume nach entfernt voneinander sind. Wenn wir irgendwie zu sorgen haben für den anderen Menschen, wenn wir irgendeine Verkehrsmöglichkeit zu schaffen haben, so wirkt eine Kraft von dem einen Menschen zu dem anderen hinüber. Das ist ja dasjenige, was dem sozialen Leben zugrunde liegt. Das ist dasjenige, was, wenn es sich verzweigt, verstrickt, eigentlich die soziale Struktur der Menschen begründet. Man bekommt natürlich das Phänomen am reinsten, wenn man an den unmittelbaren Verkehr von Mensch zu Mensch denkt: da besteht das Bestreben, durch den Eindruck, den der eine Mensch auf den andern macht, daß der Mensch eingeschläfert wird. Also das ist etwas Durchgehendes im sozialen Leben, daß der eine Mensch durch den anderen, mit dem er im Verkehr steht, eingeschläfert wird. Fortwährend ist – der Physiker würde sagen – die latente Tendenz da, daß im sozialen Verkehre ein Mensch den andern einschläfert.

Warum ist denn das so? Ja, sehen Sie, das beruht auf einer sehr wichtigen Einrichtung in der Gesamtwesenheit der Menschen. Es beruht darauf, daß im Grunde genommen dasjenige, was wir soziale Triebe nennen, eigentlich überhaupt nur beim gewöhnlichen gegenwärtigen Bewußtsein sich so recht aus der Seele des Menschen heraus entwickelt, wenn der Mensch schläft. Sie sind, insofern Sie nicht zur Hellsichtigkeit aufsteigen, eigentlich nur von sozialen Trieben durchsetzt, wenn Sie schlafen. Und nur das, was fortwirkt aus dem Schlaf in das Wachen herein, wirkt herein im Wachen als sozialer Trieb. Wenn Sie aber dieses wissen, so brauchen Sie sich nicht zu verwundern darüber, daß das soziale Wesen Sie einschläfern will durch das Verhältnis von Mensch zu Mensch. Im Verhältnis von Mensch zu Mensch soll sich entwickeln der soziale Trieb. Er kann sich nur entwickeln im Schlafe. Daher entwickelt sich im Verkehr von Mensch zu Mensch die Tendenz, daß der eine Mensch den andern behufs Herstellung eines sozialen Verhältnisses einschläfert. Das ist eine Tatsache, die frappierend ist, die sich aber dem Betrachter der Wirklichkeit des Lebens eben sogleich darbietet. Unser Verkehr von Mensch zu Mensch besteht darinnen, daß vor allen Dingen unser Vorstellungsvermögen in diesem Verkehre eingeschläfert wird, behufs der Herstellung der sozialen Triebe von Mensch zu Mensch.

Aber Sie können natürlich nicht fortwährend schlafend im Leben herumgehen. Die Tendenz, soziale Triebe herzustellen, besteht schon darinnen und drückt sich darinnen aus, daß Sie eigentlich fortwährend

Neigung haben sollten zum Schlafen. Die Dinge, die ich bespreche, gehen natürlich alle unterbewußt vor sich, aber sie gehen nicht weniger wirklich und nicht weniger unser Leben durchsetzend fortwährend vor sich. Also es besteht gerade zur Herstellung der sozialen Menschheitsstruktur eine fortwährende Neigung, einzuschlafen.

Dagegen wirkt noch etwas anderes. Es wirkt das fortwährende Sichsträuben, das fortwährende Aufbäumen der Menschen gegen diese Tendenz, wenn sie eben nicht schlafen. So daß Sie, wenn Sie einem Menschen gegenüberstehen, immer in folgenden Konflikten drinnenstehen: Dadurch, daß Sie ihm gegenüberstehen, entwickelt sich in Ihnen immer die Tendenz, zu schlafen, das Verhältnis im Schlafe zu ihm zu erleben; dadurch, daß Sie nicht aufgehen dürfen im Schlafen, daß Sie nicht versinken dürfen im Schlafen, regt sich in Ihnen die Gegenkraft, sich wachzuhalten. Das spielt sich immer ab im Verkehr von Mensch zu Mensch: Tendenz zum Einschlafen, Tendenz, sich wachzuhalten. Tendenz, sich wachzuhalten, ist aber antisozial in diesem Fall, Behauptung der eigenen Individualität, der eigenen Persönlichkeit gegenüber der sozialen Struktur in der Gesellschaft. Einfach indem wir Mensch unter Menschen sind, pendelt unser inneres Seelenleben zwischen Sozialem und Antisozialem hin und her. Und dasjenige, was so als diese zwei Triebe in uns lebt, was zu beobachten ist zwischen Mensch und Mensch, wenn man Mensch und Mensch einander gegenüberstehen sieht und sie okkult beobachtet, das beherrscht unser Leben. Wenn wir Einrichtungen treffen – und entfernen sich diese Einrichtungen noch so sehr für das heutige sehr gescheite Bewußtsein von der Wirklichkeit – sie sind doch ein Ausdruck dieses Pendelverhältnisses zwischen sozialen und antisozialen Trieben. Die Nationalökonomen mögen darüber nachdenken, was Kredit ist, Kapital ist, Rente ist und so weiter; diese Dinge, die im sozialen Verkehr Gesetzmäßigkeit ausmachen, sind nur Ausschläge des Pendels dieser beiden Triebe, des sozialen und des antisozialen Triebes.

Sehen Sie, an diese Dinge müßte heute derjenige verständig anknüpfen, real wissenschaftlich anknüpfen, der daran denkt, die Heilmittel in dieser Zeit zu finden. Denn woher kommt es denn, daß in unserer Zeit die soziale Forderung sich erhebt? Nun, wir leben im Zeitalter der Bewußtseinsseele, wo der Mensch auf sich selbst sich stellen muß. Worauf ist er da angewiesen? Er ist darauf angewiesen, um seine Aufgabe, seine Mission in unserem fünften nachatlantischen Zeitraum zu erreichen, sich zu behaupten, sich nicht einschläfern zu lassen. Er ist gerade für seine Stellung in der Zeit angewiesen, die antisozialen Triebe zu entwickeln. Und es würde nicht die Aufgabe unseres Zeitraums vom Menschen erreicht werden können, wenn nicht gerade die antisozialen Triebe, durch die der Mensch sich auf die Spitze seiner eigenen Persönlichkeit stellt, immer mächtigere und mächtigere werden. Die Menschheit hat heute noch gar keine Ahnung davon, wie mächtig immerwährend bis ins dritte Jahrtausend hinein die antisozialen Triebe sich entwickeln müssen. Gerade damit der Mensch sich richtig auswächst, müssen die antisozialen Triebe sich entwickeln.

In früheren Zeitaltern war die Entwickelung der antisozialen Triebe nicht das geistige Lebensbrot der Menschheitsentwickelung. Daher brauchte man ihnen kein Gegengewicht zu setzen und setzte ihnen auch kein solches. In unserer Zeit, wo der Mensch um seiner selbst willen, um seines einzelnen Selbstes willen die antisozialen Triebe ausbilden muß – die sich schon ausbilden, weil der Mensch eben der Entwickelung unterworfen ist, gegen die sich nichts machen läßt –, da muß dasjenige kommen, was der Mensch den antisozialen Trieben nun entgegensetzt: eine solche soziale Struktur, durch die das Gleichgewicht dieser Entwickelungstendenz gehalten wird. Innen müssen die antisozialen Triebe wirken, damit der Mensch die Höhe seiner Entwickelung erreicht; außen im gesellschaftlichen Leben muß, damit der Mensch nicht den Menschen verliert im Zusammenhange des Lebens, die soziale Struktur wirken. Daher die soziale Forderung in unserer Zeit. Die soziale Forderung in unserer Zeit ist gewissermaßen nichts anderes als das notwendige Gegengewicht gegen die innere Entwickelungstendenz der Menschheit.

Sie sehen daraus zugleich, daß mit einseitiger Betrachtung überhaupt nichts getan ist. Denn denken Sie einmal, daß, so wie die Menschen nun einmal leben, gewisse Worte – ich will gar nicht sprechen von Ideen oder Empfindungen –, gewisse Worte «Wertigkeit», bestimmte Valeurs bekommen. Nun ja, «antisozial», das bekommt so etwas, was einen antipathisch anmutet, man betrachtet das als etwas Böses. Schön, nur kann man sich nicht viel darum kümmern, ob das als etwas Böses betrachtet wird oder nicht, da es etwas Notwendiges ist, da es – sei es bös, sei es gut – eben in unserem Zeitraum gerade mit den notwendigen Entwickelungstendenzen des Menschen zusammenhängt. Und wenn jemand dann auftritt und sagt, die antisozialen Triebe sollen bekämpft werden, so ist das ein ganz gewöhnlicher Unsinn, denn sie können nicht bekämpft werden. Sie müssen, nach der ganz gewöhnlichen Entwickelungstendenz der Menschheit, gerade das Innere des Menschen in unserer Zeit ergreifen. Nicht darum handelt es sich, Rezepte zu finden, um die antisozialen Triebe zu bekämpfen, sondern darauf kommt es an, die gesellschaftlichen Einrichtungen, die Struktur, die Organisation desjenigen, was außerhalb des menschlichen Individuums liegt, was das menschliche Individuum nicht umfaßt, so zu gestalten, so einzurichten, daß ein Gegengewicht da ist für dasjenige, was im Innern des Menschen als antisozialer Trieb wirkt. Daher ist es so notwendig, daß der Mensch in diesem Zeitraum mit seinem ganzen Wesen ausgegliedert wird von der sozialen Ordnung. Sonst kann das eine und das andere nicht rein sein.

Sehen Sie, in früheren Zeitaltern hatte man Stände, hatte man Klassen. Unser Zeitalter strebt über die Stände, strebt über die Klassen hinaus. Unser Zeitalter kann nicht mehr die Menschen in Klassen einteilen, sondern es muß den Menschen in seiner Gesamtheit gelten lassen und in eine solche soziale Struktur hineinstellen, daß nur das von ihm Abgesonderte sozial gegliedert ist. Deshalb sagte ich gestern im öffentlichen Vortrag: Im griechisch-lateinischen Zeitalter konnte noch das Sklaventum herrschen, da war der eine der Herr, der andere der Sklave, da waren die Menschen eingeteilt. Heute haben wir als Rest gerade dasjenige, was den Proletarier in solche Aufregung versetzt: daß seine Arbeitskraft Ware ist, daß also etwas, was in ihm ist, noch äußerlich organisiert ist. Das muß weg. Und nur dasjenige kann sozial gegliedert werden, was nicht am Menschen hängt: seine Position, der Ort, an den er hingestellt ist; nicht etwas, was in ihm selbst ist.

Das alles, was man in dieser Weise erkennt mit Bezug auf die notwendige Entwickelung des sozialen Lebens, das muß man wirklich heute so auffassen, daß so wie zum Beispiel der Mensch keinen Anspruch hat, rechnen zu können, wenn er nie das Einmaleins gelernt hat, er ebensowenig einen Anspruch darauf hat, in bezug auf Sozialreformen und dergleichen mitzureden, wenn er niemals solche Dinge gelernt hat, wie wir sie zum Beispiel jetzt auseinandersetzen: daß es Sozialismus und Antisozialismus gibt in der Weise, wie wir es jetzt konkret charakterisierten. Die Menschen, die heute oftmals an den wichtigsten Stellen unserer staatlichen oder sozialen Organisationen anfangen, von sozialen Forderungen zu reden, die kommen dem Wissenden vor wie Leute, die anfangen wollen, eine Brücke über einen reißenden Strom zu bauen, und die niemals auch nur gelernt haben den Satz von dem Parallelogramm der Kräfte oder dergleichen! Sie mögen ja eine Brücke bauen, diese Leute, aber sie wird bei der ersten Gelegenheit einstürzen. Und so kommen einem die sozialen Führer, oder auch jene, die andere soziale Einrichtungen heute pflegen, vor: ihre Einrichtungen werden bei der nächsten Gelegenheit sich als unmöglich erweisen, denn die Dinge erfordern, daß wir mit der Wirklichkeit arbeiten und nicht gegen sie. Das ist so unendlich wichtig, daß endlich einmal ernst gemacht wird mit dem, was ja, ich möchte sagen, der Grundnerv unserer anthroposophisch orientierten Geistesartung ist.

Einer von den Impulsen, die uns beseelen auf dem Gebiete unserer anthroposophischen Bewegung, ist doch der, daß wir gewissermaßen das, was die meisten Menschen nur für die erste Jugend gelten lassen, ins ganze Menschenleben hineintragen: Wir setzen uns, wenn wir vielleicht sogar längst grau geworden sind, noch auf die Schulbank, auf die Schulbank des Lebens allerdings. Das ist auch einer der Unterschiede, den wir machen gegenüber jenen Menschen draußen, welche glauben, daß sie, wenn sie bis zum fünfundzwanzigsten, sechsundzwanzigsten Jahre gebummelt und gebummelt – nein, ich will sagen, Kollegs belegt, nein, Kollegs studiert haben –, dann für das ganze Leben fertig seien! Dann gibt es ja höchstens noch ein höheres Selbstamusement, nicht wahr, und dergleichen, durch das man sich das eine oder das andere noch aneignet. Aber das ist dasjenige, was uns gründlich als Empfindung vor die Seele tritt, indem wir uns dem Nerv der geisteswissenschaftlichen Bewegung nähern: daß der Mensch wirklich sein ganzes Leben hindurch zu lernen hat, wenn er den Aufgaben dieses Lebens gewachsen sein will. Das ist so sehr wichtig, daß wir auch mit dieser Empfindung uns durchdringen. Wenn nicht gebrochen wird mit dem Glauben, daß man durch die Anlagen, die man entwickelt bis zum zwanzigsten oder fünfundzwanzigsten Jahre, schon alles beherrschen kann, daß man dann nur zusammenzukommen braucht in den Parlamenten oder sonstwo, und über alles entscheiden kann, solange nicht gebrochen wird mit dieser Anschauung, mit dieser Empfindung, solange kann nicht irgend etwas Heilsames in der sozialen Struktur der Menschen zustandekommen.

Das Wechselverhältnis von Sozialem und Antisozialem zu studieren, das ist gerade für unsere Tage außerordentlich bedeutsam. Das Antisoziale können wir aber bloß studieren, denn es liegt, wie ich auseinandergesetzt habe, in der Entwickelung unseres Zeitraums, daß dieses Antisoziale gerade zum Wichtigsten gehört, was sich Geltung verschaffen soll, und sich in uns selber zu entwickeln hat. Dieses Antisoziale kann nur in einem gewissen Gleichgewicht gehalten werden von dem Sozialen; aber das Soziale muß gepflegt werden, muß bewußt gepflegt werden. Und das wird in unserem Zeitalter in der Tat immer schwieriger und schwieriger, weil das andere, das Antisoziale, eigentlich das Natürliche ist. Das Soziale ist das Notwendige, das muß gepflegt werden. Und man wird sehen, daß in diesem fünften nachatlantischen Zeitraum eine Tendenz vorhanden ist, das Soziale gerade außer acht zu lassen, wenn man sich bloß sich selbst überläßt, wenn man nicht aktiv eingreift, wenn man nicht mittut in Seelentätigkeit. Was notwendig ist und was sehr bewußt erworben werden muß, während es früher instinktiv sich im Menschen geltend machte, das ist gerade das Interesse von Mensch zu Mensch. Der Grundnerv allen sozialen Lebens ist das Interesse von Mensch zu Mensch.

Es erscheint heute noch fast paradox, wenn man sagt: Die Menschen werden über die sogenannten schwierigen nationalökonomischen Begriffe keinen Aufschluß gewinnen, wenn nicht das Interesse von Mensch zu Mensch wächst, wenn nicht die Menschen anfangen, die Scheingebilde, welche im sozialen Leben herrschen, mit den Wirklichkeiten zu verbinden. Sehen Sie, wer denkt so ohne weiteres daran, daß einfach durch die Gliedlichkeit, in der er in der sozialen Ordnung drinnensteht, er eigentlich immer in einem komplizierten Verhältnis von Mensch zu Mensch ist? Nehmen Sie an, Sie haben eine Hundertfranken-Note in der Tasche und Sie verwenden diese Hundertfranken-Note, indem Sie an einem Vormittag gehen und einkaufen, soviel einkaufen, daß Sie diese Hundertfranken-Note ausgeben. Ja, was bedeutet das, daß Sie mit einer Hundertfranken-Note in der Tasche ausgehen? Die Hundertfranken-Note ist eigentlich ein Scheingebilde, ist in Wirklichkeit gar nichts wert und wäre es auch nicht, selbst wenn es Metallgeld wäre. Ich will heute nicht von den Metallisten und Nominalisten auf dem Gebiete der Geldtheorie sprechen; aber selbst wenn es ein Metallgeld ist, ist es eigentlich ein Scheingebilde, eigentlich gar nichts wert. Geld schaltet sich nämlich ein zwischen zwei anderen Dingen, und nur dadurch, daß eine gewisse soziale Ordnung, in unserer Zeit eben eine rein staatliche Ordnung besteht, dadurch ist diese Hundertfranken-Note, die Sie haben, und die Sie am Vormittag ausgeben für die verschiedensten Dinge, nichts anderes als der Äquivalenzwert für soundso viele Arbeitstage soundso vieler Menschen. Soundso viele Menschen müssen soundso viele Arbeitstage absolvieren, soundso viel menschliche Arbeit muß einfließen in die menschliche soziale Ordnung, sich kristallisieren in Ware, damit überhaupt der Scheinwert einer Banknote zu einem wirklichen Wert wird – aber nur per Befehl der sozialen Ordnung. Die Banknote gibt Ihnen nur die Macht, soundso viel Arbeit in Ihren Dienst zu stellen, respektive über soundso viel Arbeit zu gebieten. Wenn Sie im Geiste das Bild vor sich haben: Da habe ich die Banknote, sie überträgt mir kraft der sozialen Position, in der ich drinnenstehe, die Macht über soundso viel Arbeiter, und wenn Sie jetzt sehen: Stunde für Stunde im Tag verkaufen andere die Arbeit dieser Arbeiter als Äquivalenzwert, als realen Äquivalenzwert dessen, was Sie in Ihrer Geldbörse als Hundertfranken-Note haben: dann haben Sie erst das Bild des Wirklichen.

So kompliziert sind unsere Verhältnisse geworden, daß wir ja auf diese Dinge gar nicht mehr achten, insbesondere wenn sie nicht so naheliegen. Ich habe ein naheliegendes Beispiel, wo die Sache leicht ist, ins Auge gefaßt. Bei dem schwierigeren Nationalökonomischen von Kapital und Rente und Kredit, wo die Sache ganz kompliziert liegt, da wissen nicht einmal die Universitätsprofessoren Bescheid, die Nationalökonomen meine ich, deren Amt es wäre, Bescheid zu wissen. Daraus können Sie schon entnehmen, wie in diesen Dingen gar wohl notwendig ist, daß die Dinge nun richtig angeschaut werden. Wir können uns natürlich nicht gleich heute damit befassen, die Nationalökonomie, die in einen hilflosen Zustand hineingetrieben ist durch das, was man heute lernt als Student der Nationalökonomie, zu reformieren. Aber wir können uns wenigstens fragen in bezug auf Volkspädagogik und dergleichen: Was ist vonnöten, damit das soziale Leben bewußt dem innerlichen antisozialen Leben entgegengestellt werden könne? Was ist da vonnöten? Ich sagte, es sei schwierig in unserer Zeit, das rechte Interesse von Mensch zu Mensch zu finden. Sie haben nicht das rechte Interesse, wenn Sie glauben, Sie können sich für eine Hundertfranken-Note etwas kaufen, und denken nicht daran, daß dies ein soziales Verhältnis bedingt zu soundso vielen Menschen und ihren Arbeitskräften. Erst dann haben Sie das rechte Interesse, wenn Sie jede solche Scheinhandlung, wie das Eintauschen von Waren für eine Hundertfranken-Note, durch die wirkliche Handlung, die mit ihr verbunden ist, ersetzen können in Ihrem Bilde.

Sehen Sie, die bloßen, ich möchte sagen, egoistischen, das Herz erwärmenden Redereien davon, daß wir unsere Mitmenschen lieben und diese Liebe ausführen, wenn wir gerade die allernächste Gelegenheit dazu haben, die machen das soziale Leben nicht aus. Diese Liebe ist zumeist eine furchtbar egoistische Liebe. Gar mancher unterstützt von dem, was er erst, man kann sagen erbeutet, in patriarchalischer Weise seine Mitmenschen, um sich dadurch ein Objekt zu schaffen für seine Selbstliebe, weil er sich da recht innerlich wärmen kann in dem Gedanken: Du tust das, du tust das. Man kommt nicht darauf, wie ein großer Teil der sogenannten Wohltätigkeitsliebe maskierte Selbstliebe ist.

Darum handelt es sich nicht, daß man bloß dieses Allernächste, eigentlich unserer Eigenliebe Frönende ins Auge faßt, sondern darum handelt es sich, daß man sich verpflichtet fühlt, den Blick hinzulenken auf die mannigfaltig verästelte soziale Struktur, in der wir drinnenstehen. Dazu müssen wir wenigstens die Grundlagen schaffen. Diese Grundlagen zu schaffen, sind heute sogar die wenigsten Menschen geneigt.

Ich möchte wenigstens vom Standpunkte der Volkspädagogik einen Satz besprechen, und das ist der: Wie können wir überhaupt den sich auf naturgemäße Weise entwickelnden antisozialen Trieben die sozialen Triebe entgegenstellen, bewußt entgegenstellen? Wie können wir sie so kultivieren, daß sich wirklich in uns anspinnt und immer weiter- und weitergeht und uns keine Ruhe läßt, wenn es nicht weitergeht, das Interesse von Mensch zu Mensch, das gerade in unserem Zeitalter der Bewußtseinsseele furchtbar geschwunden ist? Es sind ja Abgründe in unserem Zeitalter schon aufgerissen zwischen Mensch und Mensch! In einer Weise, wie es die Menschen gar nicht ahnen, gehen sie heute aneinander vorbei, ohne sich im geringsten zu verstehen. Die Sehnsucht, wirklich einzugehen auf den anderen Menschen, auf seine besondere Eigentümlichkeit, die ist heute eine sehr geringe. Wir haben auf der einen Seite den Schrei der Sozialität und auf der anderen Seite immer mehr und mehr das Einreißen des reinen antisozialen Triebes. Wie blind heute die Menschen aneinander vorbeigehen, das sieht man dann, wenn diese Menschen in den mannigfaltigsten Gesellschaften und Sozietäten sich vereinigen. Die sind heute oftmals für die Menschen durchaus nicht eine Gelegenheit, Menschenkenntnis sich zu erwerben. Die Menschen können heute jahrelang mit anderen Menschen zusammensein und sie nicht genauer kennen als sie sie kannten, als sie mit ihnen bekannt geworden sind. Gerade das ist notwendig, daß man, ich möchte sagen, in systematischer Weise in Zukunft zu dem Antisozialen das Soziale bringt. Innerlich-seelisch gibt es dafür verschiedene Mittel, unter anderem, wenn wir versuchen, öfter einmal im Leben auf unser eigenes diesmaliges Leben, auf die diesmalige Inkarnation zurückzublicken, wenn wir zu überschauen versuchen dasjenige, was sich abgespielt hat in unserem Leben zwischen uns und anderen Menschen, die in dieses Leben hereingetreten sind. Wenn wir da ehrlich sind heute, werden wir uns, wenigstens die meisten Menschen, sagen: Dieses Hereintreten von vielen Menschen in unser Leben, das betrachten wir heute doch zumeist so, daß wir unsere eigene Person auch in den Mittelpunkt unserer Lebensrückschau stellen. Was haben wir gehabt von dieser oder jener Person, die in unser Leben eingetreten ist? Das fragen wir uns ganz empfindungsgemäß. Das ist gerade etwas, was wir bekämpfen sollten. Wir sollten versuchen, im Bilde auftauchen zu lassen vor unserer Seele die Personen, die als Lehrer, Freunde, sonstige Förderer in unser Leben eingriffen, oder solche Personen, die uns geschädigt haben und denen wir von gewissen Gesichtspunkten aus manchmal mehr verdanken als jenen, die uns genützt haben. Diese Bilder sollten wir vor unserer Seele vorüberziehen lassen, uns ganz lebendig vorstellen, was jeder an unserer Seite für uns getan hat. Und wir werden sehen, wenn wir auf diese Weise verfahren, daß wir allmählich uns selber vergessen lernen, daß wir finden, wie eigentlich fast alles, was an uns ist, gar nicht da sein könnte, wenn nicht diese oder jene Personen fördernd oder lehrend, oder sonst irgendwie in unser Leben eingegriffen hätten. Dann erst, namentlich wenn wir zurückschauen auf länger vergangene Jahre und auf die Personen, mit denen wir vielleicht nicht mehr in Beziehung stehen, denen gegenüber wir leichter zur Objektivität kommen, wird sich uns zeigen, wie die seelische Substanz unseres Lebens aufgesogen wird von dem, was auf uns Einfluß genommen hat. Unser Blick erweitert sich über eine Schar, die im Laufe der Zeit an uns vorübergegangen ist. Wenn wir versuchen, Sinn dafür zu entwickeln, wieviel wir zu danken haben der einen oder der anderen Person, versuchen, in dieser Weise uns selber im Spiegel derjenigen zu sehen, die im Laufe der Zeit auf uns gewirkt haben und mit uns zusammen waren, dann löst sich allmählich – wir werden das erfahren können – ein Sinn von uns los, der im folgenden besteht: Weil wir uns geübt haben, Bilder von in der Vergangenheit mit uns zusammenhängenden Persönlichkeiten zu finden, so löst sich von unserer Seele ein Sinn los, nun auch dem Menschen gegenüber zu einem Bilde zu kommen, dem wir in der Gegenwart gegenübertreten, dem wir dann von Angesicht zu Angesicht in der Gegenwart gegenüberstehen. Und das ist das ungeheuer Wichtige, daß in uns der Trieb erwacht, nicht bloß den Menschen,

210

wenn wir ihm gegenüberstehen, nach Sympathien und Antipathien zu empfinden, nicht bloß in uns den Trieb erwachen zu lassen, irgend etwas am Menschen zu lieben oder zu hassen, sondern ein liebe- und haßfreies Bild, wie der Mensch ist, in uns zu erwecken. Sie werden vielleicht nicht empfinden, daß das, was ich jetzt sage, etwas ungeheuer Wichtiges ist. Es ist etwas Wichtiges. Denn diese Fähigkeit, ohne Haß und Liebe ein Bild des anderen Menschen in sich gegenwärtig zu machen, den anderen Menschen seelisch in sich auferstehen zu lassen, das ist eine Eigenschaft, die mit jeder Woche in der Entwickelung der Menschen, ich möchte sagen, mehr oder weniger dahinschwindet, das ist etwas, was die Menschen nach und nach ganz verlieren. Sie gehen aneinander vorbei, ohne daß der Trieb in ihnen erwacht, den anderen Menschen in sich auferwachen zu lassen. Das ist aber etwas, was bewußt gepflegt werden muß. Das ist etwas, was auch in die Kinder- und Schulpädagogik einziehen muß: diese Fähigkeit, am Menschen das imaginative Vermögen zu entwickeln. Denn am Menschen können wir zunächst wirklich das imaginative Vermögen entwickeln, wenn wir uns nicht scheuen, statt dessen, was heute in den Sensationen des Lebens angestrebt wird, still in uns selbst jene Rückschau zu machen, die uns die vergangenen Beziehungen zu den Menschen vor die Seele stellt. Dann werden wir auch in die Lage kommen, imaginativ uns zu verhalten zu den Menschen, die in der Gegenwart uns gegenübertreten. Dann stellen wir den sozialen Trieb dem entgegen, was sich ganz notwendig und unbewußt immer mehr entwickelt: dem antisozialen Trieb. Das ist das eine.

Das andere ist etwas, was mit dieser Rückschau der Beziehungen zu Personen verknüpft werden kann: daß wir versuchen, uns selber immer objektiver zu werden. Da müssen wir wiederum in frühere Zeiten zurückgehen. Da können wir aber, ich möchte sagen, direkt losgehen auf die Tatsachen selbst, zum Beispiel darüber nachdenken, wenn Sie, sagen wir, dreißig, vierzig Jahre alt sind: Ja, wie war es denn damals, als ich zehn Jahre alt war? Ich will mich zuerst einmal so ganz in der Situation drinnen vorstellen, ich will mich so vorstellen, wie wenn ich einen anderen zehnjährigen Jungen oder ein zehnjähriges Mädchen mir vorstelle; ich will einmal vergessen, daß ich das gewesen bin, ich will mich wirklich bemühen, mich zu verobjektivieren. Dieses Sich-Verobjektivieren, dieses sich in der Gegenwart loslösen von seiner Vergangenheit, dieses Herausschälen des Ich aus seinen Erlebnissen, das müssen wir in der Gegenwart besonders anstreben; denn die Gegenwart hat die Tendenz, das Ich immer mehr und mehr zu verknüpfen mit den Erlebnissen. Heute will der Mensch ganz instinktiv das sein, was ihm seine Erlebnisse geben. Deshalb ist es ja so schwer, die Aktivität zu erlangen, welche die Geisteswissenschaft gibt. Da muß man jedesmal neu den Geist anstrengen, da kann man sich nicht aufs Behalten verlegen. – Sie werden ja auch wirklich bemerken: mit dem Behalten, mit dem bequemen Behalten läßt sich in der wahren Geisteswissenschaft nichts machen. Man vergißt die Dinge, muß sie immer wieder pflegen; das ist aber gerade gut, das ist gerade das Richtige, daß man sich immer von neuem anstrengen muß. Derjenige nämlich, der recht fortgeschritten ist gerade in bezug auf das geisteswissenschaftliche Gebiet, der versucht jeden Tag, die allerelementarsten Dinge sich vor Augen zu führen; die andern schämen sich, dies zu tun. In der Geisteswissenschaft soll nichts davon abhängen, daß man sich die Sache gedächtnismäßig merkt, weil ja alles darauf ankommt, daß man es im unmittelbaren Erleben der Gegenwart anfaßt. Und so handelt es sich darum, daß wir uns gerade zu dieser Fähigkeit hinordnen dadurch, daß wir uns verobjektivieren, daß wir uns diesen Kerl oder diese Kerlin so vorstellen, als wenn es ein uns fremdes Wesen in früheren Lebensaltern wäre, uns immer mehr bemühen, loszukommen von den Erlebnissen, immer weniger und weniger als Dreißigjähriger noch so zu sein, daß eigentlich nur die Impulse des Zehnjährigen noch nachspuken. Uns loslösen von unserer Vergangenheit, das ist nicht etwas, was unsere Vergangenheit verleugnen heißt – wir gewinnen sie auf andere Weise wiederum zurück; aber das ist etwas, was ungeheuer wichtig ist. Also auf der einen Seite pflegen wir bewußt den sozialen Trieb, den sozialen Impuls, indem wir uns die Imaginationen für den Menschen der Gegenwart verschaffen dadurch, daß wir auf die Menschen, die in der Vergangenheit in Beziehung mit uns gewesen sind, hinsehen und uns selber seelisch wie das Produkt dieser Menschen ansehen. Auf der anderen Seite gewinnen wir durch unsere Verobjektivierung die Möglichkeit, direkt die Imagination von uns selbst zu entwickeln. Diese Verobjektivierung in frühere Zeiten nützt uns dann, wenn sie nicht unbewußt in uns wirkt. Denken Sie nur: Wenn unbewußt der zehnjährige Kerl oder die zehnjährige Kerlin in Ihnen weiterwirkt, so sind Sie, der Dreißigjährige oder Vierzigjährige, vermehrt um den Zehnjährigen; aber Sie sind auch vermehrt um den Elf-, Zwölfjährigen und so weiter. Der Egoismus ist ungeheuer potenziert. Er wird immer geringer und geringer, wenn Sie das Frühere von sich absondern, wenn Sie es verobjektivieren, wenn es mehr Gegenstand wird. Das ist das, was bedeutungsvoll ist, was wir ins Auge fassen müssen.

Und so wird Grundvoraussetzung sein – das sollte heute eigentlich dem Volke, das unverständig, in illusionistischer Weise soziale Forderungen erhebt, immer klarer und klarer gemacht werden –: Es sollte Einsicht herrschen, wie der Mensch erst sich selber zum sozial wirkenden Wesen macht in dem Zeitalter, in dem gerade die antisozialen Triebe zur Erhöhung der Menschennatur herauskommen müssen.

Was wird dann geschaffen? Die ganze Bedeutung dessen, was ich jetzt auseinandergesetzt habe, finden Sie, wenn Sie folgendes bedenken. Sehen Sie, 1848, da erschien die erste gewissermaßen wirksame Schrift, die heute nachwirkt selbst im radikalsten Sozialismus, im Bolschewismus: «Das Kommunistische Manifest» von *Karl Marx*, worin zusammengefaßt war dasjenige, was in den Köpfen und auch in den Herzen des Proletariers vielfach herrscht. Karl Marx hat die proletarische Welt zu erobern vermocht aus dem einfachen Grunde, weil er das gesagt hat, was der Proletarier versteht, was er dadurch, daß er proletarisch ist, denkt. 1848 ist dieses «Kommunistische Manifest», dessen Inhalt ich Ihnen nicht auseinanderzusetzen brauche, erschienen. Es war das erste Dokument, die erste Aussaat zu dem, was jetzt, nachdem andere widerstrebende Dinge zerstört worden sind, eben als Frucht aufgeht. Ein Wort enthält dieses Dokument, einen Satz, den Sie heute fast in jeder sozialistischen Schrift zitiert finden: «Proletarier aller Länder, vereinigt euch!» Das ist ein Satz, der durch alle möglichen sozialistischen Vereinigungen ging: «Proletarier aller Länder, vereinigt euch!» Was drückt er denn aus? Er drückt aus das Aller-

allerunnatürlichste, das man sich für unser Zeitalter denken kann. Er drückt aus einen Impuls für die Sozialisierung, für die Vereinigung einer gewissen Menschenmasse. Worauf soll diese Vereinigung, diese Sozialisierung gebaut werden? Auf den Gegensatz, auf den Haß gegen diejenigen, die nicht Proletarier sind. Die Sozialisierung, das Zusammensein der Menschen, soll gebaut werden auf dem Auseinandersein! Sie müssen das nur bedenken, und Sie müssen die Realität dieses Prinzips verfolgen in dem, was heute als reale Illusion – wenn ich den Ausdruck gebrauchen darf, Sie werden ihn verstehen – zuerst in Rußland aufgetreten ist, jetzt auch in Deutschland, in den österreichischen Ländern, und immer weiter- und weiterfressen wird. Deshalb ist es das Unnatürlichste, weil es auf der einen Seite ausdrückt die Notwendigkeit der Sozialisierung und auf der andern Seite diese Sozialisierung gerade gebaut wird auf dem antisozialsten Instinkt, nämlich dem Klassenhaß, dem Klassengegensatz.

Solche Dinge muß man aber eben nur im höheren Lichte betrachten, sonst kommt man nicht weit; sonst kommt man vor allen Dingen nicht zu einem heilsamen Eingreifen in den Gang der Menschheitsentwickelung an dem Platze, an dem man steht. Und es gibt heute kein Mittel außer der Geisteswissenschaft, diese Dinge wirklich im umfassenden Sinne zu sehen, das heißt seine Zeit zu verstehen. Geradeso wie man sich davor scheut, einzugehen auf das, was als Geist und Seele dem physischen Menschen zugrunde liegt, so scheut man sich, so will man auch – weil man Furcht hat, mutlos ist – nicht eingehen auf dasjenige, was man im sozialen Leben nur mit dem Geist erfassen kann. Die Leute fürchten sich davor, machen sich Binden vor die Augen, stecken, wie der Vogel Strauß, den Kopf in den Sand vor solchen allerdings sehr realen, bedeutungsvollen Dingen: daß wenn Mensch dem Menschen gegenübersteht, der eine Mensch immer einzuschläfern bemüht ist, und der andere Mensch sich immerfort aufrecht erhalten will. Das ist aber, um im Goetheschen Sinne zu sprechen, das Urphänomen der Sozialwissenschaft. Aber es greift hinaus über dasjenige, was ein bloß materialistisches Denken zu wissen vermag, es greift hinein in dasjenige, was nur erfaßt werden kann, wenn man weiß, daß man im menschlichen Leben nicht nur schläft, wenn man auf der faulen Haut liegt und grobklotzig schläft, stundenlang schläft, sondern daß auch in das sogenannte wache Leben fortwährend die Tendenz des Schlafens hineinspielt, daß eigentlich dieselben Kräfte, die uns morgens aufwachen und abends einschlafen lassen, fortwährend im alleralltäglichsten Leben spielen und in ihrem Spiele mitverwirklichen das Soziale und Antisoziale. Es kann nichts werden aus allem Denken über menschliche soziale Ordnung, es kann nichts werden aus der einzelnsten Einrichtung, wenn man sich nicht bemüht, diese Dinge wirklich ins Auge zu fassen.

Von diesem Gesichtspunkte ausgehend ist es notwendig, auch vor den sich über die Erde verbreitenden Tatsachen den Blick nicht blind zu machen für diese Tatsache, sondern hinzuschauen auf dasjenige, was über die Erde zieht. Der Sozialist von heute, was denkt er? Er denkt, er kann soziale Maximen, sozialistische Maximen ausdenken, oder die Menschen über alle Länder der Erde aufrufen: «Proletarier aller Länder, vereinigt euch!», und dann muß es möglich sein, über die ganze Erde international, wie man heute sagt, so eine Art Paradies herzustellen.

Nun, das ist eine der größten Illusionen, und eine der verderblichsten, die es geben kann! Die Menschen sind nicht nur der abstrakte Mensch, sondern sie sind konkrete Menschen. Dasjenige, was zugrunde liegt, ist, daß jeder Mensch eine Individualität ist. Das versuchte ich geltend zu machen in meiner «Philosophie der Freiheit» gegenüber dem nivellierenden Kantianismus und Sozialismus. Aber die Menschen sind auch nach Gruppen über die Erde hin differenziert. Und eine dieser Differenzierungen wollen wir besprechen, damit wir sehen können, daß man nicht einfach sagen kann: Du fängst im Westen an, und führst durch den Osten und über die ganze Erde hin eine gewisse soziale Ordnung durch, bis du wieder zurückkommst. Wie man eine Weltreise gemacht hat in früheren Zeiten, so möchte man den Sozialismus heute über die ganze Erde verbreiten, und man betrachtet die Erde als eine Kugel, wo man, wenn man im Westen anfängt, im Osten ankommt. Die Menschen sind über die Erde hin differenziert, und in der Differenzierung lebt gerade wiederum ein Impuls, wenn ich den Ausdruck gebrauchen darf, ein Motor des Fortschritts. In dieser Weise sehen Sie es veranlagt, daß gerade ganz besonders die Bewußtseinsseele zum Ausdruck kommen muß in unserem Zeitalter. Ich möchte sagen: Durch ihr Blut, durch ihre Geburtsanlagen, durch ihre Vererbungsanlagen darauf eingerichtet, daß der Menschheit die Bewußtseinsseele eingeprägt wird, sind eigentlich nur die Menschen der englisch sprechenden Bevölkerung in unserer Zeit. So ist einmal die Menschheit differenziert. Die Menschen der englisch sprechenden Bevölkerung sind heute dafür besonders veranlagt, die Bewußtseinsseele auszubilden, so daß sie in einer gewissen Weise die repräsentativen Menschen für diese fünfte nachatlantische Zeit sind; sie sind dafür ausgebildet.

Die Menschen des Ostens müssen in anderer Weise die richtige Entwickelung der Menschheit repräsentieren, bewirken. Bei den Menschen des Ostens, schon beginnend bei der russischen Bevölkerung, dann mit dem ganzen asiatischen Hintervolke, das nur die Nachschübe bilden wird, ist es so, daß nun gerade ein Anstürmen, ein Sichsträuben gegen dieses Instinktiv-Selbstverständliche in der Entwickelung der Bewußtseinsseele stattfindet. Die Menschen des Ostens wollen dasjenige, was das hauptsächlichste Seelenvermögen in unserer Zeit ist, den Intellekt, nicht mit Erlebnissen vermischen; das wollen sie loslösen und es aufsparen für das folgende Zeitalter, für den sechsten nachatlantischen Zeitraum, wo dann ein Zusammenschluß stattfinden soll, nun nicht mit dem Menschen, wie er heute ist, sondern mit dem dann entwickelten Geistselbst. Also während die charakteristische Kraft unseres Zeitraumes wegen der Zeitentwickelung gerade vom Westen aus da ist, und zwar von der englisch sprechenden Bevölkerung besonders kultiviert werden kann, sind wiederum die Menschen des Ostens als Volkstum – der Einzelne ist damit nicht gemeint, er ragt als eine Individualität immer aus seinem Volkstum heraus, es handelt sich ums Volkstum – dazu da, gerade das nicht aufkommen zu lassen in ihren Seelenkräften, was das Charakteristische des Zeitraums ist, damit sich keimhaft in ihnen dasjenige entwickeln kann, was erst für den folgenden Zeitraum, der im vierten Jahrtausend beginnen wird, das ganz besonders Maßgebende ist. So ist das einmal, daß im Menschenleben und Menschenwesen Gesetzmäßigkeit ist. In bezug auf die Natur wundern sich die Menschen heute nicht, daß sie, sagen wir, Eis nicht anzünden können, daß da alles einer Gesetzmäßigkeit unterliegt. Aber in bezug auf die soziale Struktur der Menschheit, da glauben die Menschen, daß man in Rußland zum Beispiel nach denselben sozialen Grundsätzen eine soziale Struktur bewirken kann wie in England oder Schottland oder gar in Amerika. Das kann man nicht; denn die Welt ist gesetzmäßig organisiert, und nicht so, daß man willkürlich überall alles tun kann. Das ist dasjenige, was ins Auge zu fassen ist.

Und in den Mittelländern ist nun eben gerade der mittlere Zustand. Da ist es so, daß man, wie man sagen könnte, in einem labilen Gleichgewichte ist nach der einen und nach der anderen Seite hin. So daß Sie die Bevölkerung über die Erde hin dreigegliedert haben. Sie können nicht sagen: «Proletarier aller Länder, vereinigt euch!», denn diese Proletarier sind auch dreigliedrig differenziert. Dreigliedrig ist die Bevölkerung. Sehen wir noch einmal die Bevölkerung des Westens an, so finden wir für alle, die englisch sprechen – als Volkstum, der Einzelne kann sich sehr herausheben –, eine besondere Begabung, eine besondere Veranlagung, eine besondere Mission, diese Bewußtseinsseele auszubilden, das heißt, im Zeitalter der Bewußtseinsseele die charakteristischen Eigenschaften in dem Seelenglied nicht loszureißen, sondern die Ausbildung der Intelligenz, die besondere Eigenheit der Intelligenz mit den Erlebnissen zu verbinden. Selbstverständlich, instinktiv, möchte ich sagen, triebmäßig sich in die Welt hineinzustellen als Bewußtseinsseelenmensch, darauf beruht die ganze Größe in der Ausbreitung des Britischen Reiches! Darinnen liegt das Urphänomen in der Ausbreitung des Britischen Reiches, daß dasjenige, was in der Anlage seiner Menschen beruht, gerade zusammenfällt mit dem innersten Impuls dieses Zeitalters. Sie wissen, das Wesentliche über das alles finden Sie schon in meinem Vortragszyklus über die europäischen Völkerseelen, da ist ja alles dieses schon enthalten, in jenem Vortragszyklus, der lange vor dem Kriege gehalten worden ist, und der eigentlich das wesentlichste Material zur objektiven Beurteilung dieser kriegerischen Katastrophe bietet.

Nun bedingt gerade diese Veranlagung, die mit der Entwickelung der Bewußtseinsseele zusammenhängt, daß bei der englisch sprechenden Bevölkerung vorliegt die besondere Geeignetheit für das politische Leben. Man kann studieren, wie die politische Art, Gesellschaften, Strukturen einzuteilen, sich von England aus überall hin verbreitet hat, wo aus dem älteren vierten nachatlantischen Zeitraum die Dinge geblieben sind – die sind, so wie sie da sind, zurückgeblieben – bis in die ungarische Komitateneinteilung mit dem Obergespan an der Spitze; also bis in diese turanischen Volksglieder Europas hinein hat sich verbreitet dieses politische Denken Englands, weil eben nur aus diesem Blute heraus dieses politische Denken des fünften nachatlantischen Zeitraums kommen kann. Für Politik sind diese Leute besonders veranlagt. Es hilft nicht, heute ein Urteil zu fällen über diese Dinge – da entscheiden nur Notwendigkeiten. Es kann einem sympathisch oder antipathisch sein, das ist Privatangelegenheit. Für die Angelegenheiten der Welt aber entscheiden objektive Notwendigkeiten. Es ist wichtig, sich diese objektiven Notwendigkeiten gerade heute im Zeitalter der Bewußtseinsseele vor Augen zu führen.

Goethe hat in seinem «Märchen von der grünen Schlange und der schönen Lilie» die Kräfte, die in der menschlichen Seele sind, als drei Glieder angeführt: Gewalt, Schein oder Erscheinung, Erkenntnis und Weisheit – der eherne König, der silberne König, der goldene König. In diesem Märchen ist, wenn man von Herrschaftsverhältnissen spricht, vieles in einer sonderbaren Weise ausgesprochen, was sich heute vorbereitet und immer weiter- und weitergehen wird. So muß man eben darauf hinweisen, daß dasjenige, was Goethe symbolisiert mit dem ehernen König, dem Impuls der Gewalt, sich über die Erde hin ausbreitet von der englisch sprechenden Bevölkerung aus. Das ist wegen des Zusammenfallens der Bewußtseinsseelenkultur mit der besonderen Anlage des Britentums und des Amerikanertums eine Notwendigkeit.

Sehen Sie, in den Mittelländern, die jetzt schon in das Chaos mit hineingerissen sind, da ist ein labiles Gleichgewicht zwischen dem Hinneigen des Intellekts zu der Bewußtseinsseele und dem sich Losreißenwollen, und daher überwiegt einmal das eine, dann das andere. Da ist eine ganz andere Tendenz. Die Mittelländer sind alle nicht zur

Politik veranlagt. Wenn sie politisch sein wollen, sind sie sehr dazu veranlagt, aus der Realität herauszufallen, die immer da ist, wenn das politische Denken in der anglo-amerikanischen Bevölkerung erdfest dasteht, verankert in der Seele. In den Mittelländern ist die zweite der Seelenkräfte herrschend: Schein, Erscheinung. Diese Mittelländer bringen auch die Intellektualität mit besonderem Glanz in Erscheinung. Vergleichen Sie damit irgend etwas, was von der englisch sprechenden Bevölkerung ausgeht in bezug auf Gedanken: diese Gedanken sind fest zusammenhängend mit der erdfesten Realität. Nehmen Sie die glänzenden Leistungen gerade des deutschen Geistes, so finden Sie, es ist mehr eine ästhetische Gestaltung der Gedanken, wenn diese ästhetische Gestaltung auch die logische Form annimmt. Da ist besonders hervorragend, wie man einen Gedanken zum andern hinüberleitet, weil dann das, was besondere Veranlagungen hat, in Dialektik, in ästhetischer Durcharbeitung der Gedanken erscheint. Will man das auf die erdfeste Realität anwenden, will man gar Politiker damit werden, so kann man leicht unwahr werden, kann man leicht auf diese Weise in den sogenannten träumerischen Idealismus hineinkommen, wo man Einheitsreiche begründen will, wo man schwärmt für Einheitsreiche durch Jahrzehnte, und nachher Gewaltreiche begründet, von dem einen ins andere verfällt. Es ist niemals irgendwo das politische Leben so in zwei Kontrasten zusammengestoßen wie die deutschen Einheitsträume von 1848 mit dem, was dann begründet wurde 1871. Da sehen Sie das Schwanken, das Hin- und Herpendeln dessen, was eigentlich nach der ästhetischen Gestaltung strebt, und was unwahr werden, Scheingebilde, Traumgebilde werden kann, wenn es sich auf den Boden der Politik stellen will. Denn da ist keine Anlage zur Politik; wenn politisiert wird, wird geträumt oder gelogen. – Das sind Dinge, die durchaus nicht mit Sympathie oder Antipathie gesagt werden dürfen, auch nicht gesagt werden dürfen, um anzuklagen oder freizusprechen, sondern die gerade gesagt werden, weil sie entsprechen auf der einen Seite der Notwendigkeit, auf der andern Seite der Tragik. Das sind Dinge, die man eben ins Auge fassen muß.

Und dann blicken Sie nach dem Osten, auf das, was sich da vorbereitet. Da geht die Sache so weit, daß man, wenn man etwas radikal spricht, sagen kann: Nun, der Deutsche, wenn er politisch werden will, so verfällt er ins Träumen, in den Idealismus; wenn es gut wird, in den schönen Idealismus, wenn es schlimm wird, in die Unwahrhaftigkeit. Der Russe, wenn er politisch werden will, wird überhaupt krank, oder stirbt daran, am Politischwerden. Er ist so gar nicht veranlagt dafür, daß er daran krank wird, daß er daran stirbt. Das ist nur etwas deutlich, radikal ausgesprochen, aber die Erscheinung ist diese. Es ist gar nichts in der russischen Volksseele, was innerlich verwandt ist mit dem Gründlichen dieses Politischen der englischen oder amerikanischen Volksseele. Dafür ist eben dieser Osten veranlagt, hinüberzutragen den Intellekt, den er loslöst von dem selbstverständlichen Verknüpftsein mit den Erlebnissen, in das künftige Zeitalter des Geistselbstes.

So muß man kennen, wie die Anlagen der Menschen über die Erde hin differenziert sind. Und das drückt sich aus bis in die bedeutsamsten Erlebnisse hinein. Sie alle kennen aus den verschiedensten Besprechungen, die gepflogen worden sind, dasjenige, was man nennt im höheren übersinnlichen Erleben die Begegnung mit dem Hüter der Schwelle. Auch die Begegnung mit dem Hüter der Schwelle hat Differenzierungen. Natürlich, wenn die Einweihung, die Initiation völlig unabhängig erfolgt von jedem Volkstum, da ist die Begegnung mit dem Hüter der Schwelle auch allseitig. Wird aber von einseitigen Menschen oder Gesellschaften eine Einweihung besorgt, und geschieht sie volkstümlich, so differenziert sich auch das Erlebnis mit dem Hüter. Es ist der Mensch, welcher der englisch sprechenden Bevölkerung angehört, wenn er nicht von höheren Geistern, die ja führend sind, sondern vom Volksgeist initiiert wird, vorzugsweise dafür veranlagt, zur Schwelle diejenigen geistigen Wesenheiten mit hinzubringen, die uns als ahrimanische Geister fortwährend in der Welt hier umgeben, die uns begleiten, wenn wir zur Schwelle nach der übersinnlichen Welt hingehen, und die wir dann mitnehmen können, wenn sie gewissermaßen eine Neigung für uns entwickeln. Sie führen uns vor allen Dingen zum Anblick der Mächte von Krankheit und Tod. So daß Sie von den weitaus meisten in anglo-amerikanischen

Ländern in die übersinnlichen Geheimnisse Eingeweihten, die an die Schwelle getreten sind, hören werden, daß sie als dem wichtigsten Erlebnisse einer Erkenntnis der übersinnlichen Welt zuerst begegnet sind denjenigen Mächten, die Krankheit und Tod aussprechen. Sie lernen das als etwas außer ihnen Stehendes kennen.

Gehen Sie in die Mittelländer, und wirkt da der Volksgeist mit bei der Initiation, hebt man den zu Initiierenden nicht heraus aus dem Volkstum zum Allmenschlichen, sondern wirkt der Volksgeist mit, so ist da das erste, das bedeutendste Ereignis, daß man aufmerksam wird auf jene Kämpfe, welche stattfinden zwischen gewissen Wesenheiten, die nur der geistigen Welt angehören, die jenseits des Stromes stehen, und gewissen Wesenheiten, die hier in der physischen Welt stehen, diesseits des Stromes, aber unsichtbar für das gewöhnliche Bewußtsein. Da findet ein fortwährender Kampf statt. Auf diesen Kampf wird man in den Mittelländern zunächst aufmerksam. Dieser Kampf, auf den man da aufmerksam wird, pulsiert an der Schwelle dadurch herauf, daß man in den Mittelländern, wenn man ein ernster Wahrheitssucher ist, namentlich durchtränkt ist von den Mächten des Zweifels. Man wird bekannt mit all dem, was die Mächte des Zweifels sind, was die Mächte der Vielseitigkeit sind. Man ist in westlichen Gebieten viel mehr geneigt, sich mit einer geraden Wahrheit zufriedenzugeben; in den Mittelländern fällt einem sogleich die andere Seite der Sache ein. Man schwebt eben da auch in bezug auf das Wahrheitssuchen im Labilen: Jedes Ding hat zwei Seiten. Man ist ein Philister, wenn man in den Mittelländern überhaupt einer geraden, einseitigen Behauptung sich hingibt. Das muß man aber auch tragisch erleiden, wenn man an die Schwelle kommt. Man muß da aufmerksam darauf werden, wie dieser Kampf, der an der Schwelle stattfindet zwischen den Geistern, die nur dem Geistleben, und denen, die nur der sinnlichen Welt angehören, alles das bedingt, was im Innern des Menschen den Zweifel hervorruft, das Schwanken in bezug auf die Wahrheit, die Notwendigkeit, sich zu der Wahrheit erst erziehen zu lassen, nichts auf die anerkannten Impulse der Wahrheit zu geben.

Gehen Sie nach den Ostländern und fragen, und es steht da der Volksgeist Pate bei dem zu Initiierenden, wenn da der Mensch also an die Schwelle geführt wird unter Patenschaft des Volksgeistes, dann sieht derjenige, der diesen östlichen Völkerschaften angehört, vor allen Dingen alle die Geister, welche auf die menschliche Selbstsucht wirken. All das sieht er, was Veranlassung geben kann zur menschlichen Selbstsucht. Das sieht zum Beispiel der Westländer, der an die Schwelle tritt, nicht als erstes. Er sieht die Geister, welche als Krankheit und Tod im weitesten Sinne, als lähmende, als zerstörende, nach abwärts führende Kräfte in die Welt und Menschheit eindringen. Derjenige, der im Osten initiiert wird, sieht zuerst an der Schwelle all das, was an den Menschen herantritt, um ihn zur Selbstsucht zu verleiten.

Daher ist das Ideal, welches vor allen Dingen im Westen aus der Initiation hervorgeht: Gesund zu machen, die Menschen gesund zu erhalten, zu bewirken, daß für alle Menschen äußere gesundheitliche Entwickelungsmöglichkeit da sei. Im Osten geht vor allen Dingen, selbst aus dem instinktiven Bekanntsein, dem nur religiösen Bekanntsein mit dem Initiationstum, der Drang hervor, sich klein zu fühlen dem Erhabenen der geistigen Welt gegenüber. Denn es sind die Mächte, die einem zuerst aus der geistigen Welt entgegenkommen. Auf das Erhabene wird der Mensch des Ostens der geistigen Welt gegenüber zunächst hingewiesen, darauf, die Selbstsucht zu kurieren, auszutreiben die Selbstsucht, weil er auf ihre Gefahren verwiesen wird. Selbst im äußeren Volkscharakter drückt sich das im Osten aus. Und manches, was dem Westländer unsympathisch ist an dem östlichen Volkscharakter, das rührt davon her, was sich gerade an der Schwelle zeigt.

So differenzieren sich gerade dann die menschlichen Eigenschaften, wenn wir auf die innere Entwickelung, auf die innere Gestaltung des Geistig-Seelischen am Menschen sehen. Das ist wichtig, daß man von diesen Dingen den Blick nicht abwendet. Sie konnten in gewissen okkulten Kreisen der englisch sprechenden Bevölkerung, dort, wo man mit diesen Dingen bekannt ist – wenn auch gerade unter Patenschaft des Volksgeistes –, in der ganzen zweiten Hälfte des neunzehnten Jahrhunderts prophetisch hingewiesen finden auf Dinge, die sich heute vollziehen. Denken Sie, was es geheißen hätte, wenn die Menschen des übrigen Europa, außer der englisch sprechenden Bevölkerung, sich nicht beide Ohren zugestopft und beide Augen verbunden hätten vor dem Aufmerksammachen auf diese Dinge! Ich will Ihnen eine Formel sagen, die immer wiederum in der zweiten Hälfte des neunzehnten Jahrhunderts da ausgesprochen worden ist, es ist diese: In Rußland muß, damit das russische Volk sich entwickeln kann, der russische Staat verschwinden, denn in Rußland müssen sozialistische Experimente vollführt werden, die niemals in westlichen Ländern vollführt werden können. – Dies ist eine für den Nichtengländer vielleicht unsympathische, aber große, durchgreifende Weisheit, Gescheitheit im höchsten Maße. Und derjenige, der diese Dinge so in sich hat, daß er daran glauben kann als den Impulsen, an deren Verwirklichung er sich beteiligt, der steht eben in seinem Zeitalter wirklich drinnen, während der andere sich heraussetzt.

Diese Dinge müssen ins Auge gefaßt werden. Es war natürlich das berechtigte Los von Mittel- und Osteuropa, sich beide Ohren zu verstopfen und beide Augen blind zu machen vor den okkulten Tatsachen, nicht hinzuhören auf sie, abstrakte Mystik zu treiben, abstrakten Intellektualismus zu treiben, abstrakte Dialektik zu treiben. Aber jetzt beginnt das Zeitalter, wo es so nicht weiter geht! Es ist aus solchen Betrachtungen ja nicht Pessimismus zu holen, nicht Trostlosigkeit zu holen. Nein, Kraft, Mut, Sinn für Bekanntwerden mit dem, was nottut, das ist dasjenige, was wir daraus ersehen. Und in diesem Sinne sollen wir eingedenk sein, daß wir wahrhaftig nicht gegen die Aufgabe des Zeitalters, sondern mit den Aufgaben des Zeitalters uns innerhalb dieser anthroposophisch orientierten geisteswissenschaftlichen Bewegung zu betätigen haben. Seien wir uns klar darüber, was wir sonst verschlafen. Auch zur Ausbildung der sozialen Triebe führt uns wachend und bewußt jene Geisteswissenschaft, die dem Bewußtsein zeigt, was sich sonst dem Bewußtsein verbirgt, die uns zeigt, welche Kräfte der Mensch entwickelt, wenn er frei vom Leibe ist, wie er es von dem Einschlafen bis zum Aufwachen ist. Seien wir uns klar: Wir pflegen die dem Zeitalter notwendigsten Kräfte, wenn wir wachend denken über dasjenige, was unsere Seele doch nur kraftvoll durchdringen kann, wenn wir wachend darüber denken. Sonst werden wir machtlos, wenn wir es nur schlafend entwickeln müssen.

Zwei Mächte wirken in der Gegenwart. Die eine ist die Macht, die in den verschiedenen Metamorphosen des Christus-Impulses seit dem Mysterium von Golgatha durch alle folgenden Zeiten der Erdenentwickelung hindurchgeht. Wir haben öfter davon gesprochen, daß gerade in unseren Jahrhunderten eine Art Wiedererscheinung, nun des ätherischen Christus, stattfinden soll. Gar nicht weit hin ist es zu dieser Wiedererscheinung Christi. Daß er erscheint, ist wiederum etwas, was wahrhaftig nicht Veranlassung zu irgendeinem Pessimismus geben kann, was aber auch nicht Veranlassung geben soll zu einer Sehnsucht, nebulos nur dahinzuleben und sich nur nach sozusagen egoistisch-seelenwärmenden theosophischen Theorien zu erkundigen. Dieser Christus-Impuls in seinen verschiedensten Gestaltungen, er wird auch in der Gestalt, die er jetzt hat, wo er der Menschheit dasjenige verkündigen will, was sich aus der geistigen Welt heraus offenbaren will als spirituelle Weisheit für unser Zeitalter, helfen, daß sich das verwirklichen kann. Es wird sich verwirklichen wollen, und es wird der Christus-Impuls Hilfe sein für diese Verwirklichung. Diese Verwirklichung, sie wird dasjenige sein, worauf es ankommt. Und vor einer wichtigen Entscheidung steht die Menschheit in diesem kritischen Augenblicke. Auf der einen Seite steht der Christus-Impuls, der uns aufruft, aus freiem Seelenentschlusse heraus uns zu dem hinzuwenden, von dem heute gesprochen worden ist, bewußt aufzunehmen die sozialen Impulse, alles das, was der Menschheit heilsam ist und helfen kann, frei aus der Seele heraus aufzunehmen. Deshalb vereinigen wir uns nicht unter solchen Gesichtspunkten, um uns der Liebe, welcher Haß zugrunde liegt, wie in dem Ruf: «Proletarier aller Länder, vereinigt euch!», hinzugeben; sondern wir vereinigen uns, indem wir anstreben, den Christus-Impuls zu verwirklichen und dasjenige zu tun, was der Christus für unsere Zeit will.

Dem steht gegenüber der Widersacher, dasjenige, was die Bibel den widerrechtlichen Fürsten dieser Welt nennt. In den verschiedensten Gestalten macht er sich geltend. Eine dieser Gestalten ist diese: die Kräfte, die uns als Menschen zur Verfügung stehen, um aus freiem Entschluß heraus uns zu solchem zu wenden, wie das ist, von dem heute gesprochen worden ist, diese Kräfte, die in den freien Entschluß gestellt werden sollen, in den Dienst der Körperlichkeit zu stellen. Verschiedene Werkzeuge hat der Widersacher, der widerrechtliche Fürst dieser Welt. Er hat als solche zum Beispiel auch Hunger und soziales Chaos. Da wird durch physische Mittel, durch Zwang dann diejenige Kraft verwendet, die in den Dienst des freien Menschen gestellt werden sollte. Sehen Sie nur hin, wie heute die Menschheit Ihnen auf Schritt und Tritt zeigt: Sie will nicht aus freiem Entschlusse sich zum sozialen Leben und zu der Erkenntnis des wahren Menschenfortschrittes hinwenden, sie will sich zwingen lassen. Sehen Sie, wie dieser Zwang noch nicht einmal so weit geführt hat, daß die Menschen schon irgendwie unterscheiden zwischen dem Geiste der übersinnlichen Welt, zwischen dem Christus-Geiste und dem Widersacher-Geiste, dem widerrechtlichen Fürsten dieser Welt! Da sehen Sie dieses Verhältnis, und Sie können sich sagen, wie es einem ja erklärt, daß heute an vielen Orten die Menschen stehen und sich dagegen sträuben, irgend etwas von geistiger Verkündigung und geistigen Wahrheiten und geistiger Wissenschaft aufnehmen zu wollen: sie sind eben besessen von dem widerrechtlichen Fürsten dieser Welt.

Betrachten Sie sich, indem Sie aus innerstem freien Entschlusse sich dem geistigen Leben zuwenden, einmal im bescheidensten, aber auch im ernstesten und kraftvollsten Sinne als die Missionare für den Christus-Geist in unserer Zeit, als diejenigen, die zu bekämpfen haben den widerrechtlichen Fürsten dieser Welt, der besessen macht alle jene, die nicht aus dem Bewußtsein heraus, sondern aus anderen Kräften heraus sich zwingen lassen wollen, irgend etwas zu verwirklichen, was die Menschheit der Zukunft entgegenführt. Solche Gesinnung führt Sie dann nicht zum Pessimismus, solche Gesinnung läßt Ihnen keine Zeit, die Welt bloß pessimistisch zu betrachten. Sie wird Ihnen nicht die Augen und Ohren davor verschließen, das zum Teil Starke, auch furchtbar Tragische, was geschehen ist, in seiner wahren Gestalt zu sehen. Aber sie wird Ihnen vor allen Dingen das so vor das Seelenauge führen, daß Sie sich sagen: Ich bin jedenfalls dazu berufen, alles ohne Illusionen zu sehen; aber ich habe nicht Pessimismus oder Optimismus zu haben, sondern alles daran zu setzen, damit in meiner eigenen Seele die Kraft erwache, mitzuarbeiten an der freien Entwickelung der Menschen, an dem Fortschritt, auf jenem Platz, an dem ich eben stehe. – Und nicht zum Pessimismus oder Optimismus soll angeregt werden, auch wenn man von geisteswissenschaftlichem Standpunkte aus ohnedies scharf auf Schäden oder Trägheit der Zeit hinweist, sondern es soll dazu angeregt werden, daß der Mensch auf sich stehe, gerade in sich erwache, um zu arbeiten und die richtigen Gedanken zu pflegen. Denn Einsicht ist vor allen Dingen notwendig. Hätten nur genügend Menschen heute den Trieb, sich zu sagen: Wir müssen vor allen Dingen in solche Dinge Einsicht haben, das andere wird kommen! – Und wenn man gerade Einsicht in soziale Dinge haben will, so kommt es darauf an, daß wir für das wache Leben vor allen Dingen den Willen haben, uns Erkenntnisse anzueignen. Die Anspornung des Willens – dafür ist ja gesorgt –, die kommt schon, denn die entwickelt sich. Wenn wir im wachen Leben uns nur ausbilden wollen, uns Vorstellungen machen wollen für das soziale Leben, dann werden wir nach und nach dazu kommen, und zwar nach einem okkulten Gesetze so, daß jeder, der für sich selbst diese Erkenntnisse sucht, sogar immer noch einen anderen mitnehmen kann. Es kann jeder, dem Willen nach, für zwei sorgen. Wir können viel bewirken, wenn wir nur den ernstlichen Willen haben, uns zunächst Einsicht zu verschaffen. Das Fernere würde dann schon kommen. Schlimm ist nicht so sehr, daß heute noch viele Menschen nichts tun können; unendlich schlimm ist es aber, wenn die Menschen sich nicht entschließen können, die sozialen Gesetze geisteswissenschaftlich wenigstens kennenzulernen, sie zu studieren. Das andere wird kommen, wenn sie studiert werden.

Das ist dasjenige, was ich Ihnen mit Bezug auf wichtiges, für die Gegenwart wichtiges Wissen und Erkennen heute mitteilen wollte, und auch mit Bezug auf die Art, wie dieses Erkennen Lebensimpuls werden soll. Hoffentlich können wir in dieser oder jener nicht zu fern liegenden Zeit wiederum einmal über intimere Dinge unserer Geisteswissenschaft sprechen. Hoffentlich auf Wiedersehen!

ACHTER VORTRAG

Dornach, 13. Dezember 1918

Sie werden aus den verschiedenen Betrachtungen, die wir in der letzten Zeit angestellt haben über die sozialen Impulse der neueren Zeit, der Gegenwart und der nächsten Zukunft, ersehen haben, daß in den mancherlei Erscheinungen, die aus diesen Impulsen heraus zutagetreten, sich eines wie eine Grundtendenz geltend macht, allerdings eine Grundtendenz, welche den Verlauf zunächst sehr äußerlich charakterisiert. Wir können sagen: Gewiß, die mannigfaltigsten Erscheinungen treten auf, die mannigfaltigsten Forderungen werden aufgestellt; soziale und antisoziale Weltanschauungen treten auf. Dies oder jenes wird getan aus solchen sozialen und antisozialen Weltanschauungen heraus. Wenn man aber von dem Gesichtspunkte aus, den wir nun gewonnen haben, zusammenfassen will mancherlei in die Frage: Was liegt denn eigentlich zugrunde, was will sich denn da an die Oberfläche der Menschengeschicke und der Menschenentwickelung arbeiten? – so wird man, allerdings zunächst äußerlich, die Sache so charakterisieren können: Der Mensch will auch eine soziale Ordnung haben, er will dem gesellschaftlichen Zusammenleben eine soziale Struktur geben, innerhalb welcher er sich, angemessen unserem Zeitalter der Bewußtseinsseele, bewußt werden kann, was er in seiner Würde als Mensch, in seiner Bedeutung als Mensch, in seiner Kraft als Mensch, was er als Mensch wissen kann. Er will sich als Mensch finden in dieser sozialen Ordnung. – Diejenigen Impulse, die früher instinktiv waren, die haben den Menschen angeleitet, dies oder jenes zu tun, dies oder jenes zu denken, zu empfinden. Diese instinktiven Impulse wollen sich in bewußte Impulse verwandeln. Diese bewußten Impulse im Zeitalter der Bewußtseinsseele, das im fünfzehnten Jahrhundert seinen Anfang genommen hat und bis ins vierte Jahrtausend währen wird, wird der Mensch nur dann richtig in sein Leben hereinbringen können, wenn er sich immer mehr in diesem Zeitalter bewußt wird, was er als Mensch ist und als Mensch vermag auch innerhalb der sozialen Struktur, in der er gesellschaftlich, staatlich oder dergleichen lebt.

Ich habe schon angedeutet, daß dasjenige, was ja doch im Sinne dieses Bewußtseinszeitalters nur von der Geisteswissenschaft richtig, klar durchschaut werden kann, daß das in mehr oder weniger tumultuarischer Art da oder dort zum Vorschein kommt, sowohl in den Ansichten, in den Gedanken der Menschen, als auch in den Ereignissen, in denen der Mensch in der Gegenwart lebt. Es ist zum Beispiel recht charakteristisch, ich möchte sagen erschütternd charakteristisch, was in einer Rede zum Ausdruck kommt, die *Trotzki* gehalten hat. Wenn Sie das nehmen, was ich jetzt über den Willen, den Menschen in den Mittelpunkt der Weltanschauung zu stellen, gesagt habe, so werden Sie solche Worte, wie sie Trotzki sagt, als etwas Erschütterndes vernehmen. Er sagt: Die kommunistische Lehre oder die sozialistische Lehre hat sich als eine ihrer wichtigsten Aufgaben gestellt, auf unserer alten sündigen Erde eine solche Lage zu erreichen, daß die Menschen aufeinander zu schießen aufhören werden. Eine der Aufgaben des Sozialismus oder des Kommunismus ist, eine solche Ordnung zu schaffen, bei welcher der Mensch zum ersten Male seines Namens würdig sein wird. Wir sind gewohnt, zu sagen, das Wort «der Mensch» klinge stolz. Bei *Gorki* ist gesagt: Der Mensch, das klingt stolz. – In Wirklichkeit aber, wenn man diese drei dreiviertel Jahre des blutigen Mordens überblickt, so möchte man ausrufen: Der Mensch, das klingt schändlich!

Jedenfalls sehen Sie hier tumultuarisch auch diese Frage: Wie kann sich der Mensch seines Menschenwesens, seines Menschenwertes und seiner Menschenkraft gleichsam bewußt werden? – gleich im Anfange einer programmatischen Rede in den Mittelpunkt einer Betrachtung gerückt. Und so werden Sie, wenn Sie genauer zusehen, bei vielen Menschen derselben Erscheinung begegnen. Man versteht diese Erscheinung nur – ich meine jetzt die Art, wie das, was man durch Geisteswissenschaft klarer einsieht, unklar in den Köpfen spukt –, man versteht dieses Spuken, diese Erscheinung nur, wenn man auch mancherlei, was wir noch weniger betrachtet haben, mit Bezug auf das soziale Denken des fünften nachatlantischen Zeitraums ins Auge faßt.

Eigentlich wird ungeheuer vieles anders, und zwar mit einem gewissen Sprung anders, seit jener Zeit, wo sich dieser fünfte nachatlantische Zeitraum im fünfzehnten nachchristlichen Jahrhundert an den vierten, der damals endete, anreiht – der, wie Sie wissen, im achten vorchristlichen Jahrhundert begonnen hat. Die Menschen merken nur nicht, wie sich eigentlich die seelische Konstitution der zivilisierten Menschheit beim Übergange zum Beispiel aus dem dreizehnten, vierzehnten in das fünfzehnte, sechzehnte Jahrhundert radikal geändert hat. Ich habe Ihnen ja auf künstlerischem Gebiete, auf dem Gebiete des Gedankens, auf anderen Gebieten mannigfaltige Erscheinungen angeführt, aus denen Sie diese Änderung ersehen können. Heute wollen wir noch etwas ins Auge fassen, was ganz besonders für die Kräfte, die in der Gegenwart und der nächsten Zukunft spielen, von Bedeutung ist. Eigentlich kann man sagen, daß in bewußter Weise das öffentliche wirtschaftliche Leben, das öffentliche nationalökonomische Leben, wie es sich in die soziale Struktur hineinstellt, erst seit dem Beginne des fünften nachatlantischen Zeitraums beobachtet wird. Vorher war das, worüber die Menschen heute nachdenken, mehr oder weniger instinktiv in die Erscheinung getreten. Im Grunde fängt man erst gegen das sechzehnte Jahrhundert zu an, bewußt die Frage aufzuwerfen: Was ist Volkswirtschaftsordnung? Was ist die beste Volkswirtschaftsordnung? Welche Gesetze liegen der Volkswirtschaftsordnung zugrunde? – Und aus diesen Betrachtungen entwickeln sich dann die Impulse der sozialistischen Weltanschauung bis heute. Früher waren diese Dinge mehr oder weniger instinktiv geordnet worden, von Mensch zu Mensch, von Assoziation zu Assoziation, von Innung zu Innung, von Korporation zu Korporation, oder auch wohl von Reich zu Reich. Erst mit dem Heraufkommen des modernen Staatsgebildes, das ja ungefähr auch erst seit dem sechzehnten Jahrhundert datiert, sehen wir das Nachdenken über wirtschaftliche Fragen.

Nun dürfen Sie, wenn Sie auf so etwas den Blick richten, folgendes nicht außer acht lassen. Sie müssen sich klar sein darüber: Solange etwas instinktiv wirkt, wirkt es mit einer gewissen Sicherheit. – Nennen Sie es «göttliche Ordnung», nennen Sie es «Naturordnung», wie Sie wollen, Instinkte sind etwas, was mit einer gewissen Sicherheit durch die Menschheitsentwickelung hindurch wirkt, woran sich mit Gedanken nicht rütteln läßt, respektive woran mit Gedanken nicht gerüttelt wird. Und das Unsichere beginnt erst dann, wenn dieselben Gegenstände, auf deren Gebieten vorher die Sicherheit der Instinkte gewirkt hat, nun durchdrungen werden von dem menschlichen Nachdenken, von dem menschlichen Intellekt. Und erst nach und nach gewinnt der Mensch – man kann sagen, wenn er die mannigfaltigsten Irrtümer durchgemacht hat –, in bewußter Art dann jene Sicherheit, die er vorher für andere Verhältnisse durch den Instinkt gehabt hat.

Man darf natürlich dagegen nicht einwenden: Also kehre man lieber zum Instinkt zurück. Die Verhältnisse haben sich geändert, und unter den geänderten Verhältnissen würde der Instinkt nicht mehr das Richtige sein. Außerdem ist die Menschheit in einer Entwickelung und geht mit Bezug auf diese Dinge eben vom Instinkt zum bewußten Leben über. Die Forderung, man sollte wieder zu den alten Instinkten zurückkehren, wäre etwa ebenso gescheit, wie wenn jemand, der fünfzig Jahre alt ist, plötzlich beschließen wollte, wiederum zwanzig Jahre alt zu werden. – Da sehen wir, wie also gegen das sechzehnte Jahrhundert zu und im sechzehnten Jahrhundert das volkswirtschaftliche Denken beginnt. Man richtet den bewußten Blick auf Erscheinungen, die früher innerhalb des Menschheitszusammenhanges instinktiv erlebt worden sind.

Es ist interessant, wenigstens einige der Gedanken, der Vorstellungen, die sich die Menschen über die soziale Ordnung gemacht haben, vor die Seele zu führen. Da traten zum Beispiel zuerst auf mit gewissen Vorstellungen über das wirtschaftliche soziale Leben die sogenannten Merkantilisten. Ihre Vorstellungen sind eigentlich ganz abhängig von den Rechtsvorstellungen, die man sich vorher in juristischer oder sonstiger Beziehung im öffentlichen Leben gemacht hat, und mit diesen Vorstellungen versuchen sie den Verlauf, den Werdegang des Handels und der aufkeimenden Industrie zu verstehen. Diese Vorstellungen der Merkantilisten sind vor allen Dingen abhängig von der Betrachtung von Handel und Industrie. Aber sie sind auch beeinflußt von anderen Dingen, sie sind beeinflußt davon, daß die moderne, mehr absolutistisch geartete Monarchie mit ihrem Gefolge, dem Beamtenstaat, damals ihr besonderes Gepräge erhalten hat. Die Vorstellungen sind dadurch bedingt, daß durch die Entdeckung Amerikas viel Edelmetall in Europa eingeführt worden ist, daß an die Stelle der alten Wirtschaft die Geldwirtschaft getreten ist. Durch solche Dinge sind die Vorstellungen der ersten Volkswirtschaftslehrer, der Merkantilisten beeinflußt. Diesen Leuten kam es nach den Vorstellungen, die sie sich gebildet haben, darauf an, die öffentliche Wirtschaft, das öffentliche soziale Zusammenleben nach dem Muster der alten Privatwirtschaft zu denken. Und für die alte Privatwirtschaft hatte man ja die alten römischen juristischen Vorstellungen. Wie gesagt, die setzte man fort, nach denen hatte man einfach zu erweitern gesucht die Gesetze der Privatwirtschaft in das öffentliche Leben hinein.

Diese Vorstellungen haben ein eigentümliches Resultat gezeitigt, und es ist nicht uninteressant, zu verfolgen, auf was die Leute nach und nach in ihren Gedanken das Hauptaugenmerk richten. Sie haben das Resultat erzeugt, daß sich die Merkantilisten gesagt haben: Das Wesentliche einer Volkswirtschaft, einer Volksgemeinschaft beruht darauf, daß man möglichst viel Äquivalent hat für die durch Handel umzusetzende und durch die Industrie zu erzeugende Ware innerhalb eines volkswirtschaftlichen Territoriums. Mit anderen Worten, den Leuten kam es darauf an, solch eine soziale Struktur auszudenken, durch welche möglichst viel Geld in das Land kam, das sie gerade ins Auge faßten. In dem vorhandenen Gelde sahen sie den Wohlstand dieses Landes. Und wie kann man den Wohlstand dieses Landes, in dem dann auch der Wohlstand des einzelnen, meinten sie, der denkbar größte sein wird, groß machen? Dadurch, daß man möglichst eine solche innere Struktur dieses Landes herbeiführt, wodurch viel Geld im Lande zirkuliert, und wodurch auch wenig Geld von diesem Lande nach andern Ländern abfließt, so daß möglichst viel Geld im Lande konzentriert wird.

Gegen diese Anschauung erhob sich dann eine andere, die man die physiokratische Anschauung nennt. Diese Anschauung ging von dem Gedanken aus: Auf die Menge des Geldes, die in einem Lande zusammengehalten wird, kommt es eigentlich nicht an mit Bezug auf den Wohlstand, sondern es kommt darauf an, wieviel man durch Arbeit aus dem Boden herausarbeitet, wieviel man durch die Ausnützung der Naturkräfte an Gütern gewinnt. Mit der Zirkulation der Güter im Handel und mit der Ansammlung von Geld wird eigentlich im wesentlichen nur etwas Scheinbares erreicht. Es wird nicht der Wohlstand wirklich erhöht.

Sie sehen da in zwei aufeinanderfolgenden Anschauungen über die Volkswirtschaft zwei ganz verschiedene Gesichtspunkte auftreten. Darauf bitte ich Sie Ihr Augenmerk zu richten. Denn man könnte sehr leicht glauben, daß es außerordentlich leicht ist, wenn man das nur gelernt hat, zu sagen, wodurch der Wohlstand bedingt wird, welches die beste Art von Volkswirtschaft ist. Wenn Sie sehen, daß die Menschen, die darüber nachdenken, die sich das Nachdenken darüber sogar zum Beruf machen, zu entgegengesetzten Anschauungen im Laufe der Zeit kommen, so werden Sie nicht mehr sagen, daß es eine so ganz leichte Sache ist, sich Gedanken über diese Dinge zu machen.

Dadurch, daß die Physiokraten auf die Erzeugung der Güter durch die Bearbeitung des Bodens, der Natur überhaupt, den Hauptwert legten, kamen sie dann zu der Konsequenz, daß man eigentlich die Menschen sich selbst überlassen müsse, damit sie durch die freie Konkurrenz dazu getrieben würden, möglichst viel herauszuarbeiten aus der Naturgrundlage des Daseins. Haben die Merkantilisten mehr darauf gesehen, Zölle aufzurichten, die Länder nach außen abzuschließen, damit der Geldabfluß nicht zu groß ist und der Volkswohlstand erhöht wird durch das Zusammenhalten des Geldes im Lande, so kamen die Physiokraten zu der entgegengesetzten Anschauung, daß gerade, wenn man frei von einem Lande in das andere aus- und einführt, die Kraft in der Ausnützung des Bodens über die ganze Erde hin erhöht wird, und damit auch der Wohlstand des einzelnen Landes. Sie sehen, es treten gleich in der Morgenröte des bewußten Denkens über volkswirtschaftliche Dinge nach den verschiedensten Richtungen hin entgegengesetzte Gedanken auf.

Wir können dann weiter verfolgen, wie eine einflußreiche Anschauung auf volkswirtschaftlichem Gebiete Platz greift, die eigentlich ungeheuer intensiv die Gesetzgebungen beeinflußt hat, aber auch die Gedanken, die sich die Volkswirtschafter über diese Dinge gemacht haben. Das ist die Anschauung des *Adam Smith*, der namentlich die Frage sich vor die Seele rückte: Wie führt man eine soziale Struktur herbei, welche geeignet ist, den Wohlstand des einzelnen und den Wohlstand des Ganzen in der bestmöglichen Weise zu gestalten? – Adam Smith kam eigentlich – wir wollen auf einen charakteristischen Punkt dabei hinweisen – zu der Anschauung, daß die völlig individuelle Ausgestaltung der Volkswirtschaft das Allerbeste sei. Er ging ja davon aus, daß Güter, Waren, die ja schließlich den Inhalt der Volkswirtschaft ausmachen, die man zu kaufen und zu verkaufen hat, eigentlich das Ergebnis menschlicher Arbeit seien. Man könnte sagen, seine Anschauung war diese: Wenn man irgend etwas kauft, so ist das dadurch zustandegekommen, daß menschliche Arbeit verrichtet worden ist. Also ist gewissermaßen das Gut, die Ware, kristallisierte menschliche Arbeit. Und er meinte, daß der Wohlstand gerade wegen dieser Grundlage der Volkswirtschaft dadurch am besten herbeigeführt wird, daß man die Leute durch irgendwelche Gesetzgebungen nicht hindere, frei zu produzieren. Der einzelne wird gerade für die Gesamtheit dann das Beste leisten, wenn er für sich selber das Beste leistet. Adam Smith ist ungefähr der Anschauung, daß man auch für die gesamte Menschheit das Beste leiste, wenn man für sich das Beste leistet. Man kann dann am besten die Sachen abgeben und leistet für die Menschheit das Beste, wenn man für sich das Beste leistet. Es ist für den einzelnen und für die Menschheit am besten, wenn man individualistisch die Volkswirtschaft einrichtet, wenn man nicht durch Gesetzgebung besondere Hemmungen und dergleichen aufrichtet.

Nun sehen Sie, die ganze Richtung des Gedankens geht bei solchen Volkswirtschaftslehrern darauf hin: Wie richtet man die soziale Struktur am besten ein? – Nun aber wird Ihnen dabei vielleicht eine Frage kommen, die Ihnen als die wichtigste dünken könnte, die ja in ihrer Eigenart auch von den Physiokraten nicht ganz klar ins Auge gefaßt wird. Es wird nachgedacht in den volkswirtschaftlichen Systemen, von denen ich bisher gesprochen habe, wie man am besten die volkswirtschaftliche Struktur herbeiführen kann. Allein die Verfolgung dieser Gedanken, die hier zutagetreten, die erinnert einen doch immer wieder daran, daß da auch die andere Frage da ist, die Frage: Was will denn eigentlich die ganze Volkswirtschaft? – Sie will doch nicht nur, sie kann wenigstens nicht nur verteilen wollen, was da ist, sondern sie muß doch auch darauf sehen, daß etwas da ist, daß materielle Güter wirklich produziert werden. Es kommt ja auch darauf an, daß man der Erde Güter abgewinnt. Wie steht das Verhältnis des Menschen zu den Gütern, die der Erde abgewonnen werden? Darüber hat eigentlich erst *Malthus* bewußte Gedanken aufgestellt, und zwar liefen seine Gedanken in einer Bahn, die im Grunde genommen schon den Menschen bis zu einem gewissen Grade bedenklich machen kann. So ganz unbegründet ist es durchaus nicht, was als eine Kardinalfrage, und was als eine Anschauung über diese Kardinalfrage Malthus gerade zutage gefördert hat. Er sagte: Wenn man überblickt die Bevölkerungszunahme der Erde, – er war der Ansicht, der ja viele moderne Menschen sind, daß die Bevölkerung der Erde immer zunimmt – und wenn man überblickt die Zunahme der geförderten Nahrungsmittel, der geförderten Lebensmittel, so stellt sich ein Verhältnis heraus. Und Malthus drückt es etwas mathematisch aus, indem er sagt: Die Zunahme der Lebensmittel geht in arithmetischer, die Zunahme der Menschen in geometrischer Progression vor sich. – Ich kann Ihnen vielleicht durch ein paar Zahlen dies klar machen. Nehmen wir an, das Verhältnis der Nahrungsmittelzunahme ist 1, 2, 3, 4, 5, so würden wir das geometrische Verhältnis haben: 1, 2, 4, 8, 16. Er meint mit anderen Worten, die Bevölkerung nimmt viel schneller zu, als die Nahrungsmittel zunehmen. Er ist also der Ansicht, die Entwickelung der Menschheit kann der Gefahr gar nicht entgehen, daß Kampf ums Dasein eintritt, und daß endlich viel zuviele Menschen da sind im Verhältnis zur Nahrungsmittelzunahme. Also er faßt die volkswirtschaftliche Entwickelung der Menschheit von einem ganz anderen Gesichtspunkte aus ins Auge; von dem Gesichtspunkte des Zusammenhanges des Menschen mit den Erdenverhältnissen. Er kommt dazu, oder wenigstens seine Anhänger kommen dazu, daß es eigentlich gegen die Entwickelung spricht, viel Armenpflege und dergleichen zu treiben, denn dadurch züchtet man nur die Übervölkerung, und das ist der Menschheitsentwickelung schädlich. Er kommt sogar dazu, zu sagen: Derjenige, der schwach ist im Leben, den lasse man ununterstützt, denn es kommt darauf an, daß die Unzulänglichen im Leben ausgemerzt werden. – Er versucht dann noch andere Mittel, von denen ich hier nicht sprechen will, ich kann es nur andeuten. Das Zweikindersystem sucht er namentlich zu empfehlen, um die Naturtendenz der Übervölkerung hintanzuhalten. Kriege betrachtet er als etwas, was notwendig in der Menschheitsentwickelung auftreten muß, weil eben die Naturtendenz vorhanden ist, daß die Bevölkerungszunahme eine weitaus schnellere ist als die Lebensmittelzunahme.

Sie sehen, eine recht pessimistische Anschauung über die wirtschaftliche Menschheitsentwickelung tritt da in die Geschichte ein. Man kann nicht sagen, daß diese Frage: Wie hängt der Mensch mit der Naturgrundlage seiner Wirtschaft zusammen? – sehr viel Pflege in der neueren Zeit erfahren hat. Nicht einmal ein klares Bewußtsein, daß nach dieser Richtung auch geforscht werden sollte, ist bei den Menschen der neueren Zeit vorhanden. Dann wurde gewissermaßen immer wieder hingewiesen auf die soziale Struktur selbst, auf die Art und Weise, wie die Menschen das, was da ist, zu verteilen haben, damit sie möglichst großen Wohlstand erzielen; nicht, wie man aus der Erde heraus möglichst viel schafft, sondern mehr auf die Verteilung ging die Frage.

Nun, im Laufe der Gedankengänge treten da verschiedene Dinge auf, die zu beachten wichtig ist, weil sie das soziale und sozialistische Denken der Gegenwart vorbereiten, das schon bis zu einem hohen Grade die Menschen hineingeführt hat und noch weiter hineinführen wird in eine Art von sozialem Chaos, aus dem der richtige Ausweg eben ganz notwendigerweise gesucht werden muß. Eines habe ich gerade schon angedeutet, daß zum Beispiel bei Adam Smith deutlich der Gedanke zutagetritt, dasjenige, was man als Gut kauft, die Ware, sei aufgespeicherte Arbeit. Und gewissermaßen bildet sich heraus wie etwas, was einer Naturnotwendigkeit entspricht, der Gedanke: Man kann dasjenige, was als Ware auftritt, gar nicht anders betrachten, denn als aufgespeicherte Arbeit. Dieser Gedanke beherrscht die Menschen so, daß er eigentlich einer der Grundmotoren des proletarischen

Denkens der Gegenwart ist. Er ist dies insofern, als aus den nationalökonomischen Voraussetzungen, die ich Ihnen charakterisiert habe, in die Köpfe des modernen Proletariats ein scharfer Blick dafür hineingekommen ist, daß ja in der Tat, so wie die volkswirtschaftliche Ordnung, die soziale Struktur heute ist, die Arbeitskraft des Arbeiters, der ja besitzlos ist und nur seiner Hände Arbeit auf den Markt bringen kann, eine Ware ist. Ebenso wie man andere Dinge kauft, so kauft man Arbeitskraft bei dem proletarischen Arbeiter.

Gegenüber der Frage: Was bin ich eigentlich als Mensch? – empfindet der moderne Proletarier dies als etwas, was ihn am meisten bedrückt, und von wo seine Forderungen instinktiv ausgehen. Er will nicht, daß irgendein Teil von ihm verkauft wird; er kommt sich vor, man kann sagen, als ob man seine zwei Hände, seine zwei Arme ebensogut verkaufen könnte, wie man seine Arbeit kaufen und verkaufen kann. Das erscheint dem Menschen unbequem, in welcher Form das auch zum Ausdruck komme, sei es nun marxistisches Denken, oder sei es revolutionistisches, oder wie man es nennen will; es liegt das Empfinden zugrunde: Andere Leute kaufen und verkaufen Waren, ich aber muß meine Arbeitskraft verkaufen.

Es wäre der Einwand nur ein Irrtum, wenn man etwa sagen würde: Auch andere Leute verkaufen ihre Arbeit. – Das ist nämlich nicht wahr. In unserer heutigen sozialen Struktur verkauft wirklich nur der proletarische Arbeiter seine Arbeit. Denn in dem Augenblick, wo man in irgendeiner Weise mit Besitzesverhältnissen verknüpft ist, hört man auf, seine Arbeitskraft zu verkaufen. Also der Bourgeois verkauft nicht seine Arbeitskraft; er kauft und verkauft Ware. Er verkauft vielleicht die Erzeugnisse seiner Arbeit; aber das ist etwas anderes, als seine Arbeit verkaufen. Über diese Dinge hat gerade der moderne Proletarier sehr scharfe Begriffe, und wer das Denken des modernen Proletariats kennt, der weiß, daß dieses Prinzip: Proletarisches Arbeiten heißt seine Arbeitskraft verkaufen – als das eigentliche treibende Element im heutigen proletarischen Denken wirkt, von den gemäßigtsten bis in die radikalsten Formen hinein. Wer das nicht ermessen kann aus den Phänomenen heraus, der versteht eben die heutige Zeit nicht, und es ist traurig, daß so viele Leute die heutige

Zeit nicht verstehen. Dadurch kommen wir eben immer tiefer und tiefer in die Wirrnisse hinein, weil die Menschen nicht versuchen, ihre Zeit zu verstehen. Das ist das eine.

Das andere ist, daß sich – allerdings modifiziert durch spätere, aber in einer gewissen Weise instinktive Punkte – im Zusammenhange mit dem Charakterisierten solch ein Gedanke ausgebildet hat, wie der vom Lohngesetz. In der radikalen Form, in der dieser Gedanke früher existiert hat, existiert er allerdings im modernen proletarischen Denken nicht mehr, aber man muß doch die Form kennen, in der dieser Gedanke zum Beispiel bei *Lassalle* noch existiert hat; damit man sich über das orientiere, was gleichsam als ein Residuum über diesen Gedanken in der proletarischen Gegenwart noch immer existiert. Klar fixiert ist dieser Gedanke von dem sogenannten ehernen Lohngesetz vom volkswirtschaftlichen Forscher *Ricardo*. Aber Lassalle hat ihn noch Mitte des vorigen Jahrhunderts mit aller Energie vertreten. Er würde etwa so heißen: So wie einmal die heutige soziale Struktur ist mit der Form des Kapitals, so kann derjenige, der proletarisch arbeiten muß, niemals über ein gewisses Maximum hinaus für seine Arbeit entlohnt werden. Der Lohn muß sich immer in einer gewissen Höhe bewegen. Er kann nicht über diese Höhe steigen und nicht unter diese Höhe hinunterfallen. Die objektiven Verhältnisse selbst machen es notwendig, daß sich ein gewisser Satz von Arbeitsentlohnung geltend macht. Über den Maximal- oder meinetwillen Minimallohn – das ist ja in diesem Falle gleichgültig – kann sich das Lohnniveau des Arbeiters nicht hinauf- und nicht herunterbewegen; wenigstens nicht wesentlich; so glaubt Ricardo, und zwar aus folgendem Grund. Er sagt: Nehmen wir an, es trete durch irgendwelche Verhältnisse, zum Beispiel durch gute Konjunktur oder irgend etwas in irgendeiner Zeit eine besondere Erhöhung des Lohnes ein. Was würde geschehen? Die Proletarier würden also plötzlich hohe Löhne bekommen, ihr Lebensstand würde sich dadurch erhöhen, sie kämen zu einem bestimmten Wohlstand. Proletarische Arbeit zu suchen wäre dann etwas, was mehr anzieht, als beim früheren Lohne. Es ist ein stärkeres Angebot von proletarischer Arbeit da, außerdem durch den Wohlstand eine stärkere Vermehrung der Arbeiter und so weiter, kurz, es ist ein stärkeres Angebot da. Die Folge davon wird sein, daß man leichter den Arbeiter bekommt. Also unterzahlt man ihn wiederum. Der Lohn fällt also wiederum zurück auf das frühere Niveau. Gerade dadurch, daß er steigt, werden Erscheinungen hervorgerufen, die ihn wieder fallen machen. Nehmen wir an, er fällt nun durch irgend etwas, so tritt eine Verelendung ein, dadurch ein geringeres Angebot. Die Arbeiter sterben früher und werden krank, haben weniger Kinder, also es tritt ein geringes Angebot an Arbeitskräften ein, und damit wird wiederum Lohnerhöhung eintreten. Man kann aber nur so weit gehen, als das eherne Niveau ist.

Natürlich haben Ricardo und auch noch Lassalle, indem sie dieses eherne Lohngesetz aufgestellt haben, an die Bestimmung des Lohnes im rein volkswirtschaftlichen Prozeß gedacht. Heute, und auch schon vor zwei, drei Jahrzehnten sagten einem selbst schon Proletarier, wenn man ihnen in der Geschichte der Volkswirtschaftslehre das eherne Lohngesetz zitierte: Das ist nicht richtig, da haben sich Ricardo und Lassalle geirrt. Aber eigentlich ist dieser Einwand nicht richtig, denn diese Forscher konnten nur meinen, wenn die soziale Struktur sich selbst überlassen ist, dann tritt dieses eherne Lohngesetz in Kraft. Aber eben um es nicht in Kraft zu haben, wurden Arbeiterassoziationen gegründet, wurde die Staatshilfe und der Staatseinfluß zu Hilfe genommen. Die Folge davon ist, daß man den Status des Lohngesetzes künstlich erhöht. Was also darüber hinausgeht über das eherne Niveau des Lohngesetzes, das ist durch Gesetzgebung oder durch Assoziation und dergleichen hervorgerufen. Deshalb ist der Einwand nicht richtig. Sie sehen, es kommt darauf an, wie man den Gedanken wendet.

Nun, ich wollte Ihnen diese Dinge, die sich ja ins Unermeßliche vermehren ließen, nur vorführen, um Ihnen zu zeigen, wie sich im Zeitalter der Bewußtseinsseele die Gedanken über die Volkswirtschaft allmählich herausgebildet haben. Die Meinungen waren immer nach der einen oder nach der anderen Seite hin ausschlaggebend. Die einen meinten immer, der Volkswohlstand gedeiht am besten, wenn man die Volkswirtschaft individualistisch einrichtet, wenn man den einzelnen möglichst frei sein läßt. Die anderen meinten, dadurch werden die

Schwächeren beeinträchtigt; man müsse den Schwächeren stützen dadurch, daß der Staat oder die Assoziation zu Hilfe kommt.

Ich müßte Ihnen viel charakterisieren, wenn ich all das anführen wollte, was im Laufe der Zeit zutagegetreten ist. Auf den verschiedensten Gebieten der Erde, der zivilisierten Welt, traten solche Volkswirtschaftsvorstellungen auf. Es gingen diese, die ich Ihnen charakterisiert habe, und viele andere im Grunde genommen alle darauf hinaus, nicht nur darüber nachzudenken: Wie stellt sich in der Welt, wie sie sich nun einmal bis jetzt entwickelt hat, die soziale Struktur dar? – sondern sie gingen auch darauf hinaus: Wie macht man es am besten mit dieser sozialen Struktur, damit die Menschen nicht elend leben müssen, damit die Menschen Wohlstand haben und dergleichen? Die Volkswirtschaftslehre hatte bei vielen ihrer Bearbeiter doch die Tendenz, das volkswirtschaftliche Leben zu verbessern. Utopistische und solche Naturen, wie zum Beispiel die französischen Sozialisten *Saint-Simon*, *Auguste Comte*, *Louis Blanc* und andere, sie haben diese Tendenz im Auge. Sie haben etwa den folgenden Gedanken: Bis jetzt hat sich mehr oder weniger die Gesellschaft, weil sie sich selbst überlassen war, so entwickelt, daß ein großer Unterschied zwischen Armen und Reichen, Wohlhabenden und Elenden zutagegetreten ist. Das muß abgeändert werden. – Sie haben zu diesem Zwecke die Gesetze der Volkswirtschaft studiert, und haben die mannigfaltigsten Gedanken hervorgebracht, um diese Dinge abzuändern und irgendwelche Besserungen herbeizuführen. Manche gingen natürlich dabei überhaupt von dem Gedanken aus, daß sich eine Art Paradies, wie ich neulich erwähnte, auf der Erde herstellen ließe.

Eine besondere Form hat aber nun dieses Denken über die soziale Struktur eben beim modernen Proletariat angenommen. Und über die Gründe, warum gerade das Proletariat prädestiniert war, solche Anschauungen auszubilden, habe ich ja hier schon gesprochen. Aber über einen besonderen Gesichtspunkt möchte ich noch ergänzende Bemerkungen machen. Gewiß, das, was *Karl Marx* in seinen Büchern und in denen, die er mit *Friedrich Engels* zusammen geschrieben hat, zum Ausdruck gebracht hat, ist ja vielfach abgeändert worden. Aber die Abänderungen sind viel geringer als die Grundimpulse, die eigentlich in diesen Dingen sind. Und man kann, trotzdem dieser Ausspruch nur sehr modifiziert gilt, im allgemeinen doch sagen: Über alle Länder der zivilisierten Erde hin, vom äußersten Westen bis nach Rußland hinüber, werden die Proletarier beherrscht, wenn auch heute nicht mehr ausgesprochen von den Konturen der marxistischen Gedanken, aber von den marxistischen Impulsen. In einer ganz eigentümlichen Weise tritt das Denken über die soziale Struktur in diesem modernen marxistischen proletarischen Denken auf.

Die Gedanken, die ich Ihnen jetzt entwickelt habe, die also auch bei den bürgerlichen Volkswirtschaftern seit dem Beginne des Bewußtseinszeitalters auftreten, sie werden aufgenommen von dem sozialistischen Denken. Sie werden aber von dem sozialistischen Denken ebenso umgeprägt, wie sie der Proletarier aus seiner proletarischen Kaste heraus nach seiner Meinung notwendig denken muß. Da tritt das Eigentümliche zutage, daß dieser Gedanke: Innerhalb der modernen kapitalistischen sozialen Struktur muß der Mensch seine Arbeitskraft als Proletarier verkaufen, – theoretisch weiter ausgebildet, der treibende Motor des proletarischen Denkens wird, daß der Gedanke auftaucht: Wie ist das zu vermeiden, daß die Arbeitskraft wie eine Ware auf den Markt gebracht und verkauft werden kann? – Natürlich wirkt in diesen Impuls hinein die Anschauung, die sich auch klar formuliert bei Adam Smith und bei anderen findet, daß man es in der Ware, die man kauft, mit aufgespeicherter Arbeitskraft zu tun hat. Es ist ein ungeheuer plausibler Gedanke, ein Gedanke, der sich dann zu der Konsequenz erweitert: Ja, was läßt sich da überhaupt machen? – Wenn ich irgendeinen Rock kaufe, so ist die Arbeit, die der Schneider verwendet hat, oder derjenige, der daran beteiligt war, daß der Rock zustandegekommen ist, drinnen in dem Rocke: aufgespeicherte Arbeit. Es wird daher die Frage gar nicht so ins Auge gefaßt: Kann man die Arbeit von der Ware loslösen? – sondern das wird als etwas, ich möchte sagen Axiomatisches, als etwas Selbstverständliches angesehen, daß unzertrennlich die Arbeit mit der Ware verbunden ist. Man sucht also nach einer sozialen Struktur, die für den Arbeiter diese unumstößliche Tatsache möglichst unschädlich machen soll, daß die Arbeit mit dem Produkte der Arbeit verbunden bleibt. Unter solchem Einflusse ist eigentlich der Marxismus entstanden, ist der Glaube entstanden, daß man nur dadurch, daß man das Produktionsmittel in die Allgemeinheit überführt, also in einer gewissen Weise die Allgemeinheit zum Besitzer der Produktionsmittel, der sämtlichen Maschinen und des Grund und Bodens und der Verkehrsmittel macht, daß man nur dadurch in einer gewissen Weise eine gerechte Entlohnung herbeiführen kann. Es entstand gar nicht die Frage: Kann man die Ware unabhängig machen von der Entlohnung? – sondern: Wie kann man eine gerechte Entlohnung herbeiführen, wenn man axiomatisch, selbstverständlich annehmen muß, daß die Arbeit in die Ware hineinfließt? – Das ist die Fragestellung, und mit der hängt alles übrige zusammen. Mit ihr hängt sogar die materialistische Auffassung der Wirtschaftslehre, die extreme materialistische Geschichtsauffassung zusammen. Die bestehen ja, wie ich Ihnen auch schon ausführte, darin, daß der moderne Proletarier denkt: Alles, was innerhalb der Menschheitskultur wirkt, alles geistige Erzeugnis, alles Denken, alle Politik, alles überhaupt, was nicht auf wirtschaftlichen Vorgängen beruht, ist nur ein Überbau, eine Ideologie, die sich auf der Grundlage desjenigen aufrichtet, was wirtschaftlich erarbeitet wird. Wirtschaft ist das Reale. Die Art, wie der Mensch in die wirtschaftliche Struktur hineingestellt ist, das ist das Reale im Menschenleben. – Was er dann für Gedanken hat, das ergibt sich aus seinem wirtschaftlichen Zusammenhang. Solche Leute, die ganz stramme Marxisten sind, wie zum Beispiel *Franz Mehring*, die schreiben über *Lessing* – das ist nur ein Beispiel –, indem sie untersuchen: Wie war das Wirtschaftsleben in der zweiten Hälfte des achtzehnten Jahrhunderts? Wie hat man da fabriziert, wie hat man eingekauft? Wie war das Verhältnis vom Gewerbe zu der übrigen Menschheit? Wie hat man infolgedessen gedacht? Wie ist Lessing zustandegekommen? – Diese besondere Persönlichkeit mit ihren Leistungen, Lessing, wird aus dem Wirtschaftsleben der zweiten Hälfte des achtzehnten Jahrhunderts heraus erklärt! *Kautsky* oder andere versuchen sogar, das Auftreten des Christentums von diesem Gesichtspunkte aus zu erklären. Sie untersuchen die wirtschaftlichen Verhältnisse am Beginne unserer Zeitrechnung und stellen fest: Es walteten die und die Produktionsverhältnisse. Das bedingt, daß man damals in einer gewissen Weise das, was sie eine Art kommunistischen Denkens nennen, entfaltete, das dann auf den Namen des Christus Jesus getauft worden ist. Die Wirklichkeit im Beginne unserer Zeitrechnung ist in Wahrheit die wirtschaftliche Ordnung. Das Christentum ist eine Ideologie, ein Überbau, gleichsam ein Spiegelbild unserer wirtschaftlichen Ordnung. Es gibt nichts anderes, als wirtschaftliche Ordnung. Das andere ist alles darüber schwebend, Fata Morgana, Spiegelbild, nichts Wirkliches, höchstens etwas, was – wie ich schon in früheren Vorträgen charakterisiert habe – wieder zurückwirkt auf die wirtschaftlichen Verhältnisse, aber in geringem Maße auf dem Umwege durch menschliche Vorgänge anderer Art.

Diese zwei Dinge wirken zusammen. Die Entrüstung darüber, daß der Mensch einen Teil von sich, seine Arbeitskraft, wie eine Ware behandeln lassen muß: das wirkt zusammen mit der vollständig ins Extreme getriebenen materialistischen Vorstellung, daß das wirtschaftliche Leben das einzige ist, was wirklich ist.

Natürlich haben nicht alle Menschen sich dieser Anschauung zugewendet, obwohl Millionen von Menschen, gerade die Proletarier, von diesen Anschauungen mehr oder weniger beherrscht sind. Aber bei den andern Menschen wurde ja mit Bezug auf diese Dinge eine andere Sache üblich. Bei den anderen Menschen ist das ja nicht üblich, was bei den Proletariern üblich ist. Wenn die Proletarier ihre acht oder zehn oder manchmal mehr Stunden gearbeitet haben, dann finden sie sich abends zusammen und besprechen diese Frage, lassen sich diese Frage vortragen; auch Frauenversammlungen finden da statt. Sie kümmern sich, jeder einzelne, um die Beschaffenheit der sozialen Struktur und denken in ihrer Art darüber nach, lassen sich die Ergebnisse derjenigen, die über diese Dinge nachdenken, mitteilen und so weiter. Sie wissen Bescheid, nach ihrer Art allerdings, aber sie wissen Bescheid. – In der darüber liegenden Schichte, die man die Bourgeoisie nennt – Sie werden das zugeben müssen –, ist das nicht der Fall, und nach «getaner Arbeit», das sagen wir in Gänsefüßchen, beschäftigt man sich mit anderem. Mit den Proletariern beschäftigt man sich höchstens in der Weise – und man glaubt dann schon sehr viel getan zu haben –, daß man es sich auf der Bühne vorspielen läßt, von irgendeinem Spießer als Dichter zubereitet. Aber die Gedanken über die wirtschaftliche Ordnung, die läßt man die Professoren an den Universitäten denken. Die sind ja dazu angestellt, die machen das schon. Autoritätsgläubig ist man ja allerdings nicht, aber man schwört auf dasjenige, was diese Professoren an den Universitäten über solche Dinge ausgedacht haben; das muß selbstverständlich richtig sein, denn sie werden vom Staate bezahlt und sind überhaupt die Leute, die dazu da sind. Ja, aber sehen Sie, unter diesen Professoren hat sich allmählich eine merkwürdige Volkswirtschaftslehre herausgebildet. Wenn sie heute Bücher schreiben, so nennen sie das die «historische Schule». Sie handeln ab den Merkantilisten, den Physiokraten, Adam Smith, den Sozialismus, den Anarchismus und so weiter, und dann ihre eigene Anschauung; das ist die «historische Schule». Sie fragen sich: Wie soll man denn zu dem Gedanken kommen, wie man es machen soll? – Wahrhaftig, hilflos sind diese Menschen in dieser Beziehung. Sie raffen sich nicht zu einer solchen Aktivität des Denkens auf, die nach Vorstellungen drängt, wie man es machen soll, um irgendeine gesellschaftliche Struktur herbeizuführen. Solche Spießbürger wie, sagen wir, *Lujo Brentano* oder wie *Schmoller* oder wie *Roscher*, die kommen gar nicht darauf, das Denken in Aktivität zu versetzen, sondern sie meinen, man muß die Erscheinungen studieren, wie es der Naturforscher auch macht. Ein solcher Mensch läßt die Erscheinungen ablaufen und studiert sie. Er studiert einfach die geschichtliche Entwickelung der Menschheit, vielleicht noch die geschichtliche Entwickelung der Vorstellungen der Menschen über ihre Wirtschaft. Das, was da ist, das beschreibt man. Man macht es höchstens so wie Lujo Brentano: Wenn man es nicht gerade in seiner Heimat beobachten will, reist man in ein Land mit repräsentativer Wirtschaft, nach England, macht da Untersuchungen, beschreibt dann, wie dort die Verhältnisse von Arbeitnehmer und Arbeitgeber sind und dergleichen. Man lernt erkennen, daß da reiche Leute sind, wie Kredit erworben wird, wie das Kapital arbeitet, daß Elend da ist, daß Besitzlose da sind, daß manche nichts zu essen haben, mehr oder weniger durch diese oder jene Umstände nichts zu essen haben. Aber dann sagen die Menschen: Ja, die Wissenschaft hat nicht die Aufgabe, zu zeigen, wie sich die Dinge entwickeln sollen, sondern nur hinzuweisen, wie sie sich entwickeln. Aber was wird nun schon schließlich aus einer solchen Wissenschaft, die doch auf das praktische Leben geht, wenn sie eigentlich nur beobachtet, wie die Dinge sich entwickeln? Es ist schon so, wie wenn ich einen Maler heranbilden will und ihm sage: Versuche vor allen Dingen zu allen möglichen Malern zu gehen und beobachte, wie es der eine gut, der andere schlecht macht und so weiter, aber selber mache nichts! – Nicht wahr, auf einem solchen Gebiete wird die Sache gleich paradox; aber es ist wirklich mit dem andern zu vergleichen. Es ist nämlich schon zum Aus-der-Haut-Fahren – verzeihen Sie den Ausdruck –, wenn man wirklich in eine Betrachtung dessen eintritt, was heute, man kann nicht sagen geleistet, sondern vertrottelt wird, wenn naturwissenschaftliche Methode auf solche Dinge wie Volkswirtschaft oder ähnliches eingehen will. Denn es kommt dabei gar nichts heraus, weil im Grunde genommen schon die Voraussetzungen die allertörichtesten sind. Höchstens, nicht wahr, daß dann sich aus dieser Schar die sogenannten Katheder-Sozialisten herausbilden, die eben aus ihrer Betrachtung dessen, was vorhanden ist, zu dem Schlusse kommen: Es muß etwas geschehen. – Und dann macht man Gesetze, die dem oder jenem abhelfen sollen.

Aber gerade diese Hilflosigkeit hat ja mitgewirkt zur Herbeiführung dieser Situation. Und es würde heute eine Feigheit sein, nicht darauf hinzuweisen, daß dasjenige, was die heutige, natürlich keine Autorität anbetende Menschheit sich vorsagen läßt auf diesem Gebiete, womit sie sich befriedigt erklärt, vielfach schuld ist an dem Chaos, in das wir hineingekommen sind. Diese Dinge sind so ernst, daß man sie wirklich auch in ihrer wahren Gestalt anfassen muß. Dann entsteht schon die Frage: Was wirkt noch tiefer in all diesen Dingen? Warum ist das alles so gekommen? Warum wirken solche schwankenden Vorstellungen auf einem der Menschheit wichtigsten Gebiete, wie ich Ihnen auseinandergesetzt habe?

Betrachten wir eine solche Vorstellung, wie sie zwar illusionär, aber außerordentlich wirksam ist, betrachten wir die – meinetwillen – modifizierte marxistische Vorstellung, die im wesentlichen ja die Vorstellung der heutigen Professorenköpfe ist: Wirklich ist nur die Wirtschaft, wirklich ist nur die ökonomische Struktur; das andere ist alles ideologisch, Überbau, Fata Morgana, die sich darum herumentwickelt. Etwas höchst Merkwürdiges im Grunde: der absolute Unglaube an alles, was der Mensch als Geistiges produzieren kann aus all den Vorstellungen, die sich seit dem Heraufkommen des Zeitalters der Bewußtseinsseele entwickeln. Da macht sich das geltend, daß die Menschen immer mehr zu dem hingedrängt werden, was äußerlich bekannt ist, was äußerlich handgreiflich für die Sinne da ist. Das andere fliehen sie, meiden sie. Und unter diesem Fliehen, unter diesem Meiden haben sich nicht nur die sozialen Gedanken, sondern die sozialen Empfindungen und schließlich die sozialen Ereignisse in unserer Zeit herausgebildet, und werden sich weiter herausbilden, wenn nicht der Ruf nach einem wirklich geisteswissenschaftlichen Durchdringen dieser Tatsache gehört wird.

Was liegt da zugrunde? Das liegt zugrunde, daß wir eben in das Zeitalter der Bewußtseinsseele eingetreten sind, daß wir seit dem fünfzehnten Jahrhundert darinnen sind, und daß diese Entwickelung innerhalb des Zeitalters der Bewußtseinsseele, dieses Hindrängen des Menschen nach der Erweckung der Bewußtseinsseele notwendig macht, daß sich der Mensch immer mehr und mehr einem Punkt seiner Entwickelung nähert, wo er eigentlich – aus «Kontra-Instinkten» heraus – fliehen will. Ein Wesentliches wird darinnen bestehen, daß der moderne Mensch diesen Fluchtinstinkt überwindet; er will fliehen vor etwas, in das er doch hinein muß. Ich habe Ihnen neulich, als ich das letztemal hier gesprochen habe, gesagt: Über die verschiedenen nationalen Gebiete hin, den Westen, die mittleren Länder, den Osten, ist differenziert auch die Art, wie der Mensch an den Hüter der Schwelle herankommt, wenn er die geistige Welt betritt. Ein Sich-Hinbewegen zum Erleben solcher Erlebnisse, wie sie bewußt beim Hüter der Schwelle gemacht werden können, wie sie aber instinktiv mehr oder weniger von den Menschen nach und nach im Zeitalter der Bewußtseinsseele gemacht werden müssen – ein Hingedrängtwerden zu den Erfahrungen beim Hüter der Schwelle in einer bestimmten, wenn auch äußerlichen Form, das ist es, was wie ein Impuls, wie ein

Instinkt, wie ein Trieb in den modernen Menschen wirkt, und was sie fliehen. Sie fürchten sich, dahin zu kommen, wohin sie eigentlich kommen sollten.

Das ist sehr gesetzmäßig in der modernen Entwickelung des Menschen. Nehmen Sie das, was ich vorhin als äußerliche Charakteristik des modernen Strebens vorgeführt habe. Der Mensch strebt danach, zu erkennen, was er ist als Mensch, was er wert ist als Mensch, welche Kraft er hat, was seine Würde ist als Mensch. Der Mensch strebt danach, sich als Menschen selber anzuschauen, endlich zu einem Bilde seines eigenen Wesens zu kommen. Man kann nicht zu einem Bilde des Menschen kommen, wenn man innerhalb der Sinneswelt stehenbleiben will, denn der Mensch erschöpft sich nicht in der Sinneswelt, der Mensch ist nicht bloß ein sinnliches Wesen. In den Zeitaltern der instinktiven Entwickelung, wo man nicht nach einem Bilde des Menschen oder nach der Menschenwürde oder nach der Menschenkraft fragt, da kann man vorbeigehen an der Tatsache, daß, wenn man den Menschen erkennen will, man aus der Sinneswelt hinausgehen und in die geistige Welt hineinsehen muß, daß man mit der übersinnlichen Welt wenigstens in irgendeiner Form intellektuell in unserem Zeitalter des Bewußtseins, Bekanntschaft machen muß. Da wirkt aber dann unbewußt dasselbe, was bewußt der zu Initiierende zu überwinden hat. Unbewußt wirkt zunächst noch in unseren Zeitgenossen und in den Menschen, deren soziale Gedanken ich Ihnen geschildert habe, diese Furcht vor dem Unbekannten, das betrachtet werden muß. Furcht, Mutlosigkeit, Feigheit, das ist es, wovon die moderne Menschheit beherrscht ist. Und wenn diese moderne Menschheit sagt: Wirtschaft ist das Handgreifliche, was alles bewirkt, – so ist diese Anschauung dadurch entstanden, daß man sich fürchtet vor dem, was unsichtbar ist, was nicht handgreiflich ist. Dem will man sich nicht nähern, das will man vermeiden, das biegt man zur Ideologie, zur Fata Morgana um. Und man biegt es deshalb zur Ideologie, zur Fata Morgana um, weil man sich davor fürchtet. Ein Furcht-, ein Angstpunkt ist die moderne soziale Weltanschauung in bezug auf diejenigen Punkte, die ich Ihnen charakterisiert habe. Mögen manche Menschen, die sich innerhalb des Strebens dieser modernen sozialen Weltanschauung äußerlich noch so mutvoll zeigen, auf der einen Seite noch so couragiert sein – vor dem Spirituellen, das ihnen entgegentreten muß in irgendeiner Form, worin sie den Menschen kennenlernen wollen, vor dem haben sie Furcht, vor dem treten sie feig zurück. Ein Furchtprodukt, ein Angstprodukt, das ist es, was in den modernen sozialistischen Weltanschauungen zutage tritt.

Von diesem Gesichtspunkte aus müssen die Dinge ins Auge gefaßt werden. Denn der moderne Mensch muß dreierlei Dinge kennenlernen, weil er naturgemäß zu diesen dreierlei Dingen geführt wird, differenziert nach Westen, Mitte und Osten, so wie ich es Ihnen das letztemal charakterisiert habe. Aber er wird naturgemäß in irgendeiner Form zu diesen dreierlei Dingen geführt. Wenn es auch nur der Initiierte sieht, was an diesen drei Punkten vorhanden ist, fühlen, empfinden, in seinen Intellekt aufnehmen – wenn auch nicht in sein Sehvermögen – muß es nach und nach jeder moderne Mensch, wenn er die wirtschaftliche Struktur durchdringen will. Erstens muß der moderne Mensch eine deutliche Empfindung oder wenigstens eine deutliche intellektuelle Vorstellung bekommen von den Kräften, die im Weltenall die Niedergangskräfte, die zerstörenden Kräfte sind. Unter den Kräften, die man gern verfolgt – und man täuscht sich deshalb, weil man sie nur mit den Sympathien des Gernhabens verfolgt –, sind eben die aufbauenden Kräfte. Man will immer aufbauen, aufbauen, aufbauen. Aber in der Welt ist nicht nur Evolution oder Aufbau, es ist auch Involution oder Abbau vorhanden. Wir selber tragen den Abbau in uns. Unser entwickeltes Nervensystem, Gehirnsystem, ist in fortwährendem Abbau begriffen. Abbau ist in der Welt. Mit diesen Kräften des Abbaus muß der Mensch bekannt werden. Vorurteilslos und unbefangen muß er sich sagen: Gerade auf dem Wege, der sich in dem Zeitalter entwickelt, in dem die Bewußtseinsseele voll erwachen soll, sind am wirksamsten die Abbaukräfte. Sie konzentrieren sich manchmal, sie konsolidieren sich, diese Abbaukräfte, und dann entwickelt sich so etwas wie diese letzten viereinhalb Jahre. Da zeigt sich der Menschheit in konzentriertem Zustande etwas, was auch sonst immer vorhanden ist. Aber das muß nicht unbewußt und instinktiv bleiben, das muß gerade in diesem Zeitalter voll bekannt werden. Die Abbaukräfte, die Todeskräfte, die lähmenden Kräfte – der Mensch wendet gern sein Antlitz von ihnen ab; dadurch aber macht er sich blind und lernt nicht mitarbeiten an der Evolution, weil er die Abbaukräfte flieht.

Das zweite, mit dem der Mensch sich bekanntmachen muß und was er wiederum flieht, das ist, daß der Mensch in diesem Zeitalter der intellektuellen Entwickelung, das heißt der Entwickelung im Zeitalter der Bewußtseinsseele, unbedingt dahin kommen muß, sich gewissermaßen einen neuen Schwerpunkt seines Wesens zu suchen. Die instinktive Entwickelung hat ihm, auch in Gedanken, einen Schwerpunkt gegeben. Er glaubt festzustehen auf seinen Anschauungen, auf seinen Vorstellungen, die ihm eben durch Blut oder Abstammung oder sonstwie zukommen. Das kann der Mensch fortan nicht. Der Mensch muß sich loslösen von dem, worauf er feststand, was sich instinktiv ausgebildet hat. Der Mensch muß sich gewissermaßen an den Abgrund stellen, muß unter sich die Leere, den Abgrund fühlen, weil er in sich den Mittelpunkt seines Wesens finden muß. Davor scheut der Mensch zurück, davor hat er Furcht.

Und das dritte ist: Der Mensch muß in voller Gewalt kennenlernen, wenn er sich gegen die Zukunft hin entwickelt, den Impuls der Selbstsucht, des Egoismus. Unser Zeitalter ist dazu angetan, dem Menschen klarzumachen, wie er, wenn er sich seiner Natur überläßt, ein egoistisches Wesen ist. Man muß erst alle Quellen des Egoismus in der menschlichen Natur erforschen, um den Egoismus zu überwinden. Liebe tritt erst auf als das Gegenstück zur Selbstliebe. Man muß über den Abgrund der Selbstliebe hinüberkommen, wenn man dasjenige kennenlernen will, was als soziale Wärme die soziale Struktur der Gegenwart und der Zukunft durchdringen soll, namentlich wenn man es nicht bloß in der Theorie, sondern in voller Praxis kennenlernen will. – Sich dieser Empfindung zu nähern, die der zu Initiierende beim Hüter der Schwelle beim Eintritt in die übersinnliche Welt klar schaut, das erfüllt die Menschen wiederum mit Furcht, indem ihnen klar wird: Anders läßt sich nicht eintreten in das Zeitalter, das notwendig eine soziale Struktur hervorbringen muß, als durch Liebe, die nicht Selbstliebe ist, die Liebe für den andern Menschen,

Interesse an andern Menschen ist. Das empfinden die Menschen wie etwas Brennendes, wie etwas, was sie verzehrt, wie etwas, was ihnen ihr eigenes Wesen nimmt, indem es ihnen die Selbstliebe, das Recht zur Selbstliebe nimmt. Und so wie sie das Übersinnliche fliehen, vor dem sie Furcht haben, weil es ihnen ein Unbekanntes ist, so fliehen sie die Liebe, weil sie ihnen ein brennendes Feuer ist. Und wie die Menschen in dem Zeitalter, in dem man vorbereiten muß die spirituellen Impulse, sich gerade die Augen verbinden, die Ohren zustopfen vor der Wahrheit des Übersinnlichen, indem sie zum Beispiel im Marxismus und im proletarisch verführten Denken von heute darauf hinweisen, daß man sich auf das Handgreifliche stützen müsse, um gerade abzulenken von dem Übersinnlichen, wie sie das Gegenteil von dem verfolgen, was auf diesem Gebiete in der wirklichen Tendenz der Menschheitsentwickelung liegt, so machen sie es auch auf dem Gebiete der Liebe. Sogar in den Tendenzworten prägt sich das aus. Man stellt Ideale auf, die das Gegenteil von dem sind, was eigentlich in der Menschheitsentwickelung liegt und angestrebt werden muß.

Als die erste, bedeutendste Kundgebung für die moderne proletarische Lebensauffassung, das «Kommunistische Manifest», 1848 erschien, da war dieses «Kommunistische Manifest» des Karl Marx bereits ausgestattet mit den Worten, die jetzt fast auf jedem sozialistischen Buch und auf jeder sozialistischen Broschüre als Motto zu finden sind: «Proletarier aller Länder, vereinigt euch!»

Wenn man nur ein wenig Sinn hat für eine Wirklichkeitsauffassung, dann muß man über diese Worte zu einem präzisen, aber sonderbaren paradoxen Urteil kommen. Was heißt das: «Proletarier aller Länder, vereinigt euch!»? Das heißt: Wirket zusammen, wirket miteinander, seid einander Brüder, seid Genossen! – Das ist Liebe! – Lasset die Liebe unter euch wirken! – Es tritt die Tendenz tumultuarisch auf, aber wie?: – Proletarier, werdet euch bewußt, daß ihr herausgesondert seid aus der Menschheit, hasset die anderen, die nicht Proletarier sind, lasset den Haß den Impuls eurer Vereinigung sein! – In einer sonderbaren Weise sind zusammengekoppelt Liebe und Haß, die Vereinigung wird angestrebt aus dem Haß heraus, dem Gegensatz der Vereinigung! Bemerkt wird es nur nicht, weil man heute weit entfernt davon ist, seine Gedanken mit der Wirklichkeit zu verknüpfen. Aber es ist der Furchtgedanke vor der Liebe, die zwar angeschlagen, aber zu gleicher Zeit gemieden wird, weil man vor ihr zurückschreckt, zurückbebt wie vor einem verzehrenden Feuer, indem man gerade solche Worte heraushebt und zum Motto macht in der sozialen Bewegung.

So kann nur das geisteswissenschaftliche Durchdrungensein dessen, was wirklich ist, Aufschluß geben für das, was in der Gegenwart wirkt, und das man kennen muß, damit man sich wirklich bewußt hineinstellen kann in diese Gegenwart. Es ist nicht so einfach, dasjenige, was heute in der Menschheit pulst, zu verfolgen. Geisteswissenschaft ist notwendig zu diesem Verfolgen. Das sollte nicht außer acht gelassen werden. Und der allein steht richtig in dieser geisteswissenschaftlichen Bewegung, der ernst genug auch diese Dinge zu nehmen versteht.

NEUNTER VORTRAG

Dornach, 14. Dezember 1918

Ich möchte heute einige prinzipielle Betrachtungen anstellen zu denjenigen Dingen, die wir jetzt schon seit längerer Zeit als unsere Aufgabe betrachtet haben. Wenn darüber nachgedacht wird, wie die hier gemeinte Geisteswissenschaft solche Fragen, die Fragen des Lebens sind, betrachten, beantworten kann, so muß vor allen Dingen Sorgfalt darauf verwendet werden, sich einmal recht klarzumachen, daß diese Geisteswissenschaft, und damit unsere Zeit und die Zukunft überhaupt, andere Anforderungen an die Vorstellungsart, an die Denkart des Menschen stellt, als man es eigentlich nach den Denkgewohnheiten, namentlich nach den aus der Wissenschaft und ihrer Popularisierung hervorgehenden Denkgewohnheiten der unmittelbaren Vergangenheit und auch der Gegenwart gewohnt ist. Sie wissen ja, daß alles, was Geisteswissenschaft auf irgendeinem Gebiete zu sagen hat, also auch auf sozialem Gebiete, und namentlich auf sozialem Gebiete, der Ausdruck von geistigen Forschungsresultaten ist, die nicht auf bloß rationalistischem Wege, auf bloß abstraktem Wege gewonnen werden, sondern die herausgeholt werden aus der geistigen Wirklichkeit. Verstanden werden können sie, das wissen Sie, wenn man einfach den gesunden Menschenverstand auf sie anwendet – aber gefunden können sie nur werden, wenn man aufsteigt von dem gewöhnlichen Bewußtsein, wie es auch das rationelle, das abstrakte Denken, das Naturforschen und so weiter umfaßt, zu dem imaginativen, inspirierten, intuitiven Bewußtsein. Das, was auf dem Wege der Imagination, der Inspiration, der Intuition zutagetritt, das wird formuliert in ausdrucksfähigen Vorstellungen, Ideen, und das bildet den Inhalt der Wissenschaft, welche anthroposophisch orientiertes Forschen zu geben hat.

Nun muß man sich eben daran gewöhnen, über das Wahrheitfinden andere Vorstellungen zu haben, als man gewöhnt ist, und das ist es ja, was vielen unserer Zeitgenossen so schwer macht, den notwendigen Weg zu gehen von dem gewöhnlichen, heute üblichen Denken zur anthroposophischen Geisteswissenschaft. Der Mensch fragt heute so leicht: Kann man das eine oder das andere beweisen? – Gewiß, die Frage ist sehr berechtigt. Aber man muß diese Frage auch vom Wirklichkeitsstandpunkt aus ins Auge fassen. Wenn dabei gemeint ist: Kann man nach den Begriffen, die man schon gewonnen hat, kann man nach den landesüblichen Begriffen, die man durch seine Erziehung, durch sein Leben aufgenommen hat, dasjenige, was der Geistesforscher vorbringt, in irgendeiner Hinsicht beweisen? – dann geht man vielfach in die Irre; denn die geisteswissenschaftlichen Resultate sind aus der Wirklichkeit herausgeholt.

Ich will Ihnen durch einen sehr trivialen, einfachen Vergleich klarmachen, daß für das gewöhnliche, rein abstrakt verlaufende Denken der Irrtum entstehen kann. Es soll ja aus einem Gedanken ein anderer folgen; und wenn man dann sieht, er folgt als Gedanke nicht, so glaubt man, er müsse falsch sein, während der Wirklichkeit gemäß die Sache aber doch richtig ist. Wirklichkeitskonsequenzen fallen nicht zusammen mit bloßen Gedankenkonsequenzen; Wirklichkeitslogik ist etwas anderes als bloße Gedankenlogik. In unserem Zeitalter glaubt man, weil die metaphysische, juristische Denkweise alle Köpfe ergriffen hat, daß alles umfaßt werden muß mit dem, was man als Gedankenlogik gewöhnt ist. Aber das ist nicht der Fall. Sehen Sie, wenn Sie einen Würfel haben, dessen Seiten, sagen wir, dreißig Zentimeter lang sind, also einen Würfel, der nach allen Seiten dreißig Zentimeter Ausdehnung hat, und es sagt Ihnen jemand: Dieser Würfel ist in einer Höhe von anderthalb Metern über dem Fußboden hier in diesem Saal zu finden, – so können Sie mit Ihrer bloßen Gedankenlogik eines sagen, ohne daß Sie in dem Zimmer sind, wo der Würfel ist: Er muß auf etwas stehen. Es muß ein Tisch da sein, der entsprechend hoch ist, denn der Würfel kann nicht in der Luft schweben. – Also dies können Sie schließen, auch wenn Sie gar nicht dabei sind, wenn Sie nicht die Erfahrung, das Erlebnis davon haben.

Aber nehmen wir an, auf dem Würfel läge ein Ball. Das können Sie nicht gedanklich erschließen, das müssen Sie sehen, das müssen Sie anschauen. Es entspricht aber doch der Wirklichkeit. Also die Wirklichkeit ist durchsetzt von Entitäten, von Dingen, die natürlich in sich eine Logik haben, aber eine Logik, die nicht zusammenfällt mit der bloßen Gedankenlogik. Die Anschauungslogik ist eine andere als die bloße Gedankenlogik.

Das bedingt aber, daß man sich schon einmal dazu bequemt, die sogenannten logischen Folgerungen, an die sich das heutige Denken gewöhnt hat, nicht allein nur Beweise zu nennen, sonst wird man nie mit den Dingen zurechtkommen. Auf dem Gebiete, das ich hier nun schon seit Wochen besprochen habe, auf dem Gebiete der sozialen Struktur der menschlichen Gesellschaft, da ergeben sich gar viele Forderungen, einfach aus den Voraussetzungen, die ich Ihnen vorgetragen habe über die dreifache Gliederung der Gesellschaft, die notwendig wird für die Zukunft. Es ergibt sich zum Beispiel daraus ein ganz bestimmtes Steuersystem. Aber dieses Steuersystem kann man eben wiederum nur finden, wenn man die Anschauungslogik zu Hilfe ruft. Mit einer bloßen Gedankenlogik kommt man da nicht zu Rande. Das ist es, was notwendig macht, daß man diejenigen höre, die über diese Dinge etwas wissen; denn wenn die Sache gesagt ist, dann kann der gesunde Menschenverstand, wenn er alle Seiten berücksichtigt, die Sache entscheiden. Der gesunde Menschenverstand, meine lieben Freunde, wird immer ausreichen; der kann immer nachkontrollieren, was der Geistesforscher sagt. Aber der gesunde Menschenverstand ist etwas anderes als die Gedankenlogik, die – namentlich durch die naturwissenschaftlich durchtränkte Denkweise der Gegenwart – heraufgezogen ist. Daraus aber ersehen Sie, daß Geisteswissenschaft selber nicht bloß die Wirkung haben soll auf den Menschen, daß er eine bestimmte Summe von Vorstellungen empfängt und dann glaubt, daß er diese Vorstellungen so behandeln könne wie irgend etwas anderes, was ihm heute durch die Wissenschaft oder dergleichen mitgeteilt wird. Das ist eben durchaus nicht möglich und nicht zu denken. Denn denkt man es, so denkt man in die Irre. Geisteswissenschaft macht, daß die ganze Art zu denken, die Art, die Welt aufzufassen, beim Menschen eine andere wird als sie vorher war, daß der Mensch lernt, nicht nur gründlich einzusehen, sondern auf andere Art einzusehen. Das müssen Sie vor allen Dingen, wenn Sie sich mit der Geisteswissenschaft durchdringen, ins Auge fassen, natürlich ins Seelenauge, daß Sie sich immer fragen können: Lerne ich auf eine andere Weise die Welt anschauen dadurch, daß ich diese Geisteswissenschaft aufnehme – nicht das Hellsehen, sondern die Geisteswissenschaft –, lerne ich auf eine andere Weise die Welt ansehen, als ich sie früher angesehen habe? – Ja, es kann einer, der Geisteswissenschaft als eine Summe von Kompendien betrachtet, sehr vieles wissen; aber wenn er gerade nur so denkt, wie er vorher auch gedacht hat, dann hat er nicht die Geisteswissenschaft aufgenommen. Geisteswissenschaft hat er erst aufgenommen, wenn sich in gewisser Beziehung die Art, die Formation, die Struktur seines Denkens geändert hat, wenn in einer gewissen Beziehung aus ihm ein anderer Mensch geworden ist als er früher war. Das wird einfach durch die Gewalt, durch die Kraft der Vorstellungen, die man durch die Geisteswissenschaft aufnimmt, bewirkt.

Nun ist es beim sozialen Denken ganz unerläßlich, daß diese Forderung, die nur durch die Geisteswissenschaft eintreten kann, die Menschen ergreift, denn das, worauf ich gestern aufmerksam gemacht habe, kann nur in diesem Lichte überhaupt verstanden werden. Ich habe gestern darauf aufmerksam gemacht, daß die Schul-Nationalökonomen, die über die wirtschaftlichen Begriffe heute die Menschen unterrichten, eigentlich recht hilflos sind gegenüber der Wirklichkeit. Warum sind sie so hilflos? Weil sie etwas, was sich mit naturwissenschaftlich orientiertem Denken nicht auffassen läßt, eben mit diesem naturwissenschaftlich orientierten Denken auffassen wollen. Erst wenn man sich bequemen wird, gerade das soziale Leben anders aufzufassen als mit naturwissenschaftlich geschultem Denken, dann wird man fruchtbare soziale Ideen, die sich verwirklichen lassen, die eben für das Leben fruchtbar sind, finden können.

Ich habe Sie schon früher einmal auf etwas aufmerksam gemacht, was vielleicht den einen oder den anderen erstaunt hat, was aber tiefer bedacht sein muß. Ich habe Sie darauf aufmerksam gemacht, daß die logische Konsequenz, die man geneigt ist, aus gewissen Begriffen oder sogar aus einer Weltanschauung zu ziehen, durchaus nicht immer dasselbe ist, was dem Leben nach aus dieser Weltanschauung folgt. Ich meine folgendes: Irgend jemand kann eine Summe von Begriffen oder sogar eine ganze Weltanschauung haben. Sie können sich diese Weltanschauung rein begriffsmäßig vor Augen führen und dann vielleicht noch andere Konsequenzen daraus ziehen, Konsequenzen, von denen Sie mit Recht voraussetzen, daß sie logisch sind, und Sie können glauben, daß diese Konsequenzen, die Sie logisch daraus ziehen, notwendig aus dieser Weltanschauung folgen müssen. Das ist aber durchaus nicht notwendig, sondern das Leben selber kann ganz andere Konsequenzen daraus ziehen. Sie können höchst erstaunt sein, wie das Leben andere Konsequenzen daraus zieht. Was heißt das: das Leben zieht andere Konsequenzen? Nehmen wir einmal an, Sie bilden eine Ihnen recht idealistisch erscheinende Weltanschauung aus. Mit Recht, sagen wir, erscheint Ihnen diese Weltanschauung idealistisch. Sie enthält wunderbare idealistische Vorstellungen, wunderbare idealistische Ideen. Es kann der Fall eintreten, je nachdem diese Weltanschauung so oder so ist, daß Sie sie Ihren Sohn lehren oder Ihre Schüler in einem bestimmten Lebensalter, lassen den Einfluß der Weltanschauung lebensvoll auf sie wirken. Sie selber werden wahrscheinlich nur logische Konsequenzen aus Ihrer Weltanschauung zulassen. Aber senken Sie das in ein anderes Gemüt, betrachten Sie das Leben auch über jene Abgründe hin, wo es von einem Menschen auf den anderen übergeht, so kann nämlich das Folgende eintreten, was Ihnen nur Geisteswissenschaft erklären kann als etwas Notwendiges: Sie bilden aus eine Ihnen idealistisch erscheinende Weltanschauung, die Sie mit Recht zu dem Glauben führt, daß alles, was Sie logisch aus ihr ableiten können, auch wiederum idealistisch, schön und groß sein müßte, und Sie lehren sie einen Sohn oder eine Tochter oder eine Schülerin, und die Betreffenden werden Schlingel, also Halunken. Das kann durchaus sein. Aus Ihrer idealistisch geformten Weltanschauung kann im Leben die Halunkerei folgen.

Das ist natürlich ein extremer Fall, der aber auch einmal eintreten könnte, der Ihnen nur begreiflich machen soll, daß im Leben andere Konsequenzen gezogen werden als im bloßen Denken. Deshalb stehen die Menschen heute so furchtbar fern der Wirklichkeit, weil sie solche Dinge nicht durchschauen, weil sie nicht gewillt sind, dasjenige, was sich früher instinktiv gemacht hat, auch wirklich ins Bewußtsein umzusetzen. Die Instinkte der früheren Zeiten, die haben schon gefühlt: Da oder dort wird das oder jenes entstehen. Die Instinkte sind nicht geneigt gewesen, immer nur das Gedankenlogische vorauszusetzen. Die Instinkte haben bereits logisch gewirkt. Aber heute ist man in eine gewisse Unsicherheit hineingekommen, und diese Unsicherheit wird naturgemäß im Zeitalter der Entwickelung der Bewußtseinsseele immer größer und größer werden, wenn nicht das Gegengewicht geschaffen wird, das darin besteht, daß man auch bewußt Wirklichkeitslogik aufnimmt. Und man nimmt sie in dem Augenblicke auf, wo man den hinter der sinnlichen Wirklichkeit befindlichen Geist in seinem Wesen, in seinen Vorgängen wirklich ins Auge faßt.

Ich will Ihnen einen praktischen Fall sagen, der Ihnen illustrieren kann, was ich soeben mehr theoretisch auseinandergesetzt habe. Aber zugleich soll er Ihnen auch noch etwas anderes illustrieren. Er soll Ihnen illustrieren, wie sehr man fehlgehen kann, wenn man die Dinge nur nach ihren äußeren Symptomen betrachtet. Ich habe in den Vorträgen dieser Wochen von Symptomatologie in der Geschichtsbetrachtung gesprochen. Symptomatologie ist überhaupt etwas, was sich die Menschen aneignen müssen, wenn sie von dem Äußeren, von den Phänomenen zu der Wirklichkeit gehen wollen.

Ein russischer Schriftsteller und Philosoph, *Berdjajew*, hat jüngst einen ganz interessanten Aufsatz geschrieben über die philosophische Entwickelung des russischen Volkes von der zweiten Hälfte des neunzehnten Jahrhunderts bis jetzt. In diesem Aufsatze von Berdjajew ist zweierlei recht merkwürdig. Eines ist, daß der Autor von einem merkwürdigen Vorurteil ausgeht, welches beweist, daß er keinen Einblick in diejenigen Wahrheiten hat, die uns jetzt schon sehr geläufig sein müssen, in die Wahrheiten, daß im russischen Osten für den sechsten nachatlantischen Zeitraum, für den Zeitraum der Entwickelung des Geistselbstes, überhaupt ganz neue Elemente im Auftauchen begriffen sind, die heute erst im Keime vorhanden sind. Weil er das nicht weiß, beurteilt er einen Punkt ganz falsch. Er sagt sich, es ist doch merkwürdig – und als russischer Philosoph muß er das wissen –, daß man in Rußland, anders als im Westen der europäischen Zivilisation, für dasjenige, was man im Westen Wahrheit nennt, gerade in der Philosophie eigentlich keinen rechten Sinn hat. Man hat sich zwar viel für die Philosophie des Westens interessiert, aber man hat keinen rechten Sinn für die Philosophie des Westens, insofern sie «Wahrheit» anstrebt; sondern man nimmt philosophische Wahrheit auf, insofern sie dem Leben dient, insofern sie nützlich ist für eine unmittelbare Lebensauffassung. Der Sozialist zum Beispiel interessiert sich für die Philosophie aus dem Grunde, weil er glaubt, daß ihm diese oder jene Philosophie eine Rechtfertigung seines Sozialismus gibt. Ebenso interessiert sich der Orthodoxe für irgendeine Philosophie nicht so wie der Westler, weil sie Wahrheit ist, sondern er interessiert sich dafür, weil sie ihm eine Grundlage, eine Rechtfertigung gibt für seinen orthodoxen Glauben und so weiter. Das betrachtet Berdjajew als einen großen Mangel der heutigen russischen Volksseele. Denn er sagt: Die im Westen wären weit voraus, die glauben nicht, daß sich die Wahrheit nach dem Leben richten müsse, sondern die Wahrheit sei Wahrheit, und sie sei da, und das Leben müsse sich nach der Wahrheit richten. Dazu setzt er ausdrücklich den merkwürdigen Satz – merkwürdig allerdings nicht für einen Menschen der Gegenwart, denn ein Mensch der Gegenwart findet ihn selbstverständlich –, aber den für den Geisteswissenschafter höchst merkwürdigen Satz: der russische Sozialist habe kein Recht, den Ausdruck «bürgerliche Wissenschaft», «Bourgeois-Wissenschaft», zu gebrauchen, denn die Bourgeois-Wissenschaft enthalte die Wahrheit, sie habe endlich den Wahrheitsbegriff aufgestellt; und das sei eben die unumstößliche Wahrheit. Daher sei es ein Mangel der russischen Volksseele, wenn sie glaube, daß auch diese Wahrheit überwunden werden könne.

Berdjajew teilt diese Anschauung nicht nur mit der ganzen Professorenwelt, sondern auch mit der Anhängerschaft der ganzen Professorenwelt, und das ist zum Beispiel die ganze west- und mitteleuropäische Bourgeoisie, der Adel erst recht und so weiter. Berdjajew weiß eben nicht, daß dasjenige, was jetzt in der russischen Volksseele keimhaft ist, gerade deshalb vielfach tumultuarisch und karikiert zum Ausdrucke kommt. In dieser Auffassung der Wahrheit vom Gesichtspunkte des Lebens, die eben heute schief ist, liegt aber auch ein Keim für eine Zukunftsauffassung. In der Zukunft wird sich die Sache schon richtigstellen. Denn wenn erst gediehen sein wird, was sich heute keimhaft vorbereitet: das Hingelenktsein der menschlichen Entwickelung zum Geistselbst, dann wird in der Tat das, was man heute Wahrheit nennt, eine ganz andere Gestalt haben. Und ich habe Sie heute auf einige Eigentümlichkeiten aufmerksam gemacht. Diese Wahrheit wird dem Menschen zum Beispiel zum Bewußtsein bringen – was der heutige Mensch gar nicht einsehen kann –, daß die Tatsachenlogik, die Wirklichkeitslogik, die Anschauungslogik eine andere ist als die bloße Begriffslogik. Und noch andere Eigenschaften wird diese umgeformte Wahrheitsvorstellung haben. Das ist das eine, was Sie bei Berdjajew auftreten sehen und was sehr merkwürdig ist, weil es zeigt, wie wenig solch ein Schriftsteller in dem steckt, was der eigentliche Sinn der Evolution unserer Zeit ist, den er sehr gut gerade bei seinem Volk wahrnehmen könnte, aber unter diesem Vorurteil nicht anerkennen kann.

Etwas anderes ist nach einer ganz anderen Richtung hin zu beurteilen. Berdjajew sieht offenbar – das geht aus dem Sinn seines Aufsatzes hervor – mit einem großen Unbehagen das Auftauchen des Bolschewismus. Nun, darin mag der eine oder andere, je nachdem er Bolschewist ist oder nicht, ihm nun recht oder unrecht geben; das ist ja etwas, worüber ich mich jetzt nicht verbreiten will. Ich will die Tatsachen darstellen, ich will nicht kritisieren. Aber was wichtig ist, das ist das Folgende. So wie in den sechziger Jahren – so meint Berdjajew unter dem Gesichtspunkt, die Wahrheit, die Philosophie abhängig von dem Leben zu sehen –, so wie dazumal der Materialismus in Rußland Eingang gefunden und man an den Materialismus geglaubt hat, weil man ihn dienlich dem Leben gefunden hat, hat man in den siebziger Jahren an den Positivismus zum Beispiel von *Auguste Comte* geglaubt. Dann haben andere Anschauungen, zum Beispiel auch *Nietzsche*, in Rußland Eingang gefunden bei den Leuten, die der Intelligenz zugehören. Nun fragt sich Berdjajew, was denn jetzt bei den Bolschewisten, die zur Intelligenz gehören, für eine Philosophie Platz gegriffen habe. Es hat tatsächlich eine Philosophie Platz gegriffen. Aber über das Zusammengehen dieser eigentümlichen Philosophie mit dem

Bolschewismus, da ist Berdjajew eigentlich ganz ratlos. Er kann gar nicht fassen, wie der Bolschewismus als seine Philosophie kurioserweise die Lehren von *Avenarius* und *Mach* betrachtet.

Wenn man Avenarius und Mach gesagt hätte, daß ihre Philosophie ausgerechnet von solchen Leuten akzeptiert werde, wie es die Bolschewisten sind, so würden sie noch viel ärger erstaunt gewesen sein als Berdjajew. Sie würden, wenn ich den trivialen Ausdruck gebrauchen darf, an den Wänden hinaufgekrochen sein – beide sind ja schon tot –, wenn sie sich hätten vorstellen sollen, als offizielle Philosophen der Bolschewisten zu gelten. Denken Sie sich den braven bürgerlichen Avenarius, der da glaubte, nur in den reifsten Begriffen zu arbeiten, der selbstverständlich vorausgesetzt hat, daß ihn nur Leute verstehen können, welche – nun, sagen wir – anständige Röcke tragen, niemandem in bolschewistischer Weise etwas zuleide tun, kurz, ganz gesittete Menschen sind in dem Sinne, wie man in den sechziger, siebziger, achtziger Jahren sich «gesittete Menschen» gedacht hat. Nur unter solchen Menschen, hat sich Avenarius vorgestellt, könnte seine Philosophie Anhänger finden. Nun, wenn man erst eingeht auf den Inhalt dieser Avenarius-Philosophie, dann wird man das Faktum, daß Avenarius offizieller Philosoph der Bolschewisten ist, erst recht nicht begreifen. Denn was denkt Avenarius? Er sagt sich: Die Menschen leben unter dem Vorurteil, da drinnen in meinem Kopfe oder in meiner Seele oder wo immer sind subjektiv die Vorstellungen, die Wahrnehmungen; draußen sind die Objekte. Das ist aber nicht richtig. Würde ich allein auf der Welt sein, so würde ich überhaupt gar niemals auf den Unterschied kommen zwischen Objekt und Subjekt. Ich komme auf den Unterschied nur dadurch, daß andere Leute auch noch da sind. Ich würde, wenn ich allein einen Tisch anschaue, gar nicht zu der Idee kommen, meint Avenarius, daß der Tisch da draußen in einem Raum ist und ein Abbild davon in meinem Gehirn, sondern ich würde den Tisch haben und würde nicht unterscheiden zwischen Subjekt und Objekt. Die unterscheide ich nur, weil, wenn ich mit einem andern den Tisch anschaue, ich mir sage, der sieht den Tisch, ich nehme ihn wahr, da ist in meinem Kopf noch diese Wahrnehmung drinnen. Nun überlege ich mir, daß das, was er empfindet, auch ich empfinde. Also innerhalb solcher rein theoretischer Erwägungen – ich will sie Ihnen gar nicht alle vorsetzen, Sie würden sagen, das interessiert uns alles nicht –, innerhalb solcher erkenntnistheoretischer, rein abstrakter Erwägungen bewegt sich Avenarius. Er hat 1876 das Büchelchen geschrieben: «Philosophie als Denken der Welt gemäß dem Prinzip des kleinsten Kraftmaßes.» Denn aus solchen Voraussetzungen, wie ich sie Ihnen eben jetzt klargelegt habe, da zeigt er, daß unsere Begriffe, die wir als Menschen haben, überhaupt keinen rechten Wirklichkeitswert haben, sondern daß wir nur Begriffe schaffen zu dem Zwecke, um ökonomisch die Welt zusammenzuhalten. Der Begriff «Löwe» zum Beispiel oder der Begriff, der sich in einem Naturgesetz ausdrückt, ist überhaupt nichts Wirkliches, weist auch nach Avenarius nicht auf etwas Wirkliches hin, sondern es ist unökonomisch, wenn ich im Leben fünf, sechs oder dreißig Löwen gesehen habe und mir alle diese Löwen vorstellen soll; da mache ich die Sache ökonomischer, ich mache mir einen Einzelbegriff, der alle dreißig Löwen zusammenfaßt. Alle Begriffsbildung ist nur eine innere, subjektive Ökonomie.

Mach ist ähnlicher Anschauung. Mach ist derselbe, von dem ich Ihnen erzählt habe, daß er einmal in ermüdetem Zustande in einen Omnibus einstieg, der einen Spiegel hatte. Er stieg also ein und sah einen Menschen da von der andern Seite kommen. Nun, der Mensch war ihm höchst unsympathisch, und da sagte er sich: Was ist denn das für ein unsympathisch aussehender Schulmeister? – Und dann kam er darauf, daß ein Spiegel dort hing, und er sich selber gesehen hatte. Er wollte damit eben nur andeuten, wie wenig man sich auch nur in bezug auf seine äußere menschliche Gestalt kennt, wie wenig man Selbsterkenntnis hat. Er erzählt sogar noch einen zweiten Fall, wo er an einem Schaufenster, das spiegelte, vorbeigegangen war, wo er also auf diese Weise sich selbst begegnete, und wo er wütend darüber war, daß ihm da ein so häßlich aussehender Schulmeister begegnete. Derselbe Mach, von dem ich Ihnen diese Dinge erzählt habe, der ist in einer etwas populäreren Weise vorgegangen, aber er hat dieselbe Anschauung wie Avenarius. Er sagt: Es gibt nicht subjektive Vorstellungen, nicht objektive Dinge, sondern es gibt eigentlich nur Empfindungsinhalte. Und ich bin mir selber nur Empfindungsinhalt. Draußen der Tisch ist Empfindungsinhalt, mein Gehirn ist Empfindungsinhalt, alles ist nur Empfindungsinhalt. Und die Begriffe, die sich die Menschen machen, die sind auch nur aus Ökonomie da. Es war vielleicht im Jahre 1881 oder 1882, ich war bei jener Sitzung der Akademie der Wissenschaften in Wien anwesend, wo Mach seinen Vortrag über «Die ökonomische Natur der physikalischen Forschung», über die Ökonomie des Denkens, gehalten hatte. Ich muß sagen, es hat auf mich, der ich damals ein ganz junger Dachs war, im Anfang meiner Zwanzigerjahre, einen ganz schrecklichen Eindruck gemacht, als ich hörte, daß es Menschen von solchem Radikalismus gab, die gar keine Ahnung davon haben, daß auf dem Wege des Denkens in die menschliche Seele die erste Ankündigung, die erste Offenbarung des Übersinnlichen hereinkommt; die die Begriffe so sehr leugnen, daß sie in ihnen nur ein Ergebnis der menschlichen Seelentätigkeit, die auf Ökonomie geht, sehen. Aber all das verfließt bei Mach und bei Avenarius innerhalb der Grenzen des – Sie werden mich nicht mißverstehen – ganz anständigen Denkens. Man braucht durchaus nicht irgendwie vertrackt zu sein, wenn man voraussetzt: die beiden Herren und alle ihre Anhänger sind gut bürgerlich denkende Menschen, denen jeder auch nur einigermaßen praktisch-radikale Gedanke oder gar ein revolutionärer Gedanke so fern wie möglich liegt. Und nun sind sie die Amtsphilosophen der Bolschewisten geworden! Niemals konnte man darauf kommen! Wenn Sie das Büchelchen vom kleinsten Kraftmaß von Avenarius lesen, so würde Sie das vielleicht interessieren, das ist ganz nett geschrieben; aber wenn Sie anfangen würden, seine «Kritik der reinen Erfahrung» zu lesen, würden Sie wahrscheinlich bald aufhören, denn Sie fänden es gräßlich langweilig. Es ist absolut in professorenmäßigem Ton geschrieben, und es ist nicht irgendwie die Möglichkeit vorhanden, daß Sie da irgend etwas von Bolschewismus als Konsequenz daraus ziehen würden. Nicht einmal eine praktische Weltanschauung von auch nur ganz leisem Radikalismus könnten Sie daraus ziehen.

Nun weiß ich, daß natürlich diejenigen Menschen, die Symptome für Wirklichkeiten nehmen, mir jetzt eine Erwiderung machen könnten. Ein handfester Positivist, der würde sagen: Oh, das ist so einfach wie möglich zu erklären. Die Bolschewisten haben ihre intelligenten Leute alle aus Zürich bezogen. In Zürich hat Avenarius gelehrt, und die sind Schüler des Avenarius gewesen, die jetzt unter den Bolschewisten als intelligente Leute wirken. Außerdem hat als Privatdozent ein Schüler Machs gewirkt, der junge *Adler*, der dann den *Stürgkh* in Österreich erschossen hat. Bei dem haben zahlreiche Anhänger von *Lenin*, sogar vielleicht Lenin selber, verkehrt, die haben diese Dinge aufgenommen, das hat sich übertragen. Das ist also ein reiner Zufall. – Ich weiß selbstverständlich, daß handfeste, klotzig positivistische Leute das so erklären können. Aber ich habe Ihnen auch neulich auseinandergesetzt, daß man dann die ganze dichterische Persönlichkeit *Robert Hamerlings* zurückführen kann darauf, daß der brave Rektor *Kaltenbrunner* das Gesuch des Hamerling um eine Lehrstelle in Budapest verbummelt hat und infolgedessen ein anderer die Stelle in Budapest bekommen hat. Hätte der Kaltenbrunner dieses Gesuch nicht verbummelt, so wäre Hamerling damals in den sechziger Jahren nach Budapest als Gymnasiallehrer gekommen und nicht nach Triest. Und wenn Sie nun ins Auge fassen, was Hamerling alles geworden ist dadurch, daß er in Triest an der Adria sein Leben zugebracht hat zehn Jahre lang, so werden Sie sehen, daß das ganze dichterische Leben Hamerlings ein Ergebnis davon ist. Äußerlich hat aber der brave Rektor Kaltenbrunner am Gymnasium in Graz das Gesuch verbummelt, und dadurch hat er Veranlassung gegeben, daß Hamerling nach Triest gekommen ist. Man muß eben nicht diese Dinge als Wirklichkeiten, sondern als Symptome nehmen für dasjenige, was sie innerlich ausdrücken.

Und dasjenige, was Berdjajew so auffaßt, daß die Bolschewisten die braven bürgerlichen Philosophen Avenarius und Mach zu ihren Götzen ausersehen haben, das führt schon zurück auf das, was ich heute eingangs auseinandergesetzt habe: Daß die Lebenswirklichkeit, die Anschauungswirklichkeit eine andere ist als die bloße logische Wirklichkeit. Natürlich folgt niemals aus Avenarius und Mach die Tatsache, daß diese Leute Amtsphilosophen der Bolschewisten werden könnten. Aber das alles, was Sie logisch auch aus einer Sache schließen können, ist auch nur äußerlich symptomatisch bedeutsam. Auf die Wirklichkeit kommt man eben nur durch eine Forschung, die auf diese Wirklichkeit selbst geht. In der Wirklichkeit wirken die geistigen Wesenheiten.

Und nun könnte ich Ihnen vieles erzählen, was allerdings Ihnen als eine Notwendigkeit erscheinen lassen würde, daß solche Philosophien, wie die des Avenarius und des Mach lebensgemäß schon zu den Konsequenzen des allerradikalsten Sozialismus der Gegenwart führen. Denn hinter den Kulissen des Daseins sind es dieselben Geister, welche Avenariussche oder Machsche Philosophie hereinträufeln in die menschlichen Bewußtseine, und welche das in die menschlichen Bewußtseine hineinträufeln, was zum Beispiel zum Bolschewismus führt. Nur kann man nicht logisch das eine von dem andern ableiten. Aber die Wirklichkeit leitet es ab. Die ist etwas, was ich Sie bitte, sich tief in Ihre Herzen einzuschreiben, damit Sie auch darinnen etwas haben von dem, was ich immer wieder betone. Es ist heute einmal vonnöten, daß man von dem bloßen logischen Gestrüppe, von dem man heute illusionär die Wirklichkeiten durchsetzt denkt, zu der wahren Wirklichkeit den Übergang findet. Sieht man auf Symptome, weiß man Symptome zu werten, dann wird die Sache vielleicht doch manchmal ernster. Da will ich Sie auf etwas hinweisen, auf das der andere, der nicht Geisteswissenschafter ist, nicht so aufmerksam wird, weil er es mehr als Phrase, als etwas Gleichgültiges nimmt. Sehen Sie, Mach, der Positivist, aber radikaler Positivist ist, er kommt darauf, daß eigentlich alles Empfindung ist. Die Lehre, die auch der junge Adler als Privatdozent in Zürich vorgetragen hat, die sicher viele für ihn, für Mach und für Avenarius eingenommen hat, besagt, daß alles Empfindung ist, daß wir keine Berechtigung haben, Physisches und Psychisches zu unterscheiden. Draußen der Tisch ist genau in demselben Sinne physisch-psychisch, wie meine Vorstellungen physisch-psychisch sind, und Begriffe sind bloß zur Ökonomie da.

Aber bei Mach war das Eigentümliche, daß er instinktiv manchmal zurücktrat vor seiner eigenen Weltanschauung, vor dieser radikalen, positivistischen Weltanschauung. Er trat zurück und sagte dann: Ja, wenn ich mir nun nach allen Errungenschaften der Neuzeit klarmache: es hat keinen Sinn, davon zu sprechen, daß außer meiner Empfindung noch etwas da ist oder daß ich physisch oder psychisch unterscheiden soll, so werde ich doch immer wieder veranlaßt, wenn ich den Tisch vor mir habe, nicht bloß von der Empfindung zu sprechen, sondern zu glauben, daß da draußen noch etwas physisch vorhanden ist. Und wiederum, wenn ich eine Vorstellung, eine Empfindung, ein Gefühl habe, so habe ich nicht bloß die Wahrnehmung, das, was sich abspielt, das Phänomen, sondern ich glaube – obwohl ich weiß nach der Wissenschaft, die ich mir bilden kann, daß das keine Berechtigung hat –, daß drinnen Seele ist und draußen Objekt. Ich fühle mich veranlaßt, das zu unterscheiden. Was ist denn das eigentlich? – Mach sagt sich: Wie komme ich zu solch einer Sache, daß ich ganz plötzlich annehmen muß: da drinnen ist irgend etwas Seelisches, da draußen etwas Außerseelisches. Ich weiß, daß das aber gar keine Unterscheidung ist. Ich werde veranlaßt, etwas anderes zu denken, als was mir meine Wissenschaft sagt – sagt sich Mach zuweilen, wenn er von den Dingen zurücktritt, das steht in seinen Büchern. Er macht dann eine Bemerkung und sagt: Manchmal ist es einem dann so, daß man die Frage aufwirft, ob man denn als Mensch von einem bösen Geiste im Kreise herumgeführt werde? Und er antwortet: Ich glaube das letztere.

Ich weiß, wie viele Menschen über eine solche Stelle einfach als über eine Phrase hinweglesen. Aber solch eine Stelle ist symptomatisch. Da guckt manchmal über die Schultern der Seele dasjenige, was wahrhaftiger Tatbestand ist. Es ist der ahrimanische Geist, der die Menschen im Kreise herumführt, daß sie so denken, wie Avenarius und Mach denken. Und Mach wird in solchen Augenblicken auf diesen ahrimanischen Geist aufmerksam. Es ist derselbe ahrimanische Geist, der nun auch in der bolschewistischen Denkweise wirkt. Daher ist es kein Wunder, daß die Wirklichkeitslogik dieses als Ergebnis geliefert hat. Sie sehen aber, man muß, wenn man die Dinge des Lebens einsehen will, tiefer in dieses Leben hineinschauen. Das ist wahrhaftig gerade auf sozialem Gebiete heute und für die nächste Zukunft nicht unbedeutend. Denn die Schlußfolgerungen, die gezogen werden müssen, sind nicht solche, wie sie *Schmoller* oder *Bren-*

tano, *Wagner*, *Spencer*, *John Stuart Mill* oder wer immer gezogen haben, sondern auf dem sozialen Gebiete müssen wirklichkeitsgemäße, logisch wirklichkeitsgemäße Schlußfolgerungen gezogen werden. Und das Schlimme ist, daß in unseren gegenwärtigen agitatorischen Bestrebungen und in dem, was aus diesen agitatorischen Bestrebungen geworden ist, den bloß logischen Schlußfolgerungen, Illusionen leben, und Illusionen äußere Wirklichkeit geworden sind. Dafür will ich Ihnen zwei Beispiele anführen. Das eine kennen Sie schon gut, nur brauchen Sie noch die Beleuchtung, in die ich das Beispiel jetzt rücke.

Die marxistisch gefärbten Sozialisten – ich habe Ihnen ja gestern und oft schon auseinandergesetzt, das ist fast das ganze Proletariat der Gegenwart – sagen unter dem Einfluß von Marx: Wirtschaft, wirtschaftliche Gegensätze, Klassengegensätze, die von den wirtschaftlichen Gegensätzen herrühren, die sind die wahre Wirklichkeit, das andere ist ideologischer Überbau. Was der Mensch denkt und dichtet, künstlerisch schafft, was er über den Staat, über das Leben, über alles denkt, das ist nur das Ergebnis der Art und Weise, wie er wirtschaftlich lebt. Aus diesem Grunde sagt ja auch der Proletarier der Gegenwart: Wir brauchen nicht eine allgemeine Nationalversammlung, wenn wir eine Neuordnung herbeiführen wollen, denn da werden wiederum die Bürger drinnen sein und aus ihrem wirtschaftlich determinierten Bürgertum heraus mitreden. Das können wir nicht brauchen. Wir können nur diejenigen brauchen, welche so reden, wie es aus den proletarischen Köpfen kommt, denn das sind heute diejenigen, die die Welt gestalten müssen. Da brauchen wir überhaupt nicht erst Versammlungen einzuberufen, sondern die paar Proletarier, die eben gerade obenauf sind, die üben die Diktatur aus, denn sie haben proletarische Anschauungen, sie werden also das Richtige denken. – Wie *Lenin* und *Trotzki* in Rußland, so weist *Karl Liebknecht* in Berlin die Nationalversammlung zurück. Er sagt: Das wird ja doch nichts sein als eine neue Auflage der alten Reichs-Schwätzerbande – damit meint er den Reichstag.

Nun, was liegt denn da zugrunde? Das, was da zugrunde liegt, das bildete hauptsächlich gerade den Gegenstand, wegen dessen ich vor jetzt sechzehn Jahren – ich habe Ihnen das erzählt, als ich Ihnen die

Geschichte meiner «Philosophie der Freiheit» auseinandersetzte – in der Hauptsache herausgedrängt worden bin aus der sozialistischen Arbeiterbildungsschule in Berlin. Ich hatte unter anderem auch naturwissenschaftliche Fragen vorzutragen, hatte auch Redeübungen geleitet, aber ich hatte auch Geschichte gelehrt. Ich habe sie so gelehrt, wie ich angenommen habe, daß man sie objektiv zu lehren hat. Das hat durchaus genügt für diejenigen, die meine Schüler waren. Hätte das fortgesetzt werden können, hätte es nicht ein künstliches Ende gefunden, ich weiß, es hätte schon gute Früchte tragen können. Aber es sind die sozialdemokratischen Führer darauf gekommen, daß ich nicht Marxismus, nicht marxistische Geschichtsauffassung vortrage, sondern daß ich sogar kurioserweise, was den Arbeitern, die meine Schüler waren, sehr gut gefallen hat, sogar solche Bocksprünge gemacht habe, von denen ich Ihnen jetzt erzählen will. Ich habe zum Beispiel gesagt: Die gewöhnlichen Historiker, die können nicht dahinterkommen, was es mit den sieben römischen Königen ist, die betrachten das sogar als eine Mythe, weil die Aufeinanderfolge der sieben Könige, so wie sie im Livius erzählt ist, so ein Auf- und Niedergang ist, immer eine Art Steigerung bis zum Marcius, dem vierten, dann ein Niedergehen bis zur Dekadenz, bis zum siebenten, Tarquinius Superbus. Und ich erklärte dann den Leuten, daß man da eben zurückgeht in die älteste Zeit der römischen Entwickelung, in die Zeit vor der Republik, daß der Umschwung zur Republik eben darin bestanden hat, daß die alten atavistisch geistigen Regelmäßigkeiten in ein gewisses volksmäßiges Chaos übergegangen sind, während in der Tat in der älteren Zeit, wie es noch beim ägyptischen Pharaonentum ja handgreiflich ist, eine durch spirituelle Wissenschaft erforschbare Weisheit in den Einrichtungen liegt. Es wurde nicht umsonst erzählt, daß Numa Pompilius von der Nymphe Egeria Einflüsse empfangen hat, um das Ganze anzuordnen. Ich habe dann auseinandergesetzt, wie die Leute überhaupt Inspirationen bekommen haben, um Anordnungen zu treffen, wie in der Tat, nicht wie es später war, der eine Machthaber dem andern gefolgt ist, sondern wie das bestimmt war nach den Gesetzen, die man aus der geistigen Welt heraus hatte. Daher dieses Regelmäßige in der Aufeinanderfolge der ägyptischen Pharaonen und auch noch der römischen Könige, die so aufeinanderfolgen in Romulus, Numa Pompilius und so weiter bis zum Tarquinius Superbus. Wenn Sie jetzt die sieben Prinzipien so, wie ich sie in meiner «Theosophie» zusammengefaßt habe, hintereinander von einem gewissen Gesichtspunkte anschauen, dann haben Sie in der Aufeinanderfolge der sieben römischen Könige diese sieben Prinzipien. Das ist etwas, was ich jetzt nur andeute; hier unter Ihnen brauche ich es ja nur anzudeuten, aber es ist etwas, was man, wenn man es entsprechend einkleidet, durchaus als eine ganz objektive Wahrheit darzustellen hat und was Licht wirft auf dieses Eigentümliche, das ja der gewöhnliche materialistische Historiker nicht begreifen kann. Daher werden heute die sieben römischen Könige von einem waschechten – nein wissenschaftlichen! – Historiker ja überhaupt als nicht vorhanden, sondern als Mythus betrachtet. Sehen Sie, so weit bin ich gegangen und habe auch in anderer Weise diese Dinge vorgetragen; und wenn man es entsprechend macht, so wirkt es natürlich schon als etwas, was der Wirklichkeit entspricht. Aber «materialistische Geschichtsauffassung» ist es nicht. Denn materialistische Geschichtsauffassung bedingt, daß man untersucht, welches die wirtschaftlichen Verhältnisse waren, wie dazumal Ackerbau sich zu Viehzucht, wie sich der Ackerbau zum Handel verhalten hat. Wie die Städte begründet worden sind, welche Wirtschaft die Etrusker gehabt haben, wie die Etrusker mit den aufkeimenden Römern gehandelt haben, und wie sich unter diesem Einfluß des wirtschaftlichen Elements die Verhältnisse dann unter Romulus, Numa Pompilius, Tullus Hostilius und so weiter gestaltet haben.

Aber sehen Sie, so ganz ohne weiteres würde auch das natürlich nicht durchgedrungen sein. Aber da kam mir wiederum die wahre Wirklichkeit doch zu Hilfe; gerade weil ich auf die wahre Wirklichkeit ging, kam mir die wahre Wirklichkeit zu Hilfe. Natürlich sind es ja nicht lauter junge Leute, die solchen Zuhörerkreis bilden. Es waren unter ihnen auch solche, die schon proletarisches Denken bis zu einem gewissen Grade aufgenommen hatten, auch solche, die schon mit allen Vorurteilen gespickt waren; leicht sind solche Leute durchaus nicht zu überzeugen, selbst bei Dingen, die ihnen fernliegen. Als ich zum Beispiel einmal über Kunst sprach, wo ich auseinandergesetzt hatte, was Kunst ist und wie Kunst wirkt, schrie plötzlich ganz im Hintergrund eine Dame: Na, und der Verismus, ist der keine Kunst? – Also die Leute, die nahmen das nicht so auf Autorität bloß hin. Es handelte sich schon darum, daß man die Wege zu den Leuten fand, nicht etwa durch schlaue Schleichwege, sondern aus dem Wirklichkeits- und Wahrhaftigkeitssinn heraus. Da kam es, daß man sagen mußte, nicht nur sagen konnte, sondern sagen mußte: Ja, aber Ihr seid angefüllt mit solchen Begriffen, die der materialistischen Geschichtsauffassung entsprechen, die da glaubt, daß alles nur von wirtschaftlichen Verhältnissen abhängt und alles geistige Leben nur auf Ideologie beruht, welche die Fata Morgana ist, die sich oben ausbreitet auf Grundlage der wirtschaftlichen Verhältnisse. Und *Marx* hat es sehr scharfsinnig und geistreich auseinandergesetzt. Aber warum ist das alles geschehen? Warum hat er es auseinandergesetzt, und warum glaubt er es? Weil Marx nur seine unmittelbare Gegenwart gesehen hat und nicht zu älteren Zeiten zurückgegangen ist. Marx legt nur zugrunde die historische Menschheitsentwickelung seit dem sechzehnten Jahrhundert. Da ist es so, daß tatsächlich die Epoche in der Menschheitsentwickelung eingetreten ist, wo das Geistesleben, wenn auch nicht genau so, wie es bei Karl Marx ist, doch auch in einer gewissen Weise über große Teile der Welt hin ein Ausdruck der wirtschaftlichen Verhältnisse wurde. – Der Goetheanismus ist nicht aus dem wirtschaftlichen Leben heraus abzuleiten, aber *Goethe* wird auch von diesen Leuten als dem wirtschaftlichen Leben fernstehend angesehen. Also man könnte sagen: Der Fehler besteht darin, daß dasjenige, was nur für einen bestimmten Zeitraum, und gerade für den neuesten Zeitraum gilt, verallgemeinert wurde. Und nur die letzten vier Jahrhunderte konnte man verstehen, wenn man sie im Sinne der materialistischen Geschichtsauffassung vortrug.

Jetzt aber kommt das Wichtige, und dieses Wichtige besteht darin, daß man nicht bloß begriffslogisch vorgeht, denn begriffslogisch läßt sich gegen die straff geschürzten Sätze von Karl Marx furchtbar wenig anführen, sondern man muß lebenslogisch vorgehen, wirklichkeitslogisch, anschauungslogisch. Dann zeigt sich aber, daß unter dieser Evolution, die seit dem sechzehnten Jahrhundert so stattgefunden hat, daß man sie geschichtsmaterialistisch interpretieren kann, eine wichtige Involution stattfindet, etwas, was unsichtbar, übersinnlich unter dem äußerlich Sinnlich-Sichtbaren verläuft. Und das ist das, was sich auf die Oberfläche bringen will, was sich herausarbeiten will aus den menschlichen Seelen – gerade der Widerpart des Materialismus. So daß der Materialismus nur so groß wird und so stark wirkt, damit der Mensch sich dagegen aufbäumt, damit er die Möglichkeit findet, das Geistige aus sich heraus zu suchen im Bewußtseinsseelenzeitalter, und es zum Selbstbewußtsein des Geistigen zu bringen. So daß die Aufgabe nicht ist, wie Karl Marx glaubt, einfach die Wirklichkeit anzuschauen und von ihr abzulesen: Die Wirtschaft ist die Wirklichkeitsgrundlage der Ideologie – sondern sich zu sagen: Die Wirklichkeit bietet uns seit dem sechzehnten Jahrhundert nicht dasjenige, was wahrhaftig wirklich ist, sondern das muß im Geiste gesucht werden. Man muß gerade solche soziale Ordnung finden, welche das, was äußerlich erscheint, was äußerlich beobachtet werden kann seit dem sechzehnten Jahrhundert, überwiegt. Die Zeit selbst zwingt dazu, nicht bloß die äußeren Vorgänge zu beobachten, sondern etwas zu finden, was in diese Vorgänge korrigierend eingreifen kann. Man muß dasjenige, was der Marxismus auf den Kopf gestellt hat, wiederum auf die Beine stellen.

Das ist außerordentlich wichtig, daß man weiß, daß in diesem Falle die Wirklichkeitslogik geradezu umkehrt die bloß scharfsinnige Dialektik des Karl Marx. Es wird noch einiges Wasser den Rhein hinunterfließen, bevor eine genügende Anzahl von Menschen diese Notwendigkeit zur Wirklichkeitslogik, zur Anschauungslogik zu kommen, einsehen. Aber notwendig ist es, daß man das einsieht. Notwendig ist es gerade wegen der brennenden sozialen Fragen. Das ist das eine Beispiel.

Das andere Beispiel kann angeknüpft werden an einiges, was ich Ihnen gestern sagte. Ich sagte Ihnen, daß charakteristisch ist seit *Ricardo*, seit *Adam Smith* und so weiter, daß man bemerkt hat, die wirtschaftliche Ordnung hat zur Folge, daß im menschlichen sozialen Zusammensein menschliche Arbeitskraft verwendet wird, wie Ware auf den Markt gebracht und wie Ware nach Angebot und Nachfrage behandelt wird. Ich habe Ihnen gestern auseinandergesetzt, wie das gerade das Aufregende, der eigentliche Motor ist in der proletarischen Weltanschauung. Wer bloß begriffslogisch denkt, der beobachtet, daß das so ist, und sagt sich: Also müssen wir eine Volkswirtschaftslehre, eine soziale Lehre, eine soziale Lebensanschauung haben, welche mit dem rechnet, welche in der möglichst besten Weise die Frage beantwortet, wie man, weil Arbeitskraft Ware ist, diese Ware Arbeitskraft schützen kann vor Ausbeutung des Menschen. – Die Frage ist falsch gestellt. Sie ist nicht nur aus der Theorie, sie ist aus dem Leben falsch gestellt. Falsche Fragestellung wirkt heute zerstörend, verwüstend, Raubbau treibend. Wenn nicht eine Umkehr stattfindet, wird sie immer mehr Raubbau treibend wirken. Denn hier muß ebenfalls dasjenige, was auf dem Kopf steht, auf die Beine gestellt werden. Es darf nicht gefragt werden: Wie muß man die soziale Struktur machen, damit der Mensch nicht ausgebeutet werden kann, trotzdem seine Arbeitskraft eben als Ware nach Angebot und Nachfrage auf den Markt gebracht wird wie eine andere Ware? Denn das widerspricht einem inneren Impuls der Entwickelung, der sich der Wirklichkeitslogik ergibt; es entspricht jenem inneren Impuls, der gar nicht so ausgesprochen wird, der aber eben doch der Wirklichkeit entspricht und der so ausgedrückt werden kann: Noch die griechische Zeit, diese uns so wichtig gewordene griechische Kultur, ist ja nur denkbar dadurch, daß ein großer Teil der griechischen Bevölkerung Sklaven waren. Die Sklaverei ist die Voraussetzung jener Kultur, die für uns so große Bedeutung hat. Aber in der griechischen Kultur war so sehr die Sklaverei Voraussetzung, daß ein so eminent gut denkender Philosoph wie Plato überhaupt für die menschliche Kultur die Sklaverei als das Berechtigte und Notwendige ansah.

Aber die menschliche Entwickelung schreitet fort. Die Sklaverei war im Altertum, und Sie wissen, die Menschheit hat sich aufgelehnt gegen die Sklaverei, instinktiv dagegen aufgelehnt, daß der Mensch verkauft oder gekauft werden kann. Der ganze Mensch kann nicht gekauft oder verkauft werden. Das ist heute ein Axiom, kann man sagen, und wo noch Sklaverei herrscht, betrachtet man das als eine

Barbarei. Für Plato ist es keine Barbarei, sondern eine Selbstverständlichkeit, daß es Sklaven gibt. Für ihn ist es eine Selbstverständlichkeit wie für jeden Griechen von platonischer Gesinnung, überhaupt für jeden Griechen, der staatsmännisch gedacht hat. Der Sklave hat nicht anders gedacht als: Es ist eine Selbstverständlichkeit, daß Menschen verkauft werden können, daß Menschen auf den Markt gebracht werden nach Angebot und Nachfrage – natürlich nicht wie die Kühe. Aber das ist ja nur eine Maske, nur kaschiert; denn das ist übergegangen auf die mildere Sklaverei, die Leibeigenschaft. Die hat sehr lange gedauert. Aber auch dagegen hat sich die Menschheit aufgelehnt. Übriggeblieben ist, in unsere Zeit hereinragend, daß zwar nicht der ganze Mensch verkauft werden kann, aber ein Teil des Menschen, die Arbeitskraft. Aber heute lehnt sich der Mensch dagegen auf, daß die Arbeitskraft verkauft wird. Es ist nur die Fortsetzung der Ablehnung der Sklaverei, was gefordert wird in der Ablehnung der Kaufbarkeit und Verkaufbarkeit der Arbeitskraft. Daher ist es ganz selbstverständlich, daß im Laufe der Menschheitsentwickelung die Opposition sich dagegen erhebt, daß Arbeitskraft als Ware gilt, und als Ware in der sozialen Struktur funktioniert. Die Frage kann also nicht so gestellt werden: Wie kann der Mensch vor der Ausbeutung geschützt werden? – wenn man von der axiomatischen Voraussetzung ausgeht, Arbeitskraft ist Ware, so wie es seit Ricardo, seit Adam Smith und anderen üblich geworden ist, und wie es eigentlich Karl Marx und auch die ganze proletarische Lebensauffassung betrachtet. Denn das betrachtet man schon als ein Axiom, daß Arbeitskraft Ware ist. Aber man will, trotzdem sie Ware ist, sie nur vor Ausbeutung bewahren, respektive den Arbeiter vor Ausbeutung seiner Arbeitskraft. Das ganze Denken bewegt sich so, daß mehr oder weniger instinktiv oder auch nicht instinktiv, wie bei Marx selber, dieses als Axiom angenommen wird, namentlich bei dem gewöhnlichen Dutzend von Volkswirtschaftslehrern, wie sie eben an den Fakultäten tätig sind; da gilt das als Axiom, daß Arbeitskraft gleich zu behandeln ist der Ware.

Ja, in solchen Dingen herrschen heute überhaupt lauter Vorurteile, und die Vorurteile werden gestaltend. Vorurteile sind ja ganz furchtbar gerade auf diesem Gebiete. Ich weiß nicht, wie viele vielleicht sogar hier unter Ihnen sein werden, die es als eine Zumutung betrachten, daß der Mensch sich mit diesen Dingen beschäftigen soll, daß man diese Dinge betrachten soll. Aber man kann ja das ganze Leben nicht betrachten, wenn man über diese Dinge nicht nachdenken kann. Man läßt sich alles mögliche vormachen, wenn man über diese Dinge nicht nachdenken kann. Die letzten vier Jahre haben alle diese Dinge anschaulich bewiesen. Was haben diese letzten vier Jahre nicht alles gebracht! Man konnte da die kuriosesten Dinge erleben. Ich will Ihnen als Beispiel nur eines sagen. Wenn man immer wieder hinauskam nach Deutschland – und anderswo war es ja nicht anders –, da erlebte man: Alle Augenblicke war etwas Neues, was neue Anleitung zum Patriotismus war. Gerade als wir das letztemal nach Deutschland zurückkamen, da war zum Beispiel wieder so ein neues patriotisches Schlagwort für den bargeldlosen Verkehr aufgekommen: Man sollte nicht mehr mit Bargeld bezahlen, sondern den Scheckverkehr fördern, also möglichst nicht Geld zirkulieren lassen, sondern Schecks. Da wurde den Leuten gesagt, das sei besonders patriotisch, bargeldlosen Verkehr zu fördern, denn das sei notwendig, wie man meinte, um den Krieg zu gewinnen. Niemand ist darauf gekommen, daß es der platte Unsinn ist, wenn man es so sagt. Aber es wurde ja nicht bloß gesagt, es wurde auch wirklich propagiert, und die Leute richteten sich danach, die unglaublichsten Leute richteten sich danach – Leute, von denen man annehmen müßte, weil sie Werke leiteten, weil sie Industrieunternehmungen leiteten, sie verständen irgend etwas von der Volkswirtschaft! Sie behaupteten: Bargeldloser Verkehr, das ist patriotisch! – Nur unter einer Voraussetzung wäre der bargeldlose Verkehr patriotisch: Wenn man jedes Mal ausrechnen würde, wieviel Zeit man erspart durch den bargeldlosen Verkehr; was ja nur gewisse Leute können, die meisten können das ja nicht. Diese Zeit müßten sie zusammenaddieren und dann müßten sie hergehen und müßten sagen: Ja, ich habe durch den bargeldlosen Verkehr so und so viel Zeit erspart, bitte, verwenden Sie mich nun zu dem und dem, ich will dafür die und die Arbeit leisten. Nur dann wäre es eine wirkliche Ersparnis. Das haben aber die Leute nicht getan, auch gar nicht daran gedacht, daß es nur unter dieser Voraussetzung volkswirtschaftlich patriotische Bedeutung haben könnte. Und solches Zeug ist ja in den letzten viereinhalb Jahren, weil alles in Umschwung kam, in der fürchterlichsten Weise geredet worden. Die unglaublichsten Dilettantismen sind realisiert worden. Unmöglichkeiten sind Wirklichkeiten geworden, weil die Leute, auch diejenigen, die es angeordnet haben, gar nicht wissen, welche Zusammenhänge auf diesem Gebiete in der Wirklichkeit vorhanden sind.

Um was es sich handelt mit Bezug auf die Fragen, die ich zuletzt berührt habe, ist, daß gerade die Untersuchung darauf gehen muß: Wie gestaltet man die soziale Struktur, das soziale Zusammenleben, damit man loslöst die objektive Ware, das Gut, das Erzeugnis, das Produkt, von der Arbeitskraft? Und darauf kommt es an bei allem, was für die Volkswirtschaft angestrebt werden muß, daß das Produkt, das Erzeugnis, so auf den Markt gebracht wird und so zirkuliert, daß losgelöst ist von dem Produkt die Arbeitskraft. Dieses Problem muß gerade volkswirtschaftlich gelöst werden. Wenn man aber ausgeht davon wie von einem Axiom, daß in die Ware hineinkristallisiert ist die Arbeitskraft, daß das nicht trennbar ist, dann verdeckt man sich ja gerade das Hauptproblem, da stellt man ja das, was auf den Füßen stehen soll, auf den Kopf. Man merkt gar nicht, daß die wichtigste Frage, von der das Glück oder Unglück der zivilisierten Welt auf volkswirtschaftlichem Gebiet abhängt und auf die jeder Impuls des Denkers gerichtet sein muß, diese ist: Wie löst sich die objektive Ware, das Gut, ab von der Arbeitskraft, so daß Arbeitskraft nicht mehr Ware sein kann? Das kann man erreichen. Wenn man die Einrichtungen trifft im Sinne jener Dreigliederung, die ich Ihnen vorgetragen habe, so ist dies der Weg, um dasjenige, was objektiv vom Menschen losgelöste Ware, losgelöstes Gut ist, von der Arbeitskraft loszulösen.

Verständnis für diese Dinge, die gerade aus der Wirklichkeit herausgegriffen sind, findet man allerdings jetzt noch wenig. Ich habe 1905 in «Luzifer-Gnosis» den Aufsatz «Theosophie und soziale Frage» veröffentlicht. Ich habe damals aufmerksam gemacht auf den obersten Grundsatz, der geltend gemacht werden muß, um das Produkt von der Arbeit loszulösen: daß nur darinnen das Heil der sozialen Frage bestehen kann, daß man richtig denkt über Produktion und Konsumtion. Heute denkt man ganz im Sinne der Produktion. Umgedacht muß werden! Die Frage muß von der Produktion abgelenkt, auf die Konsumtion gerichtet werden. Man konnte im einzelnen manchen Ratschlag geben, der aber wiederum durch die Unzulänglichkeit der Verhältnisse und durch sonstiges Unzulängliche nicht die rechten realen Folgen haben konnte. Das hat man ja auch manchmal erfahren. Aber es ist tatsächlich so, daß die Menschen heute durch den Glauben an gewisse logische Konsequenzen, die sie als wirkliche Konsequenzen nehmen, keinen Sinn dafür haben, daß auf die Wirklichkeit hingeschaut werden muß. Die Wirklichkeit ergibt aber auch gerade auf sozialem Gebiete erst die richtigen Fragestellungen. Sie werden es natürlich heute leicht erleben, daß Ihnen die Leute sagen: Ja, aber siehst du denn nicht, daß gearbeitet werden muß, wenn Ware da sein soll? – Gewiß muß gearbeitet werden, wenn Ware da sein soll. Logisch folgt ja auch die Ware aus der Arbeit. Aber die Wirklichkeit ist etwas anderes als die Logik.

Ich habe das unsern Freunden wiederholt von einem anderen Gesichtspunkte aus klargemacht. Ich habe gesagt: Man sehe es sich nur an dem Denken der darwinistischen Materialisten an. Ich habe es lebhaft vor mir, wie ich vor vielen Jahren im Münchener Zweig zum erstenmal versuchte – und dann habe ich es oftmals wiederholt –, unsern Freunden klarzumachen: Man versuche nur einmal sich vorzustellen so einen richtigen Haeckelianer. Er denkt, aus einem affenähnlichen Tier ist der Mensch entstanden. Nun soll er als Naturforscher den Begriff des affenähnlichen Tieres sich bilden und dann den Begriff des Menschen. Er würde, wenn noch kein Mensch da wäre und er nur den Begriff des affenähnlichen Tieres hätte, aus seinem Begriff niemals den Begriff des Menschen herausklauben, herausschälen können. Er glaubt nur, daß der Begriff des Menschen aus dem Begriff des Affentieres hervorgehe, weil er in der Wirklichkeit hervorgegangen ist. Im realen Leben unterscheiden die Menschen schon zwischen der reinen Begriffslogik, Vorstellungslogik und der Anschauungslogik. Aber das muß durchgreifen, sonst wird man niemals zu solcher Ordnung der sozialen und politischen Verhältnisse kommen, wie das für die Gegenwart und die nächste Zukunft notwendig ist. Wenn man sich nicht hinwenden will zu dem wirklichkeitsgemäßen Denken, wie ich es Ihnen heute wieder dargestellt habe, so wird man niemals auf öffentlichem Gebiete zum Goetheanismus kommen. Aber daß Goetheanismus in die Welt eintreten möge, das sollte symbolisiert werden dadurch, daß es hier auf diesem Hügel einmal ein Goetheanum gibt.

Nur spaßhaft möchte ich Ihnen raten, lesen Sie die große Annonce, die in den «Basler Nachrichten» auf der letzten Seite heute erschienen ist, wo aufgefordert worden ist, alles zu tun für den größten Tag der Weltgeschichte, der anbrechen soll, indem begründet wird das Wilsoneanum! Nun, es ist ja zunächst, nicht wahr, nur eine Annonce, und ich wollte es auch nur spaßhaft erwähnen. Aber in den Seelen der Menschen wird mindestens sehr stark das «Wilsoneanum» begründet.

Ich habe Ihnen vor kurzem auseinandergesetzt, daß es schon eine gewisse Bedeutung hat, daß es hier nun ein Goetheanum gibt, und nannte das dazumal eine «negative Feigheit». Das Gegenteil von Feigheit sollte damit zum Ausdruck kommen. Und es ist schon so, daß in der Zukunft Ereignisse kommen werden – wenn diese Annonce auch nur eine spaßhafte Vorausnahme ist –, die diesen Protest aus einer gewissen Weltanschauung heraus prophetisch gerechtfertigt erscheinen lassen. Wenn man auch die halbe Seite Annonce von dem Wilsoneanum nicht ernst nimmt, so ist es schon gut, wenn man weiß: Wilsoneana werden schon begründet werden. Deshalb sollte vorher ein Protest da sein: ein Goetheanum!

ZEHNTER VORTRAG

Dornach, 15. Dezember 1918

Ich habe gestern einen Teil unserer Betrachtungen angeknüpft an einen Aufsatz von *Berdjajew*, der, wie Sie gesehen haben, von einem Vorurteile ausgeht, von dem unbedingten Glauben an die moderne Wissenschaft; der andererseits die merkwürdige Tatsache registriert – die nur zu begreifen ist aus dem Gegensatz von Verstandeslogik, die auch die naturwissenschaftliche Logik ist, und der Tatsachenlogik –, daß der Bolschewismus *Avenarius*, *Mach* und ähnliche Philosophen des Positivismus gewissermaßen zu seinen Amtsphilosophen gemacht hat. Es ist vielleicht notwendig, daß ich Ihnen ausdrücklich betone, daß der Aufsatz, von dem ich Ihnen gesprochen habe, schon 1908 geschrieben ist, und es ist sehr merkwürdig – und nur zu begreifen aus unseren geisteswissenschaftlichen Untergründen heraus –, daß ein am meisten mit der Gegenwart übereinstimmendes Urteil, ganz gleichgültig wie man sonst sich zu den Dingen stellen mag, daß – richtiger gesagt – ein für die Gegenwart noch anwendbares Urteil bei diesem russischen Schriftsteller vorhanden ist. Es ist für Sie vielleicht auch wichtig, zu hören, daß eben Mach und Avenarius schon als Bolschewisten-Philosophen gewissermaßen zu einer Zeit galten, wo vielleicht – ich will niemandem im entferntesten nahetreten –, aber «vielleicht» ein großer Teil selbst von Ihnen noch nicht gewußt hat, was der Bolschewismus eigentlich ist. Denn ein großer Teil der west- und mitteleuropäischen Menschheit weiß überhaupt vom Bolschewismus erst seit recht kurzer Zeit, während er als solcher eine alte Erscheinung ist.

Nun möchte ich einiges noch anknüpfen an die Betrachtungen, die wir jetzt im Laufe der Zeit gepflogen haben. Sie haben gesehen, daß es mir darauf ankam, Ihnen zu zeigen, wie geisteswissenschaftlich betrachtet die sozialen Impulse der Gegenwart zu beurteilen sind. Und wir mußten großen Wert darauf legen – nicht so, wie man das heute gemeiniglich aus der Abstraktion heraus tut –, daß man sich nicht lediglich dem Glauben hingebe, als ob man gleichmäßig über die ganze Welt hin über die sozialen Impulse denken könne. Gerade das wird alles Denken und Urteilen über die soziale Frage trüben und in die Irre führen, wenn man nicht Rücksicht darauf nimmt, daß über den zivilisierten Erdkreis hin die Menschengemeinschaften differenziert sind, so daß man also vermeiden muß den Fehler, in den man verfällt, wenn man sagt: In bezug auf die soziale Frage gilt das oder jenes, da muß die menschliche Gesellschaft so oder so geordnet werden. – Man muß die Frage vielmehr aufwerfen: Wie sind die Kräfte bei der Ostmenschheit, wie sind die Kräfte bei der Westmenschheit und wie bei der Menschheit, die in der Mitte drinnen ist, die zu den sozialen Forderungen führen. Und wir haben ja vom äußerlichen symptomatischen und auch vom inneren okkulten Standpunkt aus in der mannigfaltigsten Weise charakterisiert, wie diese Differenzierung zwischen der Westmenschheit, der Mittelmenschheit und der Ostmenschheit, zu welch letzterer wir namentlich auch den europäischen Osten, Rußland, rechnen, wie diese Differenzierung zu denken ist. Ohne die Kenntnis dieser Differenzierung ist überhaupt ein fruchtbares Vorstellen über die soziale Frage nicht möglich.

Nun fragen wir uns heute einmal: Welches ist denn – wir haben das ja schon öfter berührt, wir wollen heute einzelnes herausstellen – die Grund-Seelen-Eigenschaft gerade in dem Zeitalter, das im fünfzehnten Jahrhundert begonnen hat, und das, wie ich Ihnen gesagt habe, bis ins dritte Jahrtausend hinein währen wird, welches ist die Grundeigenschaft, die die menschliche Seele zur Entwickelung bringt? Diese Grundeigenschaft, die sich jetzt noch kaum in ihrer wahren Gestalt gezeigt hat, die jetzt in ihren Anfängen ist und sich immer weiter entwickeln wird, das ist die menschliche Intelligenz, die Intelligenz als Seeleneigenschaft. So daß der Mensch im Laufe dieses Zeitraums immer mehr und mehr berufen werden soll, aus dieser seiner Intelligenz heraus über alle Dinge, namentlich auch über die sozialen, wissenschaftlichen und religiösen Dinge zu urteilen, denn sie erschöpfen ja eigentlich den Umkreis des menschlichen Lebens: die religiösen, die wissenschaftlichen, die sozialen Impulse.

Nun, vielleicht wird Ihnen diese Vorstellung des intelligenten Wesens, des menschlichen Wesens, die hier notwendig erweckt werden muß, leichter werden, wenn Sie sich klarmachen, daß man für den vierten nachatlantischen Zeitraum nicht in dem Sinne wie heute sprechen kann, daß der Mensch sich als Persönlichkeit ganz auf den Boden nur der Intelligenz stellen wollte. Ich habe das besonders in meinem Buch «Die Rätsel der Philosophie» mit Bezug auf das philosophische Nachdenken scharf hervorgehoben. In dem vierten nachatlantischen Zeitraum, der im fünfzehnten nachchristlichen Jahrhundert endete, war es nicht notwendig, daß die Menschen sich persönlich der Intelligenz bedienten. Mit den Wahrnehmungen der Umgebung, mit dem übrigen Lebenszusammenhang mit der Welt flossen auch, so wie die Farbe und die Töne durch die Wahrnehmung in den Menschen hereinkommen, die Begriffe, die Ideen, also das Intellektuelle, in den Menschen herein. Der Inhalt des Intellektuellen war zum Beispiel für die Griechen, war auch für die Römer Wahrnehmung.

Für den Menschen seit dem fünfzehnten Jahrhundert kann das Intellektuelle nicht mehr Ergebnis der Wahrnehmung sein. Aus der Wahrnehmungswelt bleibt das Wahrnehmen der Begriffe weg. Der Mensch nimmt nicht mehr die Begriffe, die Ideen mit den Wahrnehmungen zugleich auf. Es ist nur ein Irrtum, wenn man meint, daß dieser große Umschwung um die Wende des fünfzehnten Jahrhunderts nicht eingetreten sei. Dieser Irrtum, der darauf beruht, nicht unterscheiden zu können, den sahen ja manche Menschen schon im äußeren Leben. Für den Europäer zum Beispiel stellt sich sehr leicht heraus, daß er alle Japaner, trotzdem sie ebenso unterschieden sind wie die Europäer, für absolut gleich ansieht. Er unterscheidet eben nicht. So unterscheidet die heutige Wissenschaft nicht zwischen den einzelnen Zeiträumen, glaubt, alles sei gleich. Aber das ist eben nicht der Fall; sondern es ist so, daß ein gewaltiger Umschwung stattgefunden hat, gerade um die Wende des fünfzehnten Jahrhunderts, wo die Menschen aufgehört haben, mit den Wahrnehmungen zugleich die Begriffe wahrzunehmen, wo sie angefangen haben, sich auch die Begriffe erarbeiten zu müssen. Der gegenwärtige Mensch muß sich aus seiner Persönlichkeit heraus die Begriffe erarbeiten. Das ist im Anfange, aber das wird immer weiter und weiter sich ausbilden. Und gerade mit Bezug auf diese Ausbildung der Intelligenz sind die Westmenschen, Mittelmenschen und Ostmenschen im höchsten Grade verschieden. Und da die heutigen theoretischen Forderungen des Proletariats, wie es ja natürlich ist im fünften nachatlantischen Zeitraum, im Zeitraum der Bewußtseinsseele, eben als intelligente Forderungen erhoben werden, so ist es wichtig, das Verhältnis des intelligenten Wesens der menschlichen Seele, wie es sich differenziert über die Erde hin, auch mit Bezug auf die sozialen Impulse ins Auge zu fassen.

Sehen Sie, man unterschätzt die Bedeutung dieser Dinge aus dem Grunde, weil sie auch heute noch so vielfach nur im Unterbewußten wirken. Der Mensch mag nicht gerne unterscheiden mit seinem bequemen Denken im vollen Bewußtsein. Aber jeder Mensch hat ja einen innerlichen Menschen in sich, der nur bis zu einem gewissen Grade heraufleuchtet in das Bewußtsein. Der unterscheidet sehr scharf, der macht zum Beispiel einen scharfen Unterschied zwischen Westmenschen, Mittelmenschen und Ostmenschen, je nach dem Gesichtspunkte, ob der Mensch selber ein Westmensch, Mittelmensch oder Ostmensch ist. Nicht die einzelne Individualität ist dabei gemeint, sondern dasjenige im Menschen, was dem Volkstum angehört. Diesen Unterschied bitte ich Sie immer zu machen. Es hebt sich natürlich der einzelne aus dem Volkstum heraus. Gewiß, es gibt Menschen, in denen das Volkstum heute kaum wirkt, es sind solche, die sich systematisch bemühen, Menschen zu sein, ohne das Volkstümliche in sich wirken zu lassen; aber insofern das Volkstümliche wirkt, drückt es sich so aus, wie wir es verschiedentlich schon charakterisiert haben und wie wir es jetzt von gewissen Gesichtspunkten noch einmal mit Bezug auf die soziale Frage ins Auge fassen wollen.

Wenn nämlich so etwas wie die soziale Frage eben auftaucht, auch wenn sonst etwas auftaucht, was von der Gemeinsamkeit, nicht von dem einzelnen Menschen abhängt, dann kommt immer das Volkstümliche schon in Betracht. Und es mag noch so sehr der Angehörige der britischen Nation oder der Angehörige des deutschen Volkes oder der Bewohner der russischen Erde – ich unterscheide ganz absichtlich in dieser Weise –, es mögen diese drei als Menschen meinetwillen ganz gleich urteilen, die englische, die deutsche, die russische Politik oder die soziale Strukturgestaltung, die können nicht gleich sein, die müssen differenziert sein, weil dabei das Gemeinsame in Betracht kommt. Also nicht so sehr das individuelle Verhältnis von Mensch zu Mensch ist es, was wir hier in Frage stellen, sondern dasjenige, was von Volk zu Volk wirkt und als Volkstum von einem andern Volkstum sich unterscheidet. Ich muß das immer scharf betonen, weil zum Teil gutwillig, zum Teil böswillig diese Dinge immer wieder und wieder mißverstanden werden.

Nehmen Sie zum Beispiel eines. Ich bitte, diese Dinge ganz «sine ira» aufzufassen, sie sind ja auch nicht als Kritik gemeint, sondern nur als Tatsachenangabe; ich bitte also, diese Dinge ganz ohne Sympathie und Antipathie aufzunehmen. Nehmen wir einen mitteleuropäischen Menschen, der sich ansieht das Leben des englisch sprechenden Volkstums auf der einen Seite, das Leben des russisch sprechenden Volkstums auf der andern Seite, wie sich diese ausleben in den Vorstellungsarten des Volkstums, also wieder nicht des einzelnen Menschen, sondern des Volkstums. Der Angehörige des mitteleuropäischen Volkstums wird vielleicht bewußt allerlei urteilen. Man redet natürlich heute nach der öffentlichen Meinung, was immer eine private Faulheit ist, dies oder jenes. Das mag sein, aber der innerliche Mensch, ich meine jetzt den innerlichen mitteleuropäischen, der wird, wenn er urteilt – was er sich gar nicht zum Bewußtsein zu bringen braucht –, wenn er nach Westen hinübersieht zu der englisch sprechenden Bevölkerung, wenn er das Volkstum ins Auge faßt in der Art, wie es sich politisch, sozial äußert, er wird das Urteil fällen: das ist Philistrosität. Und wenn er nach Rußland hinübersieht, wird er das Urteil fällen: das ist Boheme. Das ist natürlich etwas radikal ausgesprochen, aber so ist es. Gewiß, er selbst wird von links und rechts hören: Du magst uns Philister nennen, du magst uns Boheme nennen, aber du – bist ein Pedant! Das mag sein, gewiß, das ist wiederum von dem andern Gesichtspunkte aus beurteilt. Aber diese Dinge sind mehr Realität, als man denkt, und diese Realitäten müssen aus den Untergründen des menschlichen Werdens herausgeholt werden.

Nun tritt das Eigentümliche ein, daß innerhalb der englisch sprechenden Bevölkerung die Intelligenz instinktiv ist. Sie wirkt instinktiv, es ist ein neuer Instinkt, der da heraufgekommen ist in der Menschheitsentwickelung, der Instinkt, intelligent zu denken. Dasjenige, was die Bewußtseinsseele gerade erziehen soll, die Intelligenz, das wird von der englisch sprechenden Bevölkerung instinktiv geübt. Das englische Volkstum ist für instinktives Üben der Intelligenz veranlagt.

Die russische Bevölkerung, die unterscheidet sich von der englisch sprechenden wie der Nordpol vom Südpol, oder – ich könnte sogar sagen – wie der Nordpol vom Äquator mit Bezug auf diesen Impuls des intelligenten Wesens. In Mitteleuropa – ich habe das auch schon angedeutet –, da hat man die Intelligenz nicht instinktiv, sondern man muß zu ihr erzogen werden; sie wird anerzogen. Das ist der große, gewaltige Unterschied. In England, in Amerika ist die Intelligenz instinktiv. Da hat sie alle Eigenschaften eines Instinktes. In Mitteleuropa wird einem von Intelligenz nichts angeboren, sondern sie muß anerzogen werden, sie muß im Werden des Menschen ergriffen werden. In Rußland – ich möchte mich da auf verschiedene literarische Kundgebungen stützen, damit Sie nicht glauben, ich konstruierte diese Dinge – ist die Sache so, daß man sozusagen darüber streitet, was die Intelligenz eigentlich ist. Nach den Angaben, welche einsichtige Russen machen, ist das etwas ganz anderes, was man dort Intelligenz nennt, als was man auch nur in Mitteleuropa, geschweige denn in England Intelligenz nennt. In Rußland ist nicht derjenige ein intelligenter Mensch, der dies oder jenes gelernt hat. Wen zählen wir hier zu den Intellektuellen? Diejenigen, die dies oder jenes gelernt haben, dies oder jenes sich angeeignet haben, sich dadurch geschult haben im Denken. Wie gesagt, in Westeuropa und Amerika ist das sogar angeboren. Aber wir werden uns doch nicht erlauben, einen Kaufmann oder einen Staatsbeamten oder einen Vertreter irgendeines liberalen Berufes nicht zur Intelligenz zu rechnen. Das tut aber der Russe. Der rechnet nicht ohne weiteres einen Kaufmann oder Staatsbeamten oder den Vertreter irgendeines liberalen Berufes zu den intelligenten Menschen, sondern ein intelligenter Mensch, der soll bei dem Russen ein Mensch sein, der aufgeweckt ist, der zu einem gewissen Selbstbewußtsein gekommen ist. Der Staatsbeamte, der viel gelernt hat, der auch über viele Dinge ein Urteil hat, der braucht kein aufgeweckter Mensch zu sein. Der Arbeiter, der nachdenkt über seinen Zusammenhang mit der gesellschaftlichen Ordnung, der erweckt ist in bezug auf sein Nachdenken über sein Verhältnis zur Sozietät, der ist ein Intelligenter. Und es ist sehr bezeichnend, daß man ja sogar genötigt ist, das Wort Intelligenz in einem ganz anderen Sinne anzuwenden. Denn, sehen Sie, während im Westen die Intelligenz instinktiv ist, angeboren wird, in der Mitte anerzogen wird, oder wenigstens entwickelt wird, wird sie eigentlich im Osten wie etwas behandelt, was ganz gewiß nicht angeboren ist, nicht anerzogen, nicht entwickelt werden kann ohne weiteres, sondern was aus gewissen Tiefen der Seele heraus erweckt wird. Man wacht auf zur Intelligenz. Das bemerken ganz besonders manche Mitglieder der sogenannten Kadettenpartei, die da finden, daß dieses Glauben an das Aufgewecktwerden gerade der Grund ist, warum ein gewisser Hochmut, eine gewisse Selbstüberschätzung, trotz aller sonstigen demütigen Eigenschaften, bei der Intelligenz Rußlands beobachtet werden kann.

Diese Intelligenz in Rußland hat eine ganz besondere Stellung in der Menschheitsentwickelung. Wenn Sie sich nicht täuschen lassen, wenn Sie sich nicht Illusionen hingeben über die äußeren Symptome, sondern auf das Innere gehen, dann können Sie über diese russische Intelligenz, wenn sie Ihnen heute auch nach Ihren west- oder mitteleuropäischen Begriffen bei dem oder jenem Russen sehr gering erscheint, und wenn Sie sich nicht durch Symptome beeinflussen lassen, sondern auf die Gründe gehen, dann können Sie sich sagen: Sie wird bewahrt vor allem Instinktiven. Sie soll sich ja – das meint der Russe – nicht anfressen lassen von irgendeinem menschlichen Instinkt, man soll auch nicht glauben, daß mit dem, was man anerzieht als Intelligenz, schon irgend etwas Besonderes erreicht wird. Der Russe will – natürlich unbewußt – die Intelligenz bewahren, bis der sechste nachatlantische Zeitraum, *sein* Zeitraum, kommt, damit er dann durch diese Intelligenz nicht hinuntergreift in die Instinkte, sondern die Intelligenz hinaufträgt dahin, wo das Geistselbst blühen wird. Während die englisch sprechende Bevölkerung die Intelligenz heruntersinken läßt in die Instinkte, will der Russe sie gerade davor bewahren. Er will diese Intelligenz ja nicht in die Instinkte hinunterlassen, er will sie pflegen, mag sie heute noch so gering sein, damit sie bewahrt bleibe für das kommende Zeitalter, wo das Geistselbst, das rein Spirituelle, mit dieser Intelligenz durchzogen werden kann.

Wenn man die Sache so in ihren Gründen betrachtet, dann erscheint einem auch so etwas, was man sonst mit unbefangenem Urteil in Grund und Boden kritisieren muß, doch von einer gewissen Notwendigkeit der Menschheitsentwickelung gegeben. Wie gesagt, Russen selber, einsichtsvolle Russen, die diese Dinge charakterisieren, finden ganz richtig heraus, daß die russische Intelligenz zwei Untergründe hat, die liegen in ihrer Entwickelung. Diese russische Intelligenz hat die Konfiguration, den Charakter, den sie heute hat, dadurch erhalten, daß der sich zur Intelligenz entwickelnde Russe, der ein Aufgeweckter werden will, zunächst durch die Polizeigewalt unterdrückt war. Er mußte sich wehren bis zum Martyrium gegen die Polizeigewalt. Diese mag man, wie gesagt, verurteilen, aber man muß sich ein unbefangenes Urteil darüber bilden. Auf der einen Seite ist der spezifische Charakter dieser russischen Intelligenz, die gerade sich aufbewahren will für künftige spirituelle Impulse der Menschheit, vollständig bedingt durch die polizeiliche Unterdrückung, die da war bis zum Martyrium. Und auf der anderen Seite, ganz selbstverständlich – die russischen Schriftsteller heben das fortwährend hervor – ist diese russische Intelligenz, weil sie sich aufbewahren will für kommende Zeiten, heute etwas Weltfremdes, etwas, was mit dem Leben nicht leicht fertig wird, was auf ganz anderes hingerichtet ist als auf das, was in der Welt unmittelbar pulsiert. So daß man sagen kann: Auch in dieser Beziehung ist das russische Seelenleben der Gegensatz der englisch sprechenden Bevölkerung. Man kann sagen: Im Westen ist die Intelligenz von der Polizei protegiert, im Osten ist die Intelligenz von der Polizei perhorresziert. Dem einen kann das eine, dem andern kann das andere gefallen, aber es handelt sich um die Feststellung der Tatsachen. Also im Westen ist, wie gesagt, die Intelligenz protegiert. Der eigentümliche Charakter der Intelligenz soll einfließen in das äußere Leben, soll überall drinnen sein in der sozialen Struktur. Die Menschen sollen aus ihrer Intelligenz heraus teilnehmen an der sozialen Struktur und so weiter. In Rußland, gleichgültig, ob das der

Zar oder der Lenin tut, wird die Intelligenz polizeilich unterdrückt und wird noch lange polizeilich unterdrückt werden. Vielleicht liegt gerade darinnen der Nerv ihrer Stärke, daß sie polizeilich unterdrückt wird. Man kann überhaupt mit Bezug auf dieses eine ziemlich schematische, aber doch gültige Zusammenstellung machen. Man kann sagen: In Rußland wird die Intelligenz verfolgt, in Mitteleuropa gezähmt, und im Westen ist die Intelligenz schon zahm geboren.

Wenn man diese Einteilung, diese Gliederung macht, so trifft man, trotzdem die Worte sonderbar klingen, eigentlich durchaus das Richtige. In England und Amerika wird mit Bezug auf den Verfassungsstaat, mit Bezug auf die äußere Politik, auch mit Bezug auf die soziale Struktur die Intelligenz schon zahm geboren. In Mitteleuropa wird sie gezähmt. Im Osten möchte sie gern frei herumlaufen, wird aber verfolgt.

Das sind die Dinge, die durchaus ins Auge gefaßt werden müssen, wenn man Wirklichkeit sehen will, wenn man sich nicht in einer chaotischen Weise auf die Dinge bloß einlassen will, die einen dann aber auf keine Weise zu irgendeiner Einsicht kommen läßt. Nun handelt es sich darum, daß ja auf der einen Seite die Menschen in dieser Weise, gerade mit Bezug auf die Intelligenz, differenziert sind, insofern das Volkstum in den Menschen wirkt. Sie sind so differenziert, wie ich es verschiedentlich angedeutet habe, wie ich es heute wiederum von einem gewissen Gesichtspunkte aus andeute. Aber auf der anderen Seite muß im Zeitalter der Bewußtseinsseele zugleich diese Differenzierung durchschaut werden, und man muß die Möglichkeit haben, über sie hinauszukommen.

Man kommt auf zweierlei Weise praktisch über diese Differenzierung im Leben hinaus. Erstens dadurch, daß man sie kennenlernt. Wenn man nur deklamiert von ganz allgemeinen abstrakten Standpunkten aus, dies oder jenes sei der richtige soziale Standpunkt, ohne eine Erkenntnis der Differenziertheit innerhalb der Menschheit, so ist das gar nichts wert, so redet man nur an der Wirklichkeit vorbei. Also die Einsicht in diese Verhältnisse ist das eine, worauf es ankommt. Das andere ist, daß man aber doch in der Lage ist, sich in einer gewissen Weise mit seinem ganzen menschlichen Erleben wiederum hinauszubringen über diese Dinge und mit der Differenzierung zu rechnen, wenn man praktisch sein will; daß man nicht glaubt, die Menschen seien über den ganzen Erdkreis gleich, und man könne die soziale Frage über den ganzen Erdkreis gleich lösen. Man muß wissen, daß man die soziale Frage auf verschiedene Art lösen muß, weil sie sich selber in verschiedener Weise lösen will, aus den Impulsen der Volkstümer heraus.

Dies aber ist ja nur möglich unter einer solchen Voraussetzung, wie sie hier von der Geisteswissenschaft gemacht wird. Denn wie wollen Sie, wenn Sie irgendein mehr oder weniger chaotisches oder auch harmonisch zusammenhängendes soziales Ideal haben, dieses auf alle Menschen anwenden? Das können Sie ja nur einseitig anwenden. Sie können die allerschönsten, am besten zu beweisenden Ideen haben, Sie werden nichts anderes glauben können, als daß Sie die Menschen über die ganze Erde mit diesen schönen Ideen zu beglücken vermögen. Das ist eben geradezu das Unglück unserer Zeit, daß man zumeist so etwas will. Wer glaubt oder denkt denn heute anders, wenn er sich vor die Menschen hinstellt und von sozialen oder politischen Ideen spricht, als daß über die ganze Erde hin die Verhältnisse so und so geordnet werden können, und mit den Ideen, die *ich* ausdenke, mit denen kann die ganze Menschheit beglückt werden. – So denken doch die Menschen heute. Und aus den Voraussetzungen unserer Denkgewohnheiten ist überhaupt kaum anders zu denken, meine lieben Freunde.

Nehmen Sie aber das aus der Geisteswissenschaft herausgeholte Soziale, das ich Ihnen hier vor einiger Zeit vorgebracht habe. Da werden Sie sehen, daß das allerdings mit den Denkgewohnheiten unserer Zeit bricht, daß das einen ganz anderen Charakter hat. Ich habe Ihnen gesagt: Es handelt sich ja nicht darum, irgendein einheitliches soziales Ideal zu haben, sondern zu erforschen: Was will sich verwirklichen in der Realität? – Da habe ich Sie auf eine Dreigliederung desjenigen Lebens hingewiesen, was bisher chaotisch zusammengefaßt wurde im eingliedrigen Staate. Heute sehen Sie überall *ein* Kabinett, *ein* Parlament, und das gilt für die Leute als Ideal, alles chaotisch in einem Parlament zusammenzufassen. Ich habe Ihnen gesagt, daß die Wirklichkeit dahin strebt, das, was da zusammengefaßt ist in einem, auseinanderzuhalten. Das geistige Leben mit Einschluß des Juristischen – aber eben nicht Verwaltungsjustiz, sondern Zivil- und Strafjustiz –, bildet das eine Glied, das ökonomische Leben ein zweites Glied. Und dasjenige Leben, was die beiden reguliert, das bildet ein drittes, wo verwaltet wird, wo der Sicherheitsdienst geleistet wird und so weiter. Diese drei stehen einander gegenüber, wie sich heute Staaten gegenüberstehen. Sie verkehren durch Vertreter miteinander, ordnen ihre gegenseitigen Verhältnisse, aber sie sind in sich, wenn ich den Ausdruck gebrauchen darf, souverän.

Man kann das, was ich da sage, in Grund und Boden rezensieren, kritisieren, aber dann kritisiert man nicht eine Anschauung, sondern etwas, was sich im Laufe der nächsten vierzig bis fünfzig Jahre verwirklichen will. Diese Dreigliederung gibt Ihnen einzig und allein die Möglichkeit, nun wiederum mit der Differenzierung der Menschheit zu rechnen. Denn wenn Sie nur ein Eingliedriges haben, so müssen Sie ja das der ganzen Menschheit aufdrängen, wie wenn Sie einem kleinen, einem mittleren Menschen und einem Riesen denselben Rock anziehen wollen – wobei die Größe hier nur zur Verdeutlichung genommen wird, es sollen nicht Völker etwa damit klein oder groß bezeichnet werden. Aber indem sie diese Dreigliedrigkeit haben, da haben Sie die Möglichkeit, etwas Universelles drinnen zu haben. Da wird der Westen sich so gestalten mit Bezug auf seine soziale Struktur, daß bei ihm überwiegt das, was Verwaltung, Verfassung, überhaupt Regulierung des öffentlichen Lebens ist, Sicherheitsdienst im umfassendsten Sinne und so weiter. Die anderen beiden sind untergeordnete Momente, sind von diesem abhängig. Und wiederum für andere Gebiete ist es anders. Da ist das eine von den dreien überwiegend, die andern beiden sind wiederum mehr oder weniger abhängig. Dadurch also, daß Sie eine Dreigliedrigkeit haben, haben Sie die Möglichkeit, auch in Ihrer Ansicht die Wirklichkeitsdifferenzierung zu finden. Was nur ein Einheitliches ist, das müssen Sie über die ganze Erde ausbreiten; was aber in sich dreigliedrig ist, von dem können Sie sagen: Im Westen ist die Eins vorherrschend, in den Mittelländern ist die Zwei vorherrschend, und im Osten ist die Drei vorherrschend. Dadurch differenziert sich dasjenige, was Sie als Ideal der sozialen Struktur finden, über die ganze Erde hin. Darin liegt der Grundunterschied der Anschauung, die hier aus der Geisteswissenschaft heraus vertreten wird, von anderen Anschauungen.

Die Anschauung, die aus der Geisteswissenschaft heraus vertreten wird, ist von vornherein auf die Wirklichkeit anwendbar, weil sie in sich selber sich differenzieren läßt und dann differenziert auf die Wirklichkeit angewendet werden kann. Das ist der Unterschied einer abstrakten Anschauung von einer konkreten: eine abstrakte Anschauung ist eine Summe von Begriffen, bei der man glaubt, glücklich zu sein oder die Menschen beglücken zu können; eine konkrete Anschauung ist eine solche, bei der man weiß, sie ist in sich selber so, daß sich einmal das eine auswachsen kann, dann das andere oder das dritte. Dann ist das eine oder das zweite oder dritte auf andere äußere Verhältnisse anwendbar. Das ist es, was den Unterschied einer Wirklichkeitsanschauung von allem Dogmatismus bedeutet. Aber Dogmatismus schwört auf Dogmen. Dogmen aber können sich nur geltend machen, wenn sie die Wirklichkeit tyrannisieren. Eine Wirklichkeitsanschauung ist so, wie die Wirklichkeit selbst, in sich lebendig. So wie der menschliche oder ein anderer Organismus in sich beweglich und lebendig ist, nicht ein abgeschlossenes Festes gibt, so ist eine Wirklichkeitsanschauung in sich selber lebendig, wächst sich nach der einen oder nach der anderen Seite hin aus.

Wenn Sie diesen Unterschied der Wirklichkeitsanschauung vom Dogmatismus ins Auge fassen, dann ist das ein außerordentlich Wichtiges für jene Umänderung der Denkgewohnheiten in Ihrer Seele, die heute den Menschen so notwendig ist und von der die Menschen heute noch so entfernt sind – viel mehr eigentlich, als sie es wissen. Und das, was ich Ihnen sage, das hängt wiederum im tiefsten Innern mit anthroposophisch orientierter Geisteswissenschaft zusammen.

Sehen Sie, für die gewöhnliche Wissenschaft, wie sie heute allein üblich ist, ist der Mensch eine Einheit. Der heutige Anatom, der heutige Physiologe betrachtet das Gehirn, die Sinnesorgane, Nerven, Leber, Milz, Herz; für ihn sind es alles Organe, die er in einen einheitlichen Organismus einordnet. Sie wissen, das tun wir nicht. Wir unterscheiden den Kopfmenschen, respektive Nerven-Sinnesmenschen, von dem Brustmenschen, respektive Atmungs-Blutzirkulationsmenschen, und den Stoffwechselmenschen oder auch Extremitätenmenschen oder auch Muskelmenschen. Wir unterscheiden, wie Sie wissen, einen dreigliedrigen Menschen, und dieser dreigliedrige Mensch, der lebt in der Welt. Und weil wir nicht abstrakt an dem eingliedrigen Menschen festhalten in anthroposophisch orientierter Geisteswissenschaft, so ist es auch so, daß der anthroposophisch orientierte Geisteswissenschafter diejenige soziale Ordnung findet, in die sich der Mensch als dreigliedriges Wesen hineinschließt. Denn das ist der Leitfaden, diese anthroposophische Gliederung des Menschen. Diese drei Glieder sind ja mehr oder weniger auch nur die äußeren am Menschen selbst befindlichen Symbole seines Wesens, denn der Mensch wurzelt ja in allen Welten. Aber wenn wir diese Dreigliedrigkeit betrachten, so ist sie uns ein Leitfaden, um wiederum die Differenziertheit der Menschen über die Erde hin ins Auge zu fassen.

Ich bitte, wenn ich mich über diese Sache ausspreche, sie wiederum «sine ira» zu betrachten, denn ich charakterisiere, weder kritisiere ich, noch sage ich irgend etwas, um nach der einen Seite hin abträglich oder nach der anderen Seite hin zuträglich zu wirken. Fangen wir beim russischen Menschen, beim osteuropäischen Menschen an. Man kann ihn gar nicht studieren, wenn man nur die heutige Anatomie, Physiologie oder Psychologie und nicht jenen dreigliedrigen Menschen ins Auge faßt, den ich in meinem Buche «Von Seelenrätseln» wenigstens skizzenhaft angedeutet habe. Denn faßt man das, was heutige – ich bitte zu berücksichtigen: heutige! – russische Seelen-, überhaupt russische Volks-Eigentümlichkeit ist, ins Auge, so kann man sagen: In Rußland ist – die Russen mögen mir das verzeihen, aber es ist wahr – der Kopfmensch zu Hause. Ich sage: Die Russen mögen mir das verzeihen, denn sie glauben das selber nicht; aber sie irren sich eben. Sie werden vielleicht sagen: In Rußland ist der Herzensmensch zu Hause und gerade der Kopf tritt mehr zurück. Das ist nur dann möglich zu behaupten, wenn Sie Geisteswissenschaft nicht ordentlich studieren. Denn deshalb erscheint die russische Kopfkultur vorzugsweise als eine Herzenskultur, weil, wenn ich mich trivial ausdrücken darf, der Russe das Herz im Kopfe hat, das heißt, das Herz wirkt so stark, daß es nach dem Kopfe hin wirkt; daß es die ganze Intelligenz durchkreuzt, daß es alles durchsetzt. Aber die Wirkung des Herzens auf den Kopf, auf die Begriffe, auf die Ideen, das konfiguriert die ganze osteuropäische Kultur.

Und mögen es mir die Mitteleuropäer wiederum nicht übelnehmen, aber so ist es: die haben als Wesentliches – und das charakterisiert die ganze mitteleuropäische Kultur –, daß ihnen der Kopf fortwährend in die Brust fällt, und der Unterleib oder die Extremitäten fortwährend nach dem Herzen heraufgezogen werden. Das ist das Wesentliche beim mitteleuropäischen Menschen; deshalb kommt er so furchtbar schwer zurecht, weil er weder an dem einen noch an dem anderen Ende eigentlich ist. Ich habe Ihnen das dargestellt dadurch, daß ich Ihnen gesagt habe: Beim Hüter der Schwelle kommt der mitteleuropäische Mensch dazu, das Schwanken, den Zweifel, die Unsicherheit namentlich zu erleben.

Und die Westeuropäer mögen es mir wiederum nicht übelnehmen, denn – Sie ahnen schon, was nun übrig bleibt – ihre Kultur ist vorzugsweise eine Unterleibskultur, eine Muskelkultur, weil das gerade das Eigentümliche ist, daß alles, was von der Muskelkultur ausgeht – im Volkstum, nicht im einzelnen Menschen –, stark auch in den Kopf hineinwirkt. Daher das Instinktive der Intelligenz, daher auch dort die Ursprungsstätte der Muskelkultur im modernen Lebenssinn, des Sportes und so weiter. Sie können das alles, was ich sage, auch im äußeren Leben überall finden, wenn Sie nur wollen, wenn Sie nur wirklich und unbefangen auf die Verhältnisse hinschauen wollen. Einen Leitfaden dazu gibt Ihnen nur anthroposophisch orientierte Geisteswissenschaft. Es ist beim Russen so, daß bei ihm das Herz in den Kopf heraufraucht, bei der englisch sprechenden Bevölkerung so, daß der Unterleib in den Kopf heraufraucht, daß aber der Kopf auch wiederum zurückwirkt auf den Unterleib und ihn dirigiert. Das ist sehr wichtig, daß man diese Dinge ins Auge faßt. Man braucht sie ja nicht immer so radikal zu sagen, wie wir sie unter uns sagen, aber wir verstehen uns ja, denn wir sind unter uns vielleicht ja doch bis zu einem gewissen Grade wohlwollend und wissen diese Dinge in objektiver Weise zu nehmen, nicht mit Sympathie und Antipathie.

Aber Sie sehen, man muß den dreigliedrigen Menschen ins Auge fassen, man muß wirklich wissen, daß der Mensch ein dreigliedriges Wesen, ein Wesen nach dem Muster der Trinität ist, wenn man die Differenzierungen auch physiologisch, psychologisch studieren will. Und das ist ja das Wesentliche, daß nicht nur so, wie es der Pastor auch sagt, die Menschen Interesse aneinander haben, daß ein Mensch sich für den andern interessiert, sondern daß wirkliches Interesse von Mensch zu Mensch herrscht. Das kann aber nur auf der Einsicht beruhen. Das bleibt ein leeres Abstraktum, wenn Sie sagen: Ich liebe alle Menschen. Verständnisvolles Eingehen auf den Menschen ist notwendig, also auch auf Menschengemeinschaften, wenn man ein Urteil haben will über Menschengemeinschaften und über die soziale Struktur von Menschengemeinschaften. Das kann man aber nur aus der dreigliedrigen Menschennatur heraus. Wenn man nicht weiß – nun mißverstehen Sie das nicht –, was der hervorstechendste Körperteil bei einer Menschengemeinschaft ist, so kann man den Menschen doch nicht erkennen. Man muß irgendwie einen Leitfaden haben, um Einsicht zu gewinnen, sonst wirft man doch alles durcheinander. Das ist es, worauf es ankommt. Deshalb ist anthroposophisch orientierte Geisteswissenschaft etwas, was mit der Wirklichkeit rechnet. Sie ist deshalb auch etwas, was den Menschen vielfach unangenehm ist. Denn die Menschen wollen aus gewissen Vorurteilen heraus gar nicht, daß sie durchschaut werden. Das ist sogar den Menschen im Privatleben fürchterlich unangenehm, wenn sie durchschaut werden, und man kann fast sagen: Von zehn Menschen werden mindestens neun Feinde, wenn man sie wirklich durchschaut; sie werden es schon in irgendeiner Weise; vielleicht mancher im Unbewußten, aber sie werden es. Das ist den Menschen unangenehm, durchschaut zu werden, wenn es auch in dem Lichte geschieht, wie es hier mitgeteilt ist so, daß es gerade zur Erhöhung der Menschenliebe dienen soll. Die abstrakte Menschenliebe ist eben die Liebe, die der Ofen – ich habe den Vergleich öfter gebraucht – mit seinem Wärmen entwickeln soll. Wenn man ihm zuredet: du bist ein Ofen, also ist es deine Ofenpflicht, das

Zimmer zu wärmen, – und man nicht heizt, ist alles moralische Zureden nichts nütze. So auch alle Sonntagnachmittagspredigten. Wenn man den Menschen noch so sehr Liebe und Liebe und Liebe predigt – und man nicht das Heizmaterial liefert, dasjenige, wodurch Menschen und Menschengemeinschaften erkannt werden –, ist alles Predigen wertlos.

Sie sehen, in welchem Sinne wir anthroposophische Geisteswissenschaft als Heizmaterial gerade für das richtige Interesse vom Menschen am Menschen, für die richtige Entwickelung der Menschenliebe auffassen können. Selbst die wichtigen geschichtlichen Tatsachen – ich habe sie als Symptomatologie vor einiger Zeit hier vor Ihnen entwickelt –, die den heutigen sozialen Impulsen zugrunde liegen, sind nur vom Gesichtspunkte einer Wirklichkeitsanschauung aus in die menschliche Einsicht hereinzubringen.

Wenn wir das alles ins Auge fassen, was wir über die Differenzierung der westlichen, der mittleren und der östlichen Welt schon gesagt haben, und was noch reicher dann in Ihre Seelen einfließt, wenn Sie auf diese Welten nun wirklich verständnisvoll hinschauen, dann fragt man sich ja wohl auch: Woher rührt es denn noch außer dem schon Gesagten, daß zum Beispiel die russische Intelligenz sich aufbewahren kann für folgende Zeiten? – Es bedarf einer größeren Kraft, die Intelligenz gewissermaßen zu bewahren vor dem Ansturm der Instinkte, als es Kraft bedarf, die angeborene, die instinktive Intelligenz zu üben. Es bedarf einer größeren Kraft. Auch das ist durch gewisse, wenn ich so sagen darf, Einrichtungen in der Entwickelung der abendländischen Menschheit erreicht. Nehmen Sie nur den einen Umstand, daß Rußland in vieler Beziehung zurückgehalten worden ist von den Strömungen des Kulturlebens, die im Westen sich abgespielt haben. Ich habe Ihnen von einem anderen Gesichtspunkte dieses Zurückstauen früherer Zeitkultur nach dem Osten hin charakterisiert. Nehmen Sie, wie im neunten Jahrhunderte die Kirchenspaltung eintritt, die dann im zehnten Jahrhundert vollendet ist; wie eine frühere Gestaltung des Christentums nach Osten zurückgeschoben wird, da stationär, konservativ bleibt, so daß man sagen kann: Ein gewisser Zustand, der über das ganze Christentum verbreitet war in den ersten Jahrhunderten, ist nach Osten geschoben worden, also stationär geblieben. Der Westen hat mittlerweile sein Christentum weiterentwickelt. Es ist also etwas nach Osten zurückgeschoben worden. Das ist das eine. Auf der anderen Seite ist vorgeschoben worden in den Osten hinein von seinem Osten aus wiederum das Tartarentum, alles dasjenige, was aus Asien herüberkam. Das alles ist aber nur der Ausdruck dafür, daß auf russischer Erde frühere Menschenkräfte zurückgestaut worden sind, die dasjenige, was als Menschenkräfte aus Asien herüberkam, in einem jugendlicheren Zustand als die westeuropäische Menschheit in sich aufgenommen haben.

Nehmen Sie, um da etwas ins Auge zu fassen, die mitteleuropäische Kultur in ihrer Abhängigkeit vom Protestantismus. Diese Abhängigkeit ist größer, als man gewöhnlich denkt. Im Grunde genommen ist die ganze mitteleuropäische Kultur konfiguriert von dem Impuls des Protestantismus, nicht von diesem oder jenem Bekenntnis, aber von dem Impuls des Protestantismus, denn der Protestantismus ist ja für den höher Betrachtenden auch nur ein Symptom. Das Wesentliche ist der geistige Impuls, der im Protestantismus wirkte. Die ganze Wissenschaft, wie sie in Mitteleuropa getrieben wird, die Form, die sie erhält, ist eigentlich vom Protestantismus beeinflußt, und ohne den Protestantismus ist diese mitteleuropäische Kultur nicht denkbar. Was an einer Stelle besonders hervorragend auftritt – geradeso, wie ich es Ihnen vorhin mit der Anwendung der sozialen Aufgaben der Anthroposophie gezeigt habe, die man sogar differenziert anwenden soll –, das ist an anderer Stelle in anderer Weise, in anderen Verhältnissen zum Leben vorhanden. In Mitteleuropa ist der Protestantismus so gewesen, daß er vorzugsweise, ich möchte sagen, in Schwung gebracht hat das Sich-Stützen des Menschen auf sein intelligentes Wesen. Die mitteleuropäische Intelligenz, die anerzogen werden muß, die hängt schon zusammen mit dem Protestantismus. Sogar die katholische Aktion, die gegen den Protestantismus sich erhoben hat, ist, wenn man sie richtig betrachtet, protestantisch, wenn sie nicht gerade vom Jesuitismus ausgeht, der bewußt zurückgehalten hat, was durch den Protestantismus gekommen ist. Aber der Impuls, der durch den Protestantismus wirkt, wirkt, ich möchte sagen, in seiner Reinkultur in Mitteleuropa. Wie wirkte er in Westeuropa? Studieren Sie die geschichtlichen Verhältnisse an der Hand historischer Symptomatologie, dann werden Sie finden: In Westeuropa und in Amerika wirkt der Protestantismus so, daß er dem angeborenen intelligenten Instinkt wie eine Selbstverständlichkeit entspricht, der sich sogar mehr im politischen Leben als im religiösen Leben auslebt. Er wirkt ganz selbstverständlich. Er ist da etwas, was alles durchdringt, er hat nicht eine besondere Beschaffenheit nötig, wenn auch da und dort natürlich reformatorische Herzen erglühten; er hat nicht nötig, eine so erschütternde Reformation herbeizurufen, wie das in Mitteleuropa der Fall war. Er ist im Westen selbstverständlich da. Er ist so, daß man sagen könnte: Der moderne Westmensch wird schon als Protestant geboren; der mitteleuropäische Mensch diskutiert als Protestant. Gerade der Protestantismus ruft die Diskussionen über die intelligenten Dinge hervor. Da ist es nicht angeboren. Der Russe lehnt den Protestantismus als Russe ab. Er will ihn nicht haben, er kann ihn auch als Russe nicht haben. Russentum und Protestantismus sind unverträglich miteinander.

Dieses, was ich sage, das drückt sich nicht etwa bloß dadurch aus, daß man auf das religiöse Bekenntnis sieht, sondern in der Aufnahme jeglichen Kulturimpulses drückt sich das aus. Sie können zum Beispiel den Marxismus in den Westländern verfolgen. Er wird so aufgenommen in den Westländern, daß er von vornherein ein Protest ist gegen die alten Besitzesverhältnisse und so weiter. In den Mittelländern muß viel diskutiert werden über diese Dinge, gezankt, gezweifelt, auch viel unnützes Zeug muß da geredet werden. Das entspricht dem Charakter der Mittelländer. In Osteuropa nimmt der Marxismus überhaupt sonderbare Formen an, in Osteuropa muß man ihn erst vollständig umsetzen. Und wenn Sie den Marxismus in Osteuropa nehmen, so ist er eigentlich ganz durchsetzt und gefärbt von russischer Orthodoxie. Er trägt, nicht in seinen Ideen, aber in der Art und Weise, wie sich der Russe selbst zum Marxismus stellt, das Gepräge des orthodoxen Glaubens.

Das soll nur darauf aufmerksam machen, wie es notwendig ist, über die Außendinge hinweg und auf das Innere zu sehen. Sie werden viel gewinnen, wenn Sie sich den mannigfaltigen Dingen des Lebens gegenüber daran gewöhnen, sich zu sagen: So wie wir die Worte heute gebrauchen, so sind sie schon zum großen Teile abgebrauchte Münzen. Was man heute nach dem Sprachgebrauch über die Dinge denkt, das ist eigentlich niemals recht der Wirklichkeit entsprechend. Man muß überall tiefer in die Dinge hineinsehen. Ich möchte sagen: Protestantismus, definiert so, wie das gewöhnlich nach den heutigen Denkgewohnheiten geschieht, sagt eigentlich gar nichts Wirklichkeitsgemäßes mehr. Man muß den Protestantismus so auffassen, daß man auch sagen kann: So wie der Protestantismus auftritt im Marxismus oder meinetwillen in der Politik oder selbst in der Wissenschaft, hat man das, was der Wirklichkeit entspricht. So radikal notwendig ist es, daß heute angestrebt wird, über das bloße Wortscheingebilde, über das Begriffsscheingebilde hinaus zur lebendigen Erfassung der Wirklichkeit zu streben. Davon hängt alles ab, und davon hängt vor allen Dingen ab die richtige Auffassung des wichtigsten Impulses der Gegenwart, des sozialen Impulses. Auch hängt davon ab die richtige Beurteilung der Zeitverhältnisse. Gerade weil die Menschen gar nicht gewöhnt sind, auf das Wirkliche zu sehen, weil die Menschen ganz fern sind von wirklichkeitsgemäßen Vorstellungen, werden ja die Zeitverhältnisse so schief beurteilt. Sie fragen immer nach Schuld oder Unschuld an den letzten kriegerischen Katastrophen, obwohl diese Frage als solche nicht den allergeringsten Sinn hat. Deshalb habe ich Ihnen ja vor längerer Zeit schon hier vorgetragen, wie die Dinge eigentlich in den Weltimpulsen lagen. Gerade so, wie jene Karte heute eigentlich an der Realisierung ist, die ich vor Ihnen hier aufgezeichnet habe, so sind auch die anderen Dinge an der Realisierung. Sie realisieren sich, sie werden sich auch genau so realisieren, wie sie hier besprochen worden sind. Man muß Sinn haben für dasjenige, was wirklich ist, und nicht an Worthülsen hängen. Worthülsen müssen ja oftmals zur Charakteristik gebraucht werden, aber man darf nicht hängen bleiben an ihnen. So muß man, wenn man die Wirklichkeit sieht, auch vom Wirklichkeitsstandpunkte aus verstehen das heutige, von der Entente und den Amerikanern gebildete Urteil, das über die Mittelländer gefällt wird. Ich habe ja schon gesagt: Ich habe von vielen Seiten gehört, als diese Kriegskatastrophe begann, daß man das, was die Mittelländer getan haben, in Grund und Boden kritisiert hat. Das, was jetzt wahrhaftig genug an Gewaltpolitik und so weiter geschieht, wird von denen, die dazumal kritisiert haben, heute viel weniger kritisiert, obwohl genügend Veranlassung zu einer ähnlichen herben Kritik vorhanden wäre. Ich habe, glaube ich, niemals irgendwelche Persönlichkeiten in Schutz genommen, sondern Verhältnisse charakterisiert. Daher habe ich auch gar keine Aufgabe, Persönlichkeiten, deren maskenloses Dasein sich im Laufe der letzten Zeit enthüllt hat, irgendwie zu verteidigen. Aber, ob nun die restlose Vergötterung des Wilsonianismus zum Beispiel und alles dessen, was drum und dran hängt, weniger in dem Hang der Menschen zu irgendeinem Götzendienst liegt als dasjenige, was in den Mittelländern als Ludendorfferei entwickelt worden ist und was ja in die soziale Psychiatrie gehört, das ist doch etwas, was eben sehr sorgfältig entschieden werden muß, worüber nicht so obenhin gesprochen werden kann.

Aber von einem anderen Gesichtspunkte aus habe ich Ihnen einmal hier gesagt: Wenn ein Mensch über den andern schimpft, Böses sagt, so ist nicht immer, ja sogar in den seltensten Fällen der Grund dazu in dem Menschen, über den Böses gesagt wird. Der mag auch böse sein; aber dieses, die Bösheit in ihm, ist für den objektiven Betrachter der Wirklichkeit der allergeringste Grund des Schimpfens. Der Grund des Schimpfens ist zumeist das Schimpfbedürfnis. Und dieses Schimpfbedürfnis sucht sich ein Objekt, das will sich entladen. Das sucht auch seine Ideen in eine solche Strömung zu bringen, daß diese Ideen wie berechtigt aus der Seele des schimpfenden Menschen hervorzugehen scheinen. So ist es oftmals im Verkehr der einzelnen Menschen miteinander. Aber im Großen, in der Welt, ist es auch nicht anders. Man muß dann nur darauf hinsehen, daß ja auch tiefere Gründe vorhanden sind. Sehen Sie, es ist durchaus begreiflich und selbstverständlich, daß die Leute in Ententeländern und in amerikanischen Gebieten jetzt nicht nur einzelne Machthaber, sondern auch die Bevölkerung der Mittelländer in Grund und Boden bohren und alles mögliche nach dieser Richtung hin sagen. Man kann das begreifen, denn, wie würde sich denn die Politik der Ententeländer in den jetzigen Wochen ausnehmen, wenn die Leute dort sagen würden: Diese Leute in den Mittelländern sind ja gar nicht so schlimm; es sind doch im Grunde genommen Menschen, die nur ihre besseren Seiten zu entwickeln brauchen, dann ist es ganz gut mit ihnen. – Ja, wenn sie das sagen würden, dann würde das wenig stimmen mit der Politik, die sie treiben. Man muß dasjenige sagen in der Welt, was einen rechtfertigt. Man muß wissen, wie die Dinge aus der Wirklichkeit hervorgehen. Das ist eine tiefere Anschauung. Es ist ganz selbstverständlich, daß die gesamte öffentliche Meinung der Ententeländer nicht deshalb so ist, weil es wahr ist, sondern um das eigene Verhalten zu rechtfertigen, geradeso, wie oftmals, wenn einer über den andern schimpft, er nicht deshalb schimpft, weil der Angeschimpfte so oder so ist, sondern weil er ein Schimpfbedürfnis hat, weil er es entladen will. Es handelt sich wirklich darum, die Dinge anders anzusehen, als man gewohnt ist, sie anzusehen. Das ist es, worauf es ankommt. Geisteswissenschaft im innersten Grund seiner Seele zu erfassen, ist noch in vieler Beziehung etwas ganz anderes, als was sich selbst viele, die sich der anthroposophischen Bewegung zurechnen, vorstellen.

Äußerlich, abstrakt betrachtet – und jetzt kommen wir auf ein anderes Kapitel – könnte man glauben, daß der Sozialismus der Gegenwart, die sozialen Forderungen der Gegenwart, aus sozialen Impulsen hervorgehen. Ich habe Ihnen neulich charakterisiert, wie der Mensch hin- und herpendelt zwischen sozialen und antisozialen Trieben oder Instinkten. Der abstrakt Denkende wird es als etwas ganz Selbstverständliches betrachten, daß der soziale Proletarier in der Gegenwart aus dem Sozialen geboren ist, denn es schickt sich so, nicht wahr, daß man das Soziale aus dem Sozialen definiert. Aber das ist ja nicht wahr. Wer den proletarischen Sozialismus der Gegenwart seiner Wirklichkeit gemäß betrachtet, der weiß, daß der Sozialismus, wie er heute als Marxismus auftritt, eine antisoziale Erscheinung ist. Er geht aus den antisozialen Impulsen hervor. Das ist der Unterschied zwischen abstrakten Definitionen, zwischen abstraktem Denken und wirklichkeitsgemäßem Denken. Was treibt die Menschen, die nach dieser hier gemeinten Richtung hin heute den Sozialismus verwirklichen wollen? Treiben sie etwa soziale Instinkte? Nein, antisoziale

Instinkte! Ich habe es gestern sogar aus äußeren Hinweisen gezeigt, aus der Konfiguration der Grundformel: «Proletarier aller Länder, vereinigt euch!» Das heißt: Fühlet den Haß zu den anderen Klassen, damit ihr das Band der Vereinigung fühlt! – Da haben Sie einen der antisozialen Impulse. Man könnte unendlich viele der antisozialen Impulse aufführen, wenn man die Sozialpsychologie der Gegenwart studiert. Das ist der Unterschied zwischen derjenigen Denkweise, die sich heraufentwickelt, heraufentwickeln muß, und die durch anthroposophisch orientierte Geisteswissenschaft gefördert werden soll, und dem, was heute landläufigen Denkgewohnheiten entspricht.

Deshalb findet auch das, was als anthroposophischer Standpunkt gegenüber der sozialen Frage geltend gemacht werden muß, heute noch so viel Widerstand, weil die Leute nicht wirklichkeitsgemäß denken können, weil die Leute vor allen Dingen nicht differenziert denken können und oftmals sogar glauben, wenn jemand differenziert denken kann, so widerspricht er sich selber.

Wichtige Fragen der Gegenwart sind nur zu lösen durch wirklichkeitsgemäßes Denken. Ich will Ihnen eine solche Frage, die sich anknüpft an das, was wir schon besprochen haben, sagen. Ich habe gesagt: Das, was in den proletarischen Köpfen besonders spukt, was einen treibenden Motor bildet, das ist, daß an die Stelle des alten Sklaventums die Versklaverei der Arbeit getreten ist, indem Arbeit in der heutigen sozialen Struktur Ware ist. Ich habe Ihnen gestern scharf betont, daß gerade darin die Aufgabe des sozialen Denkens besteht, die Ware loszulösen von der Arbeitskraft. Die dreigliedrige soziale Struktur, von der ich gesprochen habe, enthält schon denjenigen Impuls, der die Ware von der menschlichen Arbeit loslöst. Denn was durch diese Dreigliederung bewirkt wird, sind nicht logische Konsequenzen, sondern sind eben Wirklichkeitskonsequenzen, die auch der Anschauungswirklichkeit entsprechen.

Nun schließt sich an diese Frage eine andere an, die gewissermaßen brennend ist. Sie wissen, eine der Grundforderungen des proletarischen Materialismus, der marxistisch gefärbt ist, ist die der Vergesellschaftung der Produktionsmittel. Die Produktionsmittel sollen in den Gemeinbesitz übergehen. Das würde ja nur der Anfang des Gemeinbesitzes überhaupt sein, auch des Grund und Bodens und so weiter. Und Sie wissen ja auch aus dem, was ich Ihnen vorgeführt habe als das Programm der russischen Räte-Republik, daß es zu dem Programm gehört, die Produktionsmittel und Grund und Boden zu verstaatlichen, besser gesagt, zu vergesellschaften. Das weist Sie schon hin auf die denkbar wichtigste soziale Unterfrage der Gegenwart. Die kann man so formulieren: Soll das soziale Eingreifen in die gegenwärtige Kultur, oder auch in das gegenwärtige Chaos, wenn wir auf die Mittelländer und Ostländer sehen, so geschehen, daß die Tendenz sich herausbildet, daß gegen die Zukunft hin möglichst immer mehr einzelne Menschen Eigentümer werden, Besitzer werden, oder soll es sich so entwickeln, daß die Gemeinschaft Besitzer wird? – Sie verstehen, was ich meine. – Soll es so werden, daß möglichst der einzelne Mensch einen Besitz, ein Eigentum hat, oder soll, um die Ungerechtigkeit zu vermeiden, dasjenige, was Besitz werden kann, Grund und Boden, Produktionsmittel und so weiter, Gemeinbesitz werden? – Das ist eine sehr wichtige soziale Unterfrage. Die Tendenz des proletarischen Denkens strebt heute darauf hin, die Dinge zum Gemeinbesitz zu machen. Aber, es ist mit Bezug auf die wichtigsten sozialen Impulse kein Unterschied, ob ein einzelner oder eine Assoziation oder die Gesamtheit Besitzer ist. Die Gesamtheit – für den, der die Wirklichkeit studieren kann, bezeugt sich dieses – wird kein anderer, kein minder schlimmer Unternehmer sein gegenüber dem einzelnen, als es der einzelne Unternehmer ist. Das liegt einfach wie ein Naturgesetz in der Natur der Tatsachen, und das sieht man nur nicht ein; deshalb geht man in die Irre. Denn die Frage ist diese: Sollen alle Menschen Besitzer werden? – Das würde dann sein, wenn man nicht gemeinschaftlichen Besitz hätte – ich kann die Technik weiter nicht ausführen, sie ist aber vollständig durchführbar –, sondern wenn die einzelnen Individualitäten nach der Opportunität, die auf irgendeinem Territorium herrscht, wenn jeder in gerechter Weise Besitzer wäre. Sollen alle Besitzer werden, oder sollen, wie es das heutige proletarische Denken will, alle Proletarier werden? Das ist die Alternative. Das heutige proletarische Denken will alle zu Proletariern machen und nur die Gesamtheit zum Unternehmer. Was sich da ergibt, wenn man die Wirklichkeit erfassen kann, das ist das Gegenteil. Denn niemals ist es möglich, die Dreigliedrigkeit der sozialen Struktur zu erreichen, wenn man alle Menschen zu Proletariern macht. Was erreicht werden muß als Tendenz der dreigliedrigen Struktur, ist die Freiheit des einzelnen Menschen in leiblicher, seelischer und geistiger Beziehung. Das ist nicht zu erreichen, wenn alle Menschen Proletarier werden; aber sie ist für jeden Menschen zu erreichen, wenn alle eine Grundlage des Besitzes haben.

Was zweitens erreicht werden muß, ist eine solche Regulierung der Verhältnisse, daß vor dem Gesetze oder vor der Verfassung, überhaupt vor der Regierung alle gleich sind. Freiheit auf dem geistigen Wege, Gleichheit meinetwillen im Staate, wenn man das eine Drittel weiter so nennen will, Brüderlichkeit in bezug auf das Leben in der Ökonomie. Ich kenne sehr geistvolle Bücher, die mit Recht hervorheben, daß die drei Ideen «Freiheit, Gleichheit und Brüderlichkeit» einander widersprechen. Nun, Gleichheit widerspricht der Freiheit ganz entschieden; das haben 1848, und auch schon früher, geistvolle Schriftsteller ausgesprochen; das ist ganz richtig. Wenn man alles durcheinanderwirft, widersprechen sich die Dinge. Freiheit auf dem geistigen, juristischen Gebiete, der Religion, des Unterrichts, der Jurisprudenz; Gleichheit in der Verwaltung, in der Regierung, in dem Sicherheitsdienst; Brüderlichkeit auf ökonomischem Gebiete. – Auf ökonomischem Gebiete ist das Eigentum, das nur in entsprechender Weise für die Zukunft ausgebildet werden muß; auf dem Gebiete des Sicherheitsdienstes und der Verwaltung das Recht, und auf dem Gebiete des geistigen und juristischen Lebens die Freiheit. Wenn die Dinge nach der Trinität verteilt sind, widersprechen sie einander nicht. Denn dasjenige, was sich in Gedanken widerspricht, das ist deshalb wirklichkeitsgemäß, weil es in der Wirklichkeit auf Verschiedenes verteilt ist. Der Gedanke, der krebst nach Widersprüchen; die Wirklichkeit lebt aber nach Widersprüchen. Nun kann man die Wirklichkeit nicht erfassen, wenn man die Widersprüche nicht erfassen kann, wenn man in seinen Gedanken den Widersprüchen nicht nachkommt. Sie sehen aus alledem, daß die Geisteswissenschaft, wie sie hier gemeint ist, tatsächlich etwas zu sagen hat bei den wichtigsten Fragen der Gegenwart. Das werden vielleicht doch einige von Ihnen begreifen, daß diese anthroposophisch orientierte Geisteswissenschaft einiges zu sagen hat und daß die Art, wie man über sie denken sollte, im Grunde beeinflußt werden sollte von dem Bewußtsein, wie sie zu den wichtigsten Forderungen der Zeit steht.

Das ist ja etwas, was auch innig zusammenhängt mit der ganzen Art, wie ich mir zum Beispiel persönlich vorstellen muß, daß im Geistesleben der Gegenwart diese anthroposophisch orientierte Geisteswissenschaft, oder ihr Träger, die anthroposophisch orientierte Geistesbewegung, stehen soll. Das ist natürlich nicht mit einem Schlage von unseren Zeitgenossen zu erreichen, daß man da richtig sieht. Glauben Sie nicht – und derjenige, der mich kennt, der wird das ganz gewiß nicht glauben –, daß es aus einer Albernheit heraus ist oder aus einer persönlichen Eitelkeit, wenn ich diese Dinge charakterisiere. Aus der Notwendigkeit der Tatsachen heraus bin ich immer wieder gezwungen, nach der einen oder anderen Richtung hin zu charakterisieren. Es ist wirklich so, und ich habe Ihnen ja das bei verschiedenen Anlässen gezeigt, daß ich das, was ich selber kann und will, gar nicht geneigt bin, zu überschätzen. Ich kenne die Grenzen und weiß manches, wovon vielleicht der eine oder andere nicht ahnt, daß ich es weiß. Aber gerade für diejenigen, die mich nach dieser Richtung ein wenig beurteilen können, darf ich vielleicht doch sagen, daß ich eines – wenn ich den Ausdruck gebrauchen darf, er ist nicht ganz richtig gebraucht, aber es gibt keinen andern –, daß ich eines «herbeiwünschen» möchte: Das ist eine gewisse Unterscheidung zwischen so etwas, wie es hier gewollt wird, und denjenigen Dingen, mit denen das, was hier gewollt wird, sehr häufig verwechselt wird. Wieviele gibt es heute noch, die da oder dort diese oder jene okkulte oder sich okkult nennende Gesellschaft sehen und sich nicht einlassen auf eine durch den gesunden Menschenverstand herbeigeführte Unterscheidung dessen, was hier gefunden werden kann! Denn, mag es noch so unvollkommen sein, die Bemühung liegt doch hier vor, wirklich mit dem Bewußtsein der Zeit zu rechnen. Sehen Sie sich dagegen all das Zeug an, was vielfach auch als okkulte oder ähnliche Bewegungen aufgefaßt wird, wie das mit dem Bewußtsein der Zeit rechnet. Alle diese

Niederen- und Hochgrad-Maurer, auch alle die verschiedensten Religionsgemeinschaften, an ihnen ist ja gerade das Antiquierte, daß sie nicht imstande sind, mit dem Bewußtsein der Zeit wirklich zu rechnen. Wo redet man denn aus den Untergründen heraus, die in diesen Dingen zu finden sind? Wo redet man denn in einer wirklich modern eingreifenden Weise, so daß es der Wirklichkeit angepaßt ist, über die brennenden Fragen der Gegenwart? Aus den Ritualien und Vorschriften der einen oder der anderen Maurerei oder Konfessionsgemeinschaft werden Sie diese Dinge nicht herausfinden können. Da möchte man, daß ein Unterscheidungsvermögen Platz griffe!

Gewiß, es ist erschwert, das gebe ich zu, aus dem Grunde, weil aus den historischen Verhältnissen, wie ich sie Ihnen geschildert habe, diese Gesellschaft, um die es sich hier handelt, im Anfang konfundiert wurde mit der Theosophischen oder mit allerlei anderen Gesellschaften. In äußerer Beziehung mag es ein Fehler gewesen sein; karmisch ist es gerechtfertigt. Gescheiter wäre es gewesen, wenn diese Anthroposophische Gesellschaft sich, ganz auf sich selbst stehend, ohne irgendeine Beziehung zu anderen Gesellschaften begründet hätte. Gewiß, äußerlich gefaßt, wäre es gescheiter gewesen, denn das ganze philiströse Bourgeoistum der Theosophischen Gesellschaft, das antiquierte Zeug, all das wäre nicht eingeflossen. In die Anthroposophie ist es ja nicht eingeflossen, aber vielfach in den gesellschaftlichen Betrieb. Es könnte, wenn Anthroposophie in der richtigen Weise in unserer Gesellschaft lebte, wie sie es eben nicht tut, es könnte diese Gesellschaft schon, in einem gewissen Sinne wenigstens, das eine Drittel unserer sozialen Struktur, wie sie aus der Anthroposophie selbst folgt, das geistige Drittel, selbst mit Einschluß des Juristischen, musterhaft charakterisieren. Denn was als Recht von Individuum zu Individuum eigentlich unter Anthroposophen herrschen sollte, das sollte eine selbstverständliche Sache sein. Ich empfinde es immer als den schärfsten Bruch mit dem, was sich unter uns entwickeln soll, wenn der eine über den andern so spricht, daß er nach außen irgendwie klagen geht. Da soll sich auch das Rechtsbewußtsein, soweit es eben in dem einen Drittel der sozialen Struktur gemeint ist, entwickeln. Aber es ist eben noch weithin, bis daß eine solche anthroposophische

Gesellschaft wirklich das enthält, was sie enthalten könnte, nach den anthroposophischen Impulsen, wie sie eigentlich gemeint sind. Dann muß erst noch das Ohr sich für innere Wahrheit entwickeln, dieses Ohr für innere Wahrheit, das heute die wenigsten Menschen haben. Weil diese Unterscheidung, die eigentlich von außen kommen sollte, von außen nicht kommt, deshalb ist es schon notwendig, das eine oder das andere Mal von diesem oder jenem Gesichtspunkte auf das Unterscheidende hinzuweisen. Ich möchte insbesondere mit Bezug auf gewisse Dinge heute dieses sagen: Dadurch unterscheidet sich das, was durch mich selbst in dieser anthroposophischen Bewegung lebt, von anderem, daß durchaus immer von mir gearbeitet wurde nach jenem Grundsatz, den ich bereits beim Erscheinen meiner «Theosophie» in der Vorrede ausgesprochen habe, daß ich nichts anderes mitteile als das, was ich aus persönlicher Erfahrung mitteilen kann. Hier wird nichts anderes mitgeteilt von mir, als wofür ich aus persönlicher Erfahrung einstehen kann. Hier wird nicht in irgendeinem Sinne, wie es sonst da oder dort gemacht wird, die Berufung auf Autoritäten gepflogen.

Das hat das andere im Gefolge, daß ich sagen darf, daß die geistige Strömung, die durch die anthroposophische Bewegung geleitet wird, von keiner andern Strömung abhängig ist, sondern allein von der Geistigkeit abhängt, die durch die Gegenwart fließt, einzig und allein davon. Daher bin ich – ich bitte Sie, das in allem Ernste aufzufassen – nicht verpflichtet, niemandem gegenüber verpflichtet, irgend etwas, wovon ich selber finde, daß es gesagt werden soll in der Gegenwart, zu verschweigen. Ein Gebot des Verschweigens gibt es bei demjenigen nicht, der niemandem gegenüber mit Bezug auf sein geistiges Gut verpflichtet ist. Das gibt schon eine Grundlage für die Unterscheidung dieser Bewegung von anderen Bewegungen. Denn, wer jemals behaupten sollte, daß dasjenige, was innerhalb der anthroposophisch orientierten Geisteswissenschaft verkündet wird, anders verkündet wird als im Sinne dieses in meiner «Theosophie» stehenden Wortes – daß ich rein persönlich dafür eintrete –, der mag meinetwillen die Verhältnisse nicht kennen und oftmals nicht dagewesen sein, sondern sie von außen ansehen, er verkündet aber die Unwahrheit, aus Böswilligkeit oder nicht aus Böswilligkeit. Wer aber oftmals bei uns war und anderes sagt, etwa irgendeine Vergangenheit oder einen Zusammenhang dieser geistigen Bewegung mit einer anderen konstatiert, wenn er die Verhältnisse hier kennt, der lügt. Das ist es, um was es sich handelt: Entweder wird er aus Unkenntnis der Verhältnisse die Unwahrheit sagen, oder es wird bei Kenntnis der Verhältnisse gelogen. So ist auch alle Gegnerschaft gegen diese Bewegung aufzufassen.

Deshalb muß ich immer wieder betonen: Ich habe nur dasjenige zu verschweigen, von dem ich weiß, daß es der gegenwärtigen Menschheit wegen ihrer Unreife noch nicht mitgeteilt werden kann. Aber ich habe nichts aus irgendeinem Grunde zu verschweigen, weil jemandem gegenüber ein Gelöbnis oder dergleichen abgelegt wäre. Niemals ist in diese Bewegung etwas eingeflossen, was von einer anderen Seite gekommen wäre. Diese Bewegung war geistig nie abhängig von einer anderen; die Zusammenhänge waren nur äußere. Vielleicht werden die Zeiten kommen, wo Sie auch einsehen werden, daß es gut ist, wenn Sie sich daran erinnern, daß ich manchmal Dinge vorhersage, die erst nachher in ihrem richtigen Zusammenhange eingesehen werden. Es wird Ihnen vielleicht einmal, wenn Sie den guten Willen dazu haben, gut dienen können, daß Sie sich erinnern, in welchem Sinne das Geistesgut gepflegt wird, das durch die anthroposophische Bewegung fließen soll.

Aber auch einen Probierstein hat jeder, der diese anthroposophische Bewegung von anderen Bewegungen unterscheiden will. Der Probierstein, der heute da ist für eine solche Bewegung, ist ein Dreifaches. Erstens, daß sich eine solche Bewegung den wissenschaftlichen und intellektuellen Anforderungen der Gegenwart gewachsen zeigt. Nehmen Sie die von mir gepflegte Literatur durch, Sie werden, mag das einzelne unvollkommen sein, durchaus die Bemühung sehen, daß hier eine Bewegung geschaffen werden soll, die nicht aus Altem, Antiquiertem heraus schafft, sondern die mit den wissenschaftlichen Mitteln der Gegenwart durchaus vertraut ist und in vollem Einklang mit dem wissenschaftlichen Bewußtsein der Gegenwart wirkt. Das ist das eine.

Das zweite ist, daß eine solche Bewegung in wirklich lebensvoller Weise etwas über die Lebensfragen der Gegenwart zu sagen hat, also zum Beispiel über die soziale Frage. Was andere Bewegungen nach dieser Richtung zu sagen haben, versuchen Sie es zu vergleichen in seiner Antiquiertheit, in seiner Wirklichkeitsfremdheit, mit dem, was diese Bewegung dazu zu sagen hat.

Das dritte, der dritte Teil des Probiersteines ist, daß eine solche Bewegung die verschiedenen Religionsbedürfnisse bewußt über sich aufzuklären vermag, in dem Sinne aufzuklären vermag, daß sie Aufklärung über die religiösen Bedürfnisse mit einer vollständigen Wirklichkeitsvertrautheit verbindet. Dadurch schon können Sie diese Bewegung unterscheiden von all denjenigen Bewegungen, die im Grunde genommen es doch nur bis zur Sonntagnachmittagspredigt bringen, die es dahin bringen, den Leuten Moralpauken und dergleichen zu halten, gegenüber den konkreten, in der gegenwärtigen sozialen Struktur wirkenden Begriffen aber weltfremd sind. Eine heutige Wirklichkeitswissenschaft muß über Arbeit, über Kapital, über Kreditverhältnisse, über Bodenverhältnisse, über alle diese Dinge, die mit dem heutigen Leben zusammenhängen, über die Gestaltung des sozialen Lebens so reden können, wie sie zu reden versteht über das Verhältnis des Menschen zum göttlichen Wesen, über das Verhältnis des Menschen zur Nächstenliebe und so weiter. Das ist, was die Menschheit so lange versäumt hat: den Anschluß zu finden von oben herunter bis in die unmittelbarsten konkreten Gestaltungen und Prozesse des Lebens. Das ist, was Theologie und Theosophie in unserer Zeit versäumten in ihren verschiedenen Gestaltungen, was auch eine okkulte Richtung versäumte. Sie reden sozusagen von oben herunter bis dahin, wo sie den Leuten sagen können: Seid gute Menschen, und dergleichen ähnliches. Aber sie sind unfruchtbar, sie sind steril, wenn es darauf ankommt, die brennenden konkreten Fragen der Gegenwart wirklich zu erfassen. Die äußere Wissenschaft wiederum redet, aber auch wirklichkeitsfremd, von den Dingen, die das unmittelbare Leben betreffen. Ich habe Ihnen gestern gezeigt, wie fremd die Menschen diesem Leben gegenüberstehen. Wie viele Menschen wissen denn heute überhaupt, was zum Beispiel Kapital ist; was es in

Realität ist? – Gewiß, sie wissen, wenn sie soundso viel Geld im Schrank haben, so ist das ein Kapital. Aber das heißt nicht: Wissen, was Kapital ist. Wissen, was Kapital ist, heißt wissen, wie die Regulierung in der sozialen Struktur mit Bezug auf gewisse Dinge und Prozesse ist. Geradeso, wie man für den einzelnen Menschen anthroposophisch die Beziehungen kennen muß, die da herrschen im Blutkreislauf, der rhythmisch das menschliche Leben reguliert, so muß man wissen, was im sozialen Leben in der verschiedensten Weise pulsiert. Aber die gegenwärtige Physiologie ist noch nicht einmal imstande, materialistisch die wichtigsten Fragen zu lösen; die können erst gelöst werden, wenn anthroposophische Einsicht in den dreigliedrigen Menschen erlangt wird.

Was weiß heutige Wissenschaft zum Beispiel von einem außerordentlich Wichtigen: Worauf rein materialistisch das Vorstellen beruht, worauf rein materialistisch der Wille beruht nach einer gewissen Richtung hin? – Solche Dinge spreche ich heute aus, weil ich dreißig bis fünfunddreißig Jahre meines Lebens über diese Dinge Forschung getrieben habe, wie ich mit Bezug auf einen anderen Punkt bereits gesagt habe. Die Vorstellung beruht darauf, daß der Mensch in sich im Verlaufe des Blutkreislaufes zum Beispiel innerlich Kohlensäure hat, die noch nicht ausgeatmet ist. Wenn innerlich Kohlensäure zirkuliert, die noch nicht ausgeatmet ist, so ist das das materielle Gegenstück, das materielle Korrelat des Gedankens. Wenn im Menschen Sauerstoff ist, der noch nicht zur Kohlensäure verarbeitet wurde, Sauerstoff, der auf dem Umwege zur Verarbeitung in Kohlensäure, zur Umlagerung in Kohlensäure ist, so ist das, nach einer gewissen Richtung hin, das materielle Korrelat für den Willen. Wo im Menschen Sauerstoff pulsiert, der noch nicht ganz verarbeitet ist und Funktionen hat, da ist materiell der Wille betätigt. Wo im Innern des menschlichen Leibes schon Kohlensäure ist, die noch nicht ganz so bearbeitet wurde, daß sie ausgestoßen oder ausgeatmet wird, da ist die materielle Grundlage für eine Gedankenform. Aber wie diese beiden Pole, der Gedankenpol, der auch der Kohlensäurepol genannt werden kann, und der Willenspol, der der Sauerstoffpol genannt werden kann, wie diese Pole reguliert werden – das gibt nur eine Wirklichkeitswissenschaft. Nirgends finden Sie solch eine Wahrheit, wie ich sie Ihnen jetzt ausgesprochen habe, in heutigen Büchern. Weil man aber nicht das Denken mit Bezug auf eine solche Wirklichkeit schult, schult man das Denken auch nicht mit Bezug auf das, was notwendig ist für den heutigen Menschen in bezug auf die soziale Struktur. Das aber muß eintreten, das ist der Gegenwart notwendig, und das wird eintreten müssen, daß hinzugerechnet wird zu unserer sozialen Frage das geistig-seelische Sich-Hineinstellen des Menschen in die soziale Struktur.

Das ist versäumt worden. Denken Sie sich nur, wie es anders würde, wenn in diesem oder jenem Etablissement der einzelne Arbeiter auch geistig-seelisch hineingestellt würde in den ganzen Prozeß, den die von ihm erzeugte Ware in der Welt durchmacht, wenn er verstünde, wie er in der sozialen Struktur drinnensteht dadurch, daß er gerade diese Ware erzeugt. Das aber kann nur sein, wenn wirklich solches Interesse von Mensch zu Mensch waltet, daß nach und nach kein erwachsener wahrer Mensch mehr da ist, der nicht die wichtigsten sozialen Begriffe in einer wirklichkeitsgemäßen Weise beherrschen kann. Es muß die Zeit kommen, das ist eine soziale Forderung, in der man als Mensch einfach ebensogut weiß, was Kapital, was Kredit, was Bargeld, was ein Scheck ist in bezug auf den nationalökonomischen Effekt – und man kann es wissen, es ist nicht so schwierig, es muß nur erst selbst von denen, die es lehren sollen, richtig angepackt werden –, wie man heute weiß, daß man die Suppe nicht mit der Gabel ißt, sondern mit dem Löffel. Nicht wahr, wer die Suppe mit der Gabel ißt, der würde einen Unsinn begehen; aber ebenso begeht derjenige einen Unsinn, der die anderen Dinge nicht weiß. Das muß allgemeine öffentliche Meinung werden.

Dann wird der wichtigste Impuls der Gegenwart, der soziale Impuls, auf eine ganz andere Grundlage gestellt werden.

ELFTER VORTRAG

Dornach, 20. Dezember 1918

Wir haben in diesen Betrachtungen der letzten Wochen die große Forderung der Zeit, die sogenannte soziale Forderung, von den verschiedensten Gesichtspunkten aus ins Auge gefaßt. Wir haben versucht, diese Zeitforderung auf einem geisteswissenschaftlichen Hintergrunde zu sehen. Denn nur dadurch ist es möglich, sich in richtiger Weise darüber zu orientieren, was diese Zeitforderung eigentlich in sich birgt. Und nur mit Berücksichtigung dessen, was angedeutet werden konnte in diesen Betrachtungen, wird es unserer so sehr geprüften Zeit und ihrer nächsten Zukunft gelingen können, Impulse und Gesichtspunkte für diese Zeit zu gewinnen. Ich werde auf diese Betrachtungen morgen wieder zurückkommen, weil ich heute episodisch etwas einfügen muß, was gewissermaßen eine Fortsetzung des schon neulich hier Berührten sein wird, was aber zeigen wird, wie sich diese Geisteswissenschaft, wie sie hier vertreten wird, zu dem, ich darf wohl sagen, inneren Bewußtseinszustand unserer Gegenwart und der nächsten Zukunft stellen wird.

Ich habe Ihnen ja neulich am Schlusse einiges Hauptsächliche nach dieser Richtung hin angeführt. Ich habe Sie darauf aufmerksam gemacht, daß jeder, der den Willen hat, mit dem gesunden Menschenverstand, wie er sich nun einmal bis zu der Gegenwart heraufentwickelt hat, zu prüfen und zu unterscheiden, was hier innerhalb dieser Geisteswissenschaft gemeint ist, finden wird, wie diese anthroposophisch orientierte Geisteswissenschaft wirklich imstande ist, mit dem Gewissen und mit der Vorstellungsart der gegenwärtigen Zeit zu rechnen. Und gerade aus unseren sozialen Betrachtungen kann das hervorgehen. Daher darf auch immer, wo gesprochen wird von dem einen oder anderen Gegenstande dieser unserer Geisteswissenschaft, darauf hingewiesen werden, daß alles, was vorgebracht wird, nachgeprüft werden kann von dem, der nachprüfen will, aus dem Denken der Gegenwart heraus, insbesondere auch aus dem wissenschaftlichen Denken der Gegenwart heraus. Man kann sogar sagen, daß eine große

Anzahl der Angriffe gegen diese Geisteswissenschaft davon herrührt, daß sie in so auffälliger Weise nachgeprüft werden kann von dem Gewissen der Gegenwart und nächsten Zukunft. Das ist manchen Menschen außerordentlich unlieb und unbequem. Gerade weil die Dinge mit allen wissenschaftlichen Anforderungen und wissenschaftlichen Vorstellungen unserer Zeit übereinstimmen, dennoch aber in vielen Köpfen und namentlich in vielen Herzen ein gewisser Widerwille ist gegen so geartete Geisteserkenntnis, macht sich eine Gegnerschaft geltend, der es einfach unangenehm ist, daß etwas auftritt, was sich restlos gerade an den wissenschaftlichen Forderungen unserer Zeit nachprüfen läßt. Das aber, mit dem diese Geisteswissenschaft als mit einer inneren geistigen Tatsache der Menschheitsentwickelung rechnet, das ist, daß, in unserer Zeit beginnend und immer deutlicher werdend gegen die Zukunft hin, gewissermaßen durch den Schleier der Weltenerscheinungen und Weltenereignisse Neues durchbricht. Die Menschheit hat lange gelebt in reinen sinnengemäßen Vorstellungen. Was sie über diese sinnengemäßen Vorstellungen hinaus hatte, das waren im Grunde genommen alte Erscheinungen, die noch herrührten aus einer Zeit, in welcher die Menschheit mit atavistischem Hellsehen ausgestattet war, in welcher Weisheiten auf ganz anderem Wege in die Menschheit hereingelangt sind, als sie in der Zukunft in die Menschen kommen werden. Aus jenen Weistümern, die vergangenen Zeiten entsprochen haben, hat sich mancherlei erhalten. Das war gewissermaßen und ist bis heute noch für viele Menschen das einzige Weisheitsgut. Es ist sogar für die gegenwärtigen Naturforscher das einzige Weisheitsgut. Wenn man genau zusieht, so merkt man es schon. Aber eine elementare Offenbarung solchen Weisheitsgutes, wie sie in den alten Zeiten da war, die ist ja längst verglommen. Und eingetreten ist für die Erdenentwickelung der Menschheit gewissermaßen eine Dunkelheit, eine Dumpfheit, in welcher sich nichts Geistiges unmittelbar offenbarte. Jetzt beginnt eine Zeit, wo neue Offenbarungen durch die Schleier der Ereignisse in den menschlichen, geistigen und seelischen Horizont hereinbrechen. Daher muß für viele Dinge eine Erneuerung kommen. Wir können ja auf das allerwichtigste Erdenereignis gerade mit Bezug darauf hinweisen:

auf das Mysterium von Golgatha. Das Mysterium von Golgatha hat gewiß der Erdenentwickelung erst den Sinn gegeben. Der Erdenplanet wäre geistig-seelisch nicht das, was er ist, wenn sich auf ihm nicht das Mysterium von Golgatha abgespielt hätte. Aber etwas anderes ist dieses Mysterium von Golgatha als eine Tatsache, die sich abgespielt hat, und etwas anderes sind die Lehren, welche als christliche Lehren über dieses Mysterium von Golgatha durch die Jahrhunderte geherrscht haben. Wer dies nicht ins Auge faßt, wird sich kaum hineinfinden in die Grundforderungen unserer Zeit.

Nehmen Sie zum Vergleich etwas ganz Gewöhnliches. Nicht wahr, es ist doch zweierlei: ein Ereignis, das sich abspielt vor Ihren Augen, und dasjenige, was zwei oder drei Menschen, die dieses Ereignis sich haben abspielen sehen, über dieses Ereignis erzählen, über dieses Ereignis sagen. Und bekannt geworden in einem höheren geistigen Sinne ist ja über das Mysterium von Golgatha als einer Tatsache den Menschen natürlich nichts anderes als das, was gesagt worden ist durch die Jahrhunderte. Dieses aber, was gesagt worden ist über ein geistiges Ereignis – und ein solches ist das Mysterium von Golgatha, wenn es sich auch auf dem physischen Plane abgespielt hat –, das ist noch vom Standpunkte des alten Weisheitsgutes heraus gesagt worden. Selbst die Evangelien – Sie wissen das aus meiner Schrift «Das Christentum als mystische Tatsache» – sind geschrieben vom Standpunkte des alten Weisheitsgutes aus. Das heißt, man hatte gewisse Vorstellungen aus den alten Mysterien, oder überhaupt altererbte Vorstellungen. In die Sprache dieser Vorstellungen kleidete man dasjenige, was sich auf Golgatha abgespielt hatte. Das sind aber Vorstellungen, die eben der atavistischen Menschheitsperiode angehören. Es mußte zuerst, um überhaupt verstanden zu werden, das Mysterium von Golgatha in diese Sprache eingekleidet werden. Aber heute leben wir in einer Zeit, wo diese Art, geistig die Welt anzuschauen, wie sie in alten Zeiten richtig war, antiquiert ist. Denn neue Offenbarungen geistiger Art, wenn sie auch die Menschen noch nicht anerkennen wollen, brechen herein, die allmählich gleichwertig werden den alten atavistischen Offenbarungen. Daher muß, wenn den

Forderungen der Zeit Rechnung getragen werden soll, über das Mysterium von Golgatha als einer Tatsache auch in der neuen Sprache, den neuen Vorstellungen geredet werden. Das heißt, auch die christlichen Vorstellungen werden demjenigen Rechnung zu tragen haben, was in die Menschheitsentwickelung hereintritt. Sonst würde das Christentum eine Summe von althergebrachten Vorstellungen bleiben. Und alles das, was im Innern der Menschen als Forderungen der Zeit lebt, das würde ersterben gegenüber den althergebrachten Vorstellungen, das würde keine Nahrung finden. Gerade das ist es, womit anthroposophisch orientierte Geisteswissenschaft rechnen will, daß verständlich gemacht werden müssen die neuen geistigen Offenbarungen, und daß das größte Erdenereignis, das Mysterium von Golgatha, in die Vorstellungen dieser neuen geistigen Offenbarungen zu kleiden ist.

Nun kann die Frage entstehen, und sie ist eine außerordentlich wichtige Frage: Wer von der geistigen Welt steckt denn eigentlich hinter diesen geistigen Offenbarungen, die durch den Schleier der Erscheinungen neu in die Menschheitsgeschichte hereinbrechen? Sie kennen die Aufeinanderfolge der verschiedenen Hierarchien, wie ich sie in meinen Schriften dargestellt habe, wissen daher, was innerhalb der Hierarchien-Geisterordnung die sogenannten Geister der Persönlichkeit sind. Sie wissen, die Geister der Persönlichkeit stehen um eine Stufe tiefer in der hierarchischen Geisterordnung als diejenigen Geister, zu denen wir zum Beispiel Jahve rechnen, die sogenannten Geister der Form.

Zu jenen Offenbarungen, die an die Menschheit herangetreten sind durch die Geister der Form, wollen nunmehr hinzukommen die Geister der Persönlichkeit, allerdings erst sich vorbereitend, nicht in jener Mächtigkeit, mit der die Geister der Form sich geoffenbart haben. Und wenn wir nach einem Worte suchen für das, was die Geister der Form eigentlich sind, so können wir bei dem alten guten Worte «Schöpfer» bleiben. Das biblische Wort «Schöpfer» umfaßt ungefähr alles, was auch wir mit den Geistern der Form verbinden müssen, wenn wir sie betrachten in ihrem Einfluß auf den Menschen von der alten lemurischen Zeit bis heute und auch in die Zukunft hinein. Sie werden ja ihre Taten nicht einstellen, aber sie werden sie gewissermaßen auf anderem Plane zu verrichten haben.

Wenn wir alles das, was wir da geisteswissenschaftlich betrachten können, ins Auge fassen, so können wir die Geister der Form eben schöpferische Geister nennen. Ihnen verdankt der Mensch vor allen Dingen sein Dasein, so wie er als Erdenmensch ist. Bis zu unserem Zeitalter aber waren die Geister der Persönlichkeit nicht schöpferische Geister. Sie waren Geister, welche verschiedene Angelegenheiten vom geistigen Reiche aus ordneten. Sie können ja nachlesen in meiner «Geheimwissenschaft» über die Tätigkeit dieser Geister der Persönlichkeit. Aber es beginnt die Zeit, wo sie zunächst wirklich einzugreifen haben in das Schöpferische der Menschheitsentwickelung. Später werden sie auch in das Schöpferische der anderen Reiche einzugreifen haben. Es findet ja Entwickelung statt im Hierarchischen. Die Geister der Persönlichkeit steigen zu einer schöpferischen Tätigkeit auf. Das weist überhaupt hin auf ein bedeutsames Geheimnis in der Menschheitsentwickelung. Wer nicht in oberflächlicher Naturbetrachtung, wie sie heute gang und gäbe ist, die Menschheitsentwickelung zu umfassen sucht, sondern wer sie mit geisteswissenschaftlichen Impulsen innerlich anschaut, der weiß, daß seit dem Beginne der jetzt oft von verschiedenen Gesichtspunkten besprochenen fünften nachatlantischen Zeit in dem Menschen etwas zu ersterben beginnt. Mit diesem Ersterben, ich möchte sagen, mit diesem Abgelähmtwerden von etwas in unserer Natur, mit dem hängt im Grunde unser ganzer Fortschritt auch im Seelischen und Geistigen zusammen.

Wir sind nicht mehr in demselben Sinne lebendige Menschenwesen, wenn ich es kraß ausdrücken will, wie es die Menschen vor Jahrhunderten oder gar vor Jahrtausenden waren. Die hatten stärkere Vitalität in sich, stärkere Kraft in sich, Kraft, die vom bloßen Leiblichen ausging. Der Mensch kennt ja das Sterben nur, wenn es in der radikalen Form des Aufhörens des Erdenlebens auftritt. Allein, Sie wissen aus den geisteswissenschaftlichen Betrachtungen, daß in uns fortwährend etwas stirbt. Und wenn nicht fortwährend etwas stürbe, so hätten wir kein Bewußtsein. Bewußtsein hängt zusammen gerade mit dem Ersterben von etwas in uns. Aber dieses Ersterben, dieser

Prozeß des Ersterbens, der ist jetzt stärker, als er zum Beispiel im ersten christlichen Jahrhundert oder gar in den vorchristlichen Jahrhunderten war. Dasjenige, was im Menschen von den schöpferischen Geistern als Geister der Form herrührte, das beginnt, wenn ich so sagen darf, stark zu sterben, und neues Schöpferisches muß der Menschennatur eingefügt werden, Schöpferisches, das zunächst vom Geistigen auszugehen hat. Es ist in der Tat so, daß dem Menschen, der sich nicht dagegen sträubt, von unserem Zeitalter ab schöpferische Kräfte aus dem Geiste heraus zufließen. Diese schöpferischen Kräfte sucht Geisteswissenschaft zu verstehen. Sie sucht das, was hereindringt aus Welten, die bisher nicht ihre Impulse in die Menschheitsentwickelung einfließen ließen, was als neues Geistiges in die Zeitentwickelung eintritt, denkend, schauend zu erfassen. Und das ist eigentlich, was im wirklich modernen Sinne orientierte Geisteswissenschaft ist. Also die tritt nicht auf wie irgendein anderes, sei es wissenschaftliches oder sonstiges Programm, sondern die tritt gewissermaßen auf, weil die Himmel neue Offenbarungen den Menschen zusenden, und weil diese neuen Offenbarungen verstanden werden sollen.

Wer nicht in diesem Sinne die Aufgabe der anthroposophisch orientierten Geisteswissenschaft versteht, der versteht sie überhaupt nicht. Denn diese anthroposophisch orientierte Geisteswissenschaft würde schweigen, wenn sie nicht Neues, eben erst Hereinbrechendes, wenn ich den Ausdruck gebrauchen darf, von den Himmeln der Menschheit sich Offenbarendes zu verkünden hätte.

Und was sich offenbart durch den Schleier der Erscheinungen, das ist der Ausdruck eines neuen schöpferischen Prinzips, das besorgt wird durch die Geister der Persönlichkeit. Damit hängt es zusammen, daß gerade dieses unser Zeitalter, von dem wir ja sagten, daß es begonnen habe mit dem fünfzehnten nachchristlichen Jahrhundert, als seine charakteristische Eigenschaft die Ausprägung der Impulse der Persönlichkeit hat. Die Persönlichkeit will sich, wenn ich den trivialen Ausdruck gebrauchen darf, auf die eigenen Füße stellen, und wird das immer mehr und mehr wollen in das dritte Jahrtausend hinein. Dann werden andere Impulse nach Vollendung der Persönlichkeit auftreten.

Indem Sie das, was ich eben gesagt habe, überdenken, sehen Sie gewissermaßen, wie diese Neuoffenbarung der Geister des Lichtes, der Geister der Persönlichkeit, an die Menschen herankommt. Dem aber stehen gegenüber auch gerade seit dem Beginne dieser neuen fünften nachatlantischen Zeit gewisse Geister der Finsternis. Denn sobald wir hinter den Schleier der Erscheinungen schauen, merken wir gleich, wie einer gewissen Abteilung von Geistern andere, entgegengesetzte gegenüberstehen. Wir schauen auf der einen Seite nach den Geistern der Persönlichkeit, die sich so offenbaren, wie ich das eben ausgeführt habe. Aber auf der anderen Seite sehen wir, wie sich ihnen gegenüber gewisse finstere Geister kundgeben, Geister, welche in jeder Weise ein Interesse daran haben, nicht in der Menschheit wirksam sein zu lassen, was als die neue Offenbarung der Geister der Persönlichkeit kommt. Diese neuen, dumpfen, finsteren Geister, die finden Gelegenheit zu ihrer Verwirklichung durch eine Erscheinung, die ich schon vor einigen Wochen hier erwähnt habe, eine Erscheinung, die leider von der gegenwärtigen Menschheit viel zu wenig beachtet wird.

Sehen Sie, wenn heute gefragt wird, wieviel Menschen auf Erden sind, so sagt man gewöhnlich: 1500 Millionen, nicht wahr. Das würde die Konsequenz haben, daß auch auf der Erde nur so viel Arbeit geleistet wird, als diese 1500 Millionen Menschen leisten. Das ist aber nicht der Fall, sondern es ist heraufgezogen seit dem Beginne des fünften nachatlantischen Zeitraums die Möglichkeit, daß außer den 1500 Millionen Menschen auf der Erde, von denen man gewöhnlich spricht, noch fünfhundert weitere Millionen Arbeitskraft da sind. Das ist durch die Maschinen! Wenn alle Maschinenarbeit heute verrichtet würde von Menschen, so müßten fünfhundert Millionen Menschen diese Arbeit verrichten.

Sie sehen daraus, daß gewissermaßen Menschenarbeit auf der Erde einen Ersatz gefunden hat, daß etwas da ist, was wie Menschen wirkt, aber nicht Mensch aus Fleisch und Blut ist. Diese Tatsache ist außerordentlich wichtig für die Gesamtmenschheitsentwickelung. Diese Tatsache hängt mit anderen Tatsachen in der Entwickelung der Gegenwart zusammen. Die fünfhundert Millionen Menschen, die eigentlich nicht als Menschen von Fleisch und Blut vorhanden sind, aber als Arbeiter – die Arbeit leisten die Maschinen geradeso, wie wenn Menschen sie leisten würden –, diese menschlichen Arbeitsleistungen, die geben Gelegenheit, daß sich die finsteren Geister verwirklichen können innerhalb unserer Menschheitsentwickelung, jene finsteren Geister, die Gegner sind derjenigen Geister der Persönlichkeit, die die neuen Offenbarungen bringen.

So haben wir auf der einen Seite die für ein neues Hellsehen hereinbrechenden neuen Offenbarungen der Himmel, und auf der anderen Seite haben wir, aus dem Unterirdischen gewissermaßen herauskommend, die Körperlichkeit für die Gegner, für gewisse dämonische Geister, für Geister der Finsternis, welche sich nun nicht durch Menschen von Fleisch und Blut verwirklichen, aber die doch unter uns wandeln dadurch, daß menschliche Kräfte ersetzt werden durch Mechanismen, durch Maschinen.

Das ist auch die Grundlage für alle Disharmonie auf sozialem Gebiete in unserer Zeit. Es ist aber auch die Grundlage für gewisse Irrgänge des menschlichen Denkens in der Gegenwart, die ja wieder ihrerseits Ausgangspunkte sind für soziale Verirrungen. Denn das menschliche Denken hat sich im Lauf der letzten Jahrhunderte in einer gewissen Beziehung der mechanistischen Ordnung angepaßt. Das menschliche Denken ist durchdrungen, durchimprägniert von solchen Vorstellungen, die rein der mechanistischen Ordnung angepaßt sind. Man kann sagen: In vielen Gebieten der Naturforschung, aber auch auf vielen Gebieten des Lebens, auch auf vielen Gebieten des heutigen sozialen oder sozialistischen Denkens werden gar keine anderen Vorstellungen angewendet als diejenigen, welche brauchbar sind, um die Wirkungsweise von Mechanismen zu verstehen, welche aber unbrauchbar sind, um alles das zu verstehen, was über die Mechanismen hinaus liegt. Dennoch, in der Offenbarungswelt hat ein jegliches Ding zwei Seiten, und Sie dürfen nicht deshalb sagen: Weil das so ist, haben sich die mechanistischen Vorstellungen in die Menschheitsentwickelung hereingeschlichen als etwas, was man meiden müsse. – Nein, das wäre durchaus falsch! So gefährlich die mechanistischen Vorstellungen sind, weil sie gewissen Geistern der Finsternis Gelegenheit geben, aufzutreten gegen die sich offenbarenden Geister der Persönlichkeit, so gefährlich diese mechanistischen Vorstellungen, namentlich die mechanistische Ordnung, von der sie genommen sind, sind, so wohltätig auf der andern Seite ist gerade dieses Denken, welches sich anlehnt an solche mechanistischen Vorstellungen. Denn das ist die Aufgabe der neueren Zeit, daß sich unser Seelenvermögen rüstet mit diesen Vorstellungen, die ja auch im modernen naturwissenschaftlichen, überhaupt im modernen Denken leben, daß wir uns durchdringen mit diesen Vorstellungen, aber dann diese Vorstellungen in den Dienst der neuen Offenbarung der Himmel stellen. Mit andern Worten, die mechanistischen Vorstellungen haben die Menschheit gelehrt, in klaren, scharfen Konturen zu denken. So, wie innerhalb der mechanistischen Vorstellung, ist früher nicht gedacht worden. Die Vorstellungen älterer Zeiten hatten immer verschwommene Konturen. Wer die Geistesgeschichte der Zeit verfolgt, der weiß dieses. Selbst wenn man scharfe Geister wie Plato studiert, ihre Begriffe haben verschwommene Konturen. In scharfen Gedankenkonturen zu denken, das hat sich der Mensch erst anerziehen können dadurch, daß er in die Einseitigkeit verfallen ist, sich mechanistische Weltvorstellungen zu bilden. Die einseitigen mechanistischen Vorstellungen sind außerordentlich arm an Weltinhalt; sie enthalten im Grunde genommen nur das Tote. Aber sie sind ein Erziehungsmittel außerordentlicher Art; das ist ja auch heute zu merken. Eigentlich scharf denken können nur diejenigen Menschen heute, welche sich gewisse naturwissenschaftliche Vorstellungen angeeignet haben. Die anderen sind versucht, verschwommen zu denken.

Nun obliegt aber dieser Erziehung, die sich die Menschheit angeeignet hat durch scharf konturiertes Denken, sich hinzuwenden nach der neuen Geistesoffenbarung, und die geistigen Welten nun in ebensolcher Klarheit aufzufassen, wie man gewohnt worden ist, die naturwissenschaftliche Welt aufzufassen. Das ist es, was das moderne intellektualistische Gewissen fordert und ohne das die Menschheit nicht auskommen wird, ohne das sie ihre wichtigsten Fragen nicht wird lösen können, die in der Gegenwart und in der nächsten Zukunft auftreten: Scharfes Denken, herangezogen an den modernsten naturwissenschaftlichen Vorstellungen, angewendet aber auf die geistige Welt, die sich neu offenbart. Das ist im Grunde genommen auch die

Konfiguration der anthroposophisch orientierten Geisteswissenschaft. So will sie sein, weil sie mit den notwendigsten Forderungen der Gegenwart rechnet. Deshalb ist sie imstande, herunterzusteigen von gewissen geistigen Höhen bis zu der Erfassung des dem Menschen im Alltag Notwendigen. Auf das muß immer hingewiesen werden, daß in dieser Richtung Geisteswissenschaft eben eine neue Hilfe für Menschenarbeit und Menschenleistung sein will.

Nehmen Sie von den alten traditionellen Dingen, die ältere Zeiten heraufgebracht haben, die verschiedenen religiösen Bekenntnisse. Gewiß, diese religiösen Bekenntnisse reichen für eine Anzahl von Leuten heute aus, wenn diese Leute eine gewisse Erbauung suchen. Es wird dann den Leuten erzählt aus dem Schoße der alten Bekenntnisse heraus über göttlich-himmlische Reiche, es wird ihnen erzählt über das, was sich hinter dem Schleier der sinnlichen Erscheinungen verbirgt. Es wird so weit herabgestiegen, daß den Menschen gepredigt werden kann, daß sie gute Menschen sein sollen, daß sie einander lieben sollen und so weiter. Mit anderen Worten: Diese Bekenntnisse können herabsteigen bis zu gewissen moralischen Forderungen.

Auf der anderen Seite wird heute versucht, eine Anschauung zu gewinnen über die Alltagsforderungen, die gewissermaßen auf dem anderen Pole des Lebens liegen. Es wird versucht, Naturerkenntnis zu gewinnen. Nun, Sie wissen, Botanik, Zoologie wird nur in den wenigsten Fällen heute in den Sonntagnachmittagspredigten von den Pastoren oder Predigern irgendwie aus höheren Offenbarungen heraus den Menschen verkündet. Das, was da verkündet wird über die himmlischen Reiche, reicht nicht bis auf die Erde herunter. Auch über anderes aus den unmittelbaren Forderungen, die uns jede Stunde, jede Minute umgeben, wird von dem anderen Pole her Aufschluß gesucht, und so ist auch über die sozialen Forderungen von diesem anderen Pole her, ich möchte sagen, ein gewissermaßen naturwissenschaftliches Denken in die Erscheinung getreten. Aber denken Sie, wie nebeneinander steht dasjenige, was die Menschen heute an Gedanken aufbringen über die Forderungen des alltäglichen Lebens, und dasjenige, was aus den himmlischen Reichen herunter der Pastor verkündet. Das sind zwei Welten, die sich nicht miteinander berühren.

Die Menschen wollen – wenn sie es wollen – arbeiten, wollen auch Gedanken haben über ihre Arbeit, wollen dann, wenn sie ihre Arbeit verrichtet haben, hören, wie es mit dem Tod, mit der Unsterblichkeit, mit dem Göttlichen steht. Aber das sind zwei ganz getrennte Reiche. Daß sie es sind, daß die Menschen nicht das Bedürfnis haben, die beiden Reiche miteinander zu verbinden, daß gewissermaßen das stattfindet, was ich von anderen Gesichtspunkten aus in den vorigen Betrachtungen angeführt habe, daß die Menschen denken wollen über Kapital, über Geld, über Kredit, Arbeitskraft und so weiter von der einen Seite her, über moralische, über ethische Forderungen von der anderen Seite her, daß die Menschen nicht die Gedankenkraft aufbringen, aus dem, was über den Geist gesagt wird, zu gleicher Zeit auch über das Leben im Alltag zu sprechen, wo sich der Gott oder die Götter nicht minder offenbaren, als auf anderen Gebieten – das ist der große Schaden der Gegenwart. Das muß man vor allen Dingen durchschauen, wenn man verstehen will, warum diese katastrophale Zeit über die Menschheit hereingebrochen ist. Die Menschen brauchen wiederum eine Wissenschaft, die imstande ist, indem sie von dem höchsten Göttlichen redet, zu gleicher Zeit einzugehen auf die Bedürfnisse des Alltags. Denn sonst bleiben diese Bedürfnisse des Alltags in jener chaotischen Ordnung, in der sie die Lenins und Trotzkis sehen. Und die Lehren, die die Geheimnisse der Himmel verkünden, bleiben, wenn sie auch noch so sehr das egoistische Empfinden der Herzen wärmen, unfruchtbar für das äußere Leben.

Das darf eben nicht in der Zukunft sein. In der Zukunft darf es nicht Sonntagnachmittagspredigten geben, in denen sich die Menschen hinausheben wollen über den Alltag, sich bloß erbauen, ihre egoistischen religiösen Bedürfnisse warmmachen wollen, um dann wiederum mit nur äußerem, unzureichendem Denken an das ungöttlich gesehene Alltägliche zu gehen, ohne es geistig zu durchschauen. Es liegen schon die großen Forderungen, die unsere Zeit an uns stellt, auf geistigem Gebiet. Nicht früher wird Ordnung in unsere Zeit hineinkommen, bis die Menschen zugeben werden, daß das zu berücksichtigen ist, was jetzt eben charakterisiert worden ist.

Mit dem hängen aber eine ganze Anzahl anderer wichtiger Zeitimpulse zusammen. Wir stehen mitten drinnen, nicht am Ende. Voll bewußt sage ich das: Wir stehen nicht am Ende, wir stehen mitten drinnen in einer Zeit des Kampfes, in einer Zeit, in der sich chaotische Ereignisse innerhalb der Menschheitsentwickelung abspielen, Ereignisse, ich habe es oft gesagt, von denen die Menschen lernen sollten. Leider gibt es so viele, die heute noch nichts von diesen Ereignissen der letzten viereinhalb Jahre gelernt haben, sondern ein so geformtes Denken haben, wie vor viereinhalb Jahren. Ereignisse spielen sich ab, welche die äußere Menschheit oder vielmehr das Leben der äußeren Menschheit in Kampf und Streit zeigt. Gewiß, Kampf und Streit hat es zu anderen Zeitepochen auch gegeben; aber Kampf und Streit in unserer Zeitepoche hat noch einen ganz besonderen Charakter. Und diesen besonderen Charakter merken wir, wenn wir nicht bloß auf die Oberfläche, sondern in die Tiefe schauen, wenn wir gewahrwerden, daß sich heute vieles äußerlich abspielt, was eigentlich so veranlagt ist, daß es sich im Innern der Menschen abspielen sollte. Sie können sich ja leicht denken, daß mit dem Entgegennehmen der neuen Offenbarung der Himmel eine vertiefte Innerlichkeit der Menschennatur verbunden sein muß. Diese vertiefte Innerlichkeit der Menschennatur, die wird aber in die Menschennatur hineintragen, in die Seelen hineintragen gewisse innere Kämpfe. Diese Aussicht auf innere Seelenkämpfe für die Menschen darf uns nicht pessimistisch stimmen, denn nur aus diesen Seelenkämpfen heraus kann der Mensch in der Zukunft stark werden. Der Mensch, der das heute noch nicht will, verlangt von seinen Bekenntnisträgern, von seinen Pastoren, daß sie ihn gewissermaßen benebeln über das, was doch unterbewußt schon in der Seele lebt. Sie sollen ihm die Seele warmmachen, sie sollen ihn trösten, sie sollen ihm recht schöne Sachen sagen über das, was Gott mit dem Menschen vorhat, ohne daß der Mensch etwas dazutut. Aber in der nächsten Zukunft werden die Götter nur dasjenige mit den Menschen vorhaben, zu dem der Mensch selbst etwas tut. Der Mensch muß durchgehen durch innere Seelenkämpfe, die ihn stark machen. Wir haben nicht hinzuschauen auf eine Zukunft, die bequemer ist als die Vergangenheit oder die Gegenwart. Solche scheinbaren Ideale, die aber nur moderne Betäubungsmittel sind,

sind nicht Wahrheit, sind bloß Wilsonianismus. Zu reden davon, daß ein ganz anderes Zeitalter durch gewisse zweimal sieben Punkte – ich weiß nicht, ob es mystisch gemeint ist, aber dann ist es im schlechten Sinne mystisch – heraufgerufen werden kann, das ist eine ganz besondere Form des modernen Aberglaubens.

Um was es sich handelt für die Zukunft, das ist nicht, daß es im äußeren Leben bequemer hergehen wird. Die Menschheit wird schon noch größere Unbequemlichkeiten, als diejenigen, die sie sich heute träumen läßt, mit dem Reste der Erdenentwickelung auf sich nehmen müssen. Aber sie wird sie auf sich nehmen, weil sie durch innere Seelenkämpfe – jeder einzelne in seiner Persönlichkeit – gestärkt sein wird. Wenn wir durch den Schleier der Erscheinungen durchsehen, so sehen wir ja nicht auf eine Welt, in der die Götter sagenhaft still, jeder in seinem Bette, schlafen und ein friedsames Leben führen, so wie die Menschen es sich erträumen und was ja doch nichts anderes ist, als eine andere Form des Faulenzerlebens. Nein, so ist es nicht! Wenn wir den Schleier der Phänomene durchblicken, so sehen wir nicht auf ein göttlich-geistiges Schlafensleben, sondern auf ein göttlich-geistiges, auf ein hierarchisches Arbeitsleben. Und was uns auffällt zunächst, das ist der große Kampf, der hinter der Szene der physisch-sinnlichen Welt stattfindet zwischen der Weisheit und der Liebe. Und der Mensch ist hineingestellt in diesen Kampf. Lange Zeit war er es unbewußt; in der Zukunft muß er sich immer bewußter und bewußter hineinstellen in diesen Kampf, der in der Welt stattfindet zwischen Weisheit und Liebe. Denn der Mensch soll sein dasjenige, was entsteht, indem Weisheit und Liebe wie ein Pendel immerfort ausschlagen, bald nach der Weisheits-, bald nach der Liebesseite. Denn durch des Pendels rhythmische Schwingungen, nicht durch die schläfrige Ruhe ist dasjenige, was Sein ist in der Welt.

Dieser Kampf zwischen Weisheit und Liebe spielte sich in alten atavistischen Zeiten und in den Zeiten bis jetzt, noch in den unterbewußten Untergründen der menschlichen Seele ab. Da unten, wo die unbewußten Instinkte pulsieren, da steht der Geist der Weisheit gegen den Geist der Liebe, und der Geist der Liebe gegen den Geist der Weisheit. Aber ins Bewußtsein zieht das herauf von unserem

Zeitalter der Bewußtseinsseelenentwickelung an. Der Mensch muß diesen Kampf in sich selber auskämpfen. Immer stärker und stärker wird die Kraft werden, die auf der Grundlage dieses inneren Seelenkampfes in den menschlichen Naturen sich abzuspielen hat. Nur sträuben sich heute die Menschen noch gegen diese innere Entwickelung. Sie ahnen sie zwar und fürchten sich davor; sie haben aber nicht den Mut zu diesem inneren Kampfe. Das, was in dem Buche «Wie erlangt man Erkenntnisse der höheren Welten?» steht, soll dahin führen, daß der Mensch diesen inneren Kampf siegreich auskämpfen kann. Es ist den Menschen unbequem. Sie schrecken davor zurück, sie haben nicht den Mut, diesen inneren Kampf zu bestehen. Das ist aber eine Zeiterscheinung, daß die Menschen diesen inneren Kampf nicht bestehen wollen, daß sie ihn noch fliehen, daß sie ihn noch nicht haben wollen, diesen inneren Kampf. Und weil sie ihn nicht innerlich haben wollen, deshalb projiziert er sich heute nach außen. Ich habe das angedeutet in dem einen meiner Mysterien, wo Sie nachlesen können, wie dasjenige, was an äußeren Kämpfen unter den Menschen stattfindet, Ausdruck eines inneren Kampfes ist. Sie wissen, die Stelle ist lange vor dem Ausbruche der gegenwärtigen kriegerischen Weltkatastrophe geschrieben, aber gerade die gegenwärtige Weltenkatastrophe bezeugt die Wahrheit des dort Geschriebenen. Da ist angedeutet, daß alles, was an äußeren Kämpfen heute stattfindet – in anderen Zeitaltern hatten die Kämpfe anderen Charakter, denn alles ändert sich und macht Metamorphosen durch –, aus dem Inneren der Menschen herausgeworfene Kämpfe sind. Das ist es, was kommen muß: Die Menschen müssen ins Innere hereinnehmen, was sie glauben, heute außen auskämpfen zu müssen. Ein Kriegsschauplatz im Innern der menschlichen Seelen, das wird das Heilmittel sein für das, was heute unter die Menschen so ruinös getreten ist. Nicht früher, als bis dieser innere Kriegsschauplatz in die menschlichen Seelen einzieht, kann dasjenige verglimmen, was äußerlich so furchtbar katastrophal unter die Menschen gekommen ist. Denn dieses Äußere ist nichts anderes als das, was die Menschen nach außen projizieren, weil sie es nicht ins Innere hereinbringen wollen. Alles übrige ist nur scheinbar; das aber ist die Wirklichkeit.

Das ist wiederum ein Umstand, dem die anthroposophisch orientierte Geisteswissenschaft Rechnung trägt. Sie trägt ihm dadurch Rechnung, daß sie nicht bloß irgendwelche antiquierte alte Lehren aufnimmt, sondern daß sie tatsächlich unter die Menschen bringen will, was im Sinne der gegenwärtigen Zeit und der Zukunft gewissermaßen als neue Offenbarungen der Himmel sich geltend macht. Diese Unterscheidung muß man haben, sonst wird man Geisteswissenschaft, wie sie hier gemeint ist, stets zusammenwerfen mit anderen Dingen, mit denen sie nicht zusammengehört. Sie kann nicht, diese Geisteswissenschaft, die anthroposophisch orientiert ist, in derselben Art sich verkündigen, wie vieles sich in der Gegenwart verkündigen will, was eigentlich eine Angelegenheit der Vergangenheit ist. Diese anthroposophisch orientierte Geisteswissenschaft muß zu dem vollen, klaren Bewußtsein der Menschheit sprechen. Aber schon, indem man das sagt, verletzt man die Eitelkeit vieler Menschen. Denn die Menschen der Gegenwart glauben ja alle, ein außerordentlich klares, helles Denken zu haben. Sie brauchten sich aber nur umzusehen, wie sie es eigentlich treiben, gerade in geistigen Angelegenheiten treiben, dann würden sie merken, daß es mit diesem vollen, klaren Denken denn doch nicht so weit her ist. Das soziale, und wenn man will, das Kriegsproblem der Gegenwart, sie können nicht anders gelöst werden als durch klare, an dem modernen Denken geschulte Gedanken, die sich hinorientieren nach der neu sich offenbarenden geistigen Welt, jener Welt, welche von den guten Geistern der Persönlichkeit kommt. Weil diese Geisteswissenschaft in dieser Beziehung so neu ist, deshalb hat sie zu Gegnern alle diejenigen, welche nicht die Aktivität aufbringen wollen, in dieses Neue wirklich einzudringen. Denn um innere seelische Aktivität aufzubringen, dazu gehört wirklich der gute Wille.

Sehen Sie, der ganze Nerv dieser Geisteswissenschaft, wie sie hier gemeint ist, ist ein anderer als derjenige, aus dem die früheren Offenbarungen stammen. Ich habe schon oft darauf aufmerksam gemacht: man findet heute sehr häufig, daß Leute, die sich unterrichten wollen über die Geheimnisse des Daseins, zu alten Schmökern greifen, welche die alte atavistische Hellseherlehre enthalten. Wie fühlt sich heute mancher beseligt, wenn er Bücher findet, die, ohne von dem modernen naturwissenschaftlichen Bewußtsein durchdrungen zu sein, ihm nun Aufschluß geben sollen über dasjenige, was man jetzt nicht wissen kann, was die alten Leute aber gewußt haben, die da reden von Salz, Merkur und Schwefel und ähnlichen Dingen. Selbstverständlich sind das ehrwürdige, erhabene Dinge, die in diesen Büchern stehen. In der Welt gibt es aber Entwickelung, und was für frühere Epochen gut war, ist nicht gut für unsere Zeit. Frühere Epochen haben sich eben auf ihre Art in den Besitz setzen können dessen, was in diese Worte gekleidet ist: Salz, Merkur, Schwefel. Die Gegenwart muß ein Neues suchen. Weil ihr Geister dieses Neue entgegentragen zum Heile der Menschheit, darf dieses Neue nicht außer acht gelassen werden. Ganz anders geartet muß dieses Neue sein, als es das Alte war. Es ist ein grundsätzlicher Unterschied zwischen dem Neuen und dem Alten. Das Alte hat ein großartiges Weltverständnis entwickelt, ein Verständnis dessen, was außerhalb des Menschen ist. Und was noch bis zu solchen Geistern wie *Paracelsus* oder *Jakob Böhme* heruntergekommen ist an alten Weisheiten, das war tiefgehendes Weltverständnis. Dann ist dieses Weltverständnis angewendet worden, um auch den Menschen zu verstehen. Den Menschen selbst hat man aus der Welt heraus begriffen, das ist der Grundcharakter der alten Weisheit. Wie sich draußen in der Natur das Geistige und auch geistige Wesenheiten in den verschiedenen Stufen durch die verschiedenen Elemente offenbarten, das konnte in einer Weise durch atavistisches Hellsehen eingesehen werden, wie das heute den Menschen nicht mehr möglich ist. In der großen, umfassenden Natur hat man erkannt erstens das Planetarische, das Sternenleben, dann das elementarische Leben durch die Elemente, durch Salz, Merkur, Schwefel; und dann konnte man sich fragen: Wie nimmt sich das im Menschen aus? Man ging von der Welt aus zum Menschen hin.

Dieser Weg ist nicht mehr derjenige, durch den der Mensch in der Gegenwart und in der nächsten Zukunft zur Entwickelung kommen kann. Noch Jakob Böhme konnte sagen: Salz, Merkur, Sulfur – Quecksilber, Schwefel. – Wir müssen anders sagen, denn wir müssen den umgekehrten Weg gehen, der umgekehrte Weg ist der Weg der Zukunft. Wir gehen vom Menschen aus, wir begreifen zuerst den

Menschen, und vom Menschenverständnis gehen wir über zum Weltverständnis. Das ist der Weg, den ich in meiner «Geheimwissenschaft» eingeschlagen habe auf einem gewissen Gebiete, das ist der Weg, den man überhaupt in der Zukunft einschlagen muß. Wir sprechen nicht von Salz, wir sprechen von dem, was im Menschenorganismus lebt als das Rückwärtsgehende der Entwickelung im Nerven-Sinnessystem, und verstehen das Nerven-Sinnessystem als eine rückläufige Entwickelung. Der Alte hat geschaut in die Natur hinaus, was alles unter dem Elemente des Salzes bewirkt wird. Da hat er draußen angeschaut, was wir anschauen, wenn wir auf das Nerven-Sinnesleben hinschauen vom Standpunkte der geistigen Wissenschaft aus. Der Alte schaute in der Welt draußen, um zu ihrem Verständnisse zu kommen, die Welt des Merkur. Wir schauen in den Menschenorganismus hinein und finden den Rhythmus. Alles rhythmische Leben – wir haben oft darauf hingewiesen – ist dasjenige im Menschen, was draußen der Merkur ist. Wir sehen auf den Menschen, suchen Menschenverständnis und vom Menschenverständnis aus Weltverständnis.

Das ist die große Offenbarung, nach der wir zu leben haben mit Bezug auf die Auffassung alles Geistigen. Aus der alten Offenbarung, die vom Weltverständnis zum Menschenverständnis gegangen ist, gingen alle alten Religionen und Überlieferungen hervor, die sich noch erhalten haben in den antiquierten Weltanschauungen. Sie werden der Menschheit nichts anderes fruchten können, als daß sie geschichtlich betrachtet werden und das Alte in ehrwürdiger Art empfinden lassen können. Auch die Religionsbekenntnisse gehen letzten Endes aus diesem hervor. Heute steht man im Anfange mit dem andern, mit dem Menschenverständnis, das sich zum Weltverständnis erweitern muß.

Das muß der neue Weg sein, meine lieben Freunde, und das ist mit vielem verbunden. Und wie es mit vielem verbunden ist, Sie sehen es zum Beispiel an der Art und Weise, wie hier dieser Bau versucht worden ist. Sie wissen, ich habe mit besonderer Schärfe da und dort darauf hingewiesen, wie es eine Verleumdung ist – wenn auch vielleicht von vielen nicht eine subjektive Verleumdung, obwohl diejenigen, die nichts von unserem Bau verstehen, eigentlich nicht darüber reden sollten –, wie es eine objektive Verleumdung ist, wenn gesagt wird, dieser Bau stelle das oder jenes «symbolisch» dar. Man suche nach irgendeinem einzigen Symbolum in diesem Bau – man wird keines finden. Nirgends ist ein Symbolum! Aus der unmittelbaren geistigen Welt heraus ist zu schaffen versucht worden, nicht Symbolisches, sondern die geistige Wirklichkeit, soweit sie eben bis heute sich offenbaren kann. Symbolisch ist das, wodurch man früher zu der Menschheit gesprochen hat. Darin besteht gerade der Fortschritt in der Entwickelung der Menschheit, daß die Anschauung durch die Symbole, die auf die Instinkte wirkten, heraufgeholt wird in das volle Bewußtsein, wo die Wirklichkeit, die geistige Wirklichkeit angeschaut wird.

Diese Anschauung der Geisteswirklichkeit erfordert eine gewisse Aktivität der Geister. Die Anschauung der Symbole ließ die Leute gewissermaßen einschlafen. Ich habe Ihnen neulich angeführt, wie es heute zum Beispiel Freimaurer gibt, welche sagen, sie seien sehr froh, daß ihnen ihre Symbole nicht erklärt werden; da könne sich jeder denken, was er will, was die meisten dann dahin auslegen, daß sie sich gar nichts dabei denken, sondern die Symbole unbewußt auf sich wirken lassen. Das ist dasjenige, was aus alten Zeiten geblieben ist, was sich metamorphosieren muß in das Neue. Die Symbolik, sie spielt, wie Sie wissen, keine durchgreifende, wesentliche Rolle in dem, was hier anthroposophisch orientierte Geisteswissenschaft genannt wird. Dadurch muß ja auch in einer gewissen Weise hier neu gesprochen werden. Und wenn auf Symbole hingedeutet worden ist im Laufe der Zeit, so wurden diese Symbole gewissermaßen als Lehnsymbole gebraucht, um das oder jenes zu exemplifizieren, oder um die Übereinstimmung nachzuweisen zwischen dem, was neu gefunden wird, was der neuen Menschheit dienen kann, und dem, was antiquiert von alters her vorhanden ist.

Nun ist es aber in der Menschennatur gewissermaßen begründet, und das, was ich jetzt sage, wird uns morgen wiederum zurückführen zur Betrachtung des sozialen Lebens, daß man sich immer zuerst sträubt gegen das, was als ein wirklich Neues auftritt; und am meisten sträuben sich diejenigen, die sich gewissermaßen als die Bewahrer und Behüter des Alten betrachten. Damit hängt es zusammen, daß diese neue, anthroposophisch orientierte Geisteswissenschaft gerade unter denjenigen prädestinierte Gegnerschaften hat, die sich als die Bewahrer des Alten betrachten. Das kann aber diese anthroposophisch orientierte Geisteswissenschaft nicht davon abhalten, ihren Weg zu gehen, der eben der notwendige und selbstverständliche Weg der neueren Menschheit ist.

Es gibt eine gewisse Anzahl unter Ihnen, die wissen, daß auch in unseren Kreisen für diejenigen, die es haben suchen können, wahrhaftig nicht zurückgehalten worden ist mit der Darlegung des aus alten Zeiten gebliebenen symbolischen und Ritualwesens, aber immer in einem anderen Geiste, als sonst die Dinge gepflegt werden, wo man auf Symbole und Ritual den größten Wert legt im antiquierten Sinne. Um die Kontinuität der Menschheitsentwickelung aufrechtzuerhalten, dazu ist heute noch notwendig, an Ritual und Symbolik gewissermaßen anzuknüpfen. Aber niemals ist in unseren Kreisen Ritual und Symbolik hingestellt worden als etwas anderes, als was nun zur geistigen Wirklichkeit, zur unmittelbaren Eingliederung der geistigen Wirklichkeit in Gegenwartswerte führen soll. Daher gerade innerhalb anthroposophisch orientierter Geisteswissenschaft die Erklärung für manches, eigentlich für alles Rituelle, Symbolische aus der Vergangenheit. Man kann daran zeigen, wie auf anderen Wegen eine heute antiquierte Weisheit von der Menschheit empfangen worden ist, die die Menschen gewissermaßen in einen unfreien Zustand gebracht hat, wie aber heute andere Weisheitswege eingeschlagen werden müssen. Diese anderen Weisheitswege sind vielen Menschen unbequem, am unbequemsten denjenigen, die gerade nur das Alte bewahren möchten, die die Menschheit einlullen möchten innerhalb der alten Weisheitsgüter. Es nützt nichts, dem Menschen, der vierzig Jahre alt geworden ist, zu sagen: Du kannst verständig werden, kannst wiederum lernfähig werden, aber dazu mußt du zwanzig Jahre alt werden. Gewiß, wenn er zwanzig Jahre alt würde, würde er lernfähig sein. Aber das geht nicht. Man kann die Menschheit nicht zurückschrauben. Man kann der Menschheit nicht empfehlen, etwas zu tun, was für alte Erdenepochen das Angemessene war. Und dennoch, dasjenige, was für alte Zeiten das Angemessene war, das wollen viele Bekenntnisanhänger oder Anhänger sonstiger Gemeinschaften gerade heute verbreiten. Und in dem Entgegenstellen des Alten dem gegenüber, was eigentlich unter die Menschheit will und was allein zum Heile der Menschheit dienen kann, in dem liegt vieles, was zu katastrophalen Prozessen in unserer Zeit führt.

Das ins Auge zu fassen ist außerordentlich wichtig. Im innersten, tiefsten Sinne ein Mensch sein können, der sich mit dem verbindet, was neue Offenbarungen der Himmel von der Erdenentwickelung wollen, das ist es, worauf es heute ankommt. Und ohne daß auch die äußeren, exoterischen Fragen der Menschheit Schiffbruch leiden müßten, muß man einfach heute eine solche Geisteswissenschaft haben, die genügend starke, eingreifende Begriffe hat, um dasjenige, was über die ganze Erde hin – allerdings in so differenzierter Weise, wie ich es Ihnen dargestellt habe – die Menschenseelen bewegt, auch im Alltag bewegt. Es geht in der Zukunft nicht mehr, daß man auf der einen Seite im Alltag lebt, den Alltag als das armselige profane Leben auffaßt, sich nachher zurückzieht in die Kirche oder in den Maurertempel und diese zwei Welten ganz getrennt sein läßt, so daß die Kirche oder der Maurertempel gar keine Ahnung hat, wie das äußere soziale Leben geordnet werden soll, und wiederum das soziale Leben seine eigenen Wege geht, ohne das, was gewissermaßen im Innern gewollt wird und was zum Unterbewußten der Menschen durch Ritual und Symbole gewollt ist. Zum Bewußtsein der Menschen wird in Zukunft gesprochen werden müssen. Das ist wichtiger als alle Sympathien und Antipathien mit Altem oder Neuem; denn aus Einsichten heraus muß dasjenige geschehen, was zu geschehen hat; nicht aus Sympathien und Antipathien heraus darf es kommen.

Sie sehen, der Nerv im Erfassen der geistigen Welt besteht darinnen, daß alle Dinge, die von alten Zeiten heraufkommen, verinnerlicht werden, daß das Äußere innerlich wird. Denn dadurch wird es als ein ebenso Heiliges, als es früher war, heraufgeholt in das menschliche Bewußtsein. Diese Tendenz muß Platz greifen innerhalb der neueren Menschheitsentwickelung. Diese Tendenz allein ist Christentum des zwanzigsten Jahrhunderts. Gegen diese Tendenz, gegen die Intentionen, die hiermit angedeutet sind, wendet sich naturgemäß alles, was das Alte bewahren will. Es hängt mit gewissen Denk- und Empfindungsgewohnheiten ein großer Teil der Menschheit an dem Alten. Dieses Alte ist den Menschen aus dem Grunde bequemer, weil es nicht die Anforderungen des Verstehens stellt. Das ist es ja, was die Geisteswissenschaft den Menschen so unbequem macht. Sie sollen diese Geisteswissenschaft verstehen. Und man kann sie verstehen, wenn man sich nur des gesunden Menschenverstandes wirklich in umfassendem Sinne bedient. Man kann sie verstehen, aber man möchte gerne nicht verstehen! Man strebt auf vielen Punkten heute nicht nach Verständnis, sondern nach Nichtverständnis. Daher wird es noch lange so sein, daß Geisteswissenschaft, wie sie hier gemeint ist, Gegnerschaften über Gegnerschaften erhält. Manche dieser Gegnerschaften sind durchaus gutwillig; aber solche gutwilligen Gegnerschaften können auch in das Gegenteil des Gutwilligen umschlagen. Insbesondere werden – worauf ich ja schon öfter aufmerksam gemacht habe – als Gegner dieser Geisteswissenschaft, die frei und unbefangen in den modernen Vorstellungsarten zu den Menschen von den höchsten geistigen Dingen sprechen will, immer wieder die Anhänger derjenigen Richtungen auftreten, die zu alten Kirchenbekenntnissen, zu alten irgendwie gearteten maurerischen oder ähnlichen Gemeinschaften sich neigen. Das sind gewissermaßen die natürlichen Gegner. Man kann die Gegnerschaft voll verstehen! Auch auf diesem Gebiete ist Verständnis selbstverständlich für die Geisteswissenschaft das Angemessene, auch da nicht das unklare, dumpfe Nichtverstehen. In dem alten Sinne gesellschaft-bildend – man braucht sich darüber gar nicht zu wundern – braucht ja diese moderne anthroposophisch orientierte Geisteswissenschaft gar nicht aufzutreten; denn sie braucht nicht die Wege zu gehen, die in alten Geheimgesellschaften gegangen sind oder heute noch gegangen werden. Diese alten Wege will ja gerade die moderne Menschheit aus sich ausscheiden. Heute redet man bei den äußeren, exoterischen Gebieten von der Ausscheidung der Geheimdiplomatie. Ich glaube, mit Recht, mit vollem Rechte! Wer auf diesem Gebiete Geschichte studiert hat, der weiß, daß diese Geheimdiplomatie nichts anderes ist als der letzte Ausläufer der alten Geheimgesellschafts-Anschauungsweise.

Manches andere muß noch überwunden werden von dem, was von vielen Leuten als eine Grundforderung gestellt wird. Merkwürdig, man kann viel Unverständnis auf diesem Gebiete erleben. Sie wissen ja alle: ich habe eine «Geheimwissenschaft» geschrieben. Ein Herr, den ich Ihnen schon öfter genannt habe, schickte mir ein Manuskript über diese «Geheimwissenschaft», das ungefähr so anfing: Eine Geheimwissenschaft kann es eigentlich nicht geben, denn eine Wissenschaft muß öffentlich sein, und deshalb wäre das schon ein Mißbrauch des Wortes, wenn man von Geheimwissenschaft spreche. – Nun, das ist natürlich ein völliger Unsinn. Denn ich habe das Buch nicht betitelt «Geheime Wissenschaft», das würde entsprechen dem Worte «Natürliche Wissenschaft». Wie es natürlich eine «Natürliche Wissenschaft» nicht gibt, sondern nur eine erarbeitete Wissenschaft wie zum Beispiel die «Naturwissenschaft», so gibt es selbstverständlich auch eine öffentliche «Geheimwissenschaft», nämlich eine Wissenschaft von dem, was man intim, geheim nennen kann. Es ist also bloß eine unsinnige Art, das Wort so aufzufassen. Außerdem braucht man nicht etwa zu glauben, daß mit der «Öffentlichkeit» schon alles gegeben ist. Manches wird noch lange esoterisch bleiben, was auch exoterisch ausgesprochen wird. Denn viele exoterische Bücher, die überall zu kaufen sind, sind für viele Menschen – ich will aus Höflichkeit nicht sagen: für die meisten Menschen – recht esoterische Bücher. Manche Reclam-Büchelchen, die man für ein paar Centimes kaufen kann, sind für viele Menschen der Inhalt von etwas außerordentlich Esoterischem. Also darauf kommt es nicht an, sondern es kommt auf die Art der Verbindung an, die die Menschenseele mit den Dingen eingehen will. Dies nur, ich möchte sagen, in Parenthese; denn das, worauf es mir ankommt, ist eben, darauf aufmerksam zu machen, daß das alte, antiquierte Geheimmotiv durch anderes ersetzt werden muß.

Es wird aber auch das Leben der Geisteswissenschaft innerhalb der Menschheit ein anderes sein als dasjenige, das vielfach gepflogen worden ist durch irgendwelche geheimen Verbindungen. Diese geheimen Verbindungen, denen man ja heute selbstverständlich auf den

Grund ihrer Seele schauen kann, die durchaus nicht geheim sind für denjenigen, der sich darum kümmert, bewahren in einer eben unrechtmäßigen Weise das Prinzip des Geheimnisses, bewahren es auch gewissermaßen in ihren Usancen und in ihrem Verhalten. Das ist etwas, was schon noch wichtiger ist als manches andere. Sie alle wissen ja, daß es geheime Gesellschaften dieser oder jener Art gibt, Gesellschaften, die aus den Bekenntnissen aufsteigen, Gesellschaften, die sonst vorhanden sind, welche in ganz besonderer Art die Menschen anleiten, den Verkehr von Mensch zu Mensch zu gestalten, dies oder jenes auf geheimnisvolle Art in das menschliche Leben hineinzutragen. Es ist ganz natürlich, daß sich im Laufe der Zeit verschiedenste Nuancen solcher Geheimgesellschaften gebildet haben, die einander oftmals bis aufs Messer bekämpfen, die auch gewiß zuweilen Dinge haben, die mit Recht bekämpft werden können. Was aber innerhalb einer Menschengemeinschaft lebt, die sich zur anthroposophisch orientierten Geisteswissenschaft bekennt, das braucht nicht in derselben Weise verteidigt zu werden, wie manchmal die Dinge verteidigt werden müssen, die Geheimgesellschaften mit geheimen Usancen angehören. Es gibt gar keine Notwendigkeit, das, was innerhalb der anthroposophisch orientierten Geistesbewegung auftritt, durch besondere Künste oder mit besonderen Mitteln zu verteidigen. Ich kann Ihnen das einfachste Mittel sagen, wodurch jede Verteidigung dessen, was anthroposophisch orientierte Geistesbewegung ist, gepflegt werden kann. Es braucht niemand zur Verteidigung dessen, was jemals auf dem Boden anthroposophisch orientierter Geistesbewegung getan worden ist, etwas anderes zu tun, als die Wahrheit zu sagen und nicht zu lügen! Wer über die anthroposophisch orientierte Geisteswissenschaft die Wahrheit sagt – und dazu ist jeder Mensch verpflichtet, die Wahrheit zu sagen –, der verteidigt sie; das weiß ich, das kann behauptet werden. Und eine andere Verteidigung ist überhaupt für anthroposophisch orientierte Geisteswissenschaft nicht notwendig, weil es jedes Menschen Pflicht ist, das Unwahre zurückzuweisen.

Damit mache ich aber auf ein sehr Wichtiges aufmerksam, was mit dem Prinzip von anthroposophisch orientierter Geisteswissenschaft zusammenhängt. Anthroposophisch orientierte Geisteswissenschaft geht keine Schleichwege, sondern redet in derselben Weise zu den Menschen, wie Wissenschaft in der Gegenwart zu den Menschen redet. Sie sagt nur innerhalb dieser wissenschaftlichen Gepflogenheiten dasjenige, was, wenn ich das Wort gebrauchen darf, die Himmel von jetzt ab der Menschheit offenbaren. Dies ist aber etwas, was eingesehen werden muß. Dies ist etwas, was die Geisteswissenschaft als solche, und nicht das Gesellschaftsleben als solches in den Vordergrund stellt, was das Sachliche in den Vordergrund stellt, und das Gesellschaftliche nur zum Träger macht.

Ich sagte vor etwa acht Tagen hier, daß es notwendig sei, zwischen dem, was anthroposophisch orientierte Geisteswissenschaft ist, und anderem zu unterscheiden. Dieser Unterscheidung aber muß man sich bewußt sein, sonst fehlt man gegen ein Wichtigstes in der gegenwärtigen Menschheitsentwickelung, gegen das man nicht fehlen darf, wenn man sich in ehrlicher Art hinwenden will zu den notwendigsten Impulsen, die heilend wirken können in unserer katastrophalen Gegenwart und Zukunft.

Dieser Hoffnung möchte man sich hingeben, daß wirklich eine neue Art des Urteilens gefunden würde, ein neues Unterscheidungsvermögen für das, was genötigt ist, sich als ein Neues in die Menschheitsentwickelung hineinzustellen, so daß nicht dasjenige, was antiquiert ist, zusammengestellt wird mit dem, was sich bemüht, aus den Grundforderungen der Erdenentwickelung selbst in der Gegenwart und in der nächsten Zukunft diejenigen Dinge vorzubringen, die vorgebracht werden sollen, damit das, was unter dem Einfluß der alten Dinge entstanden ist, durch Neues ersetzt werden könne unter dem Einfluß von neuen Impulsen.

Nehmen Sie nur eines: Das alte Christentum hat nahezu zweitausend Jahre Zeit gehabt, sich zu entwickeln. In den ersten Jahrhunderten war es anders, als es heute ist; das weiß jeder, der das Christentum studiert. Dasjenige, was heute Christentum sein soll, muß wieder anders werden. Wer aber die letzten viereinhalb Jahre studiert, der kann an dieser Exempelprobe auch gewahrwerden, wie sich dieser alte Ausläufer, nicht des Christentums, aber einer gewissen christlichen Auffassung, gegenüber der katastrophalen Gegenwart bewährt, beziehungsweise nicht bewährt hat. Gewiß, wenn man in Abstraktionen und Allgemeinheiten bleibt, dann kann man alles sagen. Denn das ist das Wesentliche solcher Weltanschauungen, die abstrakt sind, daß sie alles, alles in ihre abstrakten Formeln kleiden können. Kommt man zu solchen Begriffen und Ideen, wie ich sie Ihnen neulich dargelegt habe als die grundsoziale Idee der Zukunft, die dreigliedrige Idee, so ist diese Idee, wie ich Ihnen letzten Sonntag gezeigt habe, der Wirklichkeit selber angemessen und breitet sich aus in ihrer Konfigurierbarkeit über die Wirklichkeit. Mit dieser Idee kann man eben nur die Wirklichkeit umfassen, und sie ist geeignet für die Wirklichkeit. Mit einer abstrakten Idee kann man alles umfassen. Gegenüber einer wirklichen Idee kann man so reden, wie ich es getan habe gegenüber verschiedenen Leuten, zu denen ich gesprochen habe. Ich habe darüber gesprochen, ich habe sie ausgeführt, diese dreigliedrige Idee, aber nicht so wie einer, der überzeugt ist von einer Dogmatik, und der da sagt: Das mußt du annehmen – oder es ist alles schlimm! – Darum handelt es sich nicht bei Wirklichkeitsideen. Ich habe deshalb zu den Leuten anders gesprochen. Ich sagte: Diese Ideen, an die braucht man nicht zu glauben wie an Dogmen, sondern man fange irgendwo an in der Wirklichkeit, und man wird sehen, wenn man sie einführt in die Wirklichkeit, daß sich die Wirklichkeit damit bearbeiten läßt; vielleicht, wenn man fertig ist oder wenn man nur in einem sehr kleinen Teil die Wirklichkeit bearbeitet hat, dann kommt es ganz anders. – Ich würde mich gar nicht wundern, wenn die Wirklichkeit, sobald die Idee durchgeführt würde, gerade in der Ausführung keinen Stein auf dem andern ließe von dem, was ursprünglich angeführt wurde. Wenn man nicht dogmatisch vorgeht, hält man an seinen Programmen nicht so fest wie Programmenschen, die für Gesellschaften Programme und Statuten ausarbeiten, sondern man gibt eben, was sich in der Wirklichkeit selber ausgestalten will; dann ist es in der Wirklichkeit anwendbar. Und man fange an! Vielleicht werden dann Ideen herauskommen, die ganz anders sind als diejenigen, die gerade dargestellt worden sind. Das Wirklichkeitsgemäße besteht gerade darin, daß es mit dem Leben sich ändert, und das Leben ändert sich fortwährend. Es handelt sich gar nicht darum, schöne Ideen, sondern wirklichkeitsgemäße Ideen zu haben. Die spricht man nicht abstrakt aus, sondern die versucht man so auszusprechen, daß sie lebendig sind, in die Wirklichkeit sich einfügen. Daher sind sie natürlich von Abstraktlingen furchtbar leicht angreifbar. Das ist aber das Neue an der anthroposophisch orientierten Geisteswissenschaft, daß man nicht nur Neues in ihr denkt, sondern daß man auf neue Art denkt. Und darum können so viele Menschen nicht heran an dieses Denken in neuer Art. Auf dieses Denken in neuer Art aber kommt es an, auf dieses Denken, von dem man sagen kann, daß der Gedanke untertaucht in die Wirklichkeit und man mit der Wirklichkeit lebt. Mit der Abstraktion können Sie alles beweisen. Mit einer Abstraktion, sei es selbst die eines Gottes, da können Sie sagen als ein braver, monarchistischer Untertan: Der König ist von Gottes Gnaden eingesetzt. – Die heutige Zeit kann ihm die Lehre geben: Er ist nun auch wieder von Gottes Gnaden abgesetzt! Man kann, wenn man Abstraktionen hat, das Schwarze und das Weiße unter diese Abstraktionen bringen. Mit Abstraktionen kann man sagen, daß der Gott die Heere anführt des einen und des andern. Darauf eben kommt es an bei jenem Streben nach wahrer Wirklichkeit, das gerade der anthroposophisch orientierten Geisteswissenschaft zugrundeliegt, daß solches abstrakte Leben, respektive solches abstrakte Reden, das ruinös ist für die Wirklichkeit, ersetzt wird durch wirklichkeitsgemäßes Denken, durch ein Reden, das liebevoll untertaucht in die Wirklichkeit und aus der Wirklichkeit selber heraus redet. Das Denken, das nicht nur etwas anderes denkt, sondern das anders denkt, als man bisher gedacht hat, das strebt nach dem Ideal: «Nicht ich, sondern der Christus in mir» – nach dem paulinischen Worte. Denn dieser Christus suchte nach dem Zusammenklang des äußeren Menschlichen mit dem inneren Menschlichen.

Das muß ein Ideal werden für das ganze menschliche Streben.

ZWÖLFTER VORTRAG

Dornach, 21. Dezember 1918

Wenn in unseren Herzen der seit Jahrhunderten tönende Spruch wieder lebendig wird von den sich offenbarenden göttlichen Geheimnissen in den Höhen und dem Frieden auf Erden für die Menschen des guten Willens, dann wird insbesondere wohl in unserer Zeit die Frage sich in eben dieses Herz hineindrängen: Was ist im Sinne der Erdenentwickelung diesem Menschen über das ganze Erdenrund hin eigentlich nötig im Sinne desjenigen Friedens, der vom Evangelium gemeint ist? Wir sprechen ja eigentlich wochenlang schon von dem, was den Menschen über das ganze Erdenrund nötig ist, insbesondere in unserer so fragwürdigen und fragevollen Gegenwart. Und wenn wir zusammendrängen wollen in einen einzigen Satz manches von dem, was wir in den letzten Zeiten haben durch unsere Seele ziehen lassen, so können wir sagen: Notwendig ist den Menschen, immer mehr und mehr volles gegenseitiges Verständnis anzustreben.

Nun fällt ja zusammen das Suchen nach wahrem gegenseitigem Menschenverständnis mit dem, was gestern auseinandergesetzt worden ist als der Grundimpuls dessen, was hier anthroposophisch orientierte Geisteswissenschaft genannt wird. Diese anthroposophisch orientierte Geisteswissenschaft strebt nach Einsicht in dasjenige, was innerhalb der Welt und ihrer Entwickelung nicht geschaut werden kann. Aber wenn man hinblickt auf das, was in den Menschenseelen werden soll durch solches Weltverständnis, so ist es eben nicht der scheinbare, nicht der illusionäre, sondern der wahre Inhalt der gegenwärtigen sozialen Forderung, der darin besteht, gegenseitiges, wirkliches Verstehen unter den Menschen hervorzurufen. Dieses Verständnis der Menschen über das Erdenrund hin muß man wirklich ehrlich auf der einen Seite und kraftvoll auf der anderen Seite anstreben. Das läßt sich heute nur im Sinne eines aktiven Geisteslebens tun, eines Geisteslebens, das nicht bloß sich passiv der Welt hingeben will, sondern das sich innerlich betätigen will, um im Anteilnehmen an den Impulsen des Daseins zum wirklichen Verständnis der Welt und des Menschen zu kommen. Gestern habe ich davon gesprochen, daß wir in einem Zeitalter leben, in dem neue geistige Offenbarungen durch die Schleier der äußeren Erscheinungen hindurchdringen. Man kann diese Wahrheit nicht ernst genug nehmen. Denn nur derjenige, der sie voll ernst nimmt, wird sich den Anforderungen gewachsen zeigen können, die unsere Zeit im Grunde an jeden einzelnen Menschen stellt, der wach sein will im Leben.

Nun werden Sie, wenn Sie die Gedanken zurückschweifen lassen auf manche Betrachtungen, die wir jetzt durch Wochen angestellt haben, finden, daß dieses Menschenverständnis nicht so einfach über die Erde hin erlangt werden kann, wie manche glauben. Wir haben uns bemüht, Licht zu verbreiten über die Eigentümlichkeiten der Völkergruppierungen im westlichen, im östlichen Gebiete der Erde und in der Mitte. Wir haben gewissermaßen, ohne im geringsten irgendwelche Sympathie und Antipathie mitsprechen zu lassen, versucht zu verstehen, was das tiefste Eigentümliche ist im Volkstum des Westens, im Volkstum der Mitte, im Volkstum des Ostens. Warum haben wir das getan? Wir haben darauf hingewiesen, daß unsere Zeit das Zeitalter der besonderen Entwickelung der Intellektualität ist, daß diese Intellektualität bei den westlichen Völkern, namentlich bei den englisch sprechenden Völkern so zum Ausdrucke kommt, daß das Ausleben des Intellektes wie instinktiv wirkt, als ein Instinkt, und daß bei den mittleren Völkern dieser Intellekt nicht instinktiv wirkt, überhaupt zunächst nicht angeboren ist, sondern erworben werden muß durch Erziehung. Wir haben darauf hingewiesen, daß dies ein bedeutungsvoller Unterschied ist zwischen den Völkern des Westens und den Völkern der Mitte. Wir haben dann auf die Völker des Ostens hingewiesen und haben gesagt: Da kommt die Entwickelung des Intellektes so zum Ausdruck, daß eigentlich die Völker des Ostens sich zunächst sträuben, diese Intellektualität in sich zum Leben zu erwecken, weil sie sie aufbewahren wollen für die Erkenntnis des Geistselbstes in der Zukunft.

Wir haben noch andere Differenzierungen angegeben über das Erdenrund hin, und wir fragen uns heute: Warum führen wir diese Differenzierung an? Warum versuchen wir, zu charakterisieren von den Gesichtspunkten aus, die hier geltend gemacht werden, die verschiedenen Völkergruppen über die Erde hin? – Deshalb versuchen wir das, weil es in der Zukunft nicht mehr gehen wird mit dem bloßen: «Liebet einander», sondern weil in der Zukunft die Menschen sich über die Erde hin nur in ihren Aufgaben verständigen werden, wenn sie wissen, was auf dem einen oder andern Territorium der Erde wirkt, wenn man gewissermaßen bewußt hinschauen kann auf die Eigentümlichkeiten, die bei den verschiedenen Völkergruppierungen vorhanden sind. Wenn man sich aufschwingen kann dabei zu jener Empfindung, die allerdings gegenüber solchem Verständnisse notwendig ist, dann wird dieses Verständnis auch herbeigeführt werden. Die Empfindung, die notwendig ist, ist diese, daß, wenn man überhaupt anfängt, in solcher Weise die Menschen über die Erde hin zu charakterisieren, aufhören muß der Impuls, so zu werten, wie man den einzelnen Menschen hinsichtlich seiner moralischen Qualitäten wertet. Das geht nicht, daß, wenn man Völker charakterisieren will, man so wertet, wie man den einzelnen Menschen wertet. Das ist gerade das Wesentliche der individuellen Menschenentwickelung auf der Erde, daß der Mensch als individuelles Wesen, so wie er da ist, das Moralische entwickelt. Das Moralische kann nur der einzelne Mensch entwickeln, das Moralische können nicht Menschengruppen entwickeln. Es würde die schlimmste Illusion sein, wenn man weiterhin glauben würde, daß Menschengruppen, oder wie man heute beliebt zu sagen Völker, in dasselbe Verhältnis zueinander treten können, wie es Mensch zu Mensch tun kann. Wer konkret zu verstehen vermag, was Menschengruppen, also auch Völker, sind, der sieht die Völker – wir wissen es aus dem Zyklus über die Völkerseelen –, geführt von jenen Wesenheiten in der Ordnung der Hierarchien, die wir als Archangeloi, als Erzengel bezeichnen. Aber er wird dem gegenseitigen Verhältnis der Völker niemals dasselbe zuschreiben können, was er sehen muß im Verhältnis des einzelnen Menschen mit dem einzelnen Menschen. Dasjenige, was die Völker sind, sind sie vor den göttlichen Wesenheiten. Da muß eine andere Bewertung eintreten als wie sie von Mensch zu Mensch besteht. Deshalb wird der Mensch gerade individueller Mensch im Laufe seiner Entwickelung, deshalb ringt er sich los aus dem bloßen Volkstum, damit er voll eintreten kann in das, was man die moralische Weltordnung nennt. Und diese moralische Weltordnung ist eine individuelle menschliche Angelegenheit.

Solche Dinge müssen durch eine wirkliche Erkenntnis verstanden werden. Der richtige Fortschritt des Christentums selber besteht in unserer Zeit darinnen, daß solche Dinge verstanden werden. Ich habe gesagt, wir leben in einer Zeit, in welcher gewissermaßen die Geister der Persönlichkeit aufsteigen zu schöpferischer Tätigkeit, daß sie Schöpfer werden. Das ist außerordentlich wichtig, denn indem sie Schöpfer werden, dringt durch den Schleier der Erscheinungen etwas herein, was gestern bezeichnet worden ist als eine neue Offenbarung. Also die Geister der Persönlichkeit nehmen einen schöpferischen Charakter an, werden gewissermaßen etwas anderes, als sie vorher gewesen sind, werden ähnlich in ihrer Wesenheit dem Charakter, den solche Geister wie die Geister der Form seit der lemurischen Zeit für unsere Erdenentwickelung gehabt haben. Damit tritt der Mensch gewissermaßen vor ein ganz verändertes Weltbild. Dessen muß man sich bewußt werden; denn das ist das Bedeutungsvolle in unserer Zeit, daß der Mensch vor ein ganz verändertes Weltbild tritt. Sehen Sie, dieses Weltbild kommt gewissermaßen, um diesen Goetheschen Ausdruck zu gebrauchen, aus «grauer Geistestiefe» heraus. Wenn man geisteswissenschaftlich zurückblickt auf die geschichtliche Entwickelung der Menschheit, dann kann man zurückschauen in vorchristliche Zeiten, vielleicht in weit zurückgelegene vorchristliche Zeiten, und man wird finden, daß in alter, instinktiver Art, gerade je weiter man zurückgeht, desto mehr die Menschen ein ausgebreitetes Weltwissen hatten. Dieses ausgebreitete Weltwissen flößt immer mehr und mehr Ehrfurcht ein, je besser man es kennenlernt. Und es wird zuletzt für den Erkenner eine Tatsache, daß im Ausgange der Erdenentwickelung eine große Summe von Weisheit gewissermaßen über das Erdenleben des Menschen ausgegossen worden ist, die dann allmählich versickerte. Und es ist nicht anders, so sonderbar die Dinge klingen, als daß ein gewisser Tiefstand eingetreten war mit Bezug auf dieses Wissen zu jener Zeit, in der das Mysterium von Golgatha die

Menschheit zugleich beglückte. Alles das, was die Menschen früher gewußt haben, lief gewissermaßen in dieser Zeit in ein Chaos des menschlichen Bewußtseins ein. Und diejenigen, die von solchen Dingen etwas verstehen, drücken sich über diese Tatsache einhellig dahin aus, daß sie sagen: Die Entwickelung, in die der Mensch eingeflochten ist, hatte zu jener Zeit wiederum einmal den Punkt der Unwissenheit erlangt. – Aber in diese graue Unwissenheit, die über die Menschheit sich ausbreitete, die da lebte höchstens in den Überlieferungen aus alten Zeiten, da fiel hinein die größte Erdenoffenbarung, das Mysterium von Golgatha, der Ausgangspunkt neuen Wissens, der Ausgangspunkt neuer Offenbarungen für die Menschheit. Dann blieb die graue Unwissenheit durch die Jahrhunderte, insofern es auf den Menschen selbst ankam, in gewissem Sinne bestehen.

Es klärt tatsächlich in tiefstem Sinne auf, wenn man den Blick wirft auf die letzten zwei Jahrtausende und sich verständig fragen kann: Was haben in diesen letzten zwei Jahrtausenden die Menschen schließlich aus sich selbst hervorgebracht? – Alles, was sie an Weisheit, an vom Mysterium von Golgatha unabhängiger Weisheit gehabt haben, das waren alte Traditionen, das war Erbgut. Verstehen wir uns recht: Ich will selbstverständlich nicht behaupten, daß die Menschheit in den letzten zwei Jahrtausenden gar keine Weisheit gehabt habe, und ich will die Weisheit, die sie gehabt hat, nicht entwerten. Aber was ins Auge gefaßt werden muß, ist dieses: die Weisheit, die in alten vorchristlichen Zeiten vorhanden war und deren Reste eben zu bemerken sind in den letzten Jahrhunderten vor dem Mysterium von Golgatha, die wurden – wenn auch instinktiv – in alten Zeiten geschaut von den Menschen. Sich selbständig schauend in Verhältnis zu setzen zu dem Inhalte der Weltenweisheit, das war verlorengegangen. Gewissermaßen wie in einem geschichtlichen Gedächtnis, in einer geschichtlichen Erinnerung war das aufbewahrt geblieben, was in diesen alten Zeiten vorhanden war. Und selbst das Mysterium von Golgatha hat man, wie ich gestern sagte, in die alte Weisheit eingekleidet, hat man ausgedrückt durch Vorstellungen der alten Weisheit, der Erinnerungsweisheit. Das dauert Jahrhunderte hindurch. Ein Vorbote für neues Eindringen der Menschen in Weltenweisheit, wenn auch nur ein Vorbote, und wenn auch zunächst auf eine, ich möchte sagen, gottabgewandte Art, trat erst auf mit der neueren naturwissenschaftlichen Denkweise. Da ist wiederum etwas, was der Mensch durch die eigene Aktivität seiner Seele erarbeiten will. Es handelt sich ja, wie ich so oft betont habe, darum, die geistige Welt in der Zukunft anthroposophisch auf gleiche Weise anzuschauen, wie man die rein mechanische äußere Naturordnung seit Kopernikus anschaute. Das Göttliche so anschauen lernen, wie man das äußere Mechanisch-Weltliche anschauen lernte seit Kopernikus, Galilei und Giordano Bruno, dies ist wiederum ein Gesichtspunkt, der einen durchdringen muß, wenn man zum rechten Verständnis unserer Zeit kommen will.

Diesem rechten Verständnis unserer Zeit steht natürlich sehr vieles entgegen. Es ist notwendig, wie Sie wissen, daß zu diesem Verständnisse jetzt solche Dinge gesagt werden, wie sie zum Beispiel gesagt werden in meiner Schrift «Wie erlangt man Erkenntnisse der höheren Welten?»: daß gewissermaßen den Menschen gezeigt werde, welche Wege die Seele zu nehmen habe, um in die geistige Welt so einzudringen, wie Kopernikus, Galilei, Giordano Bruno versuchten, in die äußerlich-mechanische Naturordnung einzudringen. Manche, die nicht tieferes Verständnis haben für die Aspirationen verschiedener Menschen, könnten sich leicht wundern, daß gerade gegen dieses Bestreben, zu zeigen, welche Wege die Menschenseele in die geistige Welt hinein nehmen soll, sich stramm erhebt alter Bekenntnisgeist, wenn man es so nennen will, insbesondere in der Form des Jesuitismus.

Unter den mancherlei stumpfen Anschuldigungen, die in den «Stimmen der Zeit» im Verlaufe dieses Jahres in drei Artikeln erschienen sind, ist ja auch die, daß die Kirche ein solches Bearbeiten der menschlichen Seele, um Wege in die geistige Welt zu finden, verbiete. Das klingt heute für manchen Gläubigen, für manchen auf Autorität hin Gläubigen so, als ob es etwas Besonderes wäre. Aber nur deshalb klingt es so, weil man nicht bedenkt: Hat denn dieselbe Kirche nicht auch das Forschen des Kopernikus, das Forschen des Galilei verboten? Die Kirche hat es ja geradeso gemacht mit dem äußeren Forschen, so daß es einen nicht zu verwundern braucht, daß sie es auch mit dem inneren Forschen auf dem Geistesgebiet so macht. Sie bewahrt ja nur ihre alten Gewohnheiten. Wie sie sich gesträubt hat als katholische Kirche bis zum Jahre 1827 gegen die kopernikanische Lehre, so sträubt sie sich gegen das Eindringen in die geistige Welt. Dieses Eindringen in die geistigen Welten ist aber nicht ein Herumreden in Abstraktionen, sondern etwas sehr, sehr Konkretes. Es ist das Wiederhinauskommen über die graue Unwissenheit und das wissende Eindringen in den Geistinhalt, der der Welt zugrunde liegt. Zu jener grauen Unwissenheit gehört es ja auch, daß man den Blick über die Erde hinschweifen ließ, Völker sah, Menschengruppierungen sah, und von diesen Menschengruppierungen sprach wie von einem Chaos. Man sprach von den Völkern des Westens, von den Völkern der Mitte, von den Völkern des Ostens, aber man unterschied nicht, man charakterisierte nicht. Man wußte höchstens, daß die Führer der einzelnen Völker Archangeloi sind. Man strebte nicht danach, den Charakter der einzelnen Völker, der Archangeloi, wirklich kennenzulernen. Das gehört zu den neuen Offenbarungen, daß wir nun wirklich darauf hinschauen, wie die einzelnen Archangeloi wirken über die Erde hin. Das ist eine tatsächliche, wirkliche Bereicherung des menschlichen Bewußtseins über die Erde hin. Indem man sich aus der grauen Unwissenheit heraus nicht aufzuschwingen vermochte zu solcher wirklichen Differenzierung, hat man eben jenen Abgrund erzeugt, der da besteht zwischen dem, was ich gestern als den Gegenstand der Sonntagnachmittagspredigten charakterisierte, und dem, was der Mensch als die Angelegenheiten des äußeren Weltlebens betrachtet. Ich sprach davon, wie auf dem Gebiete der religiösen Bekenntnisse über die göttliche Welt und ihre Beziehung zu den Menschen gesprochen wird, wie sich das aber zu schwach erweist, um das Treiben der Menschen auf Erden wirklich zu verstehen, um mehr den Menschen zu sagen, als: «Liebet einander!» – was ebensoviel Bedeutung hat, als wenn ich dem Ofen sage: Heize das Zimmer, es ist deine Ofenpflicht! – Aber eine solche Lehre hat nicht die Kraft, wirklich die Herzen der Menschen zu ergreifen, wenn diese Menschen sonst auf der Erde herumwimmeln müssen in den täglichen Angelegenheiten und nicht die

Kenntnisse der täglichen Angelegenheiten mit demjenigen verbinden können, was heruntergeholt wird als die abstrakten Sätze und Gewohnheiten und Dogmen über die geistige Welt. Diese Kluft herrscht, und an dieser Kluft wollen die Bekenntnisse festhalten.

Sehen Sie, es kommen merkwürdige Blüten zustande durch das Vorhandensein und das Festhaltenwollen an dieser Kluft. So wird zum Beispiel auch von jesuitischer Seite gegen die anthroposophisch orientierte Geisteswissenschaft eingewendet, daß sie das Bestreben zeige, im Menschen etwas aufzusuchen, was entwickelt werden kann, damit es den Menschen zum Göttlichen hinführe. Das aber sei ketzerisch, denn die Kirche lehre – und sie verbiete, etwas anderes zu behaupten –, daß Gott in seiner Wesenheit nichts zu tun habe mit der Welt, auch nichts zu tun habe, in substantieller Identität, mit der Seele des Menschen. – Wer behauptet, daß die Seele des Menschen in irgendeiner Beziehung etwas von «göttlicher Wesenheit» in sich trage, ist vor der Katholischen Kirche in jesuitischer Auffassung ein Ketzer.

In solche Behauptungen schleicht sich hinein das innerste Bestreben dieser Kirche, die Menschen nicht hingelangen zu lassen zu dem Göttlichen, die Menschen abzusperren vom Göttlichen. Das Dogma nimmt schon eine solche Form an, welche bewirkt, daß die Menschen zum Göttlichen nicht hingelangen sollen. Es ist daher kein Wunder, daß, weil man die Menschen nicht hat zum Göttlichen gelangen lassen, im fünften nachatlantischen Zeitraum, der nun einmal die Bewußtseinsseele bringen mußte, das Wissen von den Weltendingen nicht ein göttliches, sondern ein rein ahrimanisches geworden ist. Denn, was wir heute als Naturwissenschaft anerkennen, ist eine rein ahrimanische Leistung – das haben wir ja öfter charakterisiert. Merkwürdig ist nur, daß der Katholischen Kirche die ahrimanische Naturwissenschaft lieber ist als die anthroposophisch orientierte Naturwissenschaft; denn die ahrimanische Naturwissenschaft gilt heute nicht mehr als ketzerisch, sondern als anerkannt, und die anthroposophisch orientierte Naturwissenschaft wird als ketzerisch verschrien.

Diesen Dingen gegenüber muß aber gerade bei dem wirklich aufgeklärten Menschen Klarheit herrschen. Er muß einsehen, daß auf dem Geistesweg dasselbe unternommen werden muß, was auf dem

Naturwege unternommen worden ist; denn nur dadurch kann auch der Naturweg davor bewahrt werden, in das rein Ahrimanische abzuirren. Er ist abgeirrt, weil der Geistesweg eben erst später dazukommen kann. Aber er muß von jetzt ab gegen die Zukunft der Menschheit hin dazukommen, damit die Naturwissenschaft wieder heraufgehoben werde in ihre göttlich-geistige Höhe, und damit wieder vereinigt werden kann das Leben, in dem wir stehen zwischen Geburt und Tod, mit demjenigen Leben, von dem die Wissenschaft des Geistigen Kunde geben soll, und in dem wir in der Zeit zwischen dem Tod und einer neuen Geburt stehen. Das kann aber für unsere Zeit nur geschehen, wenn wir den Willen haben, dieses Leben über die Erde hin wirklich zu verstehen, es so zu verstehen, wie es im Menschen wirkt. Wir werden auch den einzelnen individuellen Menschen nur verstehen, wenn wir den Charakter der Menschengruppierungen verstehen, und wir werden nur auf diese Art in die wahre Wirklichkeit hineinschauen können.

Ich habe Sie vor nicht langer Zeit auf eine merkwürdige Erscheinung hingewiesen, die manchen überraschen kann. Ich will es nur kurz wiederholen. Sie wissen, in der Schweiz hat ein braver Philosoph gewirkt, *Avenarius*, der ganz gewiß sich selber als einen recht guten, braven, bürgerlichen Staatsangehörigen angesehen, der sich nicht im entferntesten für irgendeinen Revolutionär gehalten hat. Der hat Lehren begründet, die in einer so schweren Sprache geschrieben sind, daß sie nur wenige lesen. In einer etwas populäreren Sprache, aber so ähnlich hat ein Philosoph in Wien, in Prag gewirkt, *Ernst Mach*, der sich ebenso angesehen hat als einen braven Staatsbürger. Diese zwei Leute hatten wahrhaftig keine revolutionäre Ader. Und die merkwürdige Erscheinung tritt uns entgegen – ich habe Sie darauf aufmerksam gemacht –, daß diese beiden Philosophen die offiziellen Philosophen des Bolschewismus geworden sind, daß die Bolschewisten diese Philosophen als ihre – man könnte sagen, wenn der Ausdruck richtig verstanden wird – Staatsphilosophen anschauen. Nach einem gewissen Ausdruck, den die Welt gerne braucht, könnte man sagen, daß sich die beiden Philosophen, Avenarius und Mach, im Grabe umdrehen würden, wenn sie erfahren würden, daß sie nun von den Bolschewisten als Staatsphilosophen anerkannt werden. Ich habe Ihnen gesagt: Man versteht diese Erscheinung nur deshalb nicht, weil man sich nur an die abstrakte Logik hält, nicht an die Wirklichkeits-, nicht an die Tatsachenlogik, nicht an die Logik des Geschauten. Aber ich will, trotzdem Ihnen scheinbar diese Sache ferner liegen könnte, doch auf diese Sache noch einmal von einem anderen Gesichtspunkte hinweisen, will insbesondere einen der Punkte der Philosophie des Avenarius hervorheben, der uns geleiten kann bei der Beantwortung dieser wichtigen Frage: Wie kommen Avenarius und Mach dazu, bolschewistische Staatsphilosophen zu werden? Denn die Tatsache ist immerhin sehr bezeichnend für die Verwirrung in der Gegenwart.

Sehen Sie, Avenarius wirft verschiedene Fragen auf, und wenn man in seiner Sprache spricht von den Introjektionen und so weiter, von diesen rein erkenntnistheoretischen Begriffen, die er entwickelt hat, so redet man ja für weite Kreise eine ziemlich unverständliche Sprache. Aber in dieser unverständlichen Sprache wirft er eine gewisse Frage auf, die doch gerade vom geisteswissenschaftlichen Standpunkt aus sehr interessant ist. Avenarius wirft nämlich die Frage auf: Würde ein Mensch, der allein in der Welt wäre, auch von den Unterschieden sprechen zwischen dem, was in seiner Seele ist, und was außen in der Welt ist, von den Unterschieden zwischen dem Subjektiven und dem Objektiven? – Richard Avenarius ist scharfsinnig genug, daß er sagt: Wir werden nur dadurch verführt dazu, von den Unterschieden zwischen Subjektivem und Objektivem zu sprechen, daß wir, wenn wir einem anderen Menschen gegenüberstehen – also wenn wir nicht alleinstehen in der Welt –, annehmen, daß das, was wir in unseren Gehirnen tragen zum Beispiel von einem Tisch oder von etwas anderem, auch in ihm ist. Dadurch, auf diesem Umwege, daß wir das hineinprojizieren in sein Gehirn, dasselbe Bild, das wir auch in uns tragen, und dadurch die ganze Sache Bildcharakter annimmt, dadurch unterscheiden wir die Dinge in unserer Seele von den Dingen draußen, denen wir gegenüberstehen, von den Gegenständen. Avenarius meint, wenn nicht andere Leute außer uns noch draußen in der Welt wären, würden wir nicht sprechen von den Unterschieden der Dinge in unserer Seele und den Dingen draußen, sondern wir würden uns als eine Einheit anschauen, wir würden uns als Zusammenfluß mit den Dingen anschauen, würden uns nicht unterscheiden von der Welt.

Man kann sagen: Avenarius hat von einem gewissen Gesichtspunkte aus mit dieser Behauptung recht, und von einem anderen Gesichtspunkte aus furchtbar unrecht. Recht hat er insofern, als es allerdings etwas bedeutet, daß wir – wenn wir auch in unserer Erinnerung gewöhnlich von diesem Zeitpunkt nichts wissen – im Verlauf der allerersten Kindheit mit Menschen in Berührung kommen; das hat schon eine gewisse Bedeutung. Unser ganzes Vorstellen wird dadurch beeinflußt. Es wäre anders, wenn wir nicht in Berührung mit anderen Menschen kämen, aber es wäre nicht so, wie Avenarius meint. Wer durch geistiges Schauen wirklich darauf kommen kann, welcher Tatbestand da eigentlich zugrunde liegt, kommt nämlich in diesem Punkt auf die Wahrheit. Wir würden allerdings ein anderes Weltbild haben, wenn wir nicht auf unserem Lebenswege in der Zeit, in der wir noch gar nicht bewußt denken können, anderen Menschen begegneten. Aber es liegt die kuriose Tatsache vor: In diesem anderen Weltbilde wären die Geister drinnen, die der Welt zugrunde liegen. Also nicht in Avenariusschem Sinne würden wir uns von der Welt nicht unterscheiden, wenn wir allein auf der Welt wären und keine anderen Menschen da wären. Wenn wir allein auf der Welt wären – bedenken Sie diese furchtbare Abstraktion –, würden wir uns allerdings nicht von den Mineralien und Pflanzen unterscheiden, aber wir würden hinter Mineralien und Pflanzen die göttlich-geistige Welt wahrnehmen. Tiere dürften allerdings auch nicht da sein, sie würden das Weltbild auch beeinträchtigen. Aus dieser Tatsache ergibt sich aber, daß das Zusammensein mit Menschen der Grund ist, warum wir in naiver Weise nicht die geistige Welt, die hinter Pflanzen und Mineralien ist, wahrnehmen. Die Menschen stellen sich uns vor diese Welt. Denken Sie: um den Preis, die hierarchische Götterwelt nicht wahrzunehmen, erobern wir uns dasjenige, was uns durch unser Zusammenleben mit anderen Menschen auf der physischen Erde wird! Die Menschen stellen sich gewissermaßen verdeckend vor die Götterwelt hin. Das hat natürlich Avenarius nicht gewußt, daher hat er die Frage auf ein ganz falsches Geleise geführt. Er hat geglaubt, wenn keine Menschen da wären, dann würden wir uns ungeschieden von der Welt sehen, dann würden wir uns nicht unterscheiden von der Welt. Aber die Wahrheit ist: Wir würden uns zwar nicht von anderen Menschen und von Pflanzen und Mineralien unterscheiden, aber wir würden uns von den Göttern unterscheiden, die wir dann in unserem Umkreis hätten; das ist die Wahrheit!

Wenn Sie dies bedenken, dann können Sie sich etwas sagen, was sehr wichtig ist, in unserer Zeit sich zu sagen: Es ist merkwürdig, daß unsere Zeit in vieler Beziehung das Schicksal hat, in ihren scharfsinnigsten Geistern an die wichtigsten Fragen anzutippen, zu rühren an die wichtigsten Fragen, und die Dinge auf die falschesten Geleise zu führen und immer sie so zu führen, daß sie wegführen von der Auffassung des Geistigen. Radikaler nämlich als Avenarius kann man nicht von der Auffassung des Geistigen wegführen. Denn seine Philosophie ist scharfsinnig, ist mit der ganzen Raffiniertheit der Professorensprache geschrieben, und sie ist daher geeignet, die Menschen möglichst schlafend vom Geiste hinwegzuführen. Wenn aber die Menschen schlafend vom Geiste hinweggeführt werden, dann halten sie dieses Hinwegführen vom Geiste für eine Notwendigkeit, für etwas wie die mathematische Notwendigkeit; wenn sie es nur nicht merken, daß sie vom Geiste weggeführt werden, dann nehmen sie das als ein wissenschaftlich Bewiesenes an. Das auf der einen Seite.

Sie sehen da einen Philosophen – und für Mach ließe sich ein Ähnliches sagen –, dessen innerster Nerv seines ganzen Denkens darin besteht, eine Wissenschaft zu begründen, die den Menschen radikal wegführt vom Geiste. Im Bolschewismus soll eine soziale Ordnung begründet werden mit Ausschluß alles Geistigen, soll gerade die Menschheit so sozial gruppiert werden, daß das Geistige dabei keine Rolle spielt. Sehen Sie, das ist der wirklich innere Zusammenhang. Der macht sich in der Tatsachenlogik geltend. Nicht aus einem bloß äußerlichen Grund, sondern aus höchst innerlicher Wesensverwandtheit wurden Avenarius und Mach die Staatsphilosophen der Bolschewisten.

Sie sehen daraus, daß man schon mit dem gewöhnlichen, heute gebräuchlichen Urteil vor solchen Dingen eigentlich ziemlich starr steht. Man kann sich nur wundern: Wie kommen die Bolschewisten dazu, Avenarius und Mach zu ihren Staatsphilosophen zu machen? Aber möglich ist es, die Zusammenhänge heute einzusehen. Da muß man aber auf die geistigen Grundlagen gehen. Das haben wir mit dieser Tatsache jetzt getan. Da muß man hinweisen können darauf: Wie ist das in Wirklichkeit, wenn der Mensch alleinstehend auf unserer physischen Erde, ohne andere Menschen, wäre? Es gibt einfach heute Erscheinungen, und insbesondere im gegenseitigen Verhältnis der Menschen zueinander – ich habe gerade eine geistige Angelegenheit erwähnt, aber es könnten auch alltägliche erwähnt werden –, die sich in das Menschenleben hineinstellen, und die den Menschen starr machen, weil sie ihn zu keinem Verständnisse kommen lassen, wenn er sie nicht geisteswissenschaftlich betrachtet.

Glauben Sie nicht, daß das zu allen Zeiten so war. In alten Zeiten waren solche Erscheinungen auch da, aber sie waren den Menschen instinktiv begreiflich aus dem alten instinktiven Hellsehen heraus. Im Verkehr der Menschen untereinander waren durch die graue Zeit der Unwissenheit solche Erscheinungen dann nicht vorhanden. Jetzt treten sie wieder auf. Nicht etwa, daß bloß die Seelen der Menschen sich entwickeln, die Welt entwickelt sich, die Welt ändert sich und zeigt ihre Veränderung zunächst im Verkehr der Menschen untereinander; im nächsten Zeitraum wird sie es auch zeigen im Verhältnis des Menschen zu den anderen Naturreichen. Unverständlich muß in der Gegenwart und in die nächste Zukunft hinein das Leben den Menschen bleiben, wenn sie dieses Leben nicht geisteswissenschaftlich betrachten wollen. Illusion über Illusion wird die Menschenseele packen, wenn man zu diesen geisteswissenschaftlichen Begriffen nicht seine Zuflucht wird nehmen wollen. Es sind hier manche, denen habe ich bei dem Ausbruch der gegenwärtigen kriegerischen Katastrophe immer wieder eines gesagt: Über die sogenannten welthistorischen Erscheinungen der letzten Jahrhunderte kann man schreiben nach den Urkunden der Archive, indem man einfach diese Urkunden aufstöbert und Rankesche oder ähnliche Geschichtsschreibung treibt. Über den

Ausbruch dieser kriegerischen Katastrophe kann man so nicht schreiben. Denn wenn die Menschen auch alles mögliche aus den Archiven ausgraben werden: Wenn sie nicht aufmerksam darauf werden, wie die Seelenverfassung gerade derjenigen Menschen war, die am Ausgang dieses Krieges beteiligt waren, und wie diese Seelenverfassung die ahrimanischen Mächte hereingelassen hat in das Erdengetriebe, und wie dadurch von ahrimanischer Seite her die Ursachen zu dieser kriegerischen Katastrophe gekommen sind – wenn man nicht geisteswissenschaftlich wird studieren wollen den Ausgangspunkt dieser kriegerischen Katastrophe, dann wird dieser Ausgangspunkt immer dunkel bleiben. Das ist es, was schon in dieser kriegerischen Katastrophe liegt, wie, ich möchte sagen, eine Aufforderung an die Menschen, von ihr zu lernen. Viel kann gelernt werden an dem, was in den letzten vier bis fünf Jahren geschehen ist als Folge dessen, was früher da war. Vor allen Dingen wird sich lernen lassen, manche Fragen nicht mehr so einseitig wie früher, sondern den Forderungen der Zeit angemessen zu stellen.

Ich habe oftmals gesagt: Es ist kein Grund vorhanden, sich in leichter Weise über das Unglück der Zeit zu trösten oder etwa gar die Augen davor zu schließen. Es ist aber auch kein Grund zum Pessimismus vorhanden. Man braucht nur folgendes zu bedenken: Ungeheuer Schreckliches hat sich abgespielt im Laufe der letzten viereinhalb Jahre über die Erde hin; aber was ist das Wesentliche in diesem Schrecklichen? – Das, was Menschenseelen in dieser Zeit erfahren haben, das ist das Wesentliche, in ihr erfahren haben natürlich mit Bezug auf die Entwickelung dieser Menschenseelen in der ganzen Erdenentwickelung. Da aber taucht dann eine sehr bedeutungsvolle, eine inhaltschwere Frage auf. Diese Frage ist paradox, aber nur deshalb, weil sie eben inhaltschwer und dem gewöhnlichen Denken ungewohnt ist, die Frage: Kann man denn eigentlich wünschen, daß die Menschheit ohne eine solche Katastrophe einfach so hätte fortleben sollen, wie sie sich gewöhnt hatte, bis zum Jahre 1914 zu leben? Kann man das eigentlich so ohne weiteres wünschen? – Ich darf bei der Aufwerfung einer solchen Frage immer wieder auf das hinweisen, was ich vor dem Ausbruch dieser kriegerischen Katastrophe in meinem Zyklus in Wien gesagt habe: daß, wenn man überschaut, was in der Menschenwelt lebt, sich das Verhältnis der Menschen untereinander, das soziale Leben wie ein soziales Karzinom ausnimmt, wie ein durch die Menschheit schleichendes Krebsgeschwür. Die Menschen haben allerdings die Augen zugemacht vor diesem Karzinom der sozialen Gemeinschaft. Sie wollten nicht hinschauen auf die tatsächlichen Verhältnisse. Aber niemand kann, wenn er die Dinge im Tiefsten schaut, sagen, daß es gut für die Menschheit gewesen wäre, wenn sie so fortgefahren hätte. Sie wäre auf dem Wege, den ich angedeutet habe, hinweg vom Geiste immer weiter talab gekommen. Und diejenigen, zu denen wir mit so schmerzvoller Seele hinschauen, die Millionen, die von diesem physischen Plane hinweggefegt worden sind durch diese fürchterliche Katastrophe, die jetzt als Seelen leben, sie sind es, die am allermeisten bedenken, wie ihre Lage anders ist, jetzt, da sie den Rest ihres Lebens in der geistigen Welt durchmachen, und wie diese Lage anders wäre, wenn ihr Karma sie weiter auf der physischen Erde erhalten hätte.

Sub specie aeterni, unter dem Gesichtswinkel der Ewigkeit nehmen sich die Dinge doch anders aus. So etwas muß ausgesprochen werden. Die Dinge dürfen nur nicht leichtfertig und leichtgeschürzt genommen werden. Ebenso, wie es wahr ist, daß es unendlich traurig ist, daß diese Katastrophe hereingebrochen ist, ebenso wahr ist es, daß durch diese Katastrophe die Menschheit bewahrt worden ist vor einem furchtbaren Versinken in Materialismus und Utilitarismus. Wenn sich auch das heute noch nicht zeigt, aber es wird sich zeigen, es wird sich vor allen Dingen zeigen in den Mittelländern und im Osten, wo sich statt einer Ordnung, die den Materialismus in sich aufgenommen hatte, ein Chaos entwickelt. Man kann gewiß nicht ohne den Unterton des Leidens sprechen über dieses Chaos, das über die Mittelländer und über die Länder des Ostens hereingebrochen ist, und das in äußerer Beziehung wenig Aussicht bietet, sich bald irgendwie in eine Harmonie umzugestalten. Aber ein anderes liegt vor. Da, wo dieses Chaos sich ausbreitet, da wird eine Welt sein, die durch den äußeren physischen Plan den Menschen in der nächsten Zukunft möglichst wenig geben wird. Die Segnungen des physischen Planes werden nicht groß sein in den Mittelländern und in den Ostländern. Alles das, was dem Menschen werden kann dadurch, daß er sein Dasein trägt durch äußere Gewalten, das wird nicht viel sein. Der Mensch wird sich im Innern seiner Seele fassen müssen, um festzustehen. Und bei diesem Sichfassen im Innern, um festzustehen, wird er den Ansatz machen können zum Wege in die geistige Welt hinein. Er wird den Entschluß fassen können, zum Geiste hinzugehen, von dem allein das Heil der Zukunft kommen kann. Denn das ist das Wesentliche für die Zukunft, daß uns gewissermaßen unser äußeres Leibliches entgleitet, daß unser äußeres Leibliches – ich führte es gestern aus – nicht mehr so gesund ist, als es in vergangenen Zeiten war, daß es mehr Tod in sich hat, als es in vergangenen Zeiten hatte. Und der Impuls für die Einsicht, daß nicht mit dem, womit unser Leibliches verbunden ist, des Weltenrätsels Inhalt gefunden werden kann, sondern daß hinaufgestiegen werden muß in geistige Welten, der Impuls dazu, auch die soziale Ordnung aus geistigen Welten zu holen, er wird sich ergeben, wenn man möglichst wenig in der physischen Welt finden kann. Diese physische Welt wird eine Gestaltung der Harmonie nur annehmen können, wenn sie diese Gestaltung aus dem geistigen Leben heraus sucht. Die Bibel erzählt auf ihren ersten Seiten nicht, daß es Ahriman oder Luzifer war, der die Menschen aus dem Paradiese vertrieben hat, sondern daß es der Jahve-Gott selber war, der die Menschen aus dem Paradiese vertrieben hat. Aber wir wissen auch, daß diese Vertreibung aus dem Paradiese das Freiwerden des Menschen, das Erleben der Freiheit für die Menschen bedeutet, indem die Möglichkeit, der Keim zur Freiheit dadurch gelegt wurde. Müßte es denn durchaus wider diese biblische Weisheit sein, wenn gesagt würde: Auch göttliche Weisheit war es, die die Menschen herausgetrieben hat aus der in Materialismus und Utilitarismus hineinführenden Gegenwart zu Keimen, deren geistige Erfassung der Welt nützen sollen? Und aus den schmerzlichen Untergründen der letzten viereinhalb Jahre tönt es gleichsam herauf: Geistiges will sich offenbaren durch die Schleier der äußeren Erscheinungen; Menschen sollen lernen durch das Unglück, auf diese geistigen Offenbarungen hinzuschauen, und es wird zu ihrem Heile sein.

Auch das ist eine Sprache, die paradox klingt für manche Menschen der Gegenwart; aber es ist die Sprache, die der Christus in unseren Zeiten uns anleitet zu sprechen. Denn im Fortschritt des Christentums muß es gelegen sein, die christlichen Wahrheiten in einer neuen Weise zu fassen. Das kann nur geschehen, wenn sie geistig gefaßt werden. Das Mysterium von Golgatha ist ein geistiges Ereignis, das in die Erdenentwickelung eingegriffen hat. Vollständig verstanden werden kann es nur mit geistiger Erkenntnisweise. Und so werden wir, wie die Menschheit im Grunde durch Unglück den Christus gefunden hat, durch Unglück auch den Christus in der neuen Auffassungsweise und Gestalt zu suchen haben.

Gewiß ist das, was so gesprochen wird, nicht ein Alltagstrost. Aber wenn man von aller Trivialität sich fernhalten will, so ist es im tieferen Sinne des Wortes vielleicht doch etwas Trost, vielleicht der einzige, der der Menschenwürde heute in unserer Zeit angemessen ist. Es ist allerdings ein Trost, der die Menschen nicht hinweist darauf: Wartet, und es wird euch ohne euer Zutun alles Göttliche beschieden werden, – sondern ein Trost, der die Menschen darauf hinweist: Wendet an eure Kräfte, und ihr werdet finden, daß in euren Seelen der Gott spricht und kraftet, und daß ihr durch den in euren Seelen sprechenden und kraftenden Gott auch den Gott in der Welt finden werdet, und mit dem Gotte, was die Hauptsache ist, in der Welt in Gemeinsamkeit werdet wirken können! – Von dem bloß passiven Verhalten zu den übersinnlichen Einsichten muß abgegangen werden. Der Mensch muß sich aufraffen, um sich innerlich zu finden, und mit diesem innerlichen Finden sich als ein Glied in der Weltenordnung erkennen. Da mögen sich dann diejenigen Bekenntnisse, die es dem Menschen bequem machen sollen, indem sie – ich meine das bildlich – zuerst seinen Geist einlullen in Weihrauch, damit er dann passiv, ohne sein Zutun, den Weg zum Göttlichen finde, aufbäumen. Diese Bekenntnisse, die sich so an die Bequemlichkeit des Menschen wenden, sie werden sich immer aufbäumen gegen die Forderung, die jetzt herausspringt aus den geistigen Welten, daß der Mensch seinen Wert suche in innerer Aktivität, in innerer Tätigkeit, im wirksamen inneren Entwickeln des geistigen Lebens!

Das muß sein, insbesondere wenn dem Rechnung getragen werden soll, was in mancherlei Maskierung und Vermummung auftritt: der sozialen Forderung unserer Zeit. Ich habe schon in diesen Wochen darauf hingewiesen: Wir leben, wenigstens ein großer Teil unserer gebildeten Menschen, von den Errungenschaften der griechischen Kultur. Wir bedenken nur nicht immer, daß dasjenige, in dem wir so leben, dadurch geschaffen worden ist, daß diese griechische Kultur sich auf der Grundlage der Sklaverei entwickelt hat, daß ein großer Teil der Menschen als Sklaven leben mußte, damit das, was wir heute als die Segnungen der griechischen Kultur empfinden, überhaupt vorhanden sei. Wenn man sich aber so recht klarmacht, daß alles das, was griechische Kunst, was die schöne Erinnerung an griechisches Leben, was griechische Wissenschaft bedeutet, und manches andere noch auf dem Grunde der Sklaverei entstanden ist, dann fragt man sich mit einer anderen Intensität: Was hat es denn bewirkt, daß wir nicht mehr so denken wie die großen Philosophen Plato und Aristoteles gedacht haben: daß die Sklaverei etwas ganz Selbstverständliches ist? Damals war es selbstverständlich für die weisesten der Menschen, daß neun Zehntel der Menschheit als Sklaven leben mußten. Das ist für uns heute nicht mehr selbstverständlich, sondern wir betrachten es als eine Verletzung der Menschenwürde, wenn jemand so denkt. Was hat es innerhalb der abendländischen Menschheit bewirkt, daß so das Vorstellungsvermögen der Menschen umgeartet worden ist? – Das Christentum! Das Christentum hat die Menschen entsklavt, das Christentum hat sie dazu geführt, wenigstens im Prinzip den Satz anzuerkennen: Die Menschen sind in bezug auf ihre Seele gleich vor Gott. Das aber hat auch die Sklaverei ausgeschlossen aus der sozialen Ordnung der Menschen. Aber wir wissen: Es hat eines gelassen, auf das wir von den verschiedensten Gesichtspunkten immer wieder hinweisen müssen, es hat bis in unsere Zeit herein die Auffassung gelassen, von der ich Ihnen gesagt habe, daß sie gerade das Punctum saliens ist in dem Bewußtsein des Proletariers: daß in unserer sozialen Ordnung ein Teil des Menschen, und noch dazu ein im Leib sich Abspielendes vom Menschen als Ware gekauft und von ihm selbst verkauft werden kann. Das ist ja das Aufreibende und Aufregende.

Das ist eigentlich das Punctum saliens der sozialen Frage, daß Arbeitskraft bezahlt werden kann. Es ist auch das, was auf dem Grunde unserer ganzen sozialen Gemeinschaft läßt den Charakter des Egoismus; denn Egoismus muß herrschen in der sozialen Ordnung, wenn der Mensch für das, was er für sich braucht, sich seine Arbeit bezahlen lassen muß. Er muß erwerben für sich. Was als nächste Etappe nach der Überwindung der Sklaverei überwunden werden muß, das ist, daß keines Menschen Arbeit Ware sein kann! Das ist das wirkliche Punctum saliens der sozialen Frage, die das neue Christentum lösen wird. Und ich habe Ihnen einiges vorgetragen von den Lösungen der sozialen Frage, denn jene Dreigliederung der sozialen Ordnung, von der ich Ihnen gesprochen habe, die löst die Ware von der Arbeitskraft ab, so daß die Menschen in der Zukunft nur Ware, nur äußeres Erzeugnis, nur vom Menschen Abgesondertes kaufen und verkaufen werden, daß aber der Mensch, wie ich es schon dargestellt habe in dem Aufsatz «Theosophie und soziale Frage», der 1905 erschienen ist, aus Bruderliebe für den anderen Menschen arbeiten wird.

Es mag ein weiter Weg sein, um das zu erreichen, doch nichts wird die soziale Frage lösen als einzig und allein dieses. Und wer heute nicht daran glaubt, daß es nur so kommen müsse in der Weltenordnung, der gleicht dem, der zur Zeit des entstehenden Christentums gesagt hätte: Sklaven muß es immer geben. So, wie ein solcher dazumal unrecht gehabt hätte, so hat heute derjenige unrecht, der da sagt: Arbeit muß immer bezahlt werden. Damals konnte man sich nicht denken, daß nicht eine Anzahl von Menschen Sklaven sein müssen, nicht Plato, nicht Aristoteles konnten es sich denken. Heute können sich die gescheitesten Menschen nicht denken, daß man eine soziale Struktur haben kann, in der die Arbeit noch ganz andere Geltung hat, als wenn sie «bezahlt» wird. Natürlich wird auch dann aus Arbeit ein Produkt hervorgehen, aber das Produkt wird das einzig und allein zu Kaufende und zu Verkaufende sein. Das wird sozial die Menschen erlösen.

Um diese Dinge einzusehen, dazu gehört schon Anschauungserkenntnis, Anschauungslogik. Aber ohne diese Anschauungslogik kommt die Menschheit nicht vorwärts, denn sie ist das Heizmaterial für das, was in der Zukunft kommen muß unter die Menschen: die aus dem Verständnis von Mensch zu Mensch entstehende Menschenliebe. Und so sonderbar es klingt, heute, wo allerlei atavistische Reste nach der einen oder nach der anderen Seite in den Menschen vorhanden sind, heute wird alles noch mit Sympathie und Antipathie angesehen. Wenn zum Beispiel so etwas auseinandergehalten wird, wie ich es vor einiger Zeit hier getan habe, wo ich sagte: Von den drei Gliedern der Menschennatur sind die westlichen Völker berufen, gerade die Unterleibsnatur besonders auszubilden, die mittleren Völker die Herznatur, die östlichen Völker die Kopfnatur, dann werden solche Sachen heute noch vielfach «bewertet»; wenigstens irgendwo in seinem Innern hat der Mensch immer noch so ein kleines Kästchen, wo er die Sachen bewertet. Diese Bewertung muß aufhören; denn gerade dieses Anschauen der Differenzierung über das Erdenrund hin wird die verständnisvolle Liebe begründen. Aus dem Verständnis, nicht aus dem Unverstand wird im Zeitalter der Bewußtseinsseele die wirkliche, über die ganze Erde hin gehende Menschenliebe hervorkommen. Dann wird man verstehen, sich in dem Christus über die ganze Erde hin zu finden. Der Christus ist keine Angelegenheit eines oder des anderen Volkes; der Christus ist eine Angelegenheit der ganzen Menschheit. Aber um ihn als Angelegenheit der ganzen Menschheit zu erkennen, muß manche Illusion schwinden, müssen die Menschen wirklich aufsteigen können dazu, ohne Illusion in die wahre Wesenheit der Dinge hineinzuschauen. Das wollen heute die Menschen auf den verschiedensten Gebieten nicht. Ich weiß aber, daß ich nur eine Weihnachtsfriedenssache ausspreche, wenn ich das folgende Paradoxon vor Sie hinstelle. Sie wissen, ich rede nicht von den einzelnen Menschen, sondern von Volkstümern, wenn ich von diesen Differenzierungen rede. Man kann diese Dinge leicht mißverstehen, wenn man nicht guten Willens ist. Aber ich mache ja so oftmals darauf aufmerksam, daß nicht gemeint ist die einzelne Menschenindividualität, die herauswächst aus dem Volkstum, sondern daß eben die Volkstümer gemeint sind. Das bitte ich zu berücksichtigen, wenn ich das Folgende sage.

Betrachten wir einmal das eine oder das andere von den Urteilen, die in den letzten vier Jahren gefällt worden sind über die Reiche oder die Staaten der europäischen Mitte. Ich will, weil ich solche Stimmungen vollständig verstehen kann, nicht im geringsten irgend etwas sagen gegen die Entente-begeisterten Menschen. Das liegt mir ganz fern. Jeder hat seine Meinung, sie ist von einem gewissen Gesichtspunkt aus berechtigt. Aber man kann nun den Blick wegwenden von dieser Meinung, die in den verflossenen Jahren vorhanden war, und kann die Fortsetzung dieser Meinung in der Gegenwart ins Auge fassen. Da wird man vielleicht doch manches recht unverständlich finden können. Man wird sich fragen können: Ist es denn notwendig, daß dieselben Urteile, die man gefällt hat, solange die Machthaber der Mittelstaaten vorhanden waren und noch die Macht hatten, daß die sich nun fortsetzen? Ja, daß man in raffinierter Weise alles tut, um diese Ansichten fortsetzen zu können? Ist es denn notwendig? Ist das ebenso erklärlich? Es ist gewiß von obenhin angesehen nicht so erklärlich, wie manches früher erklärlich war. Aber tiefer angesehen ist es doch erklärlich. Tiefer angesehen ist es erklärlich, nicht aus dem einzelnen Menschen heraus – die einzelnen Menschen werden in den Westländern auch die Gesundung dieser Verhältnisse herbeiführen –, aber diejenigen Menschen, die bloß aus den Volkstümern heraus urteilen oder aus Vorurteilen für diese Volkstümer urteilen, diese Menschen, die haben in ihrem Unterbewußten etwas, das in der folgenden Art charakterisiert werden kann.

Ich habe vor einigen Wochen hier ausgeführt, daß in unserer Weltanschauung, namentlich in unserer Vorstellungsart in der Gegenwart noch vieles Alttestamentliche lebt, daß der eigentliche Nerv des Christentums doch noch wenig eingezogen ist. Das Eigentümliche des Jahve-Dienstes besteht ja darin, daß er alles dasjenige betrifft, was wir nicht zwischen Geburt und Tod uns anerziehen, sondern was wir ererbt mitbekommen, was in unserem Blute liegt, und was sonst nur Einfluß hat, während wir schlafen, wenn wir aus unserem Leibe heraußen sind. Diese Jahve-Anschauung pulsiert noch vielfach in unserer Zeit. Sie kann zur Christus-Anschauung nur dann sich erheben, wenn man hinblickt mit aller Kraft auf die Erwerbung der geistigen Welt im intellektualistischen Zeitalter, nicht durch Geburt oder durch dasjenige, was uns mit der Geburt eingegeben ist, sondern was uns anerzogen wird. Durch die Natur selber ist nicht der Westen prädestiniert, vom Jahve-Dienst überzugehen zum Christus-Dienst, sondern es beginnt die Prädestination erst in der Mitte von Europa und geht nach dem Osten hin; das gilt selbstverständlich für das Volkstum, nicht für den einzelnen Menschen. Daher jene eigentümliche, noch ganz im alttestamentlichen Vorstellen ruhende Art des Wilsonistischen Denkens, das eigentlich so auftritt, daß es, wenn es das auch in Abrede stellt, ausrotten will das, was in den Mittelländern und im Osten geistig emporkommen will. Deshalb ist es so unerklärlich in der Gegenwart, nachdem man ja hinweggeschafft hat, was man vorgab, hinwegschaffen zu wollen, nachdem nunmehr übriggeblieben sind die Völker, denen man, wie man versichert hat, nichts Arges antun will, daß man dieselbe Gesinnung unter allerlei Vorwänden fortsetzt. Man setzt es fort, weil man sich eigentlich wehrt gegen das, was in den Mittelländern und im Osten im Laufe der letzten Jahrhunderte als der Menschheit doch notwendig in geistiger Entwickelung aufgetreten ist. Man möchte unterbewußt das auslöschen. Man möchte sich nicht einlassen auf diese Dinge.

Nun leben wir in einer sehr bedeutsamen Weltenkrisis. Ich habe oft fragen gehört: Wie kommt es denn eigentlich, daß die Menschen des Westens, namentlich Engländer und Franzosen, die Deutschen so furchtbar hassen? – Es gibt eine sehr einfache Antwort darauf, sie ist aber wirklich erschöpfend und sie besteht darin, daß der Mensch sich selber immer anders anschaut, namentlich auch als Volksangehöriger, als er den andern anschaut. Und ich kann Ihnen die Versicherung geben, solche Gedanken, wie Mach sie gehabt hat, als er in den Omnibus eingestiegen ist, oder als er auf der Straße gegangen ist, die liegen in dem Unterbewußten der Menschen sehr häufig. Sie wissen, Mach erzählt selbst: Er stieg einmal sehr ermüdet in einen Omnibus und bemerkte nicht, daß da ein Spiegel war an der Wand, die der Eingangstüre gegenüber war. Da setzte sich von der anderen Seite ein anderer herein. Da dachte er: Was ist denn das für ein gräßlicher Schulmeister, der da einsteigt vis-à-vis? – Er war nämlich sich selber fremd, er kannte sich als Person so wenig; aber als er sich sah, war er sich gar nicht sympathisch.

Nun sehen Sie sich die Geistesgeschichte Mitteleuropas an, nicht in den intimeren Zügen, aber sehen Sie sie sich an im großen und ganzen. Bis zu *Lessing*, also bis weit in das letzte Drittel des achtzehnten Jahrhunderts hinein haben die Deutschen sich bemüht, so zu sein wie die Franzosen. Sie sehen es ja aus allem. Von einem gewissen Zeitpunkt an, der liegt ungefähr im zwölften Jahrhundert, bis in die Zeit weit über die Hälfte des achtzehnten Jahrhunderts haben die Deutschen sich bemüht, so zu sein wie die Franzosen, es so zu machen, daß sie auch Franzosen würden. Was die Franzosen dann an sich nicht sahen, oder wenn sie es sahen, doch eher schätzten, das haßten sie furchtbar, wenn sie es in der Nachahmung sahen. Der Mensch übt nämlich unbewußt eine merkwürdige Selbsterkenntnis. Die Deutschen wurden im Grunde genommen in ihrem tiefsten Wesen von den Franzosen nie gehaßt, sondern die Franzosen haßten sich selber, indem sie ihr Abbild, ihr Spiegelbild aus der deutschen Seele heraus ansahen. Seit jener Zeit hat begonnen ein merkwürdiger, heute noch gar nicht genug gewürdigter englischer Einfluß. Die Engländer sehen sich selber natürlich ebensowenig, wie Mach sich gesehen hat, aber sie bemerken sich, wenn sie sich nun in jenem Spiegelbilde schauen, das in merkwürdiger Weise seit dem achtzehnten Jahrhundert in die deutsche Seele eingezogen ist. Sie beurteilen den Engländer im Deutschen. Das ist die einfache psychologische Lösung. Wäre diese Weltenkrisis nicht gekommen, so würde noch lange Zeit dieser Zustand gedauert haben, es wäre eigentlich ein großer Brei da, aus dem die einzelnen Individualitäten dann herauskämen, die allerdings die Intimitäten des deutschen Wesens haben würden. Aber das Unglück, das Chaos, wird aus der Weltenkrise heraus gerade das erstehen lassen, was erstehen soll, was immer da war, was nur unter der Macht des Westens sich nicht entfalten konnte. So liegen die wirklichen Tatsachen. Es ist kein Grund zum Pessimismus, auch in Mitteleuropa nicht. Aber man muß dann zu den tieferen Gründen hinuntersteigen, die dem Werden zugrunde liegen.

Dasjenige, was die Ententemächte jetzt ausführen, das mag so oder so aussehen. Darauf kommt furchtbar wenig an, denn im Grunde ihres Herzens wollen sie etwas Unmögliches. Sie wollen verhindern, daß etwas heraufkommt, was sich in der Mitte Europas und im Osten entwickeln muß. Das aber hängt zusammen mit dem geistigen Fortschritt der Menschen. Der ist nicht zu verhindern. Aber es ruft das andere hervor, daß der Mensch, wenn er es mit der Erdenzukunft ernst meint, an den Geist eben glauben muß. Nur aus dem Geiste, aus der Kraft des Geistes wird dasjenige kommen, was kommen muß, auch zur Lösung der so brennenden sozialen Forderung. Es war notwendig, daß im Maschinenzeitalter fünf mal hundert Millionen unsichtbare Menschen, das heißt, als Maschinen sichtbare Menschen, entstanden sind, damit allmählich die Menschen fühlen lernen: Sie dürfen nicht so bezahlt werden, wie die Maschinen bezahlt werden. Und es war notwendig, daß diese furchtbare Katastrophe, in der das Maschinenzeitalter seine größten Triumphe gefeiert hat, heraufgekommen ist. Aber aus dieser Katastrophe wird aufstehen Kraftentfaltung der Menschen. Und aus dieser Kraftentfaltung wird der Mensch auch eine gewisse Möglichkeit schöpfen, sich wiederum recht mit dem Göttlichen, mit dem Geistigen zu verbinden. Ebensowenig, wie es für den Menschen ein bloßes Unglück war – um jetzt den Ausgangspunkt der Erdenentwickelung mit dem zu vergleichen, was ja viele Menschen mit Recht das furchtbarste Ereignis in der Weltgeschichte nennen –, daß die Menschen aus dem Paradiese vertrieben worden sind, so ist es nicht ein bloßes Unglück, daß eine solche Katastrophe die Menschen betroffen hat. Die wertvollsten Wahrheiten sind schließlich im Grunde genommen paradox. Man kann heute ja – ich habe öfter auf diese Sache aufmerksam gemacht – sagen: Die Menschen waren so schändlich, das wertvollste Wesen, das auf der Erde erschienen ist, den Christus Jesus, ans Kreuz zu schlagen. Sie haben ihn getötet. Man kann sagen: Es war «schändlich» von den Menschen. Aber dieser Tod, der ist ja der Inhalt des Christentums. Durch diesen Tod ist ja das geschehen, was wir das Mysterium von Golgatha nennen. Ohne diesen Tod gäbe es kein Christentum. Dieser Tod ist das Glück der Menschen, dieser Tod ist die Kraft des Erdenmenschen. So paradox sind die Dinge der Wirklichkeit. Man kann auf der einen Seite sagen: Es war schändlich, daß die Menschen den Christus ans Kreuz geschlagen haben, – und dennoch ist mit diesem

Tode, mit diesem Ans-Kreuz-schlagen, das größte Erdenereignis eingetroffen. Ein Unglück ist nicht immer bloß ein Unglück. Ein Unglück ist oftmals der Ausgangspunkt für das Erringen menschlicher Größe und menschlicher Stärke.

HINWEISE

Die Vorträge wurden von der Berufsstenographin Helene Finckh, 1883–1960, mitstenographiert und in Klartext übertragen. Für die Neuauflage von 1979 wurden einige Stellen noch einmal mit dem Originalstenogramm verglichen und gegebenenfalls korrigiert. Wesentliche Veränderungen werden in den Hinweisen an entsprechender Stelle aufgeführt.

Werke Rudolf Steiners, welche innerhalb der Gesamtausgabe (GA) erschienen sind, werden in den Hinweisen mit Bibliographienummer und dem Erscheinungsjahr der letzten Auflage angegeben. Siehe auch die Übersicht am Schluß des Bandes.

Zu Seite:

10 *durch die letzten Betrachtungen:* Siehe: «Entwicklungsgeschichtliche Unterlagen zur Bildung eines sozialen Urteils» (8 Vorträge Dornach 9.–24. November 1918), Bibl.-Nr. 185a, GA 1963.

19 *Wilson-Programm:* Woodrow Wilson, 1856–1924, war Präsident der Vereinigten Staaten von Amerika von 1912 bis 1920. Es handelt sich um die sogenannten «Vierzehn Punkte» von 1918, durch deren Anwendung Wilson eine gerechte und befriedigende Weltordnung herbeizuführen hoffte.

22 *Erich Ludendorff,* 1865–1937; zwar nicht formell, aber tatsächlich Leiter des deutschen Heeres von 1916 bis 1918.

die Karte, die ich ... aufgezeichnet habe: Eine Karte über die Aufteilung Europas, wie sie nach 1918 Wirklichkeit wurde, wurde von dem Engländer Labouchère in der von ihm herausgegebenen satirischen Wochenschrift «Truth» bereits 1890 veröffentlicht: Österreich als Völkerbundsrepublik, Tschechoslowakei als selbständiger Staat, Deutschland in republikanische Kleinstaaten aufgelöst; bei Rußland steht das Wort «‹desert›, Staaten für sozialistische Experimente». – Nach Arthur Polzer-Hoditz, «Kaiser Karl», Zürich 1928, S. 19 (Anmerkung). – Vgl. Rudolf Steiners Vortrag vom 4. Dezember 1916 in: «Zeitgeschichtliche Betrachtungen. Das Karma der Unwahrhaftigkeit: Erster Teil» (13 Vorträge Dornach und Basel 1916), Bibl.-Nr. 173, GA 1978.

23 *Mittelmächte:* Deutschland, Österreich; *Entente:* Frankreich, England, Rußland.

24 *Kurt Eisner,* 1867–1919, Sozialist, Schriftsteller; seit 8. November 1918 bayrischer Ministerpräsident, wurde am 21. Februar 1919 ermordet.

Vorträge ... über die Geschichte als Symptomatologie: «Geschichtliche Symptomatologie» (9 Vorträge Dornach 1918), Bibl.-Nr. 185, GA 1962.

27 «*Wie erlangt man Erkenntnisse der höheren Welten?*» (1904), Bibl.-Nr. 10, GA 1978 (auch als Taschenbuch tb 600).

28 *in diesen Vorträgen bei meinem diesmaligen Hiersein:* u.a. in dem Vortrag vom 5. Oktober 1918 in «Die Polarität von Dauer und Entwickelung im Menschenleben» (15 Vorträge Dornach 1918), Bibl.-Nr. 184, GA 1968.

29 *Jahve ist einer der sieben Elohim:* Vgl. dazu auch den Vortrag vom 17. Oktober 1915 in: «Die okkulte Bewegung im 19. Jahrhundert und ihre Beziehung zur Weltkultur» (13 Vorträge Dornach 1915), Bibl.-Nr. 254, GA 1969.

Zu Seite:

29 Zeile 5 v.o.: *vorzeitlich:* Sollte möglicherweise «vorzeitig» heißen.

Zeile 11 v.o.: *Embryonalzeit:* In der Nachschrift und der Auflage von 1963 heißt es «Vorembryonalzeit»; hier sinngemäß abgeändert.

31 *Leopold von Ranke,* 1795–1886.

Henry Thomas Buckle, 1821–1862.

32 *Jene Schrift, die ich ausarbeitete:* Es handelt sich um die «Memoranden» des Jahres 1917, abgedruckt in «Aufsätze über die Dreigliederung des sozialen Organismus und zur Zeitlage 1915 bis 1921», Bibl.-Nr. 24, GA 1961.

34 *Albert Ballin,* 1857–1918, Direktor der Hamburg-Amerika-Linie.

Georg von Hertling, 1843–1919, Professor der Philosophie, 1912 bayrischer Ministerpräsident, wurde im Oktober 1917 preußischer Ministerpräsident und Reichskanzler.

Paul von Hintze, Diplomat, zeitweilig Staatssekretär des Auswärtigen.

Friedrich Wilhelm Bernhard von Berg, war vom 16. Januar bis 11. Oktober 1918 Chef des Kaiserlichen Zivilkabinetts.

35 *Prinz Max von Baden,* 1867–1929, letzter Reichskanzler des Deutschen Reiches, vom 3. Oktober bis 9. November 1918.

Paul von Hindenburg (und von Beneckendorff), 1847–1934; war Generalfeldmarschall von 1916 bis 1919 und deutscher Reichspräsident von 1925 bis 1934.

44 *Wladimir Iljitsch Lenin,* 1870–1924.

Leo Trotzki (Bronstein), 1879–1940.

62 *Briefe einer Frau an Walther Rathenau:* Die Autorin der 1918 in Frankfurt a.M. anonym erschienenen Broschüre ist Kristina von Pfeiffer-Raimund.

63 *in meinem Aufsatz:* «*Luziferisches und Ahrimanisches in ihrem Verhältnis zum Menschen*» in: «Das Reich», Vierteljahrsschrift, hg. von Alexander Freiherr von Bernus, München und Heidelberg 1918, 3. Jg., Buch 3. Wieder abgedruckt in: «Philosophie und Anthroposophie. Gesammelte Aufsätze 1904–1918», Bibl.-Nr. 35, GA 1965.

64 «*Die Geheimwissenschaft im Umriß*» (1910), Bibl.-Nr. 13, GA 1977 (auch als Taschenbuch tb 601).

66 *Viscount Northcliffe* (William Harmsworth), 1865–1922, Journalist und Zeitungsmagnat; entwickelte die moderne Massenpresse.

David Lloyd George, 1863–1945, Minister seit 1909, Premierminister von 1917 bis 1922.

67 *Richard von Kühlmann,* 1873–1948, Staatssekretär des Auswärtigen von 1917 bis 1918.

Zu Seite:

81 *Theobald von Bethmann-Hollweg,* 1856–1921, deutscher Reichskanzler von 1909 bis 1917.

Gottlieb von Jagow, 1863–1935, Staatssekretär des Auswärtigen von 1913 bis 1916.

84 *Robert Hamerling,* 1830–1889, Dichter und Philosoph.

Supplent: Österreichische Bezeichnung für Hilfslehrer.

86 *Sir Edward Grey,* 1862–1933, englischer Außenminister von 1905 bis 1916.

jener Herr, der jetzt nach Holland desertiert ist: Der deutsche Kaiser Wilhelm II.

meine Denkschrift: Siehe den Hinweis zu S. 32.

100 *Kurt Eisner:* Siehe den Hinweis zu S. 24.

104 *das Beispiel ... von den gleichlautenden Sätzen bei Woodrow Wilson und Herman Grimm:* Ausführlicher sprach Rudolf Steiner hierüber am 14. März 1918 in Berlin, in «Das Ewige in der Menschenseele. Unsterblichkeit und Freiheit» (10 öffentliche Vorträge Berlin 1918), Bibl.-Nr. 67, GA 1962.

im Dezemberheft der «Stimmen der Zeit»: Siehe den Hinweis zu S. 299.

106 *in Basel im öffentlichen Vortrage:* Am 8. November 1918 «Sittliches, soziales und religiöses Leben im Lichte einer übersinnlichen Welterkenntnis» (nicht gedruckt).

107 *Robert Michels,* 1876–1936, Nationalökonom, Soziologe; lehrte in Basel.

124 *«Du sollst dir kein Bild machen»:* Vgl. 2. Moses 20.4.

Sie können sich ein Bild anschauen, wie die «Gruppe» es ist: Es handelt sich um die im «Goetheanum», dem Bau der Hochschule für Geisteswissenschaft in Dornach, aufgestellte Holzplastik Rudolf Steiners: der Menschheitsrepräsentant zwischen Luzifer und Ahriman.

149 *Heinrich von Treitschke,* 1834–1896, Historiker.

150 *Wilhelm Heinrich Preuß,* 1843–1909; schrieb «Geist und Stoff. Erläuterungen des Verhältnisses zwischen Welt und Mensch nach dem Zeugnis der Organismen», Oldenburg 1882.

im zweiten Bande der «Rätsel der Philosophie»: Neue Ausgabe des Werkes «Welt- und Lebensanschauungen im 19. Jahrhundert», ergänzt durch eine Vorgeschichte über abendländische Philosophie bis zur Gegenwart fortgesetzt (1914), Bibl.-Nr. 18, GA 1968. (Register.)

159 Zeile 3 v. u.: Das Stenogramm ist an dieser Stelle lückenhaft und unleserlich; *«alltäglichsten Gedanken»* ist Ergänzung des Herausgebers.

165 *Deshalb sagte ich gestern im öffentlichen Vortrag:* Am 11. Dezember in Bern: «Sittliches, soziales und religiöses Leben vom Gesichtspunkte der Anthroposophie», gedruckt in der Wochenschrift «Das Goetheanum» 1942, 21. Jg., Nr. 38–43; vorgesehen für GA Bibl.-Nr. 72.

169 *dem schwierigeren Nationalökonomischen von Kapital und Rente und Kredit:* Vom 24. Juli bis 6. August 1922 hielt Rudolf Steiner für Studenten der Nationalökonomie in Dornach einen Kurs und ein Seminar über die Aufgaben einer neuen Wirtschaftswissenschaft. «Nationalökonomischer Kurs», Bibl.-Nr. 340, GA 1979; «Nationalökonomisches Seminar», Bibl.-Nr. 341, GA 1973.

176 «*Die Philosophie der Freiheit*» (1894), Bibl.-Nr. 4, GA 1978. (auch als Taschenbuch tb 627).

178 *in meinem Vortragszyklus über die europäischen Völkerseelen:* «Die Mission einzelner Volksseelen im Zusammenhange mit der germanisch-nordischen Mythologie» (11 Vorträge Kristiania 1910), Bibl.-Nr. 121, GA 1962 (auch als Taschenbuch tb 613).

183 *Sie konnten in gewissen okkulten Kreisen der englisch sprechenden Bevölkerung ... prophetisch hingewiesen finden:* Siehe zum Beispiel C. G. Harrison «Das Transzendentale Weltall». Sechs Vorträge über Geheimwissenschaften, Theosophie und die Katholische Kirche, erschienen 1894, deutsche Übersetzung: Theosoph. Verlagshaus Leipzig o. J.

186 Zeilen 16/17 v. o.: *geistigen Wahrheiten:* Korrektur nach Stenogramm; früher: geistigen Wohltaten.

189 *in einer Rede ..., die Trotzki gehalten hat:* «Die Sowjetmacht und der internationale Imperialismus», deutsche Übersetzung Belp-Bern 1918.

Maxim Gorki, 1868–1936, russischer Dichter. Das Zitat konnte nicht nachgewiesen werden.

194 *Adam Smith,* 1723–1790, englischer Nationalökonom.

195 *Thomas Robert Malthus,* 1766–1834, Theologe und Soziologe.

198 *Ferdinand Lassalle,* 1824–1864, deutscher Sozialistenführer.

David Ricardo, 1772–1823, englischer Nationalökonom.

200 *Claude Henri de Saint-Simon,* 1760–1825, Begründer der ersten sozialistischen Schule.

Auguste Comte, 1798–1857, Begründer der positivistischen Philosophie.

Louis Blanc, 1811–1882, französischer Historiker und Politiker.

Karl Marx, 1818–1883.

Friedrich Engels, 1820–1895.

202 *Franz Mehring,* 1846–1919, sozialistischer Schriftsteller. Werk über Lessing: «Die Lessing-Legende. Zur Geschichte und Kritik des preußischen Despotismus und der klassischen Literatur». 6. Aufl. Stuttgart 1919.

Gotthold Ephraim Lessing, 1729–1781.

Karl Kautsky, 1854–1938, Sozialist, Marxist.

Zu Seite:

204 *Lujo Brentano,* 1844–1931, Nationalökonom.

Gustav Schmoller, 1838–1917, Nationalökonom.

Wilhelm Roscher, 1817–1894, Nationalökonom.

207 Zeilen 6 und 5 v. u.: *das biegt man:* Korrektur nach Stenogramm; früher: das lügt man.

217 *Nikolaj Alexandrowitsch Berdjajew,* 1874–1948, russischer Schriftsteller. Siehe seinen Aufsatz «Die politische und die philosophische Wahrheit» in «Rußlands politische Seele», hg. von Elias Hurwicz, Berlin 1918. In Rußland war der Aufsatz bereits 1909 in der Sammelschrift «Wjechi» (d.h. «Grenzpfähle») erschienen.

219 *Friedrich Nietzsche,* 1844–1900.

220 *Richard Avenarius,* 1843–1896.

Ernst Mach, 1838–1916.

221 *R. Avenarius, «Philosophie als Denken der Welt gemäß dem Prinzip des kleinsten Kraftmaßes.* Prolegomena zu einer Kritik der reinen Erfahrung», Leipzig 1876.

222 *E. Mach, «Die ökonomische Natur der physikalischen Forschung»,* Vortrag vom 25. Mai 1882 in: «Populärwissenschaftliche Vorlesungen», Leipzig 1896, S. 203–230.

R. Avenarius, «Kritik der reinen Erfahrung», Leipzig 1890.

223 *Friedrich Adler,* 1879–1960, erschoß am 21. Oktober 1916 den österreichischen Ministerpräsidenten Stürgkh.

226 *Adolph Wagner,* 1835–1917, Nationalökonom.

Herbert Spencer, 1820–1903, englischer Philosoph.

John Stuart Mill, 1806–1873, englischer Philosoph.

Karl Liebknecht, 1871–1919, Sozialistenführer, wurde während des sogenannten Spartakistenaufstandes in Berlin im Januar 1919 von Regierungstruppen erschossen.

227 *als ich Ihnen die Geschichte meiner «Philosophie der Freiheit» auseinandersetzte:* Siehe den 6. Vortrag in: «Geschichtliche Symptomatologie» (9 Vorträge Dornach 1918), Bibl.-Nr. 185, GA 1962.

Arbeiterbildungsschule: Von 1899 bis 1904 war Rudolf Steiner Lehrer an der 1891 von dem Sozialdemokraten Wilhelm Liebknecht, 1826–1900, begründeten Arbeiterbildungsschule in Berlin. Siehe R. Steiner «Mein Lebensgang» (1923–1925), Bibl.-Nr. 28, GA 1962, Kapitel XXVIII, sowie Johanna Mücke / Alwin Rudolph, Erinnerungen an Rudolf Steiner und seine Wirksamkeit an der Arbeiterbildungsschule in Berlin 1899–1904, Basel 1979.

228 *Die sieben Prinzipien, wie ich sie in meiner «Theosophie» zusammengefaßt habe:* Rudolf Steiner «Theosophie. Einführung in übersinnliche Welterkenntnis und Menschenbestimmung» (1904), Bibl.-Nr. 9, GA 1978 (auch als Taschenbuch tb 615); das Kapitel: «Das Wesen des Menschen».

Zu Seite:

234 *1905 in «Luzifer-Gnosis»:* Nach der Begründung der Deutschen Sektion der Theosophischen Gesellschaft, mit Rudolf Steiner als Generalsekretär, schuf Steiner sich – mit der Hilfe von Marie von Sivers (später Marie Steiner) – in der Monatsschrift «Luzifer» die Möglichkeit zur Veröffentlichung der Grundlagen der Theosophie (bzw. Anthroposophie). Ab Januar 1904 erschien sie zusammen mit der Wiener Zeitschrift «Gnosis» bis Mai 1908 als «Luzifer-Gnosis». Sie konnte aus Arbeitsüberlastung nicht weitergeführt werden. Siehe Rudolf Steiner «Mein Lebensgang», Kapitel XXXII.

«Theosophie als soziale Frage»: Gedruckt als «Geisteswissenschaft und soziale Frage», Dornach 1977; Sonderdruck aus: «Luzifer-Gnosis» (1903–1908), Bibl.-Nr. 34, GA 1960.

236 Zeile 6 v. o.: *symbolisiert:* Korrektur des Herausgebers; im Stenogramm unklar; früher: stigmatisiert.

Annonce, die in den «Basler Nachrichten» ... erschienen ist: Halbseitiges Inserat mit der Aufforderung zu Spenden für ein «Wilsonianum» zu Ehren des «Retters der gesamten Menschheit, dem gerechtesten Weltfriedensrichter, dem genialsten und fähigsten Weltreformator, dem genialsten und mächtigsten Völkerbefreier aller Generationen, dem größten lebenden Manne» und so weiter. «Basler Nachrichten», 14. Dezember 1918.

243 *der sogenannten Kadettenpartei:* K + D, d.i.: Konstitutionell + Demokratisch; gemäßigte Reformbewegung, die 1904 begründet worden war.

255 *wie jene Karte heute an der Realisierung ist:* Siehe den Hinweis zu S. 22.

281 *Ich habe das angedeutet in dem einen meiner Mysterien:* «Der Kampf, den unsre Gegner uns bereiten / Ist nur ein Bild des großen Krieges, / Den eine Macht im Herzen unaufhörlich / Aus Feindschaft gegen andre führen muß» in: «Die Prüfung der Seele», 8. Bild. «Vier Mysteriendramen» (1910–1913), Bibl.-Nr. 14, GA 1962 (auch als Taschenbuch in 2 Bänden, tb 607 und 608).

283 *Theophrastus Bombastus Paracelsus von Hohenheim,* 1493–1541, Arzt und Naturforscher. Siehe Rudolf Steiner, «Die Mystik im Aufgange des neuzeitlichen Geisteslebens und ihr Verhältnis zur modernen Weltanschauung» (1901), Bibl.-Nr. 7, GA 1960 (auch als Taschenbuch tb 623).

Jakob Böhme, 1575–1624; siehe ebenfalls R. Steiner, «Die Mystik...»

284 *an der Art und Weise, wie hier dieser Bau versucht worden ist:* Es handelt sich um den in Holz ausgeführten Doppelkuppelbau des ersten Goetheanum, der in der Silvesternacht 1922 durch Brandstiftung zerstört wurde. – Siehe Rudolf Steiner, «Der Baugedanke des Goetheanum» (Vortrag, Bern 29. Juni 1921, mit 104 Abbildungen), Bibl.-Nr. 290, Stuttgart 1958.

293 *«Nicht ich, sondern der Christus in mir»:* Vgl. Apostelgeschichte 9.1 ff.

294 *desjenigen Friedens, der vom Evangelium gemeint ist:* Vgl. Lukas 2.14.

296 *aus dem Zyklus über die Völkerseelen:* Siehe den Hinweis zu S. 178.

Zu Seite:

297 *diesen Goetheschen Ausdruck ... aus «grauer Geistestiefe»:* Konnte nicht nachgewiesen werden.

299 *Anschuldigungen, die in den «Stimmen der Zeit» ... in drei Artikeln erschienen sind:* Von O. Zimmermann S J: «Anthroposophische Irrlehren», «Mensch und Christ nach anthroposophischer Vorstellung», und «Der anthroposophische Mystizismus», in: «Stimmen der Zeit», Katholische Monatsschrift für das Geistesleben der Gegenwart, Freiburg, 48. Jahrg. 1918, Hefte 10, 11 und 12.

307/308 *was ich ... in meinem Zyklus in Wien gesagt habe:* Siehe den Vortrag vom 14. April 1914 in: «Inneres Wesen des Menschen und Leben zwischen Tod und neuer Geburt» (8 Vorträge Wien 1914), Bibl.-Nr. 153, GA 1978.

ÜBER DIE VORTRAGSNACHSCHRIFTEN

Aus Rudolf Steiners Autobiographie
«Mein Lebensgang» (35. Kap., 1925)

Es liegen nun aus meinem anthroposophischen Wirken zwei Ergebnisse vor; erstens meine vor aller Welt veröffentlichten Bücher, zweitens eine große Reihe von Kursen, die zunächst als Privatdruck gedacht und verkäuflich nur an Mitglieder der Theosophischen (später Anthroposophischen) Gesellschaft sein sollten. Es waren dies Nachschriften, die bei den Vorträgen mehr oder weniger gut gemacht worden sind und die – wegen mangelnder Zeit – nicht von mir korrigiert werden konnten. Mir wäre es am liebsten gewesen, wenn mündlich gesprochenes Wort mündlich gesprochenes Wort geblieben wäre. Aber die Mitglieder wollten den Privatdruck der Kurse. Und so kam er zustande. Hätte ich Zeit gehabt, die Dinge zu korrigieren, so hätte vom Anfange an die Einschränkung «Nur für Mitglieder» nicht zu bestehen gebraucht. Jetzt ist sie seit mehr als einem Jahre ja fallen gelassen.

Hier in meinem «Lebensgang» ist notwendig, vor allem zu sagen, wie sich die beiden: meine veröffentlichten Bücher und diese Privatdrucke in das einfügen, was ich als Anthroposophie ausarbeitete.

Wer mein eigenes inneres Ringen und Arbeiten für das Hinstellen der Anthroposophie vor das Bewußtsein der gegenwärtigen Zeit verfolgen will, der muß das an Hand der allgemein veröffentlichten Schriften tun. In ihnen setzte ich mich auch mit alle dem auseinander, was an Erkenntnisstreben in der Zeit vorhanden ist. Da ist gegeben, was sich mir in «geistigem Schauen» immer mehr gestaltete, was zum Gebäude der Anthroposophie – allerdings in vieler Hinsicht in unvollkommener Art – wurde.

Neben diese Forderung, die «Anthroposophie» aufzubauen und dabei nur dem zu dienen, was sich ergab, wenn man Mitteilungen aus der Geist-Welt der allgemeinen Bildungswelt von heute zu übergeben hat, trat nun aber die andere, auch dem voll entgegenzukommen, was aus der Mitgliedschaft heraus als Seelenbedürfnis, als Geistessehnsucht sich offenbarte.

Da war vor allem eine starke Neigung vorhanden, die Evangelien und den Schrift-Inhalt der Bibel überhaupt in dem Lichte dargestellt zu hören, das sich als das anthroposophische ergeben hatte. Man wollte in Kursen über diese der Menschheit gegebenen Offenbarungen hören.

Indem interne Vortragskurse im Sinne dieser Forderung gehalten wurden, kam dazu noch ein anderes. Bei diesen Vorträgen waren nur Mitglieder. Sie waren mit den Anfangs-Mitteilungen aus Anthroposophie bekannt. Man konnte zu ihnen eben so sprechen, wie zu Vorgeschrittenen auf dem Gebiete der Anthroposophie. Die Haltung dieser internen Vorträge war eine solche, wie sie eben in Schriften nicht sein konnte, die ganz für die Öffentlichkeit bestimmt waren.

Ich durfte in internen Kreisen in einer Art über Dinge sprechen, die ich für die öffentliche Darstellung, wenn sie für sie von Anfang an bestimmt gewesen wären, hätte anders gestalten *müssen*.

So liegt in der Zweiheit, den öffentlichen und den privaten Schriften, in der Tat etwas vor, das aus zwei verschiedenen Untergründen stammt. Die ganz öffentlichen Schriften sind das Ergebnis dessen, was in mir rang und arbeitete; in den Privatdrucken ringt und arbeitet die Gesellschaft mit. Ich höre auf die Schwingungen im Seelenleben der Mitgliedschaft, und in meinem lebendigen Drinnenleben in dem, was ich da höre, entsteht die Haltung der Vorträge.

Es ist nirgends auch nur in geringstem Maße etwas gesagt, was nicht reinstes Ergebnis der sich aufbauenden Anthroposophie wäre. Von irgend einer Konzession an Vorurteile oder Vorempfindungen der Mitgliedschaft kann nicht die Rede sein. Wer diese Privatdrucke liest, kann sie im vollsten Sinne eben als das nehmen, was Anthroposophie zu sagen hat. Deshalb konnte ja auch ohne Bedenken, als die Anklagen nach dieser Richtung zu drängend wurden, von der Einrichtung abgegangen werden, diese Drucke nur im Kreise der Mitgliedschaft zu verbreiten. Es wird eben nur hingenommen werden müssen, daß in den von mir nicht nachgesehenen Vorlagen sich Fehlerhaftes findet.

Ein Urteil über den Inhalt eines solchen Privatdruckes wird ja allerdings nur demjenigen zugestanden werden können, der kennt, was als Urteils-Voraussetzung angenommen wird. Und das ist für die allermeisten dieser Drucke *mindestens* die anthroposophische Erkenntnis des Menschen, des Kosmos, insofern sein Wesen in der Anthroposophie dargestellt wird, und dessen, was als «anthroposophische Geschichte» in den Mitteilungen aus der Geist-Welt sich findet.

RUDOLF STEINER GESAMTAUSGABE

Gliederung nach: Rudolf Steiner – Das literarische und künstlerische Werk. Eine bibliographische Übersicht (Bibliographie-Nrn. *kursiv* in Klammern)

A. SCHRIFTEN

I. Werke

Goethes Naturwissenschaftliche Schriften, eingeleitet und kommentiert von R. Steiner, 5 Bände, 1883/97, Neuausgabe 1975 *(1a-e)*; separate Ausgabe der Einleitungen, 1925 *(1)*

Grundlinien einer Erkenntnistheorie der Goetheschen Weltanschauung, 1886 *(2)*

Wahrheit und Wissenschaft. Vorspiel einer «Philosophie der Freiheit», 1892 *(3)*

Die Philosophie der Freiheit. Grundzüge einer modernen Weltanschauung, 1894 *(4)*

Friedrich Nietzsche, ein Kämpfer gegen seine Zeit, 1895 *(5)*

Goethes Weltanschauung, 1897 *(6)*

Die Mystik im Aufgange des neuzeitlichen Geisteslebens und ihr Verhältnis zur modernen Weltanschauung, 1901 *(7)*

Das Christentum als mystische Tatsache und die Mysterien des Altertums, 1902 *(8)*

Theosophie. Einführung in übersinnliche Welterkenntnis und Menschenbestimmung, 1904 *(9)*

Wie erlangt man Erkenntnisse der höheren Welten? 1904/05 *(10)*

Aus der Akasha-Chronik, 1904/08 *(11)*

Die Stufen der höheren Erkenntnis, 1905/08 *(12)*

Die Geheimwissenschaft im Umriß, 1910 *(13)*

Vier Mysteriendramen: Die Pforte der Einweihung – Die Prüfung der Seele Der Hüter der Schwelle – Der Seelen Erwachen, 1910/13 *(14)*

Die geistige Führung des Menschen und der Menschheit, 1911 *(15)*

Anthroposophischer Seelenkalender, 1912 *(in 40)*

Ein Weg zur Selbsterkenntnis des Menschen, 1912 *(16)*

Die Schwelle der geistigen Welt, 1913 *(17)*

Die Rätsel der Philosophie in ihrer Geschichte als Umriß dargestellt, 1914 *(18)*

Vom Menschenrätsel, 1916 *(20)*

Von Seelenrätseln, 1917 *(21)*

Goethes Geistesart in ihrer Offenbarung durch seinen Faust und durch das Märchen von der Schlange und der Lilie, 1918 *(22)*

Die Kernpunkte der sozialen Frage in den Lebensnotwendigkeiten der Gegenwart und Zukunft, 1919 *(23)*

Aufsätze über die Dreigliederung des sozialen Organismus und zur Zeitlage, 1915–1921 *(24)*

Kosmologie, Religion und Philosophie, 1922 *(25)*

Anthroposophische Leitsätze, 1924/25 *(26)*

Grundlegendes für eine Erweiterung der Heilkunst nach geisteswissenschaftlichen Erkenntnissen, 1925. Von Dr. R. Steiner und Dr. I. Wegman *(27)*

Mein Lebensgang, 1923/25 *(28)*

II. Gesammelte Aufsätze

Aufsätze zur Dramaturgie 1889–1901 *(29)* – Methodische Grundlagen der Anthroposophie 1884–1901 *(30)* – Aufsätze zur Kultur- und Zeitgeschichte 1887–1901 *(31)* – Aufsätze zur Literatur 1886–1902 *(32)* – Biographien und biographische Skizzen 1894–1905 *(33)* – Aufsätze aus «Lucifer-Gnosis» 1903–1908 *(34)* – Philosophie und Anthroposophie 1904–1918 *(35)* – Aufsätze aus «Das Goetheanum» 1921–1925 *(36)*

III. Veröffentlichungen aus dem Nachlaß

Briefe – Wahrspruchworte – Bühnenbearbeitungen – Entwürfe zu den Vier Mysteriendramen 1910–1913 – Anthroposophie. Ein Fragment aus dem Jahre 1910 – Gesammelte Skizzen und Fragmente – Aus Notizbüchern und -blättern – *(38–47)*

B. DAS VORTRAGSWERK

I. Öffentliche Vorträge

Die Berliner öffentlichen Vortragsreihen, 1903/04 bis 1917/18 *(51–67)* – Öffentliche Vorträge, Vortragsreihen und Hochschulkurse an anderen Orten Europas 1906–1924 *(68–84)*

II. Vorträge vor Mitgliedern der Anthroposophischen Gesellschaft

Vorträge und Vortragszyklen allgemein-anthroposophischen Inhalts – Christologie und Evangelien-Betrachtungen – Geisteswissenschaftliche Menschenkunde – Kosmische und menschliche Geschichte – Die geistigen Hintergründe der sozialen Frage – Der Mensch in seinem Zusammenhang mit dem Kosmos – Karma-Betrachtungen – *(91–244)*
Vorträge und Schriften zur Geschichte der anthroposophischen Bewegung und der Anthroposophischen Gesellschaft *(251–263)*

III. Vorträge und Kurse zu einzelnen Lebensgebieten

Vorträge über Kunst: Allgemein-Künstlerisches – Eurythmie – Sprachgestaltung und Dramatische Kunst – Musik – Bildende Künste – Kunstgeschichte – *(271–292)* – Vorträge über Erziehung *(293–311)* – Vorträge über Medizin *(312–319)* – Vorträge über Naturwissenschaft *(320–327)* – Vorträge über das soziale Leben und die Dreigliederung des sozialen Organismus *(328–341)* – Vorträge für die Arbeiter am Goetheanumbau *(347–354)*

C. DAS KÜNSTLERISCHE WERK

Originalgetreue Wiedergaben von malerischen und graphischen Entwürfen und Skizzen Rudolf Steiners in Kunstmappen oder als Einzelblätter: Entwürfe für die Malerei des Ersten Goetheanum – Schulungsskizzen für Maler – Programmbilder für Eurythmie-Aufführungen – Eurythmieformen – Skizzen zu den Eurythmiefiguren, u. a.

Die Bände der Rudolf Steiner Gesamtausgabe sind innerhalb einzelner Gruppen einheitlich ausgestattet Jeder Band ist einzeln erhältlich